낙서재 이후

김연호 고희기념 문집

낙서재 이후

樂西齋 以後

율곡미디어

들어가는 글

창틈으로 흰 망아지가 달리는 것을 바라보는 것보다 더 빠른 것이 세월입니다. 정년으로 현직을 떠난 후의 햇수를 손으로 꼽아보았더니 손가락 7개가 필요했습니다. 솔직히 너무나 놀랐습니다. 만약 이대로 살아간다면 앞으로의 7년도 순식간일 것입니다. 아니 7년이 보장될지도 확신할 수 없습니다.

퇴직할 때에는 바쁜 시간의 굴레를 벗어나 집 마당에 고인 세월을 응시하면서 여유 있게 살아가려고 마음먹었던 것이 정말 엊그제 같은데 일곱 해가 다 되어가다니? 이 시점에서 이렇게 살아가도 되는지를 스스로에게 물어보았습니다.

그동안 안타깝게도 저와 비슷한 연배의 지인 여러 분이 벌써 타계했습니다. 실제 이들이 저보다 먼저 떠나야 할 이유도 없었습니다. 이들 중에는 저보다 훨씬 더 건강하고, 건강을 더 잘 관리한 분도 있습니다. 뿐만 아니라 오히려 나의 건강을 염려해준 분도 있습니다. 이를 생각하면 이렇게 살아 숨쉬는 것만으로도 '크나큰 축복' 이라고 생각합니다.

본질적으로 시간은 동질성과 연속성을 가집니다. 섣달 그믐날의 하루와 새해 첫날의 하루가 다르지 않습니다. 그럼에도 인간은 이러한 긴 연속성의 시간을 하루니, 한 달이니, 일 년이니 하는 "매듭"을 만들어 나름대로 의미를 부여하면서 일생을 엮어 갑니다.

유용성으로 말하면 이러한 매듭은 흡사 대나무의 마디와 같습니다. 대나무가 부러지지 않고 큰 키로 자랄 수 있는 것은 첫째 속이 비어 있고, 둘째는 마디가 있기 때문이라고 합니다. 이는 속이 차 있는 쇠막대보다 속이 빈 쇠파이프가 강도가 높은 것과 같습니다. 그리고 대나무는 각각의 마디마다 성장점이 있습니다. 말하자면, 대나무는 일정한 시간 뒤에는 그때까지의 성장을 마감하고 일단 매듭을 지은 뒤, 새로운 성장을 시도합니다. 이것이 대나무가 높이 자랄 수 있는 비결입니다.

이러한 대나무의 생육과정은 우리의 삶에서 시사示唆하는 바가 매우 큽니다. 우리는 끝없는 욕심으로 빈 공간 없이 자신을 채우려다가 꺾여지고 마는 불행한 사례를 많이 봅니다. 따라서 사람도 행복한 생활을 오래도록 누리려면 대나무처럼 마음을 비우고 일정한 매듭의 시기에는 자신을 돌아보면서 새롭게 나아가야 합니다. 이른바 '일신우일신日新又日新'이지요.

'생활의 매듭'이란 앞에서 이야기한 자연력만이 아닙니다. 유년기, 청소년기, 장년기, 노년기 등으로 구분되어지는 성장적 매듭도 있고, 때론 입학과 졸업, 취업과 퇴직, 결혼과 출산 등의 생활사적 매듭도 있습니다.

그런데 특별하게도 공자孔子는 학문과 수양의 매듭으로 나이를 규정했습니다. 지우학志于學, 이립而立, 불혹不惑, 지천명知天命, 이순耳順, 종심소욕從心所欲을 각각 15, 30, 40, 50, 60, 70이라는 연령으로 매듭 지웠지요. 이는 누구에게나 똑같이 찾아오는 나이라는 소극적인 매듭이 아니라 매우 적극적이고 발전적인 매듭입니다.

70이라는 나이는 옛날에는 나이 그 자체만으로도 누리기 힘든 축복으로 보고 '고희古稀' 라고 불러왔습니다. 공자는 이 나이에 이르러 비로소 '마음 내키는 대로 행해도 법도를 넘어서지 않았다(從心所欲不踰矩)' 고 고백했습니다. 이처럼 마지막 매듭인 종심소욕從心所欲은 공자 같은 성인聖人도 어려워했던 일인데 언감생심焉敢生心 이런 경지를 넘볼 수 있겠습니까? 다만 법도의 한계를 의식하면서 그 한계를 넘어서는 일을 하지 않도록 노력할 뿐입니다.

퇴직 이후의 삶을 '낙서재 이후' 라는 책으로 엮어 보았습니다. '낙서재樂西齋' 는 퇴임 후 제가 우거寓居하고 있는 와옥蝸屋에 걸린 편액扁額입니다. 퇴직 몇 년 전에 터를 잡았기에 어쩌면 '낙저재 이후' 라는 책의 제목이 맞지 않을 수도 있습니다.

이처럼 퇴직 이후의 생활을 책으로 펴낸 데는, 지난날 저를 아끼고 사랑해 주신 분들에게 근황이라도 알려 막힌 통로를 열려는 동기도 있습니다만, 가장 직접적인 계기는 제자들의 권유였습니다. 정년퇴임 시 기념책자를 발간하면서 제자들이 저의 칠순기념집도 내자는 말을 했다는데 저는 기억을 못하고 있었습니다. 그런데 그 말이 이렇게 현실화되리라는 생각은 하지 못했습니다. 출판이란 집필도 중요하지만 적잖은 비용도 따르지 않습니까? 정년퇴임에 이어서 이번에도 많은 제자들이 마음을 모아 출판비를 충당했음에 고마움을 넘어 분에 넘치는 호사로 여겨지기까지 합니다.

제의를 받고 부랴부랴 써둔 것을 정리하고 더 써 보탰습니다. 그리고 그동안 더러 발표했던 경주박물관 자원봉사자 카페, 향교신문, 성당주보,

강의노트, 일부 잡지 등을 뒤졌습니다.

그러고 보면 이 책은 퇴임 후 제 생활의 전모全貌이기도 합니다. 저는 생활과 글이 다른 것이라고 생각하지 않습니다. 생활이 글이고, 글이 생활입니다. 따라서 이 책은 저의 생활을 그대로 옮겼을 뿐, 이렇다 할 문학적 장치나 표현기법은 그리 고려하지 않았습니다. 그러다 보니 내세울 것 하나 없는 제 민낯을 대명천지에 그대로 드러내는 것 같아 부끄럽기도 합니다.

하지만 이렇게라도 하여 지난날 은혜로웠던 지인들에게 조금이라도 보답을 할까 합니다. 비록 현직을 떠났지만 퇴직을 이유로 외부와 소통을 차단할 의사는 전혀 없습니다. 모쪼록 이 책을 계기로 안부라도 주고받는 계기가 되었으면 합니다.

마주한 서쪽 남산 위에 해가 걸렸습니다. '날은 이미 저물었으되 오히려 노을은 더욱 아름답게 빛나고, 한 해는 장차 저물려 하되 등자와 귤은 새로운 향기를 풍겨낸다(日旣暮而 猶烟霞絢爛 歲將晩而 更橙橘芳馨)' 는 옛글을 떠올리며, '종심소욕從心所欲' 의 마지막 매듭을 잘 지워가리라 다짐합니다.

끝으로 출판 과정에서 앞장서서 기수별 동기들의 뜻을 수렴한 안동고 제자들, 곧 박의식 군(26회), 김진호 군(27회), 이재진 군(28회), 이재환 군(29회), 이화성 군(30회), 나아가 소통의 역할을 이행한 권용성 군(29회), 출판사와의 협력을 담당한 이성규 군(29회) 등에게 특별히 고마움을 전합니다. 그리고 삽화로 책의 품격을 높여주신 서창옥 선생님께 각별한 감사를 드립니다. 또 서툰 글을 이렇게 아름다운 제본으로 탄생하게 해주신 방조일 율곡미디어 이사님께도 깊은 감사의 말씀을 드립니다. 이 모든 분들의 은혜는 앞으로 살아가면서 잊지 않고 기억하겠습니다. 감사합니다.

2017. 6.

저자 김연호 드림

발간에 부쳐

김연호 은사님 고희古稀기념 문집 발간에 즈음하여

남홍식(안동고 26회 졸업)

은사이신 김연호 선생님께서 吐含山 자락 樂西齋에서 유유자족의 삶을 엮으시면서 『樂西齋 以後』라는 題名의 두 번째 수필집을 발간하게 됨에 마음 깊이 慶賀를 드립니다. 연전 퇴임기념 수필집 『살아온 날의 기쁨, 살아갈 날의 즐거움』의 감동이 사라지기 전이라 더욱 기쁩니다.

삶이 글이고, 글이 생활이신 우리 선생님! 평소 선생님의 柔順함과 素朴함의 日常事, 그 삶의 모습들이 때로는 水晶같은 보옥으로 걸러지고, 때로는 비 개인 뜨락 細雀의 茶香 마주하듯 안온함과 정갈함으로 우러났습니다.

수필집 어느 장, 어느 대목을 보아도 선생님의 평소 성품 그대로를 느낍니다. 아름답고 소박하며 겸손함이 평생의 삶이요 글이라, 책을 보면 선생님을 마주함이요, 선생님의 삶을 보면 책 속의 인생이십니다.

또한 동서고금의 흘러온 史事가 선생님의 탁월한 전문적 식견과 融會되어 어지러이 살아가는 우리들에게는 훌륭한 指南이 되기도 합니다.

경외하고 존경하옵는 선생님!

경북 靑松 碧山深谷에 태어나시어, 유년적 삶이 그 향토의 순수와 소박함에 바탕하시고, 국어교육으로 교직에 奉獻하신 不惑의 40년 세월은 師道의 龜鑑이요, 우리 수많은 문하생들의 자긍이기도 합니다.

선생님께서는 교직의 첫 임지인 風光이 殊勝하고 전통과 문화가 살아있는 영남의 북부 안동고등학교에서 10년 가까운 기간을 재직하시었으며, 이어 신라 천년의 수도 경주를 근간으로 교직생활을 마감하셨습니다.

초임지 안동고에서 맺은 사제지연의 시공간적 삶은 저를 비롯한 수많은 동문수학한 제자들의 자랑이요 영광이며, 한편으로는 역사의 뒤편으로부터 아련한 추억으로 다가옵니다.

지금 그리고 여기,
우리 선생님의 칠십 古稀宴!
吐含山下 樂西齋의 逍遙樂
알알이 영글어 『樂西齋 以後』로 드러났나니,
온 우주의 얼굴이 되어 맺은 결실입니다.

가족친지, 유수의 제자들
교직을 함께한 동료 선후배님들
과거, 현재, 미래가 하나가 되고
樂西齋의 草木群生, 밤하늘의 銀河도 축제입니다!

아아!
낙서재 문을 여니 西方落照南山月이요

낙서재 문 닫으니 無事閑主自在樂입니다.

봉사와 나눔, 그리고 自足之樂으로

복되고 편안한 여생을 보내소서!

2017년 5월 31일

門下生 **南洪植** 奉書

* 남홍식(안동고 26회 졸업, 현 영천교육청 교육지원과장)

발간에 부쳐

선생님의 두 번째 문집을 내면서

이성규(안동고 29회 졸업)

선생님의 이 문집은 지난 5년간 선생님께서 정성을 기울여 쓰신 결과물이며, '두 번째' 에 걸맞게 더욱 깊이가 있고 교훈적이다. 국어 선생님으로서의 이름에 조금도 손상이 되지 않을 뿐만 아니라 그간의 감춰진 글솜씨가 마음껏 드러난 것으로 실로 감동적이다. 이 책을 다 읽은 분들이라면 내 말에 두말없이 동의할 것이다. 또한 이 문집은 어느 저명 교수나 소설가의 글에 견주어 보아도 나무랄 데 없을 정도로 폭도 넓고 깊이도 있다. 만약 선생님이 "국문학 교수" 가 되셨으면 펼쳤을 자질을 엿볼 수 있는 한 증거라 생각된다.

선생님께서는 이 문집의 제목을 『낙서재 이후』라 정했다. 그러나 나는 낙서落書가 '생각 없이 쓰는 글' 이라는 인상을 줄 수 있기에 다른 제목으로 고치기를 당부드려 보았지만 허사였다. 물론 '낙서' 는 그런 뜻이 아니다. 여기서 낙서樂西란 '서쪽을 즐긴다' 는 뜻이다. 네 가지 방위 중에서 동쪽에 비해 서쪽이 다소 소홀히 대접받고 있는 것 같다. 그러나 나는 '낙서재' 라는 제목을 접하고 불현듯 '서방정토西方淨土', '서풍부西風賦', '낙기대樂飢臺' 등을 떠올렸다. 서쪽으로 십만 억의 국토를 지나면 있는 아미타불의 세계가 있다는 '서방정토'를 안다면, 또는 영국의 낭만주의 시인인 P. B. 셸리Percy Bysshe Shelley(1792~1822년)가 쓴 저 유명한 시 '서풍부西風賦(Ode to the West Wind ; 서풍에 부치는 노래)'를 안다면 누가 감히 서쪽을 가벼이 여길 수 있는가. 또한 낙樂 자를 보면 경북 영양의 두들마을에 있는 '낙기대樂飢臺'가 생각난다. 낙기樂飢란 '배고픔을 즐긴다'는 역설적인 말이다. 이는 옛날 우리 조상님들이 가난한 민초들을 생각하여 어려움을 같이하고 배고픔도 같이하는 참다운 선비정신을 실천했음을 말해 준다. 셰익스피어W. Shakespear는 '이름이 뭐가 중한디?What's in a name?'라고 일침을 가했다. 중요한 것은 진솔한 내용이기 때문이다. 연유가 어찌되었든 이 문집은 "선생님의 서쪽을 바라보며 관조하고 감사하는 삶"을 수필집답지 않게 정치精緻하게 기술한 것으로 요약할 수 있다.

물론, 선생님의 진실하고 깊은 삶의 지혜를 감히 우리가 말할 입장이 아닌 것 같다. 그래서 '혜민'이라는 스님의 말을 대신 소개하고자 한다.

> "삶의 지혜란 굳이 내가 무언가를 많이 해서 쟁취하는 것이 아니고 오히려 편안한 멈춤 속에서 자연스럽게 드러난다는 간단한 진리를 많은 사람들에게 전하고 싶었다. 아니, 단 한 사람에게라도 더 알리고 싶었다. 그런 지혜가 생기면 비로소 나 자신과 지금의 상황이 좀 더 선명하게 보이고, 그렇게 되면 자연스럽게 내가 어느 방향으로 어떻게 나아가야 하는지도 알 수 있게 된다. 그때 편안함도 더불어 느낄 수 있게 된다." (혜민, 『멈추면, 비로소 보이는 것들』)

이 문집은 2010년 선생님의 정년퇴임 시 어느 의욕이 넘치는 선배의 말이 씨가 되어 마침내 고희기념 문집으로 결실을 맺은 것이다. 이번 문집은 특별하다. 선생님의 진실되고 주옥珠玉같은 글에 더하여 서창옥 님의 표지 및 본문 삽화가 일품一品이다. '금상첨화錦上添花가 바로 이런 것이구나!'를 느끼게 한다. 또한 교훈적인 '사자성어四字成語'를 모아 색인으로 만들어 넣었다. 선생님만이 생각할 수 있는 다양한 사자성어들을 음미해 보는 것도 지적 즐거움이 될 것이다.

이 문집을 읽다가 125쪽에 이르면 선생님의 오래된 자字인 '양숙養叔'을 만나게 된다. 아마 안동고 29회 문과반에서 장승호 선생님의 세계사 수업을 들었던 학생들은 귀가 번쩍 뜨일 단어일 것이다. 이 자字는 선생님이 퇴근 후 한문을 가르쳤던 안동지역 대 선비였던 용헌 이용구庸軒 李龍九 선생[1]께서 선생님의 총명함을 보시고 붙여주신 자字로 알고 있다. 당시 선생님은 장승호 선생님, 고故 윤완섭 선생님과 함께 명분으로는 '문사철文史哲의 부흥'(?)을 위해 퇴근 후 여가로 한문을 공부하신다고 했다. 그러나 이 말을 곧이곧대로 들을 수만은 없었다. 왜냐하면 그때의 시대적 상황은 암울하기 그지없었기 때문이다. 한문공부라는 핑계로 모여 학습은 적당히 하고 자주 술로서 시대적 아픔을 토로한 것으로 기억된다. 장승호 선생님은 그야말로 잠이 쏟아지는 오후 수업시간에 꼭 전날 있었던 일들을 우리들에게 소상히 알려주셨다. 그래서 우리는 늘 장승호 '기자님'의

1. 용헌(庸軒) 선생은 3학년 때 우리 반 친구인 이탁(현 대구 경상고 국어교사)의 부친이셨다. 용헌 선생은 한문학의 대가로 당시 한문을 공부하던 인근 지역의 많은 사람들에게 그 존함이 널리 알려져 있었다.

전날의 보도를 은근히 기대하고 있었다. 장승호 선생님의 불만은 선생님의 한문 독해실력에 있었다. 용헌 선생의 질문에 장 선생님은 핀잔을 자주 들었지만 윤 선생님은 핀잔을 거의 듣지 않았고, 선생님만은 또렷하게 해석해 칭찬을 듣는 경우가 많았다고 솔직하게 '보고'(?)하셨다. 어느 날 장 선생님께서 특종보도인 냥 "꽁치 선생님의 자字가 양숙이래!" 라고 하셨다. 그후 우리는 오랫동안 이 말을 무심한 이야기 중에도 자주 입에 올리곤 했다. 용헌 선생께서는 왜 선생님의 자字를 '양숙' 이라 불렀을까?

늦었지만 나는 선생님의 양숙이라는 자字를 다음과 같이 이해하고자 한다. 양숙養叔은 '기를 양養'과 '콩나물 숙叔' 자로 이루어져 있다. 기를 양 자는 우리들에게 익숙한 한자이다. 그러나 숙叔 자는 무엇을 의미하는지 잘 알지 못할 것이다. 숙叔 자는 '콩 싹 숙尗'과 '또 우又' 자로 만들어져 있다. 또한 콩 싹 숙尗 자는 '윗 상上'과 '작을 소小' 자로 구성되어 있다. 좀 더 구체적으로 보면 우선, 콩 싹 숙尗 자는 콩이 싹이 터서 자라기 시작하면 위에는 줄기와 잎이 생기고 아래쪽에는 작은 실뿌리가 생겨서 각종 영양분을 흡수하며 자라는 것을 의미한다. 다음으로 콩나물 숙叔 자는 '싹이 튼 콩(尗)이 있고 또 있다(又)' 라는 의미를 가지고 있고, 그래서 많은 콩의 싹을 콩나물이라 부른다. 그렇다면 콩나물은 당시 우리들이고, 양숙은 우리들을 잘 기르라는 말이 아닌가? 실로 대학자의 혜안慧眼이 아니고 무엇인가? 아마 용헌 선생

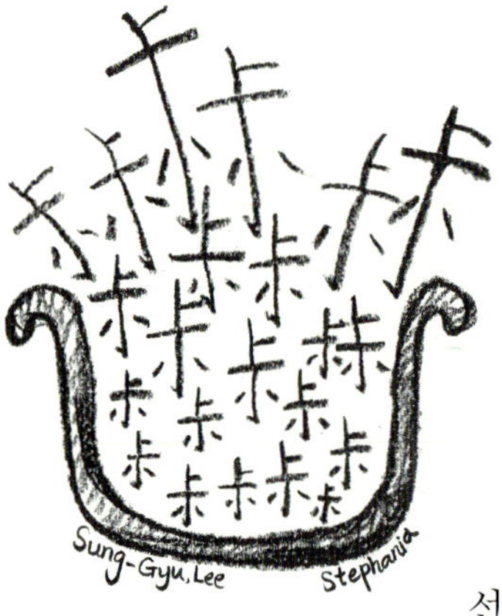

께서는 세 명의 제자들을 가르치면서 늘 염두에 두셨던 이러한 큰 뜻을 지닌 자字를 우연한 기회에 선생님께 주셨을 것이다. 한문공부의 묘미가 '그 뜻을 스스로 터득하고 실천하는 것' 임을 은근하게 — 현대적 언어로 말하면, 넛지nudge적으로 — 알려주신 것 같다. 최근 선생님과 통화하면서 양숙의 뜻을 여쭈어 보았으나 당시 어른께서 그저 우연하게 주신 것으로만 알고 계셨고, 그 속 깊은 뜻은 모르고 계셨다. 나는 선생님의 무심함에 안타까움을 느꼈다. 그럼에도 선생님은 용헌 선생의 자字대로 오랫동안 콩나물들을 잘 키우셨다. 용헌 선생의 드러나지 않은 뜻이 보이지 않는 손에 의해 자연스럽게 달성된 것이다. 이런 감사함이 어디 있는가! 퇴직하신 선생님께는 거의 수명이 다한 이 자字를 내가 이어받았으면 하는 마음이 생길 정도로 탐나는 명구이다.

전장戰場에서의 승리는 장군 한 명에 의해 이루어지지 않는 법입니다. 이 문집이 나오기까지 물심양면으로 성원을 아끼지 않은 선배님들, 29회 동기, 그리고 후배들께 감사를 드립니다. 이 문집의 제목인 '낙서재' 를 통해 우리는 우리 삶의 치열한 생존경쟁生存競爭 속에서 잠시 '낙연樂緣 ; 인연의 즐거움' 을 생각하는 시간이 되기를 바랍니다. 무엇보다도 선생님의 수제자首弟子이자 동서인 권용성 사장의 변함없고 아낌없는 헌신에 큰 감사를 표하고자 합니다. 권용성 사장의 그간의 헌신적인 노력은 아무도 대체

代替할 수 없는 권위와 위엄을 지니고 있음을 강조하고자 합니다. 또한 귀한 글을 기고해 주신 남홍식(26회) 선배님과 이탁(29회) 선생께도 심심한 감사를 드립니다. 선생님의 초상화를 연필로 그려 준 이지현(안동대 미술학과 3학년) 양께도 감사드립니다. 또한 이 문집의 제작을 위해 율곡출판사 박기남 사장님과 방조일 편집이사님은 어려운 출판 환경에도 불구하고 자신들이 할 수 있는 모든 노력을 아낌없이 기울여 주셨습니다. 이분들의 충실한 직업의식은 회사의 순수한 이윤추구 목적을 초월하는 것이었음을 밝혀 드립니다.

우리들은 이번 문집이 끝이라고는 생각하지 않습니다. '끝은 새로운 시작' 이라는 말이 생각납니다. 두 번째 문집은 세 번째 문집을 위한 앞선 숫자에 불과합니다. 선생님께서 새로운 목표를 가지고 "세 번째 문집" 에도 도전해 보시길 염원합니다. '삼세판' 이 왜 있습니까. 그러기 위해 건강에 유의하시고 늘 옳은 생각을 많이 하시길 기원합니다. 마지막으로, 선생님의 낙서재에서의 즐거운 삶의 주역은 희로애락喜怒哀樂을 함께 한 "사모님" 임을 선언하고자 합니다. 이 문집을 비롯하여 지난날의 선생님의 성취成就는 모두 '사모님의 넓은 손바닥 안' 에서 이루어진 일임을 새삼 환기시키며 이 글을 마칩니다. 이 문집을 읽는 모든 분들께 건강과 행복을 기원합니다.

2017년 5월 마지막 날

문집에 참여한 안동고 제자들을 대표하여 이성규 씀

* 이성규(안동고 29회 졸업, 안동대학교 무역학과 교수)

발간에 부쳐

40년 마죽의 '거멀못'[1]이신 우리의 선생님

이탁(안동고 29회 졸업)

우리의 오랜 스승이신 김연호 선생님께서 고희古稀를 맞으신다고 한다. 퇴임이 어제 같은데 정말 시간은 흐르는 물처럼 알지 못하는 겨를에 지나간다.

선생님을 생각할 때마다 늘 떠오르는 회상의 풍경은 선생님의 수업이다. 그 중에도 고전古典 어휘 분석은 정말 인상적이었다. 칠판 왼쪽 위부터 아래로, 오른쪽으로 수학처럼 정리해 나가시는데, 호주머니에 한 손을 찌르시고 약간은 계면쩍어 하시는 표정으로 나무 교단을 좌우로 오가시며 거침이 없으셨다.

기억해 보면 우리는 당시 제법 오만했다. 경북 북부 지역의 제일 명문이라는 우물 안 자부심이 거의 자만심 수준이었다. 거기다 미성년의 치기稚氣가 더해져 선생님 간보기를 일상처럼 했고, 빈틈을 보이신 분에게는 여지없이 무례를 범하곤 했다.

1. 거멀못이란 '나무 그릇 따위의 터지거나 벌어진 곳이나 벌어질 염려가 있는 곳에 거멀장처럼 겹쳐서 박는 못'을 말함.

선생님은 그 대상에서 벗어나신 중에도 우리를 압도한 몇 분 중 한 분이셨다. 해박한 지식과 정연한 논리, 균형 잡힌 판단력으로 우리를 굴복시켰고, 인간적 친화력으로 우리를 포용하셨다. 우리는 아마 기쁘게 굴종했을 것이다. 우리는 이 젊고 총명하신 선생님을 약간은 어렵지만 의지가 되는 큰형님처럼 생각하지 않았을까.

개인적으로 기억나는 일도 있다. 선생님은 잊으셨겠지만, 당시 예비고사에서 뜻밖의 득점을 받은 나는 서울의 모 명문대학에 응시하겠다고 고집을 부렸다. 턱없는 자신감과 근거 없는 용맹이었다. 당시 선생님께서 하신 딱 두 마디 말씀이 지금도 생생하다.

"여기 가면 안 돼. 떨어지네."

본고사를 치러 가서 시험지를 받고서야 난 이 말씀에 동의했다. 풀 수 있는 문제가 없었다. 2교시를 치르고 나머지 시험을 포기하고 나온 일은 내 인생 최초의 큰 좌절이었다. 나는 조언을 듣지 않은 대가를 한 해의 재수와 더 낮은 대학에 입학하는 것으로 치룰 수밖에 없었다.

생각해 보면 선생님의 말씀은 입시를 지도하는 교사의 일상 업무였을 것이고, 나에게만 특별하신 것은 아니었을 것이다. 그러나 그런 일상의 말씀과 행동을 허투루 하시지 않는 게 선생님이다.

흔히 감정이 말을 흔들고 편견이 상황을 오판하게 한다. 선생님의 생각은 깊고 조언은 조심스러워하셨다. 항상 그러셨다. 그 말씀과 행동이 그러하니 지금도 우리는 그 말씀을 무겁고 귀하게 받아들이게 된다.

좋은 스승은 "그 스승됨"으로 좋은 인연을 만들어준다. 우리도 선생님을 거멀못으로 마죽馬竹[2]이라는 오랜 인연을 이어왔다. 그 인연이 무려 40여 년간이다. 마죽은 세상의 곳곳에서 모두 다른 모습으로 살지만, 우리가 만나는 모습은 여전히 40년 전 그 '송죽루'이다. 지난 40년을 잇게 하고, 그 모습을 한결같게 한 큰 원천 중의 하나가 우리 선생님이다. 그런 의식이 '마죽인馬竹人'에게 모두 있어, 그 자리는 모두가 고 3으로 평등하다. 평등한 자리이니 마죽에서는 우리의 마음도 활짝 열리게 된다. 그 열린 모임을 있게 한 큰 원천이 우리 선생님이다.

자주 뵙지 못해 소식이 궁금하던 중, 한 달 전쯤 안동대 이성규 교수가 전화로 선생님의 고희를 말하면서 문집을 낸다고 글을 부탁해 왔다. 내가

2. 마죽(馬竹)이란 안동고 29회 3학년 3반 학생들 20여 명이 졸업 직전(1980년 1월경)에 모여 만든 작은 모임으로 '마뜰(馬) 친구들이 당시 안동 시내 사장뚝 밑에 있었던 중국집인 송죽루(松竹樓)에서 짜장면을 먹으면서 졸업 후에도 영원히 우정을 다지자'고 결의하면서 붙인 이름이다. 한마디로 이 모임은 김연호 선생님을 열렬히 사모하는 학생들의 모임으로 지금도 이어오고 있다.

국어 선생이니 글에는 좀 낫다고 생각한 모양이다. 전혀 그렇지도 못한데 모르고서 부탁을 하여 사양하는 게 맞지만, 40년 마죽 인연과 선생님 손아래 동서이자 마죽 친구인 권용성 사장을 생각하여 기억나는 몇 가지를 적어 정성을 다해 보았다. 그저 선생님의 큰일에 누가 되지나 않을까 조심스러울 뿐이다.

노인은 많지만 스승은 잘 보기 어려운 시대이다. 자주 뵙지는 못해도 "존경하고 사랑하는 스승을 마음속에 모시고 산다"는 것은 삶의 큰 지남(指南 : 이끌어 가르침 또는 지침)이 된다. 마침 스승의 날이 가까이 되니 그 마음이 더욱 커지는데, 모쪼록 바라는 것은 우리의 이 행운이 오래 지속되는 것이다. 사모님과 자주 여행도 다니시고 글도 쓰시면서 더욱 깊고 행복한 시간이 되셨으면 좋겠다.

2017년 5월

스승의 날 즈음에 제자 **이탁** 씀

* 이탁(안동고 29회 졸업, 국문학 박사, 현 경상고 국어교사)

차례

낙서재기樂西齋記

그 날이여 다시 한번

당신, 내 꿈속에서 맞으리

'문전성시門前成市'를 꿈꾸며

유토피아

강의노트 · 초抄

전시품과의 대화

신라 사람들

이제는 말할 수 있다

'나눔'

여정의 길목

낙서재기 樂西齋記

이미 서향집이 바꿀 수 없는 고정된 상황일진대 이 상황을 즐기자. 여름 오전의 시원함을 즐기고 겨울 오후의 따뜻함을 즐기자. 봄날 하오下午 발끝에 곰실거리는 햇살을 받으며, 또는 가을 저녁 무렵 서녘하늘을 물들이는 노을을 바라보며 코끝을 스치는 한 잔의 차 향기를 즐기자. — '낙서재기' 중

낙서재기樂西齋記 / 공터 / 어느 집의 봄 풍경 / 텃밭의 반란 / 아침 산행길에서
백초百草를 다 심어도 / 밑지는 장사, 남는 장사 / 빼앗긴 가을

낙서재기 樂西齋記

▲ 낙서재

여름날의 꿈을 걷어내듯 꽃잎을 떨군 봉숭아 대궁을 모두 잘라내었다. 흰색이 유달리 많았던 향기 짙은 여름꽃이 지고 가을꽃의 제왕 국화가 피기 전인 지금이 낙서재 뜰로 볼 때는 연중 가장 꽃이 적은 시기이기도 하다. 그나마 몇 포기 꽃은 거의 보라색이다. '아스타', '금강초롱', '층

층꽃' 등의 보랏빛 색조가 건너편 남산 마루에 걸린 저녁 햇살을 받아 가뜩이나 쓸쓸한 뜰에 더욱 두꺼운 그림자를 드리운다.

蟋蟀在堂실솔재당　귀뚜라미 소리 집안에 드니
聿歲其暮율세기모　한 해도 또한 저물어가는구나.

시경詩經에 나오는 구절이다. 일 년 중 세월의 흐름을 가장 많이 느끼는 때가 귀뚜라미 우는 가을이듯, 하루 중에는 석양 무렵인 이때가 시간이 지나가는 것을 여실히 지켜볼 수 있는 순간이다. 해가 산마루에 걸린 때로부터 산 너머로 사라지기까지의 시간은 불과 1분여밖에 되지 않는다. 이 1분 안에 지름 139만km의 태양이 자취를 감춘다. 분속分速 139만km의 가공할 만한 속도가 아닌가? 이렇듯 시간은 빨리 흐른다. 곧 이어 땅거미가 내려앉고 낙서재의 일상도 조용히 어둠에 묻히게 된다.

낙서제樂西齋 — 편액을 보지 못한 사람은 대부분 '樂書齋'로 알고 독서당讀書堂을 연상하거나 더러는 '樂善齋'로 잘못 알았다고도 한다. 하지만 다들 너무 큰 의미를 부여한 것 같다. 내 생활이 그만큼 면학勉學이나 선행善行에 부합되지도 않는다.

이전에 살던 집은 참 좁았다. 앞집, 뒷집과는 담 하나를 사이에 두고 지근至近거리에 있었다. 담 밑 예닐곱 평 되는 땅을 화단이라 이름 붙여 몇 포기 화초를 심었지만 그늘이 져서 제대로 자랄 리가 만무했다. 그래도 바싹 담 밑에 붙여 감나무, 목련, 라일락을 각각 한 그루씩 심었는데 공간이 너무 좁아 위로만 볼품없이 자라서 보기가 민망할 지경이었다. 단층 슬라브 집이라 여름이면 뜨겁게 달아올라 자정이 넘도록 열기가 식지 않았다.

집을 옮겨야겠다고 마음먹은 때는 정년이 얼마 남지 않은 무렵이었다. 정년 이후에는 시내를 벗어나 맑은 공기에 흙이라도 가까이 해야겠다는 생각이 들었기 때문이었다. 그렇다 하더라도 저택 수준의 호화주택 신축이나 구입은 아예 생각조차 하지 않았다. 아니, 할 수가 없었다. 돈이 없기도 하지만, 설령 돈이 있더라도 엄청난 집의 무게에 지배당하면서 살기가 싫었다. 처음엔 신축을 생각했지만 그 과정을 감당하지 못할 것 같아 기존의 주택을 구입하기로 하였다.

먼저 입지조건으로 몇 가지를 생각했다. 첫째는 도심에서 차로 30분 이내의 한적한 곳일 것, 집 뒤에 산이 있고 앞으로는 전망을 확보한 곳일 것, 외따로 떨어져 있지 않고 주변에 몇 집이라도 이웃이 있을 것, 시내에 가기 위해서 승용차가 아니더라도 대중교통을 이용할 수 있을 것, 그리고 면적은 약 200여 평 정도는 확보되면서 채소라도 가꿀 공간이 있을 것 등이었다. 하기는 신神에게 이런 청원을 했다면 "야 이놈아, 그런 곳 있으면 내가 가지"라고 할 만도 했다.

부동산중개소에 부탁도 하고 지인들의 소개로 여러 곳을 다녀보았지만 좀처럼 마음에 드는 곳이 나타나지 않아 거의 포기하고 있었다. 그런데 어느 날 한 부동산소개소에서 연락이 와서 가볼 만한 곳이 있다고 했다. 하지만 별로 큰 기대를 하지 않은 채 일단 가보기로 하였다. 그런데 답사를 해보니 어느 정도 조건이 충족되는 곳이었다.

200여 평 되는 대지에 가격도 맞고 위치도 괜찮았다. 약간 높은 지대에서 산을 등지고 있으면서 들판을 한눈에 내려다 볼 수도 있고 멀리 맞은편에는 경주 남산南山 능선이 길게 이어져 있었다. 그리고 주변에는 묘지 도래솔이긴 하나 큰 소나무도 몇 그루 서 있고 담 뒤에는 대나무가 바람소리를 자아내었다.

그리고 이웃으로도 대부분 노인 가구이긴 하지만 약 20호 정도가 있었다. 시내까지도 차로 10~15분이면 갈 수 있을 정도로 도심지와의 접근성도 좋다. 국도변에서 약 300~400미터 떨어진 곳이라 언제든지 나가기만 하면 시내버스를 탈 수 있다. 건물 자체도 비록 허술하게 관리를 했지만 내부구조만큼은 반듯하고 안방과 거실도 넓었다. 무엇보다 담장 바깥 양옆에 약간의 채마밭이 있어서 좋았다.

하지만 지나칠 수 없는 흠결도 만만치 않았다. 비록 나무 서까래와 골기와 지붕을 한, 외양상 한옥이지만 대부분의 자재는 벽돌이며 지은 지도 십수 년이 지난 집이었다. 외풍이 셀 것은 뻔했다. 그리고 좀 떨어지기는 했지만 앞집의 창고 같은 가건물이 미관을 상당히 해치고 있었다. 그보다 더 문제가 되는 것은 바로 앞집에 십여 마리 소를 키우는 축사가 있다는 사실이었다. 기상 조건에 따라 냄새를 유발할 것이 틀림이 없었다. 그리고 경주–울산 국도가 너무 혼잡한 도로여서 항상 운전에 주의를 요하며, 특히 시내에서 마을로 들어올 때 신경이 많이 쓰인다. 그런데 더 큰 문제는 건물을 배산背山하여 전저후고前低後高로 안치하다 보니 향방이 서향에 가깝다는 것이다.

바로 이런 점들로 인해 선불리 결정을 내리지 못하였다. 거의 마음을 접고 있는 단계에서 우리 사정을 알고 있는 인척 한 사람이 자기가 아는 아마추어 풍수지리가 한 사람을 대동하고 와서 그동안 보아 온 집의 터를 봐주겠다는 연락이 왔다. 이곳저곳을 함께 다니다가 바로 위의 집을 보더니 터가 아주 좋다고 하며 적극 권했다. 요즘 요만한 터도 잘 없다고 했다. 그 인척은 자기도 축산업을 하지만 축사畜舍 문제도 이 정도면 문제될 것이 없다고 하였다.

그 일이 계기가 되어 다시 생각하기에 이르렀다. 실제 흐린 날에 와서 축사 냄새도 맡아보고 건축하는 지인에게 건물에 대한 의견도 듣고 서향집 문제도 짚어본 후 결국 계약을 하게 되었다. 그리고는 건물의 도색塗色은 물론 붙박이장과 서가書架, 창고, 심야전기 시설 등 거의 모든 환경을 리모델링 수준으로 손을 보고 건물 외부도 약간의 조경석造景石을 곁들여 담장 밑으로 화단을 조성하였다.

20여 일 준비 끝에 이사를 했다. 그때가 8월이었는데 역시 집에 들고 보니 집의 향방과 관련하여 매우 더웠다. 특히 오후에는 덥기가 시내와 별반 다름이 없었다. 산이 가깝고 마당이 잔디로 되어 있어도 덥기는 마찬가지였다. 역시 남향집이 좋다는 말이 떠올랐다. 그러나 이미 선택의 단계는 지났다. 모든 게 결정이 난 상태다. 불편해도 할 수 없고 불평해봐야 여건이 달라지지 않는다.

그렇다면 서향西向이라는 결점을 장점으로 바꾸는 것이 어떨까? 여름날 오후에 찌듯이 덥다는 사실은 뒤집어 생각하면 겨울 오후에는 매우 따뜻하다는 뜻이 된다. 실제 여름에라도 오전에는 얼마나 시원한가? 사실 여름만 빼고는 햇볕이 필요한 봄, 가을, 겨울에 도타운 햇볕이 건물 안 깊숙이 들어오는 것은 서향집의 장점이 아닌가? 그리고 때에 따라 오후의 볕살이 아주 거추장스럽게 느껴진다면 거실이나 방안의 큰 창문 앞에 롤 스크린이나 블라인드, 커튼 등으로 적당히 차광을 하면 될 것이다. 그윽한 분위기가 되지 말란 법이 어디 있는가?

그런데 무엇보다 서향집의 장점은 낙조落照를 볼 수 있다는 데 있다. 하루 일과를 접는 일몰의 시각, 서쪽 하늘을 물들이는 저녁놀의 장엄함은 서향이 아니고는 맛볼 수 없다.

어느 문화재 해설가는 자신의 집을 결정하는 조건으로 첫째, 개발이 된 지역이 아닐 것, 둘째, 주변에 문화 유적지가 있을 것, 셋째, 일몰을 볼 수 있을 것이라고 하는 말을 들은 적이 있다. 그렇다면 이들 중 셋째 조건은 확실하게 갖춘 곳이 아닌가?

'피할 수 없으면 즐겨라'라는 말이 있다. 그렇다. 이미 서향집이 바꿀 수 없는 고정된 상황일진대 서향을 즐기자. 여름 오전의 시원함을 즐기고 겨울 오후의 따뜻함을 즐기자. 봄날 하오下午 발끝에 곰실거리는 햇살을 받으며, 또는 가을 저녁 무렵 서녘 하늘을 물들이는 노을을 바라보며 코끝을 스치는 한 잔의 차 향기를 즐기자. 대충 이런 취지에서 건물 전면前面에 달아놓은 편액이 바로 지금의 '樂西齋낙서재'이다.

이제 운명을 받아들일 나이인 지천명知天命을 지나도 훨씬 지난 시기에 운명을 어찌 바꾸겠는가? 그렇다면 주어진 운명과 여건을 거부하지 않고 즐기리라. 타고난 게으른 천성을 즐기고, 솔바람소리, 새소리를 즐기고, 맑은 하늘, 푸른 산을 즐기리라. 지인이 찾아오면 함께 인정을 즐기고 오지 않으면 않는 대로 적료함을 즐기리라. 비록 반갑지 않은 손님인 늙음이나 병치레가 찾아오더라도 항변하거나 거부하지 않으리라. 그것이 진정 나에게 피할 수 없는 상황이라면 …… .

(2008. 10)

공터

우리 집 서남쪽 모퉁이에는 공터가 하나 있다. 원래 이 자리에는 큰 호두나무가 한 그루 있었는데 처음 이사를 와서 보니 중허리는 잘려져 버리고 담 높이 가량의 밑둥치만 남아 있었다. 그리고 그 밑둥치에 몇 개의 가지가 새순을 키우고 있었다.

그런데 이전 집주인이 나무를 자른 이유가 재미있다. 하도 새가 많이 날아와 시끄럽게 울기 때문이라고 했다. 하기는 이른 아침부터 새들이 울어 단잠을 깨우고 배설물로 나무 밑을 더럽히기도 했을 것이다. 그렇다 하더라도 이백여 평이나 되는 넓은 집안에 새 앉을 자리 하나 용납하지 못하는 그 마음이 매우 가난하게 느껴졌다.

지금 그 나무 밑이 우리 집의 유일한 공터이다. 처음에는 서쪽과 남쪽의 담장 밑이 모두 비어 있었는데 이사 들기 직전에 그 담장 밑을 따라 화단을 조성하면서 넓은 공터가 모두 사라졌다. 호두나무가 있는 그 구석은 그늘진 곳이라 화단으로도 적합하지 않았기 때문에 비워둔 곳이다. 당시에는 활용되지 못한 채 버려진 그 공간이 보기가 싫어 눈이 자주 갔다. 무엇으로 활용할까 고민도 했다.

하지만 지금은 매우 유용하게 쓰이고 있다. 제 위치를 찾지 못하는 온갖 물건들을 던져두는 수납공간이 된다. 쓰레기봉투, 잘라낸 나뭇가지, 스티로폼 상자, 헌 물통, 쓰다 남은 화분, 영농 폐기물, 깨진 유리 등 참으로 잡다하다. 그리고 잘라내고 남은 가지에 줄을 매어 빨래를 널기도 한다.

이처럼 전체 짜임새를 해치는 쓸모없을 것 같은 공간이 어떤 이름 붙은 장소에 못지않게 요긴하게 쓰인다. 그렇게 생각하고 보니 마당의 공터만이 아니다. 안방의 옷걸이 너머나 침대 밑, 주방의 냉장고와 찬장 사이, 그리고 코너장 등 시야가 가려진 곳들이 다 이런 공터의 구실을 한다. 당장 필요하지 않은 아무 물건이나 손쉽게 치워두는 곳들이다. 어쩌면 이런 공간이 있기에 집안 전체가 정돈 상태로 유지가 된다.

문득 학교생활을 할 때 교실의 뒤편 환경구성 난이 생각난다. 학기 초에 학습란이니 작품란이니 시사란이니 하여 빽빽이 환경물을 붙여 두지만 얼마 되지 않아 낙서가 등장한다. 아무리 학생들에게 주의를 주고 엄포를 놓아도 효과가 없다. 그런데 언제부터인가 낙서장을 따로 설치한 학반이 많아지자 낙서가 현격히 줄어들게 되었다. 낙서장이 학생들의 평소 느낀 감정의 찌꺼기를 맘대로 배설할 장소, 곧 공터 구실을 한 것이다.

요즈음 걸핏하면 공공기관의 앞마당을 메우고 도로를 점유하여 불편을 주는 우리의 시위문화도 마음껏 의사를 표시할 수 있는 공터가 없기 때문은 아닐까? 민주주의의 발상지인 그리스에서는 일찍이 도시 한가운데 '아고라'라고 하는 광장이 있었다. 여기서 시민들이 모여 대화를 하고 여론을 형성했다. 오늘날 서양의 광장문화는 이렇게 하여 생겨난 것이다. 그러니까 공터가 '민주주의의 발상'이 된 것이다.

오늘날 사이버 공간의 자유게시판이라는 곳도 그렇다. 악성 댓글이 문제가 되기도 하지만 어느 정도는 감내하지 않을 수가 없다. 살아가면서 느끼는 불평, 불만, 분노 등의 감정을 분출하는 이런 공터를 없애면 그 감정들은 현실 속으로 나오게 되어 피해가 더 클 것이다.

공터는 유용함뿐만이 아니라 생활의 여유, 곧 휴식과 편안함을 준다. 휴식과 편안함은 결코 완벽한 데서 나오지 않는다.

사찰 문화재를 생각해 본다. 지난 휴일에 가본 불국사는 이름 그대로 경전 속에 나오는 불국토를 현실 속에 재현한 최고의 사찰이다. 가장 많은 국보를 지니고, 가장 완벽한 가람伽藍 구조를 갖추었기에 가장 많은 관람객이 찾는 우리나라 대표 사찰이다. 그런데 경내에 들어섰을 때 편안함보다는 왠지 답답함과 긴장감을 느낀다. 휴일의 많은 관람객 때문만은 아닐 것이다. 이런 느낌은 절의 맨 위쪽 높은 곳에 있는 관음전觀音殿 마당에서 밑으로 펼쳐진 들판을 바라볼 때에까지 사라지지 않는다. 경내를 나오는 도중 주춧돌만 남은 법화전지法華殿址에서 약간 숨을 고르고 출구 부근의 폐석재를 모아놓은 곳에서 비로소 심호흡을 한다. 이곳이 유일한 공터이기 때문이다.

유물로서의 다보탑, 석가탑도 너무 완벽하다. 신라 석탑의 완성형이기에 붙일 것도 더 덜어낼 것도 없다. 품위와 격조, 아름다움이라는 면에서는 더할 나위가 없지만 편안하다는 느낌은 주지 않는다. 이에 비하면 복원되지 않은 황룡사지나 감은사지를 생각하면 일단 가슴이 확 트인다. 이들 터 자체가 공터이기 때문일 것이다. 그리고 석탑을 볼 때도 상륜부까지 완벽하게 짜맞춘 석가탑보다 찰주刹柱만 남은 감은사 탑이 솜씨가 좀 거칠더라도 더 편안한 느낌을 준다.

근래에 황룡사 복원 계획이 구체화되어 가고 있다고 한다. 80m나 되는 구층탑의 위용을 보고 싶지 않은 것은 아니지만 복원되고 나면 불국사처럼 공터라곤 찾기 어려울 것이다. 제대로 복원하지 못할 바엔 차라리 그냥 두고 편안하고 자유롭게 상상의 날개를 펴며 세월의 바람소리를 듣는 것이 훨씬 좋다고 생각된다.

석굴암 또한 그렇다. 반지름 12척의 원형 인공석굴을 중심으로 40구 가까운 불상군단이 들어서서 숨소리도 들릴 정도의 완벽한 정밀 세계靜謐世界를 이루고 있다. 숨이 막힐 듯한 것은 이 역시 보호막으로 설치한 유리 칸막이 때문만은 아닐 것이다. 본존불 또한 위엄과 자비, 곧 엄숙함과 따뜻함을 모두 갖추었다고 하지만 너무나도 완벽한 상호相好이기에 오히려 가까이 하기에 어려운 느낌이 든다. 불상으로서의 완성도는 낮지만 이웃집 할머니 같은 동남산의 감실석불좌상龕室石佛坐像이나 인심 좋은 할아버지 같은 서남산의 배리삼존불拜里三尊佛에서 친근감이나 편안함을 더 느낄 수가 있다.

사람도 이와 같다. 추호의 허점도 보이지 않는 똑똑하고 유능한 사람보다는 허점이나 부족한 점이 있는 사람에게 다가가기가 훨씬 편하다. 웬만한 실수는 용인이 될 것 같은 느낌을 주기 때문이다. 또한 똑똑하고 완전한 사람만으로는 우리 사회가 영위되지 않는다. 각박한 현실에서 받은 온갖 스트레스를 풀어줄 수 있는 낙서장의 구실을 하는 사람도 필요하다.

무용지용無用之用, 곧 하찮은 것이 가장 중요하다는 인식은 노자류老子類의 역발상이기도 하다. '장자莊子' 소요유逍遙遊 편에는 쓸모없는 큰 나무를 옹호하는 이야기가 나온다. 즉, 구부러지고 비틀려지고 옹이 투성이라서 도저히 건축이나 연장 재목으로 쓰일 수 없지만 그렇기에 잘려지지 않고 남아 사람들에게 더위를 식히게 하고 휴식을 가져다준다.

다시 호두나무 밑 공터를 바라본다. 그런데 안타깝게도 이 공터가 요즘은 많이 좁아졌다. 담에 붙여 장작더미가 생기고 떼어낸 잔디도 쌓여 있다. 그리고 쓰다 남은 화분 무더기도 한 모퉁이를 차지하고 있다. 거기에다가 웬걸 석류 묘목 한 그루마저 비집고 들어섰다. 손바닥만 한 터라도 이용하려는 알량한 욕심 때문이다.

버려야 할 것을 버리지 못하면 이미 공터가 아니다. 그곳에 뭔가를 버릴 수가 있어야 공터이다. 그런데 버려진 것이 오래 쌓이면 저장고밖에 되지 못한다. 말하자면 공터도 신진대사가 이루어져야 한다.

퇴직 직후 비우고 살아야겠다는 생각으로 며칠에 걸쳐 책장과 서랍 등을 정리했다. 정말 많이 버렸다. 그런데 그동안 또 많이 채워져 버렸다. 책장과 서랍뿐만이 아닐 것이다. 문득 한때 유행했던 노래 한 소절이 떠오른다.

내 속엔 내가 너무도 많아
당신의 쉴 곳 없네.
내 속엔 헛된 바램들로
당신의 편할 곳 없네. (조성모 / '가시나무' 중)

이기심과 욕심으로 꽉 들어찬 마음속에 어떻게 다른 사람이 들어와 편히 쉴 공간이 있겠는가? 이제 좁아진 호두나무 밑 공터를 비움과 동시에, 마음의 공터에도 좁으나마 푸른 그늘 드리우고 그 아래 벤치라도 하나 마련하였으면 한다. 하지만 그 벤치는 너무 깨끗하여 먼지 하나 없는 눈부신 것이 아니라 떨어진 낙엽 훅 불어내고 편히 앉을 수 있는 것이었으면 좋겠다.

(2011. 11)

어느 집의 봄 풍경

한 열흘 정도 지각한 봄이 산 중허리의 진달래와 담장 밑의 개나리를 앞세워 점차 세력을 키워가고 있습니다. 집 가까운 텃밭에는 제각기 밭갈이를 하고, 이랑을 짓고, 파종을 하는 등 봄을 맞은 시골마을은 이제 서서히 기지개를 켭니다.

땅콩을 심으려 이랑에 비닐을 깔아놓고 집으로 돌아오는 길에 문득 길가 빈집 앞에 발걸음을 멈추었습니다. 빈집인데도 여느 집과 다름없이 봄으로 가득 차 있었습니다. 할머니 한 분이 살다가 치매로 인해 혼자 생활하기가 어려워 요양원에 들어간 이후 비어 있는 집입니다. 요양원에 들어간 것이 작년 늦가을이니 벌써 5~6개월 정도 지났나 봅니다. 처음엔 몸이 편찮아서 병원에 갔다고 들었는데 월여가 지나도록 퇴원을 하지 않아 다시 알아보니 아예 장기적으로 요양원에 들어갔다고 합니다.

사실 우리는 토박이가 아니어서 이 마을 이웃들의 내막을 속속들이 잘 모릅니다. 할머니는 아들 4형제를 두었는데 다들 잘 되어서 대도시에 나가 살고 있다고 합니다. 그 중 한 아들만 좀 가까운 곳에 사는데 더러 와서 자고 갑니다. 검은 승용차를 보면 알 수 있습니다. 그러고 보면 손발 닳도록 일하여 소위 출세시킨 자식일수록 농토를 지키며 부모와 함께 살아갈 가능성이 거의 없습니다.

집은 재래식 건물을 헐고 새로 지은 단층 슬라브인데 갈색 벽돌로 아담하게 담장까지 둘렀습니다. 대문 밖에는 앞집 담을 따라 심어놓은 두릅나무가 소담한 새순을 토해내고 있고 꽃단풍 새잎이 꽃보다 더 붉게 피었습니다. 하지만 지난해 여름에 할머니가 심었던 배추는 돌보지도 거두지도 않아서 그 자리에 말라버린 상태로 있고 장다리 몇 포기만이 노란 꽃을 피우고 있었습니다. 그리고 이랑에 깔았던 비닐조각이 서럽게 펄럭입니다. 발걸음 옮겨 대문 안에 들어서니 담 밑 화단에는 홍매紅梅 가지에 봄이 흐드러지게 녹아내리고, 철쭉 떨기에는 잎보다 먼저 한 나무 가득 붉은 꽃봉오리가 송글송글 맺혔습니다. 하지만 방문은 굳게 닫혀 있습니다.

작년 이맘 때만 해도 집안을 정돈하고 대문 밖 채마밭에 잡초를 뽑고 야채를 가꾸던 할머니를 만나곤 했는데, 이제는 돌보는 손길이 끊어져 집 안팎 구석마다 쓰레기가 쌓여 보기도 민망할 지경이었습니다. 문득 한시漢詩 한 구절이 생각납니다.

去年今日此門中거년금일차문중	지난해 오늘 이 문 앞에서는
人面桃花相映紅인면도화상영홍	사람 얼굴과 복사꽃이 서로 붉게 비치었더니
人面不知何處去인면부지하처거	이제, 그 사람 간 곳 모르고
桃花依舊笑春風도화의구소춘풍	복사꽃만 그때처럼 봄바람에 웃고 있네.

우리 부부가 이 마을에 이사를 와서 할머니에게 특별한 관심을 가지게 된 계기는 좋은 일 때문은 아니었습니다. 우리 집 바로 옆 도로 밑으

로는 개울이 있고 도로와 개울 사이에는 높은 둑이 있습니다. 그리고 둑 한쪽에는 야생 세죽細竹이 자라는 작은 숲이 있습니다. 그런데 그 둑 밑과 인접 대숲 속에 마구 쓰레기가 버려져 있었습니다. 김맨 잡초나 고추 꼭지나 나물 찌꺼기 같은 것은 썩기 때문에 별반 문제가 될 것이 없습니다. 다만 문제는 수십 년이 가도 썩지 않을 비닐, 공병, 비료포대, 합성수지 폐품 등이었습니다.

처음에는 농촌주민들의 환경보전 의식을 탓하며 몇 번이나 악취를 무릅쓰고 내려가서 그 쓰레기들을 수거하여 처리하였지만 근절되지 않았습니다. 결국 이웃에 수소문도 하고 쓰레기 검사도 한 결과 주로 내다버리는 사람 두 분 중의 한 분이 바로 그 할머니였습니다. 그래서 할머니에게 듣기 좋은 말로 설득도 하고 더러는 신고 되면 벌금 처분을 받는다고 협박(?)도 했지만 아무 효과가 없었습니다.

그래서 한번은 할머니 집에 왔다가 승용차를 타고 가는 아들을 만나 이런 사정 이야기를 했더니 내 말에 수긍하며 말씀드리겠다고 했습니다. 하지만 할머니가 정신장애를 겪고 있다는 말은 끝내 듣지 못했습니다. 그때 할머니의 상태를 알려주었더라면 그렇게 오해를 하지 않았을 텐데 하는 생각이 듭니다. 사실 할머니의 치매 증상은 치매환자 치고는 매우 양호한 편입니다. 뻔한 상황을 부정하기도 하고 돌아서면 잊어버리지만 대체로 만나서는 쉽게 수긍을 하는 편입니다. 환자에 따라서는 자신에게 불리한 이야기를 들으면 심한 짜증을 내거나 적개심을 가지고 욕설도 한다고 합니다. 그런데 얼마 후에는 할머니가 이웃의 농작물에 손을 댄다는 소문이 파다했습니다. 그때가 작년 여름이었습니다. 그 무렵 방문 요양사가 지정된 요일에 왔다 갔다 하더니 몇 달이 지나자 끝내 할머니는 요양원에 갔습니다.

치매란 뇌세포의 손상으로 인지기능이 저하되어 정상적인 생활을 못하는 증상을 말합니다. 따라서 그 어떤 질병보다도 환자 본인은 물론 가족의 삶까지도 피폐하게 하는 참 무서운 질병입니다. 최근 보건복지부에 따르면 지난해를 기준으로 65세 이상 노인 인구 중 치매노인은 약 50만 명이지만 2027년에는 100만 명, 2050년엔 전체 노인 인구의 13.2%인 200만 명을 돌파한다고 합니다. 갈수록 증가율이 커지는 것이지요. '치매를 산다는 것'의 저자 일본 의사 오자와 이사오小澤正夫는, 치매는 기피하고 격리되어야 할 질병이 아니라 인생의 마무리 단계에서 만나게 되는 불가피한 삶의 한 과정일 뿐이라고 말했습니다. 말하자면 우리가 치매환자나 치매환자의 가족의 아픔을 생각한다면 그들에 대한 무관심과 냉담으로부터 벗어나 따뜻한 시선을 가져야 한다는 말이지요.

막상 요양원에 들어가서 반년이 다 되어 가는 지금에 와서야 당시에 치매인 줄도 모르고 할머니에게 따뜻하게 대하지 못하고 더러는 원망도 한 것이 후회됩니다. 정상적인 현실을 정상으로 받아들이지 않는 할머니나, 지적 장애를 가진 할머니를 정상 사고를 가진 사람으로 오인하여 원망한 나 자신이나 별반 다름이 없다고 생각합니다.

그래도 할머니는 질병으로 진단받은 환자이기에 행위에 대한 면책 사유라도 인정이 되지만 오늘날 환자가 아니면서도 치매증상을 보이는 사람들이 얼마나 많습니까? 사실 어쩌면 오늘을 살아가는 우리 모두가 치매환자인지 모릅니다.

받을 줄만 알고 베풀 줄은 모르는 이상한 계산법, 이익 되는 것이라면 가리지 않고 취하는 과식성, 은혜와 원망 사이의 착란증, 겨울이 지났는지 봄이 오는지 아랑곳 하지 않는 무감동, 오로지 자신의 존재와 영역에만 집착하는 환상, 욕설로 스스로의 인격을 드러내는 횡포, 약자에게 더욱 심하게 나타나는 공격성, 유독 한 시기만을 고집하는 제한된 기억력, 상대의 요구나 기대에 대한 동문서답식 반응—이것들이 어찌 치매환자에게만 해당되는 증상이라고 할 수 있겠습니까? 오늘날 시급히 치료해야 할 증상이 아닌지 모르겠습니다.

하루 빨리 할머니가 돌아와서 이 집안에 가득 찬 봄을 헛되이 보내지 않고 대문 앞 텃밭에 상추 씨앗을 뿌리고 고추 모종을 심고 화단을 가꾸는 모습을 보고 싶습니다. 그렇게만 되면 할머니가 버리는 쓰레기 정도는 얼마든지 치워드릴 용의가 있습니다.

(2012. 4)

텃밭의 반란

4.29 보궐선거에서 야당이 전패全敗했다. 4개 지역구 가운데 1곳도 이기지 못했다. 4개의 지역구 중 3곳은 한동안 줄곧 야당 국회의원이 배출된 선거구이다. 이른바 야당의 텃밭이었다. 그런데 한 곳도 이기지 못한 것이다. 특히 광주에서의 패배를 두고 '텃밭의 반란'이라는 분석이 나왔다. 광주는 제1야당이면 부지깽이만 꽂아놓아도 당선된다는 지역이다. 그런데 이번에는 투표자의 30% 지지도 얻지 못했다. 가장 믿어온 텃밭의 지지자들이 돌아선 것이다. 이는 산토끼를 좇다가 집토끼를 잃어버린 격이고, '믿는 도끼에 발등 찍힌 격'이기도 하다.

정치에 있어서 지지기반이 있다는 것은 매우 중요하다. 특히 우리나라와 같이 지역과 연령 간의 투표성향이 극명하게 갈리는 정치 풍토에서는 지지기반의 표심을 얻지 못하고는 정당 자체가 존립할 수 없다.

선거에 패배한 후 대권후보군 중의 한 야당 대표는 급기야 광주 민심을 달래려 광주에 내려갔다. 하지만 공항에서부터 반대자들의 시위로 인해 공항 뒷문을 통해 빠져 나오거나 경찰에 신변보호를 요청하는 등 불미스러운 결과를 초래하고 발길을 돌려야 했다. 야당으로서는 종전 같으면 상상도 하지 못할 쓰라린 일이었다.

'텃밭'이란 집터에 딸려 있거나 집 가까이 있는 밭이다. 농가에 텃밭이 없는 것은 가까운 친구가 없는 것과도 같다. 텃밭은 참 편한 곳이다. 반찬이 없을 때는 언제든지 풋고추, 상추, 깻잎 등을 따오면 된다. 그리고 아주 간편한 옷차림으로 나갈 수 있는 곳이기도 하다. 이웃과 만나 스스럼없이 대화하고 생활정보를 교류하는 대화의 장이기도 하다.

농촌지역에 속한 우리 집에도 담장 바깥 양쪽에 텃밭이 있다. 합하면 30~40평은 된다. 이만 하면 채소밭으로는 충분하다. 뿐만 아니라 고구마, 감자, 땅콩도 맛볼 만큼 심을 수 있다. 그런데 욕심일까? 그동안 이 담 밑 텃밭 이외에도 몇 년째 조금 떨어진 곳에 지인知人의 밭 200평을 부쳐오고 있다. 소작인 셈이다. 집터로 사둔 밭인데 부탁을 받아 집짓기 전까지 부치기로 했다. 하지만 더 넓은 밭을 부치다 보니 자연스레 담 밑 텃밭에 대한 관심이 떨어졌다.

지난해는 특히 담 밑 텃밭에서 재미를 보지 못했다. 진딧물로 케일 농사를 망치고, 탄저병으로 고추도 별로 따지 못했다. 이 역시 '텃밭의 반란'이다. 텃밭이라 하여도 돌보지 않고서는 수확을 보장받지 못한다.

춘추전국시대 중국의 변방에 위치했던 연燕나라는 국력이 약했다. 특히 소왕昭王이 왕위에 올랐을 때 안으로는 내분으로 혼란스러웠고, 밖으로는 이웃 제齊나라에 많은 영토를 빼앗겼다. 그래서 왕은 국력을 키우기 위해 인재를 널리 영입하려 했다. 그런데 국내에서가 아니라 국외에서였다. 자연 가까이 있는 신하들의 불만을 샀다. 어느 날 곽외郭隗라는 신하가 왕에게 다음과 같이 말했다.

옛날에 어느 왕이 천 금千金으로 천리마千里馬를 구하려고 하였으나 3년이 지나도록 구하지 못했습니다. 그러던 어느 날 신하 한 사람이 천리마를 구하여 오겠다고 스스로 청하였습니다. 그는 수소문 끝에 천리마가 있는 곳으로 달려갔으나 이미 천리마는 죽은 후였습니다. 그러자 그는 죽은 말의 뼈를 가지고 간 돈의 반인 오백 금五白金을 주고 사왔습니다. 그러자 왕이 노하였습니다. 이때 그 신하는 말했습니다.

"죽은 말의 뼈를 사는 데 오백 금이나 주었으니 하물며 살아 있는 말이야 말해 무엇하겠습니까? 이 소문이 나면 천리마를 가진 자들이 제대로 값을 받기 위해 말을 끌고 이리로 몰려들 것입니다."

과연 1년이 못 되어 왕은 천리마를 세 필이나 구했다고 합니다. 왕께서 진정으로 우수한 인재를 얻기 원하신다면 우선 가까이 있는 사람부터 기용하십시오. 왕께서 저와 같이 하찮은 사람마저 아끼고 잘 대우한다는 소문이 나면 천하의 어진 인재가 모여들지 않겠습니까?

소왕은 곽외의 말대로 그를 등용하여 황금대黃金臺라는 저택을 지어 주고 스승의 예로 극진히 대접하였다. 이 소식이 전해지자 천하의 인재가 모여들었다. 그 가운데는 뒷날 제齊나라와의 전쟁에서 큰 공을 세우는 명장 악의樂毅, 음양오행설의 제창자 추연鄒衍, 훌륭한 정치가 극신劇辛 같은 큰 인물도 있었다. 결국 소왕은 이들의 보필로 제나라로부터 잃은 땅을 되찾았다. 이로 인해 '선시어외先始於隗'라는 말이 생겼는데, 이는 목적하는 바를 먼 곳에서가 아니라 가까운 텃밭에서 찾으라는 뜻이다.

유교 경전 '대학大學'에도 '후厚하게 대해야 할 사람에게 박薄하게 대하고서 박하게 대해도 될 사람에게 후하게 대하는 사람은 없다(其所厚者薄而其所薄者厚 未之有也)'고 했다. 이는 가까운 사람을 소홀히 대하면서 먼 사람을 가깝게 여기는 친교가 결코 성공할 수 없음을 말해 준다.

가까운 사람이나 가까운 장소부터 시작하라—이것이 유교의 가르침이다. 실제 유교만큼 가족과 가정을 중시하는 사상은 없다. 수신修身, 제가齊家, 치국治國, 평천하平天下라고 하여 먼저 자신으로부터 시작하여, 부자父子, 부부, 형제 등의 관계에서 가족 윤리를 실천하고 이를 확산시켜 나가는 것이 올바른 방향이라고 보는 가르침이다. 내 가족을 사랑하지 않고 남을 사랑함은 있을 수 없다는 뜻이다. 어버이에게 효도한 후에 임금에게 충성할 수 있고, 형을 공경한 후에 동네 어른을 공경할 수 있다. 그리고 자식을 자애롭게 대한 후에 백성을 다스릴 수 있다고 했다.

물론 큰 뜻을 펴기 위해 가정을 포기하는 경우도 없진 않다. 멀리 갈 것 없이 일제 강점기 독립운동가들을 보면 안다. 하지만 이들도 가정을 '돌보지 않았다'기보다는 '조국의 독립'이라는 더 큰 목적을 위해 가정을 '돌보지 못했을' 뿐이다. 그렇기 때문에 그들은 어느 누구보다도 가족을 생각하면서 많은 눈물을 흘렸을 것이다.

가족이기에 사랑할 수밖에 없지만 그만큼 소홀하기 쉬운 것도 가족이다. 오늘날 소위 '황혼 이혼'이라는 현상도 어쩌면 젊은 날 부부 간에 있었던 소홀함이 초래한 '텃밭의 반란'이 아닌가 한다. 말하자면 후하게 대해야 할 사람을 박하게 대한 결과다. 나 역시 이런 관점에서 자유로울 수 없을 것 같다. 돌이켜 보면 마음에 걸리는 일이 너무 많다. 가장 편하고, 가장 믿는 것이 부부라고 해서 함부로 대한 면이 없지 않다. 그동안 아내에게 해온 말 자체가 감사, 칭찬, 정성 등의 배려하는 말보다는 불평, 짜증, 무관심 등 무시하는 말이 많다. 황혼 이혼이라는 카드를 제시받지 않음이 오히려 다행스럽다고 할까?

가족만 텃밭이랴? 내가 지금 나가는 일터, 내가 지금 만나는 사람, 이 모두가 나의 텃밭이 아닌가? 따라서 최선을 다해야 할 데가 어디이겠는가? 굳이 모르는 사람을 찾지 말고 이미 알고 있는 사람에게 사랑을 쏟으며, 굳이 다른 일을 찾지 말고 내가 하고 있는 일에 정성을 다하는 것이 텃밭을 잘 가꾸는 길이 되리라. 그렇다. '이 시간', '이 장소', '이 사람'이 있을 뿐이다.

(2015. 5)

아침 산행길에서

미명未明을 헤치고 뒷산을 향합니다. 가을걷이가 끝난 이후에 시작한 내 하루의 첫 일과입니다. 산의 초입에 이르자 마을을 막 벗어나는 지점에 있는 이층집 대문간의 앙증맞은 검은 개가 오늘도 영락없이 짖어댑니다. 이젠 어지간히 낯이 익을 만도 하건만 그냥 봐주지를 않습니다.

연중 내내 빛바랜 조화造花가 상석床石 위에 놓인 분묘 옆을 지납니다. 이어지는 솔숲 길은 그런대로 그윽한 느낌이 들지만 아쉽게도 그리 길지는 않습니다. 바로 경사가 시작되기 때문입니다. 길의 일부는 깊이 패어졌는데 여름날 빗물이 흘러내린 생채기의 아픈 모습입니다.

그 옛날 산은 우리네의 삶의 중요한 무대였지요. 땔나무와 산나물과 퇴비, 그리고 칡뿌리, 버섯, 도끼자루, 도리깨열 등 온갖 자원의 공급원이었습니다. 이 땅의 민초들의 애환이 서린 산을 빼고는 지난날을 떠올리기가 어렵습니다. 하지만 패어진 골의 양쪽 둔덕으로 인해 옛날에는 지겟짐 지고 오르내리기가 퍽 불편했을 것 같습니다.

문득 경사 급한 바윗길이 앞을 막아섭니다. 날렵한 사람은 모르지만 몸이 무겁거나 둔한 사람은 무엇을 잡거나 땅을 짚지 않고는 오르기가 어렵습니다. 그래서 오른쪽 옆으로 둘러가는 길이 나 있습니다. 사실 이 길은 내가 낸 길입니다. 처음 이 마을에 이사를 와서 이 길을 오를 때 다리 관절이 좋지 않은 아내는 이곳을 오르기가 어려웠습니다. 그래서 나무를 잘라내고 흙을 채워 옆길을 내었었습니다. 바로 오르면 열 걸음 남짓한 거리지만 둘러 가면 50여 걸음은 족히 될 것 같습니다. 그 모양이 마치 희랍문자 오메가Ω와 같습니다. 처음에는 우리만 다녔는데 차츰 다니는 사람의 수가 많아져 이제는 완전한 길이 돼버렸습니다.

권도權道라는 것도 이런 것일까요? 물론 이곳을 지나는 정도正道는 경사진 바위를 타고 최단 거리로 오르는 옛길이지만 그 길에 위험이나 어려움이 따른다면 다른 방법을 모색할 수도 있습니다. 이는 변화하는 환경에 대처하는 유연한 자세이기도 합니다. 이처럼 세상살이에서 더러는 권도라는 것도 필요합니다. 특히 앞장서서 조직을 이끌어가는 리더의 발걸음은 매우 중요합니다. 문득 서산대사가 지었다는 한시漢詩 한 수가 떠오릅니다.

踏雪野中去답설야중거　눈 덮인 들판을 갈 때에는
不須胡亂行불수호난행　모름지기 함부로 걷지 말지어다.
今日我行跡금일아행적　오늘 내가 걷는 이 발자취가
遂作後人程수작후인정　내일 뒷사람의 길이 되리니

두름길을 오르고 나니 제법 편편한 바위가 나타납니다. 꽤 전망이 확보된 곳입니다. 탁 트인 들판을 내려다보며 간단한 스트레칭과 심호흡을 한 뒤 다시 걸음을 옮깁니다.

혹한의 고비를 넘긴 나목裸木들이 약간이나마 긴장을 풀고 봄을 맞을 몸짓을 하는 것 같습니다. 특히 이 산에 유달리 많은 때죽나무는 인내의 절정을 벗어나 벌써 순백純白 꿈을 꾸고 있는지 모르겠습니다. 또한 양지쪽의 성급한 진달래는 꽃망울이 약간 부풀어 보입니다.

산마루에 오르기 직전의 마지막 구간은 완만한 경사지대입니다. 처음에는 이곳도 빗물에 길이 떨어져 나가 있었습니다. 그 당시 우리 집을 방문한 친척 한 분이 여기서 발목을 삐었습니다. 그래서 내가 힘들게 괭이로 쪼아 길을 내어, 지금은 누가 봐도 제법 다닐 만하게 되었습니다.

고갯마루에 이르니 좌우 능선으로 길이 갈라집니다. 여기서는 어디로 갈 것인지 선택을 해야 합니다. 오른쪽 능선을 따라 가면 이웃의 큰마을로 이어지는데 마을 뒤편에 이거사지移車寺址라는 신라시대의 절터를 거칩니다. 지금은 처참하게 파괴된 폐탑재만 남아 있습니다. 반대편 왼쪽으로 가면 시市에서 운영하는 쓰레기 처리장으로 가는 포장도로와 만납니다.

삶의 길도 이와 같지 않을까요? 목적지가 같다면 코스는 얼마든지 달리 할 수 있습니다. 각자의 취향이나 능력에 따라 선택하면 됩니다. 산책하기 좋은 오솔길도 있고 넓은 찻길도 있습니다. 건강한 사람만이 갈 수 있는 길도 있고 노약자에게 알맞은 길도 있습니다. 양짓길도 있고 음짓길도 있지요. 따라서 자기와 길이 다르다고 그리 탓할 일이 아닙니다.

그런데 오늘날은 자기 길만을 고집하고 남을 이해하려 들지 않는 경우가 참 많습니다. 진보니 보수니 하는 이념이 그렇고 종교가 또한 그렇습니다. 인간의 삶의 질을 증진시키는 것이 목적이라면 진보면 어떻고 보수면 어떻습니까? 내 종교가 귀하다면 다른 사람의 종교도 존중해야 합니다.

오늘은 왼쪽 능선 길을 선택합니다. 이는 오른쪽 능선을 포기한다는 뜻이기도 합니다. 선택하지 않은 길에 대한 미련이나 아쉬움을 미국의 시인 프로스트Robert Frost는 이렇게 노래했습니다.

노란 숲 속에 길이 두 갈래로 났었습니다.
나는 두 길을 다 가지 못하는 것을 안타깝게 생각하면서,
오랫동안 서서 한 길이 굽어 꺾여 내려간 데까지,
바라다볼 수 있는 데까지 멀리 바라다보았습니다. (프로스트 / '가지 않은 길' 중)

능선을 따라 걷습니다. 또 하나의 잘록한 목재를 지나 다시 완만한 오름길을 오르면 넓은 묘지 지역이 나옵니다. 국가유공자 ○○○의 묘, 孺人 ○○○ 氏之墓, 저마다 표석을 앞세우고 사이좋게 묻혔습니다. 죽음이 참 따뜻하게 느껴집니다. 전망도 가장 좋은 곳입니다.

시선을 선덕여왕이 잠든 낭산狼山에 초점을 맞추면 그 주위로 사천왕사지, 신문왕릉, 망덕사지, 효공왕릉이 다들 고만고만한 위치에 자리합니다. 그 건너편으로는 비스듬히 누운 남산南山의 능선이 해목령蟹目嶺에서 한번 주춤하고 다시 계속되어 금오봉까지 길게 뻗어 있습니다. 동쪽으로는 김동리의 소설 '황토기'의 모티브가 된 산줄기가 들판으로 나오려다가 멈춘 자세로 엎드려 있습니다.

다시 능선을 따라 걷습니다. 여기부터는 산림도로로 이어집니다. 제법 차라도 다닐듯한 넓은 길이지요. 내리막이라 걸음 속도도 빠릅니다. 드디어 만나는 포장도로. 하지만 포장도로를 걸으며 들어야 할 시끄러운 자동차의 경적소리와 내뿜는 매연을 감당할 자신이 없습니다. 그렇다면 여기가 왔던 길로 발길을 돌릴 반환점이 됩니다.

돌아오는 길은 감은 태엽을 풀기만 하면 될 듯하지만 처음 이 길을 찾았을 때는 그렇지 않았습니다. 돌아갈 때를 생각하지 않고 그냥 올라왔기에 내려갈 때 갈림길을 만나 몇 번이나 길을 잘못 들기도 했습니다. 길을 한번 잘못 들면 많은 고생을 합니다. 큰 산의 경우 생명까지도 위협받을 수 있지요. 삶에서 제 길을 잃지 않고 꿋꿋이 살아간다는 것은 정말 중요한 일입니다.

'도道'라는 것은 무엇일까요? 그것은 사람이 걸어가야 할 길 그 이상도 이하도 아니라고 봅니다. '아침에 들을 수만 있다면 저녁에 죽어도 좋다'고 한 공자가 희구한 '도道', 그 도라는 것도 어려운 관념어가 아니라 결국 이와 같은 구체적인 '길'일 뿐인 것입니다.

그런데 스스로 길을 찾을 능력이 없다면 겸손한 자세로 아는 이에게 물어야 합니다. 농사의 길은 농부에게 묻고 장인匠人의 길은 장인에게 물어야 합니다. 독선과 오만으로 잘못된 길을 택하면 자신만이 아니라 그 집단 구성원 전체를 불행하게 합니다.

'노마식도老馬識道'란 말이 있습니다. 제齊나라의 재상 관중管仲이 대부大夫 습붕隰朋과 함께 이웃나라를 토벌하고 돌아올 때 길을 잃었다고 합니다. 모두가 당황할 때 관중은 늙은 말은 길을 알고 있을 것이라고 말했습니다. 바로 늙은 말을 몇 필 골라 풀어놓고 앞장서서 걷게 했더니 아니나 다를까 말들은 왔던 길을 찾아가는 것이었습니다.

또 한 번은 산속을 행군하다 식수가 떨어져 버렸습니다. 이번에는 습붕隰朋이 개미집을 찾아 파 들어가면 물을 찾을 것이라고 했습니다. 높이 한 치쯤 되는 개미집이라면 그 아래 7자 깊이에 물이 있다는 것입니다. 결국 군사들이 개미집을 찾아 물을 얻을 수 있었습니다.

이처럼 현명한 사람은 동물에게도 그 지혜를 얻으려 했습니다. 그러하거늘 하물며 사람에게야 더 이를 필요가 있겠습니까? 아랫사람에게 묻기를 부끄러워하지 말라는 '불치하문不恥下問'이란 말도 이를 두고 하는 말일 것입니다.

산 능선을 타고 내려오는 길에서 운 좋게도 한 발이나 솟은 한 덩이 붉은 해를 가슴에 안을 수 있었습니다. 등은 땀으로 촉촉하고 찬 바람결에도 오히려 기분은 상쾌합니다.

다시 산 밑에 이르렀습니다. 오른쪽으로 비켜져 숨어 있는 듯한 약수터는 아침 산행길의 마지막 과정입니다. 꽤 이름이 나 있는 약수터입니다. 바위틈에서 나온 맑은 물은 여름에는 손이 시릴 정도로 차고 겨울에는 미지근합니다. 속진俗塵을 씻어내듯 한 구기 물을 들이킵니다. 이 의례로 오늘의 아침 산행이 마무리됩니다.

마지막 발걸음으로 집으로 향합니다. 지금쯤은 대문간에 일간신문이 던져져 있을 것이고 담요를 깔아놓은 아랫목은 나를 기다려 퍽 따뜻할 것입니다. 그리고 창가의 밝은 햇살이 빈 찻잔에 가득 채워져 있을 것입니다. 이래저래 나는 오늘도 행복합니다. 올라야 할 산이 있고 오를 수 있는 건강이 있습니다. 나를 존립케 할 사색과 성찰의 시간이 필요한 이상 이 산행은 내일도 모레도 계속될 것입니다.

(2012. 4)

백초百草를 다 심어도

성聖과 속俗은 본질적으로 다른 것인가? 아니면 같은 것인데 여건이나 상황에 따라 달라지는 것인가? 혼란스러울 때가 있다. 요즈음 집 뒤 대밭을 두고 해본 생각이기도 하다.

대밭은 우리 집과 뒷집 사이 경사면에 있다. 그런데 이 대나무가 아주 골칫거리다. 마구 번식하여 도랑을 넘어 우리 집을 넘본다. 어떤 놈은 비스듬히 누워 담 안까지 들여다보기도 한다. 원래 도랑을 따라 길이 있었는데 지금은 그 길을 다 잠식해 버리고 도랑을 넘어 우리 담에까지 기대려 드는 것이다. 옛날에는 대나무가 죽제품이나 장대 제작용으로 많이 팔려 나가서 주요 수입원이 되었지만 지금은 아무 쓸모가 없다.

뒷집에는 여자가 혼자 살기에 잘라달라고 부탁하기도 어려운 실정이다. 그래서 한동안 내 손으로 심하게 넘어오는 것들은 수시로 잘라냈지만 어느 순간 감당을 못할 정도가 되었다. 그래서 한번은 이런 어려움을 뒷집에 이야기했더니 멀리 사는 형제들을 동원하여 대폭 잘라 정리를 해 주었다. 그런데 얼마 안 있어 또 원래의 상태로 돌아갔다. 더구나 요즘은 뒷집이 이사를 가고 집이 비어 있어 어디 호소할 데도 없어졌다. 대나무의 번식력은 정말 대단하다. 원자탄과 고엽제 피해지역에서 유일하게 살아남는 생명체가 대나무라고 한다. 뿌리가 얼마나 깊은지 도랑을 건너기까지 한다. 평소 이해관계가 없을 때는 대나무를 퍽 우호적으로 보아왔는데 '대나무와의 전쟁'을 치르고부터는 좋던 감정이 미움으로 바뀌고 말았다.

고전문학에서 대나무를 소재로 한 작품은 의외로 많다. 대체로 대나무의 속성과 생육 상태를 예찬하고 교훈을 얻으려는 것들이다. 특히 유교 이념이 팽배했던 사회에서 대나무는 한 시대를 선도하는 군자君子나 지사志士를 상징했다.

나무도 아닌 것이 풀도 아닌 것이
곧기는 뉘 시켰으며 속은 어이 비었느냐?
저렇고 사시四時에 푸르니 그를 좋아하노라.

너무나 잘 알려진 고산孤山 윤선도尹善道의 연시조聯詩調 오우가五友歌 중에 대나무를 읊은 한 수이다. 곧 나무인 듯, 풀인 듯한 연약한 대나무가 곧게 자라고, 겨울에도 푸르고 그리고 속이 빈 것을 들어, 선비가 가져야 할 지조와 품위, 무욕과 청빈의 덕성을 예찬했다.

萬頃琅玕接檻前 만경낭간접함전	드넓은 대밭이 난간 앞에 닿아 있어
淸風四節送琴絃 청풍사절송금현	사철 맑은 바람은 거문고 소리 들려주네.
此君鬱密通霄志 차군울밀통소지	빽빽한 대나무는 하늘 뜻과 통하고
影掃階中塵自然 영소계중진자연	그림자로 뜰을 쓸지만 먼지는 그대로네.

고려 말 나옹화상懶翁和尙의 '죽림竹林'이란 한시인데, 이는 대나무의 풍치를 읊은 것이다. 한시 원문에서 '琅玕낭간'이나 '此君차군'은 모두 대나무의 별칭이다. 특히 '此君차군'은 중국의 어느 선비가 대나무를 가까운 친구와 같이 친근하게 부른 데서 유래된 말이다. 말하자면 대나무를 한낱 물체가 아니라 인격체로 보았던 것이다.

대나무를 스치고 흘러가는 바람소리는 그대로 대자연의 악기소리이며, 속은 막혀 있지 않고 틔어 하늘의 이치를 은밀히 전해 준다. 일렁거리는 대나무의 그림자가 빗자루 되어 뜰을 쓸지만 먼지 하나 쓸려나가는 것은 없다. 오직 풍치를 취할 뿐, 대나무에서 현실적 이득을 얻으려는 것은 부질없음을 말해 준다.

분명 나와 전쟁을 벌였던 뒷담 밖의 대나무도 위의 대나무 예찬론자들의 대나무와 본질적으로 다르지 않다. 그런데도 원망스럽게 여겨지는 것은 우리 집과 너무 가까이 있어 악연惡緣으로 만났기 때문이다.

고시조에서도 이와 같이 성聖을 속俗으로 인식하여 대나무를 원망한 작품이 있다.

백초百草를 다 심어도 대는 아니 심으리라.
젓대는 울고 살대는 가고 그리나니 붓대로다.
구태여 울고 가고 그리는 대를 심어 무엇하리오.

온갖 풀은 다 심어도 대나무는 심지 않으려는 이유는 무엇인가? 그것은 대나무로 만든 도구들이 떠나버린 정인情人에 대한 원망과 절절한 그리움을 더욱 부채질하기 때문이다. 곧 애절한 곡조를 내는 젓대, 한번 떠나면 다시 돌아오지 않는 화살, 구구절절 아픈 사연을 그리는 붓, 그 어느 하나도 작중 화자를 힘들게 하지 않는 것이 없다.

사실, 악기와 화살과 붓은 인간생활을 바꾼 인류문명사적인 획기적 발명품이다. 하지만 임과 헤어진 상황에서 이들이 자신에게 무슨 의미가 있으랴?

이 시조에서 드러난 작중 화자의 대나무에 대한 원망은 약속한 임에 대한 원망이다. 따라서 이는 대나무의 본질이 달라서가 아니라 자신이 처한 상황 때문에 일어난 감정이다. 이런 감정이입感情移入은 대나무로선 퍽 억울한 일이다. 고려가요 서경별곡西京別曲에서처럼 떠난 임에 대한 원망을 강을 건네준 뱃사공에게 돌리는 것과 같다.

송나라 문장가 소동파蘇東坡는 대나무를 몹시 사랑하여 대나무를 예찬하는 많은 시를 썼다. 그 중 다음과 같은 구절이 있다.

可使食無肉가사식무육　고기가 없어도 식사는 할 수 있지만
不可居無竹불가거무죽　대나무가 없으면 살아갈 수 없다네.
無肉令人瘦무육영인수　고기가 없으면 몸이야 마르겠지만
無竹令人俗무죽영인속　대나무가 없으면 사람이 속되게 된다네.

고기맛보다 더 좋은 대나무의 가치! 이제 지나고 보니 현실적 유용성과 무용성에 가려 대나무의 본질을 보지 못한 것 같다. 이런 태도는 소동파의 시에서처럼 스스로를 속되게 만드는 결과를 초래할 뿐이다. 어찌 성聖과 속俗을 외눈박이 식으로 한쪽 면만 보랴?

따라서 집 뒤의 대나무도 쓸모없이 피해만 준다고 무분별하게 마구 잘라 주위를 어지럽힐 것이 아니라, 솎아내어 다듬는다는 마음으로 정리를 하여 대나무의 덕성을 취하고 풍치를 살려 생활의 품격을 높일 계기로 삼아야겠다. 이것이 성과 속을 다 취하는 길이 아닌가 한다.

마침 뒷방 창문의 커튼을 걷으니 창틀 안에 대나무가 들어와 마치 액자에 담긴 그림과 같다. 그런데 바람이 일어 대나무 그림이 동영상으로 바뀌니 돈 주고도 못 살 천연의 액자가 아니랴?

(2016. 12)

밑지는 장사, 남는 장사

그 어리던 병아리가 이젠 삼계탕용 정도는 자랐다. 병아리 두 마리를 기르게 된 것은 3개월 전쯤이었다. 큰 며느리가 손자에게 문방구 같은 데서 애완용으로 사준 것이었다. 저들 집에서 3주 정도 길렀는데 아파트라 더 이상 기를 수가 없어서 우리 집에 가져왔다. 우리 집은 단독주택이지만 기를 시설이 없는 것은 저들과 마찬가지였다. 그렇다고 죽일 수도 없는 노릇이었다. 손자놈은 갖다 놓고 나서 나중에 보러 온다면서 돌아갔다. 상자째로 화장실에 며칠을 두다가 나중에는 황토방 불 때는 좁은 공간에 넓적한 플라스틱 얽개로 덮어두었다. 그렇게 답답하지도 않고 공기가 유통되며 무엇보다 야생 고양이로부터 보호가 되었다.

두 마리의 먹이도 장난이 아니었다. 처음 아내는 병아리 먹이로 적합한 좁쌀을 사 왔다. 값싼 중국산이 있다는 것도 모르고 한 되에 만원이나 주고 샀다. 두 번째부터는 중국산을 5,000원에 사 왔다. 중국산 쌀이 한 되에 4,000원이니 좁쌀이 오히려 쌀보다 비싸다고 했다. 그렇다면 왜 비싼 좁쌀을 사 왔느냐고 물으니 아내는 어떻게 닭에게 아까운 흰 쌀을 주느냐고 했다. 어릴 때 쌀밥이라고는 제삿날이나 명절 이외에 먹어보지 못한 우리의 처지에서 이해가 간다. 흰 쌀 대신 더 비싼 좁쌀을 가축 사료로 한다는 것을 요즘 세대들은 이해하기가 어려울 것이다. 오늘날은 멀쩡한 보리 이삭을 여물기도 전에 뽑아서 꽃꽂이 용도로 쓰는 시대가 아닌가? 아무리 익기 전이 여문 후보다 더 소득이 높다고 해도 보릿고개를 넘어 온 세대들은 익기 전에 보리 이삭을 뽑는다면 손이 움츠려들 것이다. 병아리를 먹이다 보니 좁쌀 비용뿐만 아니라 담 밑 채소밭의 상추와 케일도 거덜이 났다. 병아리 두 마리가 생각 외로 많이 먹었다. 채산이 맞지 않는 짓임에는 틀림이 없다. 양계업자가 이렇게 닭을 기르다가는 속된 말로 '논 팔아먹을' 것이다.

마침 오늘 아침에 다 익은 완두콩을 뽑아왔는데 해마다 완두콩은 심어도 싹이 잘 나지 않아 수확량이 씨앗 값도 못 되었다. 이 역시 병아리 기르는 일과 같이 '밑지는' 장사이다. 그렇다고 제대로 수확을 해온 작물도 채산이 맞지 않는 것은 마찬가지다. 고구마 모종 값이 해마다 보식까지 해서 10만원 가까이 들지만 팔아서 생산비를 건진 경우는 한 번도 없다. 상품이 될 만한 알맞게 굵은 것은 여러 친지 집에 택배로 보내고 우리에게 남은 것은 다들 외면하는 아주 굵은 것들이다. 그리고 택배비도 고스란히 우리 몫으로 남는다. 택배비만 해도 1년 먹을 고구마를 살 수 있다. 이러고도 그만두지 못하고 벌써 10년째 농작물을 재배해 오고 있다.

누구든 밑지는 장사를 원하는 사람은 없다. 다 '남는' 장사를 하고 싶어 한다. 그런데 소득이나 이익에는 단기적인 것과 장기적인 것, 그리고 보이는 것과 보이지 않는 것이 있어 간단하지가 않다. 이를테면 단기적으로는 밑지지만 장기적으로는 남는 장사가 있고, 겉으로는 이익으로 보이지만 기실 그렇지 못한 경우도 있다. 물론 이 반대도 있다.

오늘날 많이 유행하는 인터넷을 통한 전자상거래나 또는 방송의 홈쇼

핑 등은 단기성, 가시성을 띤 거래들이다. 사진이나 영상으로 인한 충동구매가 많다 보니 거래를 한 뒤에는 후회도 많이 따른다. 신용을 담보로 하는 장기적인 거래와는 너무나도 거리가 멀다.

'세일'이라 이름하는 할인 판매도 그렇다. 일시적으로는 매출이 늘고 재고 부담도 감소하지만 그 빈도가 늘어나면 역기능이 나타난다. 곧 소비자는 평소의 정상 가격을 덤핑으로 인식하여 할인 판매만 기다리게 되어 장기적으로는 매출이 줄어들게 된다.

기업의 성과급 제도도 단기적으로는 경영상의 이익을 가져다준다. 그러나 거래량만 무리하게 늘리려다가는 그 부작용으로 장기적으로는 기업의 가치를 훼손하고 기업이 단순한 이익집단임을 드러내는 나쁜 영향을 준다는 연구보고도 있다.

하자瑕疵가 있는 제품의 반품이나 리콜도 기업으로서는 중요하다. 손실을 줄이기 위해 미적거리다가는 다른 제품 판매에까지 영향을 미쳐 엄청난 손실을 본다. 일시적인 손실을 감수하고 무제한 반품이나 과감한 리콜을 통한 기업에 대한 소비자의 신용 유지가 필요하다. 위기가 오히려 기회인 것이다.

그리고 회사 사원社員의 복지, 시설의 보수, 작업환경의 개선, 재난 예방 등에는 눈을 감고 단기적인 이익 증대만 도모하다가 사원의 생산 의욕을 감소시키고 큰 재난을 초래하여 막대한 손실을 초래하는 경우도 많이 본다.

오늘날 친환경 농산물로 탄탄하게 자리매김을 한 영농인들도 처음에는 농약이나 화학비료의 유혹을 많이 받았지만 우직하게 자신의 걸음을 걸어온 사람들이다. 한때의 생산력이나 소득의 감소를 참고 견디어 온 결과 단골 소비자를 확보하여 판매 걱정을 하지 않는 안전지대에 오게 된 것이다. 이른바 레드오션red ocean보다 블루오션blue ocean을 선택한 결과이다.

기업이나 영농뿐이랴? 오늘날 정치 상황은 더욱 그렇다. 여야의 극심한 대결구도는 '주어야 받을 수 있다'는 게임의 법칙을 외면하고 있다. 작은 것을 내주고 큰 것을 얻는 선택과 결단의 지혜가 필요하다. 상대가 살아야 자신도 산다. '왕척직심枉尺直尋'이라는 말이 있다. 이는 '한 자[尺]를 굽혀서 여덟 자[尺]를 바로잡는다'는 말이다. 되로 주고 말로 받으니 남는 장사가 아닌가? 전투에는 이기고 전쟁에 지면 무슨 이익이 있는가?

그리고 정치인은 먼 국가 장래를 생각하기보다는 당장 눈앞의 표만 의식한다. 특히 선거 때는 지킬 수 없는 '공약空約'만 남발한다. 나라의 곳간은 텅텅 비고 갚아야 할 나라의 빚은 늘어만 가는데 아랑곳하지 않는다. 인기 없는 세수稅收의 증대 문제에는 눈을 감고 복지 포퓰리즘에 빠져 있다. 파이pie를 키울 것은 생각하지 않고 나누어 먹을 것만 궁리한다. 일자리 창출이나 노인과 저소득층의 지원 문제도 정책 수립을 통한 장기적 경제구조의 개선은 고민하지 않고 그저 수당 지급이나 인상 등 단기성 달래기로 일관하고 있다.

또한 듣기 거북한 막말이 정치권에 판을 치고 있다. 막말은 자신들의 일부 지지층에게는 환호를 받을지 모르지만 이는 오히려 상대편을 결집시키고 중도층을 이탈하게 하여 그가 속한 정당에 막대한 해를 끼친다. 일종의 자해 행위가 되는 것이다. 잘 알려진 대로 지난 대선大選에서 '어떤 후보를 떨어뜨리기 위해 출마했다'는 후보가 역풍을 맞아 상대 후보의 당선을 도와준 격이 되었다. 도대체 달리기 경주에 나와서 우승보다는 오로지 특정 선수를 방해하는 것이 목적이라니 말이나 되는 소리인가?

지난 총선에서 제1야당은 경합지역의 승리를 위해 뒷날 헌재의 판결로 소멸된 종북 성향의 진보정당과 선거연대를 하였다. 그리고 운동권 인사들을 많이 공천하여 그들에게 전국구 의석을 주었다. 결국 이들의 저급한 막말 등으로 선거마다 연전연패를 하고 지금은 분당의 일보 직전까지 오게 되었다. 국회의원 몇 석이라는 눈앞의 이익에 매몰되어 제1야당의 존립을 걱정해야 하는 위기를 자초한 것이다.

춘추시대 진晉나라 문공文公은 초楚나라와 일대 접전을 벌이게 되었다. 문공이 전쟁에 대한 계책을 대부大夫 호언狐偃에게 묻자 그는 상대방보다 병력이 적으니 '속임수'를 쓰자고 했다. 이에 대해 이옹李雍이라는 신하는 반대했다. 속임수를 쓰는 것은 못의 물을 다 퍼내어 고기를 잡고, 산의 나무를 모두 불태워서 짐승을 잡는 것과 같다고 했다. 그렇게 하면 고기와 짐승을 못 잡을 리 없지만 결국 나중에는 못에는 고기가 없게 되고 산에는 짐승이 없게 될 것이라고 했다. '갈택분수竭澤焚藪'라는 말이 여기에서 나왔다. 일시적인 속임수로 위기를 모면한다 해도 임시방편일 뿐 근본적 해결책은 될 수가 없다는 것이다. 속임수를 쓰다 보면 자꾸 속임수의 유혹을 받게 된다. 어려움이 있더라도 미봉책을 떠나 멀리 보아야 한다는 뜻이리라.

오늘 아침 닭에게 먹이를 주고, 완두콩 수확을 하면서 밑지는 장사와 남는 장사에 대해 생각해 본다. 채산성이 없는 병아리 키우기나 완두콩이나 고구마 재배를 두고 굳이 남는 장사라고 우길 생각은 없다. 그렇다고 반드시 밑지는 장사라고 단정짓고 싶지는 않다.

병아리로 인해 손자를 기쁘게 했고 수놈으로 감별되면 바로 폐기될 생명을 몇 달이나 수명을 연장시켰으니 동물애호 단체에게 감사장(?)이라도 받아야 하지 않겠는가? 또 밑지는 농사를 통해서 건강을 증진하고 수확의 보람을 맛보았으며 나아가 인정을 나눌 수 있었으니 더 이상 무슨 욕심을 내겠는가?

바라는 것이 있다면, 우리 사회에 정치, 경제, 문화 모든 면에서 밑지면서도 남는 장사가 더욱 많아져 좀더 건강하고 살 만한 나라가 되었으면 하는 것이다. 그리고 나의 남은 생애도 계산적으로는 밑지든 말든 주변 사람들에게 조금이나마 도움이 되었으면 하는 바람이다.

(2015. 5)

빼앗긴 가을

올해는 음력 절기가 빨라서 한가위가 지난 지 거의 한 달이 지나서야 본격적인 가을로 접어들었다. 하지만 요즈음의 가을 들판은 옛날과는 많이 다르다. 시골 어디를 가더라도 우리가 어릴 때 보았던 가을 정취는 느껴지지 않는다.

여름날 보리와 밀이 익어가던 들판엔 가을이면 조, 기장, 수수 이삭이 고개를 숙이고, 목화송이가 하얀 솜털을 내뿜는다. 그리고 척박한 산비탈의 메밀밭에는 빨간 메밀포기에 까만 메밀 알이 소담하게 달려 있다. 지붕엔 빨간 고추가 햇볕을 쬐고 밤에는 커다란 보름달이 이를 내려다본다. 이것이 옛날의 농촌 풍경이었다.

밭곡식 중 압권壓卷은 단연 늘어뜨려진 황금빛 조 이삭이다. 쌀밥 구경을 하지 못하는 서민들에겐 여름을 대표하는 곡식이 보리라면 가을은 조[粟]다. 따라서 조는 이듬해 햇보리가 나올 때까지 민초들을 먹여 살리는 은혜로운 곡물이었다. 실상 깡조밥은 먹기가 싫지만 들판의 조 이삭이 익어가는 모습을 바라보면 한결 마음이 넉넉해진다.

하지만 요즈음 웬만한 농촌이면 들판엔 비닐하우스가 차지하는 면적이 점점 늘어나고 이에 따라 특용작물이 곡류를 대체해 가고 있다. 지금 우리가 사는 마을만 하더라도 노인, 특히 할머니뿐인 가구들이 많아 논밭을 직접 경작하기 어려워 큰 밭은 대부분 대리경작이 되고 있다. 그런데 토지를 빌린 사람은 수지가 맞지 않기에 곡식을 재배하지 않는다. 곡식 대신 각종 묘목을 기르고 사료용으로 키 큰 옥수수를 재배한다. 대지垈地 용도로 팔려서 농작물은 아랑곳없이 내던져진 곳도 있다. 결국 묘목을 캐낸 밭은 보기 흉하게 구덩이만 남고, 옥수수밭은 옥수수가 익기 전에 잘려지고 그 자리는 온갖 잡초의 해방구가 되어 있다. 대지 용도의 밭은 더욱 볼품이 없다. 팬션이 들어서느니 부잣집 별장이 들어서느니 소문조차 흉흉하다.

오늘날은 모든 면에서 경제적 가치가 절대적인 시대이다. 농촌 풍경이 이렇게 달라진 것은 무엇보다 수익성이 우선되기 때문이다. 하지만 곡물류가 특용작물로 대체되는 농촌 풍경이 안타깝다고 해서 밑지는 농사를 계속하라는 요구는 그 누구도 할 수가 없다.

이제는 문학작품 속에서도 보리밭이니, 밀밭이니, 조 이삭이니 목화송이니 하는 말들을 찾을 수 없다. 또한 다른 산업에 밀려 농업이 그만큼 경시되고 있다. '농자천하지대본農者天下之大本'은 이미 신화 속에만 존재한다. 옛날에는 곡식 낟알이 조금이라도 버려지면 천벌을 받는다고 했다. 쌀을 씻다가 수채구에 불은 쌀 낟알이 흩어져 있는 것은 가장 보기 싫은 장면이었다. 그에 비하면 오늘날은 너무나 곡식이 천시되고 있다. 갓 팬 보리 이삭이 뽑혀 꽃꽂이용으로 판매되기도 한다. 여물기까지 기다리는 것보다 이렇게 하는 것이 수익성이 높기 때문이다. 옛날 같으면 상상도 못할 것이다. 아마 천벌을 받는다고 할 것이다.

우리 집도 예외가 아니다. 근년에 아내는 꽃차를 만드는 데 빠졌다.

꽃차를 만들려면 꽃이 활짝 피기 전 꽃봉오리가 약간 벌어질 때 따야 한다. 그러기에 꽃차용으로 쓰이는 꽃은 끝까지 남아나지 않는다. 맨드라미, 도라지, 국화 …… 맨드라미꽃으로 빨강 꽃차를 만들고, 도라지꽃으로 보랏빛 꽃차를 만든다. 그런데 가장 많이 만드는 것은 국화차이다. 국화라고 아무 국화나 다 쓰는 것은 아니다. 국화차용 국화는 대국도 소국도 산국도 감국도 아닌 금국金菊이다. 이름 그대로 한 포기에 수십, 수백의 황금 조각 같은 꽃봉오리가 맺힐 땐 온 집안에 향기가 가득하다. 그런데 그런 날은 며칠 가지 못한다. 어느 날 외출했다 돌아와 보면 몽땅 사라져 버린다. 아내 손에 의해 잔인하게 멱이 잘려져 거실의 건조대 속에서 말려지고 있는 것이다. 한 해의 향기로운 가을은 아내에게 여지없이 강탈당하고 만다.

일전에 서울에서 아내의 고향 친구가 다녀갔다. 아내 요청으로 고구마를 캐주러 왔다는 것이다. 이들의 고향은 안동댐으로 인해 수몰되어 지금은 지도상에서도 사라진 마을이다.

사실 고구마 캐기는 남의 손을 빌리지 않더라도 우리 힘으로도 충분히 할 수 있다. 그래도 아내 친구가 멀리서 온다기에 캐다 말고 한 고랑은 남겨두었다. 명분을 만들어 주어야 했기 때문이다. 결국 아내 친구가 와서 고구마도 캐고 끝물 풋고추도 따고 고구마 줄기도 따면서 이틀 만에 돌아갔다. 보내고 나서 고구마 한 상자를 택배로 부쳤다. 서울서 온 시간과 경비와 노력을 생각하면 쌍방 어느 편에서 보나 도저히 계산이 나오지 않는다. 2만 원만 주면 품질 좋은 고구마 한 상자를 앉아서도 살 수 있지 않는가?

분명 아내 친구는 고구마 한 상자 때문에 오지 않았을 것이고, 아내 역시 일손이 부족하여 오라고 하지 않았을 것이다. 남들이 보기엔 밑지는 계산이었지만, 실리적 계산을 넘어선 그 어떤 계산이 있었을 것이 틀림없다. 아마 낮에는 어린 시절의 가을걷이 기억을 떠올리면서 지나가는 늦가을의 정취 속에 흠뻑 빠져들었을 것이며, 밤에는 사라진 고향마을로 돌아가 고샅을 누비면서 차곡차곡 쌓인 추억을 켜켜이 들추어내기에 날 새는 줄 몰랐을 것이다.

아무래도 아내와 아내 친구의 이런 만남을 두고 결코 바보스럽다고는 하지 못할 것 같다. 비록 고구마 한 상자라 해도 먼 거리를 달려온 시간과 노력이 깃들었고, 무엇보다 친구 간의 인정과 추억이 담겼다. 단순히 값으로만 따질 수는 없을 것 같다. 나에게는 수백 리 와서 고구마 한 상자 캐어 가라고 하면 올 친구가 있을까? 아마 정신 나갔다는 소리를 들을 것이다. 슬그머니 아내가 부러워진다. 그러면서도 요즘 세상의 이해타산을 비웃듯 하는 절친끼리의 우정을 확인할 수 있음만으로도 흐뭇해진다.

상품이나 행위의 가치는 일률적으로 규정될 수가 없다. 주고받는 사람에 따라 다르고 애착이나 기호嗜好의 정도에 따라 다르다. 사랑하는 사람에게서 받은 만 원짜리 물건이 경품으로 당첨된 십만 원짜리 물건에 밑질까? 옛날 조상의 땀이 밴 놋그릇을 값싼 스테인레스 그릇으로 몽땅 맞바꾸어 버린 것이 아쉬워지는 이유도 여기에 있다.

아무리 가치 있는 사업이나 물건이라도 요즘 사람들은 돈의 액수로 제시하지 않으면 믿으려 하지 않는다. 도로를 내거나 터널을 뚫을 때도, 국제대회 하나를 유치할 때에도 경제적 가치니, 생산유발 효과니, 고용

창출 인원이니 하고 수치화한다. 그래야 믿어준다. 그렇다고 모든 것을 다 수치화할 수는 없다.

꽃꽂이용으로 보리 이삭을 잘라 팔지 않고 익어가도록 두었을 때, 꽃을 꽃차용으로 따지 않고 향기를 뿜도록 두었을 때, 옥수수를 사료용으로 자르지 않고 옥수수자루가 여물도록 두었을 때, 이를 바라보는 우리들의 심성이 얼마나 부드럽고 순수해지는지, 비닐하우스가 늘어나는 들판보다 조 이삭이 익어가고 메밀꽃과 목화송이가 피는 가을 정취를 바라볼 때 우리의 마음이 얼마나 흐뭇하고 넉넉해지는지를 생각해 볼 필요가 있다. 어쩌면 이런 심성이 오늘날 빈번하게 발생하는 반인륜적인 흉폭한 사건을 예방하여 사회적 비용을 절감하는 효과를 가져올 수 있다고 하면 지나친 억설臆說일까?

새삼 궁핍한 시대로 돌아가고 싶은 마음이야 없지만 그래도 어릴 때 조 이삭이 고개를 숙이고 메밀꽃이 가을을 수놓던 정경, 그리고 바보 같은 계산을 함께 할 고향 친구가 진정 그립다.

(2014. 10)

그 날이여 다시 한번

우리가 살아가는 세상도 1등만 하는 똑똑한 사람이 세상을 변화시키는 것이 아니라 2등, 3등, 아니 입상에도 들지 못한 많은 사람, 어쩌면 꼴찌들까지도 합세하여 세상을 아름답게 꾸며나간다는 사실을 간과해서는 안 될 것이다. — '일등주의를 생각한다' 중

꿈 이야기

꿈을 꾸어 본 지가 참 오래되었다. 누구는 돼지꿈을 꾸어 재물을 얻었다, 호랑이 꿈을 꾸어 지위를 얻었다지만 언감생심焉敢生心 그런 큰 꿈은 고사하고 길몽, 흉몽 가릴 것 없이 사소한 작은 꿈 하나 꾼 기억마저 아득하다. 메마른 생활이라서 그런지, 희망과 기대가 없는 생활이라서 그런지 나 자신을 한번 돌아보게 한다.

與人不競心常靜여인불경심상정	남과 더불어 경쟁하지 않으니 마음이 늘 고요하고
爲公無私夢亦閑위공무사몽역한	공무를 수행함에 사심을 버리니 꿈마저 한가롭네.

다산茶山 정약용 선생의 위의 시구詩句는 지난날 내가 참 좋아했던 구절이다. 하지만 이제 공직을 내려놓은 뒤니 이 말의 의미는 이전과 같지는 않다. 하지만 경쟁도 공무도 떠난 이후이기에 마음도 한결 잔잔하고 한가로운 꿈도 꿈직한데 그러지 못함이 못내 아쉽게 느껴진다.

신라사新羅史 속에서 꿈과 관련하여 가장 먼저 떠오르는 것은 38대 원성왕이 왕위에 등극하는 꿈이다. 왕위에 오르기 전 원성왕은 각간角干 김경신金敬信이었다. 그가 어느 날 꿈을 꾸었는데, 복두幞頭를 벗고 흰 갓을 쓰고 열두 줄 가야금을 들고 천관사天官寺 우물 속으로 들어갔다. 잠을 깬 뒤 아무래도 좋지 않은 꿈인 듯하여 사람을 시켜 해몽하게 했더니, 아니나 다를까 복두를 벗은 것은 관직을 잃을 징조요, 가야금을 든 것은 칼을 쓸 징조요, 우물 속으로 들어간 것은 옥에 갇힐 징조라고 했다.

이 해몽을 듣고 김경신은 몹시 근심하여 두문불출했다. 이때 아찬阿飡 여삼餘三이라는 사람이 와서 그 이야기를 듣고 해몽을 다시 하였다. 곧 복두를 벗어버리는 것은 자기 위에 높은 사람이 없다는 뜻이요, 흰 갓을 쓴 것은 면류관을 쓸 징조요, 그리고 열두 줄 가야금을 든 것은 12대손代孫이 왕위를 이어받을 징조라고 했다. 그는 내물왕의 12대손이었다. 그리고 천관사 우물에 들어간 것은 궁궐에 들어갈 상서로운 징조라고 했다.

얼마 후 37대 선덕왕이 후사 없이 승하했다. 당시 왕위 계승자 1순위는 상재上宰 김주원金周元이었다. 그런데 그가 즉위하려는 날 갑자기 홍수가 나서 북천北川이 범람했다. 그 결과 북천 건너 집이 있는 김주원이 궁에 들어오지 못하게 되었다. 이 틈을 타서 갑작스럽게 신하들의 추대를 받아 김경신이 즉위했으니 그가 바로 38대 원성왕이다. 꿈이 실현된 것이다.

이처럼 같은 꿈도 해석이 정반대일 수 있다. 사실 관직을 상징하는 복두를 벗고 우물에 빠지는 이 꿈은 누가 봐도 흉몽이었다. 그런데 여삼은 이를 다른 각도에서 해석하여 흉몽을 길몽으로 전환시켰다. 그는 실망에 빠진 김경신으로 하여금 새로운 자신감과 용기를 갖게 하여 드디어 뜻을 이루게 했다. 이로 볼 때 해몽은 꿈꾼 사람의 성격과 심리와 그가 처한 상황을 종합하여 해석해야 한다. 그러니 흉몽과 길몽이 따로 있는 게 아니라 꿈을 받아들이는 마음의 자세가 무엇보다 중요하다. 물론 이러한 해몽은 실제 원성왕의 쿠데타를 정당화하기 위해 만들어졌을 가능성도 있다.

흉몽을 길몽으로 바꾼 위의 예와는 달리 남의 꿈을 이용하여 자신의 운명을 바꾼 사례도 있다. 김유신의 여동생 보희寶姬와 문희文姬 사이의 '매몽설화買夢說話'이다. 어느 날 언니 보희가 서형산西兄山에 올라가서 소변을 보아 온 장안이 다 잠긴 꿈을 꾸었다. 이 꿈 이야기를 들은 동생 문희는 범상한 꿈이 아닌 것을 알고 언니에게 비단 옷감을 주고 꿈을 샀다. 그 뒤 문희는 김춘추와 인연을 맺어 왕후에 오르니 바로 문명왕후文明王后였다. 이 역시 문희가 자신의 '꿈'을 이루기 위한 수단으로 꿈을 활용했던 것이다. 똑같은 꿈이라도 '꿈'이 없는 보희에게는 한갓 백일몽白日夢에 지나지 않았다.

이들 꿈들은 모두 미래에 일어날 일을 미리 보여주는 계시성啓示性을 지니고 있다. 사회성, 역사성을 띠고 있는 꿈은 대체로 이러한 계시몽啓示夢이 많다.

이와 달리 꿈은 현실에서 이루지 못한 소망을 성취하게 하는 속성을 가진다. 말하자면, 꿈이 이상 실현의 도구가 된다. '조신몽調信夢 설화'가 바로 이에 해당된다.

조신調信은 평소 태수太守의 딸을 마음속으로 흠모했다. 그래서 그는 낙산사 관음보살에게 나아가 정성을 다하여 빌었다. 그 덕분인지 꿈에도 그리던 태수의 딸을 만나 가정을 이루게 된다. 40년간 살면서 자녀를 5

명이나 두게 되지만 극심한 가난으로 인해 늦게는 구걸 생활을 한다. 그러던 중 큰 아이는 굶어 죽고 딸 하나는 개에게 물린다. 결국 남은 자녀를 나누어 맡은 후 서로 헤어진다는 줄거리다.

그런데 깨고 보니 꿈이었다. 그는 꿈속에서 굶어 죽은 아들을 묻은 곳에 가서 땅을 파 보니 돌미륵이 나왔다. 그 후 그는 불도佛道에 전념하는 승려로 평생을 살게 되었다. 이처럼 신라의 꿈 이야기는 같은 허무虛無를 주제로 해도 중국의 남가일몽南柯一夢 설화의 수준에 머물지 않고 결말 부분에 가서 불교적 장치를 통해 올바른 깨달음을 얻게 하고 있다. 일종의 각성몽覺醒夢인 셈이다.

한편 '생의사生義寺 미륵불 설화'에는 신불神佛의 메시지를 인간에게 전달하기 위한 수단으로서의 꿈이 등장한다. 말하자면 현시몽現示夢이다. 선덕여왕 때의 사람 생의生義는 어느 날 꿈에 한 스님을 만난다. 그 스님은 자신이 남산의 한 골짜기에 묻혀 있으니 파내어 고개 위에 옮겨 달라고 부탁한다. 생의는 이튿날 꿈속에서 풀을 묶어 표시한 곳을 따라 그곳에 가서 땅을 파보니 돌미륵이 나왔다. 그는 이를 남산 삼화령三花嶺에 모시고 절을 세웠는데 그 절이 바로 생의사이다. 그 불상이 현재 경주박물관 미술관에 있는 장창곡 미륵삼존불로 추정된다.

남의 꿈을 알아맞히는 지몽知夢 설화도 있다. '중생사衆生寺 삼소관음三所觀音 설화'가 바로 이것이다. 중국에서 어떤 화공畵工이 황제가 부탁한 그림을 잘못 그려 황제의 노여움을 샀다. 즉, 황제가 총애하는 후궁의 화상을 그렸는데 잘못하여 물감이 튀어 배꼽 밑에 붉은 점이 되어버렸다. 아무리 지워도 지워지지 않자, 날 때부터 생긴 것이라고 여기고 황제에게 바쳤다. 그런데 실제 후궁에게 그런 점이 있었기에 화공은 황제의 의심을 받아 옥에 갇힌다. 신하들의 주청으로 풀어주기로 하되 전날 밤 황제의 꿈에 나타난 사람을 알아맞혀야 했다. 결국 화공은 꿈속에 나타난 인물이 관음보살임을 맞추어 풀려났다. 그 화공이 바다 건너 신라 땅 중생사에 와서 관음보살상을 조성했는데 영험이 많았다. 이처럼 신라사에는 다양한 꿈이 등장하여 역사에 의미를 부여하고 활력을 주고 있다.

그런데 현대에 와서는 꿈을 학문의 대상으로 보고 접근하려는 경향을 보이고 있다. 프로이트S. Freud는, 꿈은 현실에서의 체험이 왜곡되어 나타나는 것이며 꿈의 내용은 욕망 충족의 과정이라고 했다. 반면, 융C. Jung은 무의식의 작용으로 꿈을 설명했는데 꿈에 나오는 여러 현상들은 모두 무의식의 콤플렉스들이라고 하였다.

이들 이론에 근거하여 꿈은 현실에서의 불편했던 기억을 해소시키는 정리 과정에서 나타나는 정신작용이라고 보는 견해도 있다. 그렇다면 흉몽이나 악몽도 그리 나쁜 것만은 아니다. 이러한 심리작용을 적절히 활용하여 마음의 상처를 치유하는 방법이 상담기법의 하나인 사이코드라마psycho-drama이다.

또한 꿈은 자유분방한 창의력의 근원이기에 많은 과학자나 발명가들이 꿈으로부터 과학현상이나 발명품의 모티브를 얻어 왔다는 말도 있다. 초현실주의 화가 살바드로 달리Salvadr Dali는 가장 위대한 영감靈感은 꿈에 있다고까지 했다.

이처럼 꿈이 무엇인가에 대해서는 그 접근 방식에 따라 견해가 다양하다. 이는 아직 꿈의 실체가 확실하게 밝혀지지 않고 있다는 말이 된다.

하지만 꿈의 실체가 무엇이든 꿈은 이미 오랜 옛날부터 역사 속에 존재해 왔고 그리고 현재도 우리 생활 속에 작용하고 있는 것은 틀림없다. 문제는 수많은 사람이 꾸는 각양각색의 꿈들을 일률적으로 풀이하는 것은 무리라는 것이다. 꿈은 앞서 신라 인물에서 보았듯 꿈꾼 사람의 경험과 의식, 그리고 그가 속한 사회의 가치관과 문화의 성격과 역사적 상황을 모두 종합하여 해석하여야 한다고 생각한다.

공자孔子는 노경老境에 꿈에 주공周公을 본 지가 너무 오래되었다고 탄식했다. 주周나라 무왕武王의 동생 주공은 주나라 문물제도를 완비하고 어린 조카 성왕成王을 보필한 현인으로 공자가 가장 닮고 싶어 했던 롤 모델 같은 인물이었다. 그런 인물을 꿈에서 못 보았다는 것은 젊었을 때와 달리 노경에 이르러 주공의 도를 구현하려는 의지가 약화되었음을 탄식한 말일 것이다.

이제 굳이 꿈을 꾸지 못해도 탄식하지 않으련다. 좋은 꿈을 꾸겠다는 것도 욕심이 아닌가? 나쁜 꿈을 꾸지 않는 것만도 다행으로 여기련다. 하지만 나쁜 꿈도 불편했던 기억을 정리하기 위한 것이라니 걱정할 일이 무엇인가? 하루하루를 소중히 여기며 감사하며 살다 보면 돼지꿈, 용꿈은 몰라도 물외한인物外閒人의 한가한 꿈은 언젠가는 꾸게 되리라.

(2013. 2)

일등주의를 생각한다

연일 밤잠을 설치게 했던 소치Sochi 동계올림픽이 끝났다. 그런데 우리나라가 거둔 성적인 금메달 3, 은메달 3, 동메달 2를 두고 만족하지 못하다는 평가가 지배적이다. 거기다가 '개최국 러시아, 그들만의 잔치'니, '김연아 선수가 당한 금메달 도둑'이니, '빅토르 안과 관련된 빙상연맹의 파벌주의'니 하는 좋지 않은 여론이 생산되고 있다. 당초 우리나라는 공식적으로는 금메달 4개로 10위권 이내가 목표였다. 하지만 내심 지난 2010년 벤쿠버 대회처럼 금메달 6개도 기대했다고 한다.

그런데 그 성적이라는 것이 모두 금메달 수를 두고 평가한 것이다. 실제 IOC에서는 올림픽에서 국가별 순위를 공식적으로는 평가하지 않는다. 따라서 폐막 때에도 우승국이니 준우승국이니 하는 성적 발표도 없다. 고대 올림픽 정신에 따라 정정당당히 실력을 겨루고 승리한 선수에게 개인적인 영광을 부여할 뿐이다.

물론 승리한 선수의 국가國歌가 연주되고 국기國旗를 올려 시상하는 것은 국가주의적인 측면이 없지는 않다. 그렇다 하더라도 메달, 그것도 금메달 순으로 올림픽의 순위를 정하는 것은 아무래도 문제가 있다. 은메달, 동메달이 아무리 많아도 금메달 1개보다 못하다는 것은 말이 되지 않는다. 최소한 금, 은, 동 전체 메달 수로 하든지, 아니면 금, 은, 동메달에 각각 차등적 가치를 부여하여 성적을 가리는 것이 합리적이다. 예컨대 은메달 2개, 동메달 3개를 금메달 1개로 인정해 주든지, 아니면 금메달은 3점, 은메달은 2점, 동메달은 1점식으로 하여 합산하는 방식이다. 실제 미국 같은 나라에서는 전체 메달 수로 성적을 매긴다고 한다.

금메달을 절대시하는 방식은 우리나라에서 가장 심한 것 같다. 이는 우리 사회를 지배하는 일등주의와 무관하지 않다. 과거에 비해서는 덜하지만 지금도 해마다 입시철이 끝나면 학교별로 S대학의 합격자 수를 공개하여 고등학교를 서열화한다. 비록 많은 대학합격자를 내어도 S대학이 아니면 인정해 주지 않는다.

이에 대한 병폐는 자못 심각하다. 학교의 명예를 위해 자신의 적성도 무시하고 무조건 학교가 바라는 대로 지원을 하여 합격하고 본다. 그 결과 합격자 상당수가 다니던 학교를 그만두고 재수하는 경우도 있다. 그렇다고 꼭 특정 대학 출신자가 그 사회에 미치는 기여도가 가장 클까? 실제 우수한 영재들이 국가가 필요로 하는 정책 분야와 관련된 학과에 지원을 한다든가, 사회에 헌신하는 공익성이 높은 학과를 선택하기보다는 개인적으로 소득과 명예가 따르는 학과를 희망하는 경우가 대부분이다.

차라리 학교를 서열화하려면 그 학교 출신자가 유망 직종에 얼마나 많이 진출했느냐보다는 사회에 헌신하고 기여하는 인물을 얼마나 많이 배출했느냐를 보고 평가해야 한다. 또한 사회에 해악을 끼치는 사람이 얼마나 적게 배출되는가를 따져야 하지 않겠는가?

은메달이나 동메달이 금메달보다 더 값진 경우도 있고, 메달을 따거나 입상을 하지 못한 선수가 인간 승리의 더 큰 감동을 주는 경우도 많다. 이번 피겨스케이팅의 김연아 선수의 은메달의 경우는 금메달의 가치에 못지않다. 절대다수의 세계 언론과 선수들이 편파 판정이라고 인정한 결과를 두고도 그녀는 담담하고 의연한 태도를 보였다. 나보다 금메달이 더 절실했을 선수에게 갔을 것이라며 상대의 손을 잡아주었다. 얼마나 아름다운 모습인가? 은메달 시상대가 금메달 시상대보다 높아 보였다. 은퇴 무대에서 금메달 하나를 더 추가하는 것보다 더 인상적인 모습으로 팬들의 가슴 속에 남아 있는 것이 진정 가치 있는 일일 것이다. 언젠가 올림픽 펜싱경기장에서 우리나라 선수가 편파 판정을 받고 불만과 항의의 표시로 울고 불며 경기장을 오래도록 떠나지 않고 농성하던 장면이 떠오른다. 그 안타까움이야 이해가 되지만 선수 입장에서 판정에 대한 불만은 코치진을 통해 적법한 절차로 문제를 제기하면 된다.

그리고 쇼트트랙 박승희 선수의 동메달도 훌륭하다. 1등으로 가다가 느닷없이 뒤따르는 선수로 인해 넘어져 어이없이 금메달을 놓쳤지만 포기하지 않고 두 번이나 다시 일어나서 동메달을 땄다. 그러면서도 가해 선수를 원망하지 않고 시상대에 올라 동메달을 들어 올리며 기뻐하는 모습이 보기 좋았다.

그리고 스피드스케이팅 남자 단체 추발경기도 은메달이지만 금메달 못지않은 의미를 주었다. 단체추발은 팀당 선수 3명이 출전하여 함께 달려 순위를 결정하는데 세 선수가 다 결승선에 들어오는 시간을 기준으로 한다. 그러니까 1등이 아니라 꼴찌의 성적이 중요한 것이다. 더욱이 두 팀이 서로 방향을 달리하여 트랙을 돌기에 다른 팀 선수를 의식하지 않고 자기 자신과 최선을 다하는 경쟁을 하는 종목이다. 이승훈 선수를 비롯한 세 선수가 세계적인 스피드스케이팅 강국을 하나하나 찍어내고 최강 네덜란드 선수와 당당하게 겨루어 은메달을 획득한 것은 대단한 성과라고 할 수 있다. 3명 중 1등이 아니라 3등을 기준으로 했기에 더욱 의미가 있다고 본다.

오늘날 입학이나 채용 시험에서 수석으로 합격한 사람이 반드시 업무 수행을 제일 잘 한다고 볼 수 없다. 조선시대에도 과거科擧의 장원급제자가 꼭 최고의 지위인 정승까지 올라간다는 보장도 없고, 실제 그런 사례가 거의 없었다고 한다.

올림픽에서 또 하나 느끼는 것은 우승자들이 의외로 아주 특출한 기술이 있는 선수가 아니라 기본기가 잘 되어 있고 실수를 적게 하는 선수들이 많다는 사실이다. 우선 김연아 선수와 경쟁하면서 번번이 고배를 마신 일본의 아사다 마오 선수만 해도 트리플 악셀이라는 기술은 그 누구도 할 수 없는 그녀만의 필살기였지만 잦은 실수로 그 기술의 위력을 보여주지 못했다. 반면 김연아 선수는 누구나 할 수 있는 기본 기술을 갈고 다듬었으며, 피나는 훈련으로 실수를 막아 좋은 성적을 내었다. 언젠가 세계적인 당구 선수에게 기자가 우승 비결을 물었는데 그는 특별히 뛰어난 기술을 구사하기보다는 평범한 실수를 하지 않으려 노력했다고 간단히 답했다.

조선시대의 명재상 하면 맹사성孟思誠, 황희黃喜 등을 든다. 특히 황희는 19년 동안 영의정 자리에 있었던 최장수最長壽 정승이었다. 이런 황희가 그 지위를 오래도록 누린 것은 그가 특별한 능력이나 재주가 뛰어나서가 아니었다. 오히려 남에게 어리석게 보일 정도로 우직하고 청렴하고 욕심이 없는 성품 때문이었다. 위로 왕의 마음을 헤아리고 아래로 백성을 위하면서 상하의 조정자로서의 역할을 무난히 수행했다. 공功은 자기가 차지하고 과過는 다른 사람에게 미루는 방식이 아니었다. 공功을 독차지하지 않았기에 자기편이 많았고, 과過를 남에게만 떠넘기지 않았기에 적敵이 없었다. 장수 비결이 특별히 따로 있는 것은 아니었다.

옛날 중국의 춘추전국시대 위魏나라에 오기吳起라는 사람이 있었다. 그는 병법의 대가였다. 전쟁을 하면 지는 법이 없었다. 그런 그가 공석空席이 된 재상 자리를 마음에 두었는데 그 자리는 별 공을 세우지도 못한 전문田文이라는 사람에게 돌아갔다. 그래서 그는 전문을 찾아가서 불만을 토로하며 따졌다.

"삼군三軍을 거느려 병졸兵卒로 하여금 죽음을 기꺼이 여기게 하고 적국敵國이 감히 우리나라를 도모하지 못하게 함은 당신과 나 중 누가 더 낫습니까?"

"내가 당신만 못합니다."

"모든 관리를 다스리고 온 백성을 친애하며 창고를 가득하게 채움은 당신과 나 중 누가 더 낫습니까?"

"내가 당신만 못합니다."

"서하西河를 지키니 진秦나라가 감히 동쪽으로 향하지 못하고 한韓나라와 조趙나라가 우리나라를 공경하여 복종하도록 함은 당신과 나 중 누가 더 낫습니까?"

"내가 당신만 못합니다."

"이 세 가지가 다 나보다 못한데 지위는 나보다 높으니 어쩐 일입니까?"

"지금 우리나라는 임금이 어려서 온 나라가 불안해 하고 있습니다. 대신들이 임금에게 복종하지 않으며 백성들도 신뢰하지 않고 있습니다. 이 시기를 당하여 임금께서 재상 자리를 당신에게 맡길까요, 아니면 나에게 맡길까요?"

오기吳起가 한참 동안 잠자코 있다가 말했다.

"당신에게 맡길 것입니다."

이제 올림픽은 끝났다. 너무 일등주의에 사로잡혀 정말 최선을 다한 많은 선수들의 피와 땀과 눈물을 외면하지 않아야겠다. 우리가 살아가는 세상도 일등만 하는 똑똑한 사람이 세상을 변화시키는 것이 아니라 2등, 3등, 아니 입상에도 들지 못한 많은 사람, 어쩌면 꼴찌들까지도 합세하여 세상을 아름답게 꾸며나간다는 사실을 간과해서는 안 될 것이다. 어쩌면 똑똑한 사람보다는 똑똑하지 못한 사람이 더 세상을 살 만하게 만드는지 모른다.

(2014. 2)

망진자호亡秦者胡

중국을 통일한 진시황秦始皇은 자신의 나라가 천추만대에 이어질 것을 꿈꾸어 황제의 묘호廟號를 없애고, 자신을 첫 황제인 시황始皇으로 칭했으며, 이어지는 황제를 2세, 3세로 부르도록 했다. 그가 제국의 미래를 점술가에게 알아보니 亡秦者胡망진자호라는 넉 자가 나왔다. 이는 '진나라를 망하게 하는 자는 호胡'라는 뜻이다. 당시의 호胡는 북쪽의 흉노였다. 그래서 흉노를 막기 위해 쌓은 것이 만리장성이다. 그런데 실제 진나라가 망한 것은 흉노에 의해서가 아니라 2세 황제인 호해胡亥의 실정失政이었다. 만리장성 쌓기로 국고가 고갈되고 간신에 휘둘리어 각처의 반란을 진압하지 못해서 망했다. 결과적으로 '亡秦者胡'의 '胡'는 흉노가 아니라 2세 황제 '호해胡亥'를 가리킨 말이었다. 점占은 맞았지만 해석을 잘못 했다. 이렇듯 나라의 멸망은 외적의 침입에 의해서가 아니라 항상 내부 요인에 의해 야기된다는 것이 이 고사성어가 주는 교훈이다.

휴전선 비무장지대DMZ에 설치된 북한의 목함지뢰 사건으로 야기된 긴박한 상황이 남북 고위급 접촉이 타결되어 일단 해소되었다. 부당한 도발에 대한 사과와 재발 방지를 요구하는 우리 측의 주장과 이 사건이 오히려 우리 측의 자작극이라는 북측 주장이 팽팽하여 타결이 비관적이었지만 한발씩 물러서서 타결한 것은 정말 다행이었다. 특히 2박 3일 동안 끝까지 인내하고 합의를 끌어내려는 북측의 적극적 태도는 그동안 보여 온 그들의 상투적 막가파식 협상 태도와는 너무 달라서 매우 이례적이라고 평가되고 있다. 원칙을 견지한 우리 측의 승리라는 말까지 나온다.

북측의 이러한 저자세 협상 태도에 대한 정치평론가의 분석도 가지가지이다. 대북확성기 방송의 철거라는 북한 최고 권력자의 강력한 주문 때문이라고도 하고, 우리 국군과 미군, 곧 한미 동맹군의 강경 대응 때문이라고도 하고, 전승기념일을 앞둔 중국의 압력 때문이라고도 한다.

하지만 이를 좀 다른 각도에서 보고 싶다. 지금까지 북한의 빈번한 도발에 대해 우리 사회의 일부 세력은 정부나 군 당국의 발표에 의문을 제기하고 심지어 '자작극'이라는 북의 주장에 동조하기도 했다. 지난 천안함 사건 때도 그랬고 연평도 도발 때도 마찬가지였다. 그런데 이번만큼은 국민 모두가 북측의 지뢰 매설로 인해 우리의 소중한 병사가 중상을 입은 사건을 명백한 북측의 소행으로 보았다. 여야與野도 없고 보수·진보도 없었다. 야당은 사건 직후 바로 북한을 규탄하고 국회에서 여야가 공동 선언문을 발표했다. 진보 언론도 이번만큼은 북의 책임을 지적하고 우리의 대응에 힘을 실어주었다. 인터넷에 괴담도 떠돌지 않았다. 물론 없지는 않았지만 누리꾼들로부터 외면을 받아 힘을 얻지 못했다. 참 보기 드문 일이었다. 그러니까 북한 도발에 대해 단호히 대처해야 한다는 국민의 한 목소리가 협상 타결의 수훈이었다.

북측이 가장 두려워하는 것은 바로 이와 같이 우리의 국론이 통일되는 것이고, 가장 바라는 것은 국론이 분열되어 서로 대립하여 자중지란自中之亂이 일어나는 것이다. 따라서 우리가 가장 두려워해야 할 것도 북한의 군사력이 아니라 우리 내부의 분열이다. 국민의 마음이 갈려서는 결코 나라를 지킬 수 없다. 이번 사건 후 망진자호亡秦者胡의 고사가 생각난 것도 이 때문이다. 따라서 내우외환內憂外患이라는 국가의 위기는 외환外患보다는 내우內憂에 방점이 찍혀야 한다. 맹자孟子에 다음과 같은 구절이 있다.

> 사람은 반드시 스스로를 업신여긴 연후에 남이 그를 업신여기고,
> 집안은 반드시 스스로를 훼손한 이후에야 남이 그 집을 훼손하며,
> 나라는 반드시 스스로를 친 이후에야 남이 그 나라를 친다.
> **(人必自侮然後 人侮之 家必自毁以後 人毁之 國必自伐以後 人伐之)**

북한도 소위 '인민'의 단합된 마음이 중요하다는 사실을 누구보다 잘 자각하고 있는 듯하다. 그들은 내부로 하여금 통치자를 신격화하고 외부적에 대한 적개심을 고조시킴으로써 국론을 집약시키려 한다. 이를 위해 그들은 철저히 외부와의 통로를 차단하고 허위 정보를 주입한다. 대북전단 살포나 대북확성기 방송을 두려워하는 이유도 여기에 있다. 심리전이라는 것은 상대를 분열시키고 사기를 저하시키기 위해서 쓴다. 남북이 다투어 심리전을 쓸 때 북한이 두려워하는 것은 우리가 사실을 사실대로 말하는 것이고, 우리가 두려워하는 것은 북한이 사실을 허위로 말하는 것이다. 여기에 결정적인 차이가 있다. 어쨌든 국민의 사기와 신뢰는 나라를 지키는 데 중요하다. 논어論語에도 공자孔子와 제자 자공子貢 사이에 다음과 같은 대화가 나온다.

자공 : 정치의 요체가 무엇입니까?

공자 : 민생民生과 군비軍備와 백성의 신뢰이다.

자공 : 부득이 하나를 버려야 한다면 이 셋 중 무엇입니까?

공자 : 군비이다.

자공 : 다시 부득이 버려야 한다면 남은 둘 중 무엇입니까?

공자 : 민생이다. 자고로 사람은 모두 죽게 되지만, 신뢰가 없으면 존립할 수가 없다.

부국강병을 지상至上 과제로 여겼던 춘추전국시대에 공자는 이처럼 색다른 주장을 내놓았다. 하지만 공자의 이 주장은 민생과 군비를 소홀이 여겨도 된다는 뜻이라기보다는 국민의 신뢰를 바탕으로 한 내부 단합의 중요성을 강조한 말로 볼 수 있다.

이번 접촉 과정에서 북한은 준전시상태를 선포하고 전쟁 초기의 움직임을 보였는데, 많은 군사 전문가들은 북한의 전쟁 수행능력이 현저히 떨어졌음을 지적했다. 무기는 낡았고 병참은 부족했다. 그들의 발표는 주로 우리를 겁박하기 위한 허세였다는 것이다. 더구나 민생은 이미 회복 불능에 이르렀다. 오로지 그들이 의존하는 것은 '인민'의 사기지만 강압과 허위에 의한 사기와 자율적인 신뢰는 다른 것이다. 어느 하나도 전쟁 도발 시 이길 조건이 되지 못했다.

맹자孟子도 "하늘의 때[天時]는 땅의 이로움[地利]보다 못하고, 땅의 이로움은 사람의 화합[人和]보다 못하다"고 했다. 곧 전쟁에 있어서 아무리 때를 잘 타고 지리적인 조건이 유리해도 군사의 사기가 없으면 전쟁을 치를 수 없다는 뜻이다.

이번 북한의 도발 시기는 한미군사훈련 기간이었다. 만약 전쟁이 일어났다면 미군이 자동 개입되어 훈련이 바로 실전으로 옮겨갈 최적의 기회였던 셈이다. 그리고 우리 대통령이 참석할 예정인 중국의 전승기념일을 앞둔 중국으로서도 이런 사태를 원하지 않기에 도발 시기가 적절하지 못했다.

그리고 도발 장소가 천안함사건 때처럼 도발 증거를 확인하기에 매우 긴 시간을 요했던 넓은 해상이 아니라 북한 소행으로 쉽게 단정할 수 있는 좁은 장소였다. 그리고 우리의 대문간 안에 지뢰를 설치한 것도 우리 국민의 공분을 사기에 충분했다. 그러니까 장소의 이로움도 얻지 못했다.

또한 그들은 도발로 일시적으로 북한동포를 속였을지는 몰라도 우리의 사기를 꺾지 못했다. 오히려 우리 국민을 결속시켰다. 이로 보면 맹자가 말한 천시天時와 지리地理와 인화人和 중 어느 하나의 요건도 갖추지 못했던 것이다.

어디 국가뿐이겠는가? 가족도 그렇고 단체도 그렇다. 내부 구성원이 상호 신뢰하고 화합하고 사기가 높다면 어떤 외부의 어려움도 극복할 수 있다. 이것이 이번 북한의 도발로 얻은 가장 큰 교훈이다.

(2015. 8)

벽안碧眼의 성녀聖女

마리안느 스퇴거 간호사와 마가렛 피사레크 간호사, 이 둘은 머나먼 지구 반대편 오스트리아 출신이다. 둘 다 인스부르크 국립간호학교를 나왔다. 재학 시 기숙사 룸메이트였다고 한다. 그런데 한 수녀원으로부터 대한민국 소록도에서 한센병문둥병 환자를 돌보는 봉사단이 필요하다는 소식을 듣고 응하기로 결심했다. 그리하여 마리안느 간호사가 1959년, 마가렛 간호사가 1962년에 우리나라에 왔다.(수녀회에서 파견되었기에 이들이 수녀로 알려져 있으나, 실제 수녀로 서품 받은 적은 없어 간호사로 바로잡는다.)

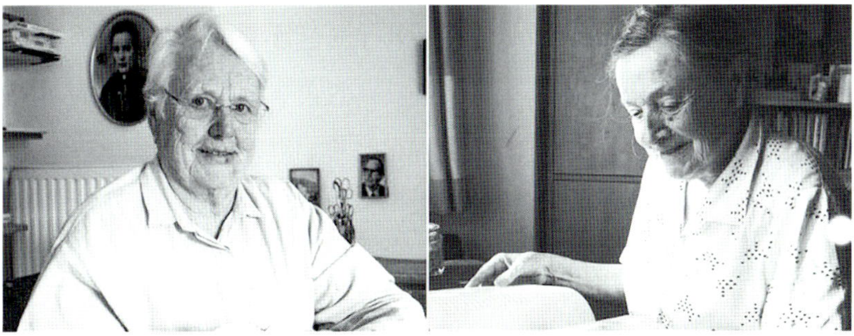

▲ 마리안느 간호사(왼쪽)와 마가렛 간호사(오른쪽)

한센병은 모든 사람이 싫어하고 두려워하는 병이다. 우리도 어릴 때 문둥병 환자들이 아이를 만나면 병을 고치려고 간을 빼 먹는다는 소문에 이들이 우리에겐 공포의 대상이었다. 서양에서도 로마시대 이래 이들을 신神의 저주를 받은 사람으로 여겨 '천형天刑'이라고까지 했다. 신神도 버린 사람이었던 것이다.

1916년 정부에서는 이들을 전남 고흥의 소록도에 격리했다. 이렇게 한 것은 이들을 보호하기 위해서라기보다는 사회의 불안이나 골칫거리를 없애려는 목적이 더 컸을 것이다. 그 이후 소록도는 그 누구도 가려 하지 않는 저주의 섬이 되었다.

두 간호사는 지구상에 있는 줄도 몰랐던 낯선 동양의 이름 없는 나라에 와서 아무도 가까이 하지 않는 환자들을 돌보기 시작했다. 하지만 한센병 환자들은 파란 눈의 외국인에게 쉽사리 마음을 열지 않았다. 두 간호사는 무엇보다 마음으로 다가가는 것이 중요하다는 것을 알았다. 그래서 치료할 때도 친근감의 표시로 장갑도 끼지 않은 채 상처를 만지고 피고름을 짜고 약을 발라주었다. 몸의 상처뿐만 아니라 마음의 상처도 보듬었다. 1960년대 어려웠던 시절, 구호나 봉사 단체의 시설은 얼마나 열악했겠는가? 그들은 고국 오스트리아의 구호단체에 의약품 등 각종 지원을 요청하여 치료에 도움을 주기도 했다. 그리고 본국 수녀회에서 보내오는 자신들의 생활지원비까지 털어 환자들에게 우유 등 간식을 사주고, 성한 몸이 되어 떠나는 환자들에게도 조금씩 나누어주었다. 또한 병원일뿐만 아니라 한센병 환자 자녀를 대상으로 유아원을 운영하는 등 보육활동은 물론 자활정착사업에도 헌신하였다.

그들의 생활 역시 말할 수 없을 정도로 청빈하고 검소했다. 그 뒤 경제가 발전하여 시설이 나아졌음에도, 그들의 3평 남짓한 단칸방에는 십자가만 높이 걸리고 헌 장롱 하나만 달랑 놓였다. 흔한 TV도 한 대 없었다고 한다.

그러면서도 그들은 한국 문화에 젖어들어 말도 표준말이 아니라 쉽게 소통할 수 있는 전라도 사투리를 썼다. 그래서 환자들에게는 큰 할매, 작은 할매로 통했다. 한국인보다 더 한국인다운 '할매'였다. 회갑을 맞아도 회갑연마저 사양했던 할매 간호사들, 이들이 이국땅에서 고국의 가족을 그리워하며 남몰래 흘린 눈물이 얼마였을까?

외부에서 이들의 활동을 전해 듣고 많은 단체에서 상을 주려거나, 언론에서 인터뷰를 요청했지만 번번이 사양했다. 안락과 호사와 명예는 이들의 사전에서 이미 사라진 말들이었다. 그런데 본국에서 보내온 훈장만은 주한 오스트리아 대사가 직접 가져왔기에 어쩔 수 없이 받았다.

이렇게 40여 년을 한국에서 보낸 간호사들은 고령으로 인해 더는 봉사할 수 없게 되자 2005년 다음과 같은 내용의 편지 한 장만 남긴 채 이른 새벽 남모르게 떠났다. 이는 당시 언론에도 보도되었다.

> 나이가 들어 제대로 일을 할 수 없게 되어 떠납니다. 이곳에 부담을 주기 전에 떠나야 한다고 동료들에게 이야기해 왔는데 이제 그 말을 실천할 때라 생각했습니다. 부족한 외국인으로서 너무 큰 사랑을 받아 감사하며 저희의 부족함으로 마음 아프게 해드렸던 일에 대해 용서를 빕니다.

그런데 이들 중 마리안느 간호사는 당시 대장암 판정을 받은 상태여서 더 이상 소록도에 부담을 주기 싫어서 귀국했음이 나중에 밝혀졌다. 저주의 섬을 희망의 섬으로 바꾼 두 간호사는 상처로 얼룩진 사람들을 위해 진정 하늘에서 보내준 천사였다.

한센병이라고 하면 몰로카이 섬의 성 다미아노 신부St. Damien (1840~1889)가 떠오른다. 그는 벨기에 태생으로 '예수와 마리아의 성심수도회' 신부神父였다. 그는 어릴 때부터 하느님의 일을 하는 사람으로 살고 싶어 했다. 그래서 수도자였던 형의 길을 따라 수도회에 들어갔다.

그의 형은 하와이에 파견되었지만 병으로 선교활동을 하지 못했다. 그는 형을 대신하여 하와이 선교를 자원했고 1864년 거기서 사제 서품을 받았다. 그의 나이 25세 때였다. 당시 하와이는 각종 전염병으로 섬 전체가 두려움에 떨고 있었는데, 섬 주민의 10~15%가 한센병에 감염될 정도였다.

결국 정부는 이들 환자들을 이웃한 몰로카이 섬에 격리시켰다. 우리나라의 소록도와 같이 아무도 찾지 않는 절망의 섬이 된 것이다. 다미아노 신부는 이 섬에 가서 이들을 돌보기 시작했다. 하지만 오랫동안 버려졌던 한센병 환자의 깊은 절망과 분노를 달랠 수 없었다. 그들 또한 쉽게 마음의 문을 열지 않았다. 어차피 얼마 견디지 못하고 떠날 것으로 생각했기 때문이었다.

그는 같은 처지가 되지 않고서는 그들의 마음을 열 수 없다는 것을 깨닫고 한센병 환자들과 함께 식사를 하고 잠을 자는 등 모든 일상생활을 공유했다. 한센병 환자들의 뭉그러진 손과 발에서 나오는 피고름을 짜는 일도 마다하지 않았다. 그러는 사이에 자신도 한센병에 감염이 되고 말았다. 그는 이를 기쁘게 받아들였다. 평소 건강한 사람으로서는 한센병 환자의 고통을 온전히 이해하지 못한다고 생각했기 때문이었다. 그런 그에게 감동하지 않을 한센병 환자는 아무도 없었다. 결국 한센병으로 선종善終한 다미아노 신부는 소원대로 한센병 환자들 곁인 몰로카이 섬에 묻혔다. 120년 뒤인 2009년 베네딕토 16세 교황에 의해 시성諡聖됐다. 몰로카이 섬에 세워진 성인 기념비에는 "벗을 위하여 제 목숨을 버리는 일보다 더 큰 사랑은 없다"는 성경 구절이 적혀 있다고 한다.

마리안느 스퇴거 간호사와 마가렛 피사레크 간호사의 삶은 성 다미아노 신부의 삶과 본질적으로 다르지 않다. 한센병 환자들에게 자신의 모든 것을 내놓은 삶이었다. 다른 점이 있다면 다미아노 신부는 자신도 한센병에 감염이 되어 세상을 마쳤다는 것이다.

예수님은 "가장 보잘것없는 사람 하나에게 해준 것이 바로 나에게 해준 것이다"라고 했다. 이 말씀대로라면 우리 주위에 얼마나 많은 '예수님'이 있는가? 굳이 예수님을 만나러 교회나 성당에 찾아갈 필요가 없다. 바꾸어 말하면, 이들의 고통을 외면하는 것이 바로 예수님의 고통을 외면하는 것이다. 한센병 환자들과 함께한 이들이야말로 바로 예수님을 위해 헌신한 사람들이기에 의심의 여지없이 천국에 상이 마련되어 있을 것이다.

일찍이 인도의 성자 마하트마 간디는 한 국가를 쇠망하게 하는 사회악을 ① 원칙 없는 정치, ② 노동 없는 부富, ③ 양심 없는 쾌락, ④ 인격 없는 교육, ⑤ 도덕 없는 경제, ⑥ 인간성 없는 과학, ⑦ 희생 없는 신앙이라고 설파했다. 오늘날 우리 사회의 우려를 어쩌면 이렇게 적확的確하게 예언했을까?

이 중 '희생 없는 신앙'은 갈수록 물량화·기복화祈福化되어 가는 오늘날의 종교 현실을 잘 말해 주고 있다. 역사적으로 종교가 인류의 생활에 그늘과 고통을 준 적도 있지만, 그래도 종교가 약자에게 위안과 희망을 준 것은 사실이다. 이러한 종교의 긍정적인 역할은 고위 성직자가 아니라 바로 위와 같이, '보잘것없는' 사람들의 고통과 함께한 헌신적인 신앙인들이 있었기에 가능한 것이 아닐까?

오늘날 유럽 여행을 하다 보면 유서 깊고 전통 있는 유명 성당은 텅텅 비어 노인 신자 소수만이 자리를 지키고 있다. 이미 성당이 성전聖殿이 아니라 관광자원 이상의 의미를 갖지 못하고 있다. 이와 달리 우리나라에는 수십만 신도를 자랑하는 초대형 교회가 생기고 이를 세습화하는 과정에서 사회적 빈축을 사는 경우도 있다. 종교가 세상의 빛과 소금의 구실을 못하면 그 사회는 부패하여 암흑에 빠지고 만다.

보도에 의하면 이들 두 간호사 중 마리안느 간호사는 소록도 병원 개원 100주년 기념식에 맞추어 오는 5월 한국을 방문한다고 한다. 그러나 마가렛 간호사는 안타깝게도 치매 투병 중이라 올 수 없단다. 그리고 100주년 기념에 맞추어 두 간호사의 일생을 담은 다큐멘터리 제작을 준비하고 또한 노벨상 후보로 추천할 예정이라는 소식이다. 자격이 충분하기에 죽기 전에 노벨상을 받았으면 좋겠다. 아울러 방문하지 못하고 병석에 있는 마가렛 간호사에게는 위문 사절이라도 보냈으면 한다. 도망치듯 남몰래 새벽에 떠난 아름답고 숭고한 퇴장— 오는 5월의 재방문 소식이 기다려진다.

(2016. 2)

* 실제 2016년 4월 17일 마리안느 간호사는 소록도를 방문했으며, 같은 해 7월에는 두 간호사가 제20회 만해대상(실천부문)을 수상했다.

묘비명

김종필 전 국무총리의 부인 박영옥 여사가 영면했다. 유명 인사 본인이 아닌 배우자의 상喪인데도 의외로 세간의 많은 관심을 불러일으켰다. 대통령 이하 각계의 조문이 잇달았다. 특히 정치인들은 여야를 가리지 않았다. 정승이 죽었을 때보다 정승집 개가 죽었을 때 상갓집이 더 붐빈다는 속담도 있지만, 그보다는 은퇴 정객이 이처럼 언론의 플레시를 받은 것은 병석에서 임종에 이르기까지 수개월 간 보여준 김 전 총리의 애틋한 부부애가 많은 사람들의 감동을 자아내지 않았나 한다.

그리고 이번 장례 과정에서 보여준 김종필 전 총리에 대한 하나의 이슈는 자신이 쓴 묘비명이 공개된 것이다. 전통적으로 대부분의 묘비명은 남의 글을 받아 새긴다. 글을 지어준 사람이 지위가 높거나 학문이나 덕행이 뛰어날수록 가문의 영광으로 간주한다.

그러나 드물게나마 자신의 묘비명을 자신이 쓴 경우도 있다. 그 대표적인 인물이 조선조 최대의 학자 퇴계退溪 이황李滉 선생이다. 그는 죽기 직전 장례는 간소하게 치르고 비석에 관직을 적지 말고 작은 돌에다 '退陶晩隱眞城李公之墓퇴도만은진성이공지묘'라고만 새기라고 유언했다. 그 뜻은 '늘그막에 도산에 물러나 묻혀 살다가 간 진성 이 아무개의 묘'라는 뜻이다. 그리고 남에게 비문을 부탁하면 공연히 허황한 찬사를 늘어놓아 세상의 웃음거리가 되니 자신이 쓴 비문만 새겨달라고 유언했다.

이 유언대로 관직을 쓰지 않은 묘비는 현재 퇴계 선생의 묘소를 지키고 있고, 곁들여 4언 24구 96자의 자비명自碑銘이 옆에 새겨져 있다. 다만 염려했던 타인의 묘비명도 곁들여 있다. 생전 퇴계 선생과 철학 논쟁을 벌인 호남 출신 후배 학자 고봉高峯 기대승奇大升이 지은 것이다. 두 분은 정파와 학파, 지역은 달랐지만 서로를 존중했다. 오늘날 배워야 할 자세이다. 자비명自碑銘을 해석하면 다음과 같다.

나면서 어리석고 자라서는 병이 많았네.
젊어서는 학문을 좋아하고 늘그막엔 어쩌다가 벼슬길에 들었네.
학문의 길은 갈수록 아득하고 벼슬은 마다해도 자꾸 내려졌네.
나아가기를 어려워하여 물러날 뜻을 굳혔나니,
나라 은혜에 부끄럽고 성현 말씀은 두렵기만 하네.
산은 높디높고 물은 흐르고 또 흐르는구나.
벼슬 버리고 돌아오니 세상 비난도 벗어났네,
내 생각 막히니 누가 나의 패옥佩玉 알아주리오.
옛 성현들 생각하니 진실로 내 마음 사로잡네.
오늘을 모르거늘 어찌 내세來世를 알 수 있으리오.
근심 가운데 즐거움이 있고 즐거움 가운데 근심 있네.
조화造化 따라 돌아가노니 또 바랄 것이 무엇이랴!

정말 대학자의 인품이 느껴진다. 죽음 앞에 이보다 더 겸손할 수 있는가? 벼슬 하나라도 더 새기고 작은 공적을 부풀리는 것이 묘비가 아닌가? 시인 김광균은 그의 시 '묘비명'에서 유명 문인이 마지못해 미사여구를 동원해 쓴 권력자의 묘비를 두고 "역사는 도대체 무엇을 기록하며, 시인은 어디에 묻힐 것이냐"라고 비아냥거렸다.

동양보다는 서양에서 자신의 묘비명이 많이 전해지는데, 대다수가 자신이 살았을 적의 삶의 내용과 연관되는 것이 많다.

- 살고, 쓰고, 사랑했다.(소설가 스탕달)
- 나는 섬김을 받으러 온 것이 아니라 섬기러 왔다.(선교사 아펜젤러)
- 내 머리 위에는 별이 빛나는 하늘, 내 마음 속에는 도덕률.(철학자 칸트)
- 오 장미, 순수한 모순이여!(시인 릴케)
- 나의 생애가 끝나 죽음이 내 문턱을 두드릴 때, 나는 그 손님 앞에 나의 생명을 가득 채웠던 그릇을 내려놓겠습니다. 결코 빈손으로 그를 떠나보내지 않을 것입니다.(시인 타고르)

위트나 유우머가 느껴지는 것도 있다. 헤밍웨이는 '일어나지 못해 미안하네'라고 하여 방문자를 오히려 위로했고, 예언가 노스타라다무스는 "후세 사람들이여, 나의 휴식을 방해하지 마시오"라고 했다. 그리고 세기의 여간첩 마타하리는 '마르가르테 게르트루드 젤러'라고 썼는데, 이는 그녀의 본명本名이다. 평생을 가명假名으로 살다가 죽어서야 비로소 자기의 본래 이름을 다시 찾았다.

그런데 가장 널리 알려진 "우물쭈물 하다가 내 이렇게 될 줄 알았다"

는 영국 극작가 버나드 쇼의 묘비명은 "오래 살다 보니 이런 일이 생길 줄 알았다"가 정확한 번역이라고 한다.

그리고 런던 웨스터민스터 사원 지하묘지에 있다고 알려진 어느 주교의 다음과 같은 묘비명은 단연 압권이다.

> 내가 젊고 자유로워서 상상력의 한계가 없을 때 나는 세상을 변화시키겠다는 꿈을 가졌다.
> 그러나 좀 더 나이가 들고 지혜를 얻었을 때 나는 세상이 변하지 않으리라는 것을 알았다.
> 그래서 내 시야를 약간 좁혀 내가 살고 있는 나라를 변화시키겠다고 결심했다.
> 그러나 그것 역시 불가능한 일이라는 것을 알았다.
> 나는 마지막 시도로 나와 가장 가까운 내 가족을 변화시키겠다고 마음먹었다.
> 그러나 아아, 아무도 달라지지 않았다.
> 이제 죽음을 맞기 위해 자리에 누워 나는 문득 깨닫는다.
> 만약 내가 그때 내 자신을 변화시켰더라면 그것을 보고 가족이 변화되었을 것을,
> 또한 그것에 용기를 내어 내 나라를 더 좋은 곳으로 바꿀 수도 있었을 것을,
> 그리고 누가 아는가, 세상까지도 변화되었을런지.

우리나라에서도 명사들 자신이 쓴 묘비명이라고 알려진 것들이 흥미

를 끌기도 한다. 모두 다 자신의 현재의 삶과 관련이 있다.

"이 세상 소풍 끝내는 날, 가서 아름다웠다고 말하리라"고 한 것은 어느 시인이었고, "열렬하게 사랑했고, 열렬하게 상처 받았고, 열렬하게 좌절했고, 열렬하게 슬펐으나, 모든 것을 열렬한 삶으로 받아들였다"고 한 사람은 이혼과 결혼을 세 번씩이나 거듭하며 치열하게 살아가는 어느 여류 소설가이다. 그리고 "몽땅 다 쓰고 가다"라고 한 사람은 지구를 몇 바퀴나 돌며 여행하고 봉사한 여류 여행가이고, 어느 코미디언은 "웃기고 자빠졌네"라고 하여 코미디언다운 면모를 보여주기도 한다. "평생 감사하며 살다가 한 점 미련 없이 생을 마치다"라는 어느 원로작가의 가상假想 묘비명도 있다.

김종필 전 총리는 평소 한자어구漢字語句를 통해 시니컬한 사회 비판을 많이 했다. 이번에 알려진 자비명도 이러한 그의 화법대로 쓴 국한혼용문國漢混用文이다. 이런 글은 한학적漢學的 소양을 전제로 하지 않으면 현학적衒學的이라는 느낌을 주기 쉽다.

思無邪사무사를
人生인생의 道理도리로 삼고
한평생 어기지 않았으며 –

無恒産而無恒心무항산이무항심을
治國치국의 根本근본으로 삼아
國利民福국리민복과 國泰民安국태민안을 具現구현하기

위하여 獻身盡力헌신진력하였거늘 –

晩年만년에 이르러

年九十而知八十九非연구십이지팔십구비라고 嘆탄하며

數多수다한 물음에는

笑而不答소이부답하던 者자 –

內助내조의 德덕을 베풀어준 永世伴侶영세반려와

함께 이곳에 누웠노라.

'無恒産而無恒心(일정한 재산이 없으면 일정한 마음도 없음)'이라는 어구는 경제발전을 지향했던 박정희 대통령 시대의 통치에 밑그림을 그린 사람으로 이해가 갈 만하지만, '思無邪(생각에 바르지 않음이 없음)'를 평생 어기지 않았다는 것은 아무나 쉽게 할 수 있는 말이 아니다. 행동은 물론 마음으로나마 죄를 전혀 짓지 않았다는 말이 아닌가? 대단한 오만으로 비칠 수 있는 말이다.

바로 뒤에 '年九十而知八十九非', 곧 '나이 90이 되어 지난 89년을 돌아보니 모두 잘못된 삶'이라는 장치로 그 오만이 걸러지기는 했지만, 국리민복과 국태민안을 위해 노력한 스스로의 삶에 대한 노정객의 자부심을 읽을 수 있다.

'笑而不答(웃고 말 뿐 대답을 하지 않음)'이라는 말도 찬반양론이 있다. 자신이 경험했던 비사秘事를 밝힘으로 정치 발전에 기여를 해야 한다는 주장도 있고, 불을 보듯 뻔한 논란을 불러일으켜 정국을 혼란시키지 않아야 한다는 주장도 있지만 우리 정치 현실로 볼 때 후자가 더 바람직하다. 하지만 이 묘비명의 방점傍點은 죽어서라도 일생의 배우자와 함께하겠다는 '永世伴侶'에 있다.

묘비 무용론도 있고 세우기는 하되 글자를 새기지 않은 비석도 있다. 이를 '무자비無字碑' 또는 '백비白碑'라 하는데, 이는 묘비 무용론의 입장에서가 아니라 오히려 비문이 있는 묘비 이상으로 묘비를 긍정하는 의도를 나타낸다. 곧 무사비는 내 공석은 일일이 열거하기가 어렵다거나 그 평가를 세상에 맡기겠다는 대단한 오만일 수도 있고, 정말 이렇다 할 공적이 없다는 의도가 담긴 경우도 있다. 중국의 경우 강력한 통치자였던 측천무후則天武后의 비가 전자라면, 명나라 만력제 신종萬歷帝神宗의 비는 후자에 가깝다.

우리나라의 경우 전남 장성의 청백리 박수량朴守良의 묘에서 무자비無字碑를 볼 수 있는데, 건립 경위가 좀 특이하다. 박수량은 청렴하여 경비를 들여서 비碑를 세우지 말라는 유언을 했으나 조정에서 비석 세울 돌을 내렸기에 하는 수 없이 세우되 비문은 새기지 않았다는 것이다.

어느 시인은 이런 시를 썼다. 일종의 묘비 무용론에서 나온 것이다. 비석 대신 해바라기를 심어달라는 시인의 당부가 푸른 보리밭처럼 참 신선하다.

나의 무덤 앞에는 그 차거운 비碑ㅅ돌을 세우지 말라.
나의 무덤 주위에는 그 노오란 해바라기를 심어달라.
그리고 해바라기의 긴 줄거리 사이로 끝없는 보리밭을 보여달라.

노오란 해바라기는 늘 태양같이 태양같이 하던 화려한 나의 사랑이라
고 생각하라.
푸른 보리밭 사이로 하늘을 쏘는 노고지리가 있거든
아직도 날아오르는 나의 꿈이라고 생각하라. (함형수 / '해바라기의 비명')

오늘날 장묘 문화는 전통적인 매장 형태에서 화장으로 많이 바뀌었다. 현재 전국의 화장률은 70%가 넘는다고 한다. 그리고 무덤 형태도 수목장이니 납골당이니 하여 종래처럼 큰 비석이 필요 없는 시대가 되었다. 설령 매장 분묘나 화장 납골묘에 비석을 세운다고 해도 자손이 관리를 잘해 줄지도 의문이다.

하지만 필요 유무를 떠나 죽음을 상정想定하고 자신의 묘비명을 써보는 것도 필요하다. 존재의 밑바닥까지 내려가서 자신의 실체를 응시하고 삶의 형태를 개편할 필요가 있기 때문이다. 그래서 오늘날 각종 수련원이나 명상단체에서 운영하는 힐링 프로그램에서 자신의 유언장이나 비문을 써보는 과제를 던져준다. 특히 부부가 참여하여 서로 바꾸어 읽으며 눈물로 자신의 삶을 돌이켜보는 것은 대단한 의미를 가지고 있다.

어쩌면 사람은 잘 살기보다 잘 죽기 위해 태어났는지 모른다. 잘 죽는다는 것은 잘 살았다는 전제가 깔린 것이다. 웰빙well-being보다 웰다잉well-dying이 중요한 이유가 여기 있다.

그렇다면 나의 묘비명은 어떻게 쓸까? 앞의 위인이나 명사들의 묘비명처럼 생애의 축도판이거나 재치나 유우머가 담긴 비명碑銘은 얼른 떠오르지 않는다. 그리고 김종필 전 총리의 자비명처럼 자부심이나 자신감은 더더욱 없다. 죽기 4일 전에 자비명을 쓴 퇴계 선생을 생각하면 아직

은 쓸 때가 아니라고 자위하고 싶지만, 한편 묘비명이란 '존재와 망각의 환승역'이라고 한 누군가의 말을 따른다면, 어차피 기억을 넘어 망각으로 갈 텐데 환승역의 이름을 굳이 알아 무엇하랴? 묘비 무용론을 담은 명심보감明心寶鑑의 다음 구절을 떠올린다.

平生不作皺眉事평생부작추미사	평생 남의 눈살 찡그릴 일을 하지 않으면
世上應無切齒人세상응무절치인	세상에 나에게 이를 갈 사람이 없으리니
大名豈有鐫頑石대명기유전완석	무엇하러 이름을 무지막지한 돌에다 새기리오?
路上行人口勝碑노상행인구승비	길가는 사람의 말이 비석보다 낫도다.

(2015. 3)

그 날이여 다시 한번

'백수白手가 과로사過勞死한다'는 우스갯소리가 남의 말이 아닌 것 같다. 사회교육원, 박물관, 서원書院, 사적지事跡地 등에서 하는 강의나 해설봉사 일정이 달력에 빼곡히 적혀 있다. 오늘은 사회교육원에 강의가 있는 날이다. 가는 도중에 승용차 라디오에서 참 오랜만에 카펜터스의 'Yesterday Once More'라는 노래가 흘러나온다. 1970년대 젊은이들을 사로잡았던 감미로운 팝송이다. 그런데 당시는 노래만 듣고는 원어 가사를 알아들을 수 없어 노래 속의 '다시 한번 돌아가고 싶은 Yesterday'가 과연 어떤 날이었지 몰랐다. 그냥 상상만 했을 뿐이다. 가족끼리 단란했던 어린 시절이었을까? 꿈 많은 학창시절이었을까? 사랑에 빠졌던 시절이었을까? 직업인으로 성취감을 느낄 때였던가? 아니면 대망을 이룬 감격시대인지도 몰라 …… 대체로 이런 생각들이었다.

그런데 나중에 노래의 가사를 알아보니 그 노래의 '어제'란 날이 무슨 큰 의미가 있는 날이나 특별한 시기가 아니었다. 그냥 라디오에서 흘러나오는 좋아하는 노래를 들으며 즐겁게 보냈던 어린 시절이었을 뿐이다. 참 평범한 행복이었다.

When I was young I'd listen to the radio,
Waiting for my favorite songs.
When they played I'd sing along,
It made me smile.
Those were such happy times
and not so long ago.
How I wondered where they've gone.

어렸을 적에 나는 라디오를 듣곤 했었어,
내가 제일 좋아하는 노래가 나오기를 기다리면서.
그 노래가 나오면 난 따라 불렀고 미소를 지었었지.
그땐 참 행복한 시절이었고 그렇게 오래 전 일도 아닌데
그 행복한 시절이 어디로 사라져 버렸는지 궁금해.

사람마다 다시 돌아가고 싶은 시절은 모두 다를 것이다. 추억의 의미와 농도는 객관적으로 평가하고 측정하기 어려운 것이기 때문이다. 나의 입장에서 생각해 보니 일단 아련한 그리움으로 떠오르는 시절은 명절을 손꼽아 기다리고, 5일장에 간 부모님을 애타게 기다리던 어린 시절이다. 그리고 결혼해서는 정작 내 집을 사서 살았던 시기보다는 어린 아이들을 데리고 셋방을 전전하며 월급날 기다리는 아내에게 월급봉투를 보란 듯이 건네주던 때이다. 그뿐인가 교직생활 중에서도 교감, 교장 등 관리자로 일할 때보다는 일주일에 서른 시간이 넘는 수업을 힘들게 하면서도 가르치는 보람으로 고된 줄도 몰랐던 젊었을 적 교사시절이 먼저 떠오른

다. 그런데 이런 시절은 다 물질적으로 넉넉하고 편했던 시절이 아니라 가난하고 불편하고 힘든 시절이었다.

이로 볼 때 행복은 부富와 권세와 안락의 성城에만 찾아드는 것이 아님이 명백하다. 가난과 불편 속에서도 가족끼리 이웃끼리 사랑과 인정을 나누며 살아갈 때에 행복의 파랑새가 깃든다. 그리고 그 행복이 과거로 밀려나면 바로 아름다운 추억이 된다. 그리하여 노래 가사처럼 다시 한번 돌아가고 싶은 '어제'가 된다. 부와 권세는 사람을 교만에 빠뜨리게 할 뿐 아니라 채울수록 더 목마르게 하는 속성이 있다. 그리고 또 그것들은 순수한 인간관계를 왜곡시키는 경우가 많다. 오늘날의 염량세태炎涼世態를 보면 잘 알 수 있다.

주말 드라마 '참 좋은 시절'이 얼마 전 종영終映되었다. 경주를 배경으로 했기에 상당한 주목과 관심을 받으며 시작되었으나 시청률로 볼 때는 그리 성공작은 아니었다고 한다.

가난한 대가족 집안을 떠나 객지에서 열심히 공부하여 검사檢事가 된 주인공은 15년 만에 고향으로 발령을 받는다. 이른바 금의환향錦衣還鄕이었다. 그런데 고향집에는 병석에 누우신 할아버지, 난봉꾼 아버지, 헌신적인 어머니, 그리고 아버지의 첩실인 또 한 명의 어머니, 삼촌들, 그리고 못 배운 형, 장애인 여동생, 반항아인 배다른 동생 …… 만만한 가족은 아무도 없다. 거기다 첫사랑 여주인공까지 끼어들어 드라마는 경주의 고분을 배경으로 복잡하게 전개된다.

찢어지게 가난했던 도망치고 싶었던 시절, 그리고 창피하고, 부끄럽고, 화나고, 싫고, 밉고, 복잡한 가족들 — 어쩌면 주인공에게는 돌아가고 싶지 않은 고향일지도 모른다. 하지만 켜켜이 시간으로 포장되기만 하면 무엇이든지 아름답게 변질되는 것이 지난날이다. 그러기에 주인공은 '참 좋은 시절'을 꿈꾸며 귀향했다.

주인공은 고향에 돌아와서 작가의 말처럼, 자란 후 처음으로 용기를 내서 가족들에게 고마웠다는 말, 미안했다는 말, 마음 아팠다는 말, 사랑했다는 말도 하며, 거친 어머니의 손을 잡아드리고, 형이랑 동생과 처음으로 소주잔도 기울여 보고, 누나와 함께 마을길도 산책하고, 조카들에게 근사한 장난감도 사주며 …… 그들과 함께 하는 시간을 자신의 인생에서 가장 아름다웠던 시절로 가꾸고 싶었다. 하지만 고향에서 기다리고 있는 삶은 결코 녹록지 않았다. 가지 많은 나무에 바람 잘 날 없듯 대가족 간에 많은 문제가 유발되고 출세한 자신을 향한 가족들의 기대와 불만의 이중주 속에 또한 많은 갈등을 겪게 된다. 그렇지만 그들은 서로 몸으로 부대끼면서 멀어진 마음의 거리를 좁히고, 손잡고 울고 웃으며 서로의 관계를 복원한다. 그리고 한동안의 격랑이 가라앉자 모두들 깊은 이해 속에서 제자리로 돌아가게 된다. 그리고 남자 주인공은 첫사랑과 결혼하여 다시 서울로 발령을 받아 돌아간다. 결과적으로 귀향했던 이 시절이 '참 좋은 시절'이었음을 드라마는 말해 준다.

아마 서울로 가서 다시 오랜 세월이 흐르면 그 시절이야말로 다시 한 번 돌아가고 싶은 '어제'가 될 것이다. 이렇듯 행복이란, 그리고 추억이란 사람과 사람이 부대끼면서 교섭하며 정을 나눌 때 생겨나는 것이다.

그런데 돌아가고 싶은 '어제'가 진정 행복했던 시절이 되고, 그 행복이 사람과 사람의 관계로 이루어진다면 그 관계를 아름다운 인연으로 승화시키도록 애써야 한다. 그냥 고정된 과거로서의 기억을 넘어 아름다운 추억거리를 만들기 위해서 스스로 소극적인 자세에서 벗어나 좀 더 적극적인 자세를 가져야 할 필요가 있다. 그러니까 행복했던 '그날'은 그 누가 만들어주는 것이 아니라 자기 스스로 만들어가는 것이다.

오늘은 내일의 과거가 된다. 이는 내일의 아름다운 추억을 만드는 시기가 바로 '오늘'이라는 뜻이다. 따라서 가장 중요한 것은 지금 내가 하고 있는 일, 그리고 지금 내가 만나는 사람이다. 따라서 나의 '추억 만들기'는 조금 뒤에 만나게 될 수강생들에게 만족과 감동을 주는 강의를 하는 것이 가장 먼저 할 일이다. 더 먼 후일 언젠가, 퇴직 후 다양한 봉사활동으로 보람을 수놓은 이 시기가 '참 좋은 시절', 곧 다시 한번 돌아가고 싶은 '그날'이라고 말하게 될지 모르기 때문이다.

(2014. 9)

종이통장이 없어진다

종이통장이 없어진다— 금융거래의 혁신방안으로 금융감독원이 발표한 내용인데, 향후 구체적 일정까지 제시한 것을 보면 현실화될 가능성이 매우 높다. 당장 올 9월부터 감축되기 시작하여 2017년부터는 아예 종이통장을 발행하지 않는다는 것이다. 그리고 2020년부터는 종이통장을 발급받으려면 비용 일부를 고객이 부담해야 한다고 한다.

물론 효율성에 바탕을 둔 금융 전산화라는 시대적 추세에 따른 정책이기는 하지만, 이 소식은 가뜩이나 디지털 문화에 밀려나 마지막 숨을 가쁘게 몰아쉬는 아날로그 문화의 명줄을 끊는 것 같아 참 안타깝게 들린다. 지나친 비유일지는 모르나 명절 때 귀성 차량으로 인해 도로 유지비용이 많이 드니 앞으로는 각자가 자기 집에서 온라인을 통해 명절을 쇠라는 뜻으로 들린다. 굳이 귀성을 하려면 도로 유지비용을 사용자가 부담해라는 격이다.

디지털 미디어의 원리는 0과 1의 이진법을 바탕으로 한다. 따라서 매우 간명하면서도 기계적이다. '예Yes' 아니면 '아니오No'뿐인 것이다. 기계적이라는 말은 편리하기는 하나 그만큼 비인간적이라는 말도 된다. 배가 고파 빵을 한 개 훔쳐 먹었다고 할 때 훔쳐 먹었느냐, 먹지 않았느냐가 문제인 것이지, 배가 고팠다는 정상은 전혀 참작되지 못하는 것이다.

오늘날의 풍조인 흑백논리와도 같다. 하지만 세상에는 윷놀이처럼 '모 아니면 도'만 있는 게 아니다.

색깔을 말할 때도 흰색 아니면 검은색뿐이지 새하얗다, 허옇다, 희끄무레하다, 까맣다, 거멓다, 거무스레하다 등과 같은 구분은 무시한다. 즉, 디지털 방식에는 색깔의 연속성이 인정되지 않는다. 따라서 애매성, 모호성이 배제되고 명확하다. 시계도 아날로그 방식은 시계 바탕의 눈금 위를 시침과 분침, 초침이 연속적으로 돌아간다. 눈금 사이의 경계를 시각적으로 판단할 수 있는 정확성은 떨어진다. 이에 반하여 디지털 방식은 시각을 정확하게 숫자로 제시한다. 육상경기에 사용되는 시계는 1,000분의 1초까지도 가려낸다. 무서울 정도이다. 처음 디지털시계가 나왔을 때 그 정확성과 편리함에 매료되기도 했다. 하지만 이 역시 정확하기는 하나 아날로그시계 같은 여유나 여백이 없다. 그만큼 각박한 것이다. 이것이 디지털 문화의 성격이다. 사람이 살아가는 데 몇백 분의 1초가 그렇게 의미 있는 것도 아니다.

1980년대부터 월급이 통장으로 지급되었으므로 종이통장은 월급을 현금으로 받았던 노년층보다는 중년층의 추억이 서린 물품이다. 어떤 사람은 생애 첫 월급이 찍힌 통장을 보고 가슴이 벅차오르기도 했고, 결혼할 때 보태라며 건네주시던 어머니의 손때 묻은 통장을 받고 마음이 울컥하기도 했다. 명절 때 여공이 된 딸이 월급을 꼬박꼬박 모아 동생들 학비에 보태라며 준 통장을 받아 들고 눈물짓던 부모도 있었을 것이다. 그리고 적금통장은 단칸 사글셋방에서 살아가는 가난한 가족의 꿈과 미래가 깃든 보물이기도 했다. 매달 봉급을 은행에 입금하러 가는 날이 가장 행복한 날이었다고 술회하는 사람도 있다. 신문에는 이런 기사도 났다.

경기도 파주에 사는 60대 여성 신모 씨에게 종이통장은 시어머니의 정이 깃든 유품이었다. 신씨가 결혼 후 반평생 모신 시어머니는 4년 전 돌아가시기 직전 그의 손을 잡아끌어 통장 하나와 도장을 쥐어줬다고 한다. 통장에는 첫 페이지부터 마지막 페이지까지 5천원, 1만원씩 입금 내역이 빼곡했다. 액수는 200만원 남짓한 돈이었다. 시어머니는 숨을 거두기 전 말했다. "막내며느리임에도 시부모 모시고 사느라 고생했는데, 줄게 이것밖에 없다. 큰돈 아니어서 미안하다."

신씨는, 시어머니가 자식들로부터 받은 용돈을 아껴서 시간 날 때마다 틈틈이 은행을 찾아 저축하신 돈이었다며 그 통장을 고이 간직하고 있다가 얼마 전 아들 대학 입학 등록금에 보탰다고 했다.

종이통장이 없어진다는 소식은 현금카드보다 종이통장에 의존하는 나에게도 그리 유쾌한 소식은 되지 못한다. 그래도 요즈음은 통장을 현금자동지급기에 넣어 돈도 찾고 통장 정리도 하지만, 얼마 전까지만 해도 예금인출청구서를 작성하여 창구 직원에게 낸 후 현금을 찾았다. 창구 직원은 안쓰럽다는 듯 현금카드 발급을 권유했지만 이미 발급받은 카드도 많다며 거절했다.

종이통장이 사라진 자리에 분명 전자통장이 들어올 것이다. 전자통장은 카드 기능을 통합한다고 한다. 종이통장에 비해 그만큼 편하고 시간도 절약될 것이다. 하지만 은행에 가서 순서를 기다리면서 지인을 만나 대화를 나누고, 비치된 잡지를 읽으면서 읽던 내용을 중단하기가 아쉬워 '대기번호를 좀 늦게 불렀으면' 하는 여유도 없어질 것이 틀림없다.

오늘날 모든 영역에서 디지털 미디어와 온라인 문화는 찰떡궁합으로 맞아떨어져 기름에 불이 붙듯 상승작용을 일으켜 현대인의 삶을 변화시키고 있다. 모든 비디오 · 오디오 기기가 엄청난 속도로 발전하고 있다. 그리고 사이버 세계에서 많은 인간관계가 이루어지고 있다. 편리함에 대한 인간의 끝없는 욕망은 어디까지인지, 어디서 만족할지 덜컥 겁이 난다.

1970년대 초반 혼수로 장만했던 네 발 달린 대한도시바 흑백TV가 지금은 HD화면 디지털 평면 칼라TV로 바뀌고, 어렵게 사 모았던 LP판이나 음악 테이프는 어느 구석에 박혀 있는지도 모른다. MP3의 등장에 따라 CD마저도 이제 낡은 유물이 되어간다. 라디오에서 흘러나오는 음악을 들으며 곡을 익히고 가사를 받아 적던 시대는 까마득한 옛날이 되었다. 원한다면 듣고 싶은 양질의 음악을 언제 어디서나 손쉽게 들을 수 있다. 하지만 그렇다고 해서 음악의 가치나 음악 애호의 밀도가 높아진 것은 아니다. 많은 음악 전문가들은 오늘날 손쉬운 오디오 미디어들이 과거 LP판에서만 느끼는 심오함을 주지 못한다면서 오히려 그 시대를 그리워한다.

오늘날의 시대적 총아는 단연 휴대전화이다. 휴대전화가 인간의 삶을 지배하는 시대가 되었다. 특히 젊은이들은 휴대전화의 노예가 되었다고 해도 과언이 아니다. 밥 먹을 때, 잠잘 때, 공부할 때, 일할 때도 휴대전화를 곁에 두어야 한다. 잠에서 깨어나 휴대전화가 가까이 없으면 불안한 모노포비아mono-phobia : 고독공포증가 유발된다.

청소년들에게 게임 중독은 새삼 새로운 일이 아니다. 이처럼 습관적

기호품처럼 중독화를 선도하는 현상 또한 디지털 문화이다. 왜곡된 성문화 또한 문제다. 동영상 성인물이 청소년들에게 노출되어 성문란으로 이어지고 있다. 옛날 우리가 십대일 때는 여배우의 가슴이 조금 노출된 사진만 보아도 가슴이 두근두근하지 않았던가?

모든 것을 컴퓨터에 의지하다가 컴퓨터가 다운되는 날은 상상하기만 해도 끔찍하다. 전기에 의존하다가 정전이 된 상황을 생각해 보라. 만약 전쟁 시에 정전이 되고 컴퓨터가 다운이 된다면 어떻게 할 것인가? 벌써 국가 수준의 해킹부대가 창설이 되고 원전 정보의 누출 문제가 생기지 않는가? 정보의 엄청난 확산성과 파급성으로 인해 재화의 독점화와 쏠림 현상이 일어난다. 구르는 눈덩이가 클수록 모든 주위의 눈을 삼켜버린다. 그로 말미암아 특정 소수집단으로의 쏠림현상으로 인한 양극화가 더 심해지고 있다.

오늘날 개인정보 보호와 표현의 자유는 그 갈등이 극에 달하여 끊임없는 대립과 분규를 일으키고 있다. 표현의 자유를 비롯한 민주주의적 기본권은 신장된 반면, 동시에 타인을 비방하거나 개인의 인격을 침해하는 문제가 제기되고 있다.

페이스북이니, 트위터니, 카톡이니 하는 사회적 통신망SNS은 대량 소통의 도구로 이용되고 있지만, 역설적으로 개인과 개인 간은 더욱 단절되어 벽이 쌓이고 고립되어 가는 현상은 어떻게 설명할까?

결론적으로, 편리해서 그만큼 인간이 행복해졌는가? 이쯤해서 브레이크 없이 달려가는 디지털·온라인 문화를 돌아볼 계제가 되지 않았나 생각한다. 디지털과 온라인의 순기능 이면에 엄청난 역기능이 있음을 살피지 않으면 안 된다. 행복이란 편리한 도구에 비례하는 것은 아닐 것이다. 디지털 미디어가 편리하고 유용한 도구이고 어차피 디지털 문화가 불가피하다면 디지털 미디어에 걸맞는 '디지털 시민의식'이 있어야 한다. 그리고 온 세상이 디지털화가 되었다 하더라도 마음만은 디지털의 차가움보다는 아날로그의 따뜻함을 지향했으면 좋겠다는 것이 솔직한 심정이다.

종이통장이 없어진다는 오늘의 소식이 역설적으로 아날로그 시대의 향수를 더욱 자극한다.

(2015. 8)

어느 날의 외출

'느리게 사는 삶' — 그랬다. 퇴임하기 몇 년 전 시市 외곽지인 이곳에 주거지를 옮겼는데, 그 동기 중의 하나가 '느리게 사는 삶'이었다. 평생 출퇴근 시간의 제약을 받는 생활을 해왔기에 퇴직 이후에는 시간의 간섭을 벗어나 흐르는 세월을 지켜보면서 여유롭게 살리라고 생각했었다. 당시에 쓴 글을 읽어보면 '외출 시 노선버스를 타고 시내에 가서 지인知人을 만나 소주라도 한잔 하고, 마을 앞 버스 승강장에 내려 달빛을 받으며 들길을 걸어 집으로 돌아오고 싶다'는 내용도 있다.

하지만 집을 옮긴 지 벌써 십여 년이 지났지만 그런 적이 손으로 몇 번 꼽을 정도이다. 매번 시내에 나갈 때마다 시간에 쫓겨 그냥 손쉽게 승용차에 오르고 만다. 승강장까지 걸어가서 버스를 기다리기가 귀찮기 때문이다. 편이便易에 젖은 생활은 이처럼 무섭다.

그래서 오늘은 작정하고 버스를 타기로 했다. 시간을 무섭게 지키지 않아도 될 용무도 한몫 했다. 시내 — 불국사 구간인 이 길은 노변에 상당한 수의 사적지가 있지만 늘 승용차 핸들을 잡고 습관적으로 지나기만 했는데 오늘은 높은 버스좌석에서 자유로운 시선으로 바라다보며 그 사적지들에 담긴 의미를 되새겨 보려고 한다.

버스 승강장까지는 6~7분 정도 걷는 길이다. 농가의 한해를 마무리하는 가을걷이를 볼 수 있는 들녘길이다. 고추밭의 고추는 붉은색이 사라졌지만 콩밭의 콩잎은 노란색을 자랑한다. 더러는 시장에 가지고 가기 위해 고운 콩잎이랑 익다만 풋고추를 따고 있다. 김장밭에는 무와 배추가 하루가 다르게 자라고 있고, 눈길을 조금만 멀리 두면 내려다보이는 논들에는 황금색이 짙어간다.

큰길에 접어들어 인도人道를 통해 승강장까지 걷는다. 평소에 버스를 타려고 걸어갈 때는 걸으면서도 버스가 지나치지 않나 하는 조급한 마음이었는데 오늘은 뒤를 돌아보지 않기로 한다. 버스가 지나가면 다음 버스를 타면 된다고 생각하니 느긋해진다. 평소에는 이런 상식적인 생각도 못하고 살아왔다는 것이 놀랍다.

승강장 의자에 앉아 유리벽을 통해 오는 버스를 기다린다. 승강장 바로 옆에는 '만리향萬里香'이라는 중국집이 있다. 그리고 경주의 시내버스 이름은 '천년미소'이다. 그러니까 '만리향'을 맡으며 '천년미소'를 기다린다고 생각하니 흐뭇해진다. 이 도로는 울산-포항 노선이라 화물차가 유독 많이 지나간다. 육중한 화물차가 질주할 때면 그 속도와 무게에 인도人道의 보도블럭이 흔들릴 정도다. 무엇 때문에 저리들 바쁠까? 만약 사고라도 난다면 대형 사고다. 하기야 나 역시 이와 다르지 않을 것이다. 평소 내 차도 저렇게 빨리 달렸을 것이라 생각하니 그 위험함에 몸이 움츠려진다. '높은 절벽에 올라보아야 추락하는 근심을 알고, 깊은 못가에 가보아야 물에 빠지는 두려움을 안다'고 한 말이 실감으로 떠오른다.

600번 버스에 오르니 그리 승객은 많지 않다. 그리고 대부분 노인들이다. 노인 세대가 많은 시골이라 당연하기도 하다. 오른쪽 창가에 앉아 여행 기분을 내본다. 맞은쪽 창으로는 통일전으로 가는 길이 곧게 뻗어 있고 은행나무 가로수가 질서정연하게 서서 잎을 노란색으로 물들이고 있다.

방음벽 너머 곱게 단장한 초등학교가 시끄러운 듯 귀를 막고 앉아 있다. 옛날에는 수백 명이 다녔을 학교가 이제는 겨우 명맥만 유지하고 있다. 노란색의 '어린이 보호구역' 표지판이 지나는 차량에게 감속을 호소하듯 높이 걸렸다.

길 맞은편에는 약간 들어간 골목 안쪽에 오래 전에 폐쇄된 역 이름이 아직도 걸려 있다. 바로 동방역東方驛, 옛날에는 수학여행 가는 많은 학생들이 이 역을 통과했을 것이다. 언제까지 걸려 있을지 모르겠다.

장골, 뒷골 마을을 통과한다. 뒷골 마을 입구에는 **신무왕릉** 안내 표지판이 서 있다. 약간만 들어가면 왕릉이 있다. 신라 하대 45대 신무왕은 왕위 쟁탈전에서 패배하여 아버지를 잃었다. 그러나 그 후 청해진 장보고의 지원을 받아 정적 민애왕을 죽게 하고 왕이 되었다. 하지만 왕위에 오른 지 불과 3개월 만에 죽어 영광의 시대는 너무 짧았다. 그리고 왕릉도 너무 작고 초라하여 승자의 능이라고 보기 어려운 감이 든다.

버스는 옛길인 마을 안길로 진입한다. 내해內海같이 조용한 곳에 **신문왕릉**神文王陵이 자리 잡고 있다. 봉토 아래에 다듬은 돌로 몇 단을 쌓아 올린 발전된 형태다. 신문왕은 부왕父王인 문무왕의 뒤를 이어 통일된 나라를 안정시킨 왕이다. 동시에 국학을 설립하여 유학의 통치이념을 공고히 한 왕이기도 하다. 도로 건너편 논들에는 **망덕사지**望德寺址 당간지주幢竿支柱가 보이고 목탑지 둔덕이 잡초에 쌓여 있다. '망덕사 동쪽에 효소왕릉이 있다'는 삼국사기와 삼국유사의 기록으로 보면 이 능은 신문왕릉이 아니고 그 아들 효소왕릉일 가능성이 높다. 아는 게 때로는 병이 된다.

망덕사지 앞 냇가에 박제상朴堤上의 아내가 왜국으로 남편을 떠나보낸 모래밭 **장사벌지지**長沙伐知旨가 있다. 모래밭에 다리 뻗고 길게 드러누워 울었다니 얼마나 그리움에 사무쳤을까? 그 울음소리가 들리는 듯하다.

다시 큰길로 진입한다. 부근 오른쪽에 **효공왕릉**이 있다. 효공왕은 헌강왕의 서자庶子인데 진성여왕의 뒤를 이어 왕위에 올랐지만 후삼국이라는 시대가 말해 주듯 제대로 통치다운 통치를 하지 못하고 승하했다. 따라서 재위기간도 짧았다. 왕릉답지 않게 크기는 작으나 널찍하고도 한적한 분위기는 일품이다.

서천왕사지四天王寺址를 지난다. 2006년 이후 7년간이나 장기간 발굴을 한 절터다. 이제 발굴이 끝나 차단벽이 철거되어 전모를 볼 수 있다. 금당지 앞의 좌우 높은 쌍탑지와 뒤편의 좌우 경루지가 사천왕四天王이 되어 중앙 금당지를 호위무사처럼 지키고 있다. 이 절터 앞 도로변 가까이에는 동, 서에 각각 1구의 귀부龜趺가 남아 있다. 동쪽 것은 사천왕사 사적비이고 서쪽 것은 문무대왕비로 추정된다. 그런데 평소에 승용차를 타고 지날 때는 동쪽 귀부만 보이고 서쪽 것은 보이지 않았는데, 버스를 타고 높은 위치에서 바라보니 큰길 바로 밑에 있는 서쪽 귀부까지도 보였다. 이것도 오늘 버스를 탄 소득 중의 하나이다. 동, 서의 귀부는 각각 크기도 다르고 솜씨도 다르다. 둘 다 비신碑身과 이수螭首를 잃은 채 엎드렸는데 모두 목을 잃어버리고도 네 발로 버티고 자동차 소음에 시달리며

서 있는 모습이 보기가 딱하고 민망스럽다.

호국사찰 사천왕사가 있으므로 낭산狼山 위의 선덕여왕릉이 수미산須彌山 도리천忉利天이 된다. **선덕여왕릉**은 그동안 거의 주목을 받지 못했는데 몇 년 전 TV드라마 덕분에 갑자기 대중에게 널리 알려지게 되었다. 한동안 많은 관람객이 몰려들어 널찍한 주차장도 갖추게 되었지만 이제 그 열기가 가시자 찾는 이가 줄어들어 다시 한적한 곳으로 변했다.

선덕여왕릉과 사천왕사지 사이를 동해남부선 철도가 갈라놓고 있다. 사천왕사 강당지도 일부 철도에 들어갔다. 더구나 이곳은 신라 초기부터 신유림神遊林이라 하여 나무의 벌채가 허용되지 않는 신성한 곳이다. 지금 이 부근 자연부락을 '강선降仙마을', 곧 '신선이 내려온 마을'이라고 부르는 것과도 무관하지 않을 것이다. 무열왕릉 지역을 비롯하여 곳곳에 도로나 철도로 사적지가 훼손된 사례는 우리 문화를 흠집내려는 식민지 시대 일제의 나쁜 의도로 보는 견해도 있다.

경덕왕 때 월명스님은 이 절에서 죽은 누이를 위해 재를 올리면서 추모의 노래를 불렀는데 바로 향가 제망매가祭亡妹歌다. 그리고 스님이 절 앞 도로에서 달밤에 피리를 불고 지나갔더니 달도 운행을 멈추었다고 한다. 현재 이 마을의 행정적 명칭은 배반동인데 신주소로는 월명月明길이다. 정말 전통에 근거한 아름다운 이름이다. 달밤에 남산으로 통하는 문천다리를 피리소리 들으며 건너고 싶은 마음이 든다.

이제 점차 시내에 가까워지고 있다. 낭산의 북쪽 끝자락을 지난다. **낭산**狼山은 마하가섭摩訶迦葉이 부처님의 의발衣鉢을 전한 곳인 낭적산狼跡山에서 따온 이름이다. 오악五嶽 중 중악中嶽에 해당된다. 저기 보이는 잘록한 고갯길을 흔히들 목재라고 불러왔지. 그 기슭에 **능지탑**陵旨塔이 있다. 탑이라고 이름은 붙였지만 실제 탑과는 거리가 멀다. 용도를 몰라 발굴 후에 그냥 이렇게 모양만 내어놓은 것이다. 1970년대 초 발굴 결과 이곳이 문무왕 화장터라는 설이 나왔다. 불에 그을린 토석土石과 숯 조각이 나온 것을 들어 말한 것이다. 삼국사기에 의하면 문무왕은 죽은 후 고문庫門 밖에서 화장火葬을 했다고 하는데, 이곳이 바로 그 장소라는 것이다.

그렇다면 문무왕의 장의행렬은 오른쪽으로 선덕여왕이 잠든 수미산 도리천을 두고 이 고개를 넘었으리라. 사천왕이 안전하게 지켜주는 불국토를 마다하고 왜 그는 차가운 동해바다를 택했던가? 용이 되어 나라를 지키려 했다니 진정 그는 살신성인의 위대한 호국 군주였다. 장의행렬은 이 재를 넘어 진평왕릉을 거쳐 황룡계곡의 추원楸院, 모차골, 불령佛嶺을 넘어 용연龍淵, 기림사로 이어지는 길을 갔을 것이다.

능지탑 지척지간에 **중생사지**衆生寺址가 있다. 비록 남은 것은 불상대좌, 석탑, 석등 등의 석재들이고 인근에 마애보살좌상(보물 665호)이 있을 뿐이지만 삼국유사에도 기록된 매우 유서가 깊은 사찰이다. 삼국유사에 의하면 세 번이나 관음보살이 현신現身하여 기적을 보여주었다고 한다. 또 이 절터 부근에서 2구의 석조관음보살입상이 나와서 경주박물관에 전시되어 있다. 이로 미루어 이 절은 아마도 당시 매우 인기가 있었던 관음도량이 아니었나 싶다. 지금 건물은 물론 당시의 것이 아니다.

배반사거리—시내와의 경계가 되는 곳이다. 이제 시내가 보인다. 그런데 쉽게 진입하지 못한다. 경부고속도로에서 포항으로 우회하는 도로가 앞을 가로막기 때문이다. 하지만 이 도로를 넘어서도 아직은 볼 만한 사적지는 많다. 왼쪽에 큰 주차장과 함께 **국립경주박물관**이 있고 조금만 더 가면 오른쪽에 **동궁**東宮과 **월지**月池가 있다. 이전에는 안압지雁鴨池라 불렀던 곳이다. 근래에는 야간에 차량 정체가 심할 정도로 야경을 구경하려고 찾는 관광객들로 북적댄다. 그리고 월지 바로 앞에는 **월성**月城이 남산의 시야를 가리고 서 있다. 천 년의 왕도王都 월성은 지금 발굴이 한창이다. 월성 서쪽 **계림**鷄林이 황엽黃葉으로 물들어 가고 **첨성대**가 이를 지켜보듯 서 있다. 쪽샘지구 고분 발굴지역에 드문드문 남은 집들이 참 끈질기게 보인다.

갑자기 "이번 정류장은 경주역입니다"라는 차내 방송이 나온다. 동시에 버스를 타고 오며 사적지와 함께한 천 년의 꿈이 성동시장의 왁자지껄하는 소리에 깨어버린다. 비로소 내릴 곳을 생각한다.

집으로 돌아오는 길은 시내로 나간 길의 역순이다. 풀어놓은 태엽을 다시 감으면 된다. 단, 11번 시내버스를 기다려 타면 사천왕사지 앞에서 우회전하여 남산에 바싹 다가가서 몇 군데의 사적지를 더 거쳐 다시 주노선 도로로 진입할 수 있다. 오늘 돌아올 때는 바로 이 코스다. 사천왕사지 앞에서 왼쪽으로 망덕사지와 장사벌지지長沙伐知旨를 바라보며 문천蚊川의 다리를 건너노라면 바로 앞 맞은편 동남산 미륵곡 중허리에 **보리사**菩提寺가 있다. 경내에 있는 석불좌상은 8세기 후반 통일신라시대의 불상이 틀림없다. 남산에 있는 수많은 불상 중 가장 우수하고 완성도가 높은 불상이다. 시기적으로 이보다 조금 더 빠른 석굴암 본존불과 비슷한 모습이지만 그보다 더 따뜻하고 자비로운 느낌을 준다. 이 불상으로 이 사찰이 신라시대의 보리사로 추정되고, 나아가 바로 이웃한 헌강왕릉과 정강왕릉을 비정比定하는 근거로 작용된다. 입구에는 경주평야를 내려다보고 있는 마애석불도 있다.

화랑교육원을 지나자 **헌강왕릉**, 그리고 조금 더 가면 **정강왕릉** 안내 표지판이 나타난다. 도로변에서는 보이지 않으나 원형봉토의 석실분石室墳으로 밑둘레에는 다듬은 돌로 몇 단의 호석이 둘러져 있다.

헌강왕과 정강왕은 둘 다 경문왕의 아들이다. 헌강왕은 학문과 예술을 애호한 왕으로 문치文治에 힘써 태평성대를 이룬 왕이다. 왕경의 모든 집이 기와집이며 숯불로 밥을 짓고 노랫소리가 끊이지 않았다고 하는 시대가 바로 헌강왕 대이다. 대를 이을 왕자가 없어 동생 정강왕이 왕위를 이었지만 병으로 일찍 죽었다.

왕릉에 바로 이어 큼직한 주자창이 나타난다. 이곳이 **통일전**統一殿이다. 삼국통일의 위업을 이룬 무열왕, 문무왕, 흥무왕(김유신)의 영정을 봉안한 호국의 전당이다. 자라나는 세대들에게 남북통일과 애국심을 함양시키기 위해 1970년대에 건립됐다. 때문에 당시에는 수학여행의 필수코스였지만 지금은 매우 한산하다. 강요된 애국의 잔재라지만 실제 삼국통일의 위업이 과소평가되고 또한 애국심이 희박해질까 우려가 된다.

남쪽 마을 옆 고즈넉한 못가에 고색창연한 정자가 한 채 있다. 정자는 **이요당**二樂堂이고, 못은 **서출지**書出池이다. 신라 21대 소지왕 때 이 못 속에서 왕비와 왕실 스님의 불륜을 알려주는 글이 나왔다고 하여 붙인 이름이다. 불교가 공인되기 이전 토착신앙과 외래 종교와의 갈등을 보여주며 정월대보름 약밥의 기원도 되어 민속적으로도 의미를 지니고 있다. 여름에는 배롱나무와 연꽃으로 뒤덮이는데 가을에는 스산한 느낌을 준다.

떠나왔던 주노선 도로에 합류하기 위해 노란 은행나무가 도열하는 곧은 길을 곧장 달린다. 그리 늦은 시간은 아니지만 가느다랗던 초승달이 살이 올라 상현달이 되어 버스를 따라온다. '도지 삼거리입니다'라는 방송 멘트를 듣고, 버스를 탈 때의 반대편 승강장에 내려서 집으로 향한다. 들길을 걷는 동안 달은 끝까지 따라와서 대문 안 마당에 들어와서야 멈춘다. 마치 달을 맞아들이기 위한 외출을 한 것 같다.

'느리게 사는 즐거움'을 말한 젤린스키는 '살아가면서 가능한 한 인터넷 바다를 항해하지 말고, 잔디밭을 맨발로 거닐고, 지는 노을을 바라보라'고 권유했다. 또 어느 스님은 '멈추면 비로소 보인다'고 했나. 정말 이제 서두르는 손길 멈추고 잔디밭을 걷고 지는 노을을 바라보면서 그동안 보지 못한 것과 듣지 못한 것에 마음을 쏟고 싶다.

(2015. 10)

당신, 내 꿈속에서 맞으리

인간관계는 기억보다는 추억을 만들어가는 것이다. 추억 만들기에 너무 늦은 사람은 없다. 그리고 지나간 기억을 추억으로 되돌리도록 노력해야 한다. 나 역시 이 순간 불현듯 다른 사람에게 기억되는 사람보다 추억되는 사람이고 싶다는 생각이 든다.

—'기억과 추억' 중

기억과 추억/임아 강을 건너지 마오/아름다운 퇴장/인연 가꾸기
이름에 대하여/거짓말의 명암/여인동락與人同樂/당신, 내 꿈속에서 맞으리

기억과 추억

한때 '살인의 추억'이라는 영화가 나온 적이 있었다. '살인의 기억'이 아니라 '살인의 추억'이다. 물론 상업성 영화이기에 주목을 끌기 위한 '튀는 제목'이 이해는 가지만, '살인'과 '추억'은 도저히 결합될 수 없는 말이다. 내용은 차치하고 이런 자극적인 제목만으로도 언어 왜곡 현상에 대한 심각한 우려를 자아낸다.

기억과 추억은 어떻게 구별될까? 사전辭典에는 기억이란 '지난 일을 잊지 않고 외워두는 것'이고, 추억이란 '지난 일을 돌이켜 생각하는 것'이라고 되어 있다. 하지만 사전적 의미만 가지고는 기억과 추억의 차이가 분명하지 않다.

그러던 중 최근에 경주 예술의 전당 실버명화극장에서 두 편의 영화를 보았다. 실버명화극장이란 이름 그대로 노인층을 위한 문화기획물인데, 상영되는 영화는 가깝게는 10~20년 전에서 오래된 것으로는 40~50년 전의 지난날의 영화들이다.

그 두 편의 영화 중 하나는 김진규 주연의 방화邦畵 '오발탄'이고 다른 하나는 로버트 테일러와 비비안 리가 주연한 미국 영화 '애수哀愁'이다.

'오발탄'은 6·25 직후의 암담한 현실을 그린 이범선 원작 소설의 영화이다. 계리사 사무실의 서기로 근무하는 무기력한 인물이 주인공이다. 그 가족들로는 치매를 앓고 있는 노모老母, 만삭의 아내, 제대군인 실업자 남동생, 양공주로 살아가는 여동생, 영양실조에 걸린 어린 딸 등 도무지 희망이라곤 보이지 않는 군상들이다. 결국 아내는 출산을 하다가 사망하고 남동생은 은행을 털다가 잡힌다. 노모는 목적지도 없이 '가자, 가자'를 외치고 치통을 앓던 주인공은 병원에서 이를 빼고 목표물을 잃은 '오발탄'처럼 택시를 타고 그냥 어디든지 가자고만 한다.

'애수哀愁'는 제2차 세계대전 중 전선으로 투입되기 위해 지프차를 타고 가던 로이 대령(로버트 테일러 분)이 런던 워털루 다리에 내려서 한 여인이 준 조그만 마스코트를 꺼내어 들고 지난날을 회상하는 내용이다. 젊은 시절, 즉 1차 세계대전 당시 이 다리에서 만나 사랑했던 발레단의 무희였던 여인, 그녀의 이름은 마이라 레스터(비비안 리 분)였다.

이 다리에서 싹트기 시작한 그들의 사랑은 결혼식을 앞두고 로이의 참전 스케줄이 갑자기 바뀌는 바람에 둘은 헤어지게 된다. 이에 상심한 마이라는 공연을 소홀히 하다가 발레단에서 쫓겨나게 되고 살길이 막막하여 구직을 위해 거리를 헤맨다. 그러다 우연히 전사자 명단이 들어 있는 신문에서 로이의 이름을 발견하고 절망에 휩싸인다. 결국 마이라는 자포자기의 심정으로 '거리의 여자'로 전락하고 만다. 그런데 어느 날 워털루 역에 나갔던 마이라는 귀국하는 군인들 사이에서 건강하게 살아 돌아온 로이를 발견한다. 기쁨으로 만난 두 사람은 다시 결혼하기로 약속하지만, 이미 육체가 허락하지 못하는 처지의 마이라는 사랑을 지키지 못한 죄책감으로 워털루 다리에서 사랑의 편지 한 통을 남긴 채 자살하고 만다.

예술사조로 말하면 '오발탄'이 사실주의에 입각한 영화라면 '애수'는 낭만주의적인 영화이다. 쉽게 구별해서 말하면, '오발탄'이 '기억'의 영화라면 '애수'는 '추억'의 영화다. '오발탄'의 절망적 현실은 누구나 다시 그 시대로 돌아가고픈 마음이 나지 않는다. 이 영화는 한 시대를 작가의 눈으로 냉철하게 분석하여 과장 없이 삶의 의미를 제시하는 지적知的인 산물이다. '쉰들러 리스트', '피아니스트' 같은 유태인 학살을 다룬 영화들도 다 그렇다. 이런 영화는 슬픔이나 분노를 오래도록 '기억'하게 하는 영화이지 '추억'하는 영화는 아닌 것이다.

이에 비하면 '애수'는 비록 비극적 결말로 끝났지만 지난날에 대한 애틋한 그리움이 담겨 있다. 남자 주인공 로이 대령은 가슴 아픈 사랑을 간직하며 50살이 가깝도록 독신으로 살아왔다. 그것은 한 여인과 만났던 '기억' 때문이 아니라 그녀와 사랑했던 '추억' 때문인 것이다.

이로 볼 때 기억은 머릿속에 저장되는 지적知的 작용이며, 추억은 가슴으로 느끼는 정적情的 작용이다. 따라서 지난날의 경험이 '머릿속'에 남은 것이 기억이라면, '가슴속'에 남은 것은 추억이다.

기억의 반대편에는 망각이 있다. 기억과 망각은 동전의 앞뒷면과 같아서 분리가 불가능하다. 기억이란 어쩌면 잊혀지기 위해 존재하는 것이다. 사실 살아오면서 습득한 경험을 다 기억한다는 것은 가능하지도 않고 필요하지도 않다. 기억에 망각이 따른다면, 추억에는 항상 그리움이 붙어 다닌다. 그리움이 없으면 추억이 아닌 것이다. 기억은 세월이란 지우개로 지워지지만, 추억은 가슴속에 그리움이 있는 한 지워지지 않는다. 따라서 기억은 유효기간이 있지만, 추억은 유효기간이 없다.

기억의 저장은 컴퓨터가 대신해 주지만, 추억의 저장은 대신해 주는 도구가 없다. 컴퓨터는 인간의 기억력을 보완하는 수단이다. 모든 것을 컴퓨터에 저장해 놓았다가 쉽게 꺼내어 쓸 수 있다. 굳이 기억하기 위해 애쓸 필요가 없다. 그만큼 편하다. 그러다 보니 컴퓨터가 인간의 생활을 통째로 지배하기에 이르렀다. 수단이 목적을 지배하는 지경에 이르렀다.

그런데 컴퓨터나 휴대폰은 편리함 이상의 역기능도 만만찮다. 특히 요즘 세대들은 컴퓨터나 휴대폰 없이는 아무것도 할 수 없다. 휴대폰이 없으면 전화번호 몇 개도 외우지 못하고, 내비게이션 없이는 방향감각 자체가 없다. 또 애써 기억하려는 노력을 하지 않기에 자연히 인지기능이 약화되고 실제 문제 상황에 부딪혔을 때 해결 능력이 없다. 그리고 가상세계와 현실세계를 혼동하기도 한다.

그러나 이 모든 것보다 컴퓨터가 초래하는 가장 큰 역기능은 추억을 잃어버리게 하는 것이다. 컴퓨터의 가상세계에서 자신의 아바타를 통해 대리만족을 할 뿐, 그 옛날 가난과 결핍 속에서도 바람소리, 새소리를 들으며 가족과 공감하고 친구들과 부대끼며 살아온 추억이 없다. 수박서리, 알밤, 오일장, 설날, 아이스케키 이런 말들에 서린 추억을 오늘날 세대가 알 리 없다.

트라우마가 기억으로만 남으면 인간 정신을 황폐화시킬 수도 있다. 공감과 소통을 통한 사랑과 인정의 교류를 통해서 트라우마는 치유된다. 치유된 기억은 가슴속에서 아름다운 추억으로 바뀐다.

이처럼 기억을 추억으로 치환하는 것이 매우 중요하다. 지나간 역사가 현재로 인해 새롭게 해석되고 조명되듯이 과거의 기억이나 추억도 고정되지 않고 서로 넘나들 수 있다. 특히 지난날에는 지긋지긋하게 여겨졌던 어두운 기억들, 또는 아무런 의미 없다고 생각되던 평범한 일상사들이 불현듯 새삼 가슴속에서 추억으로 되살아날 수 있다. 머릿속의 기억이 가슴속의 추억으로 바뀌는 것이다. 머리와 가슴 사이의 거리는 사람마다 다르다. 가까운 사람은 아주 가깝고 먼 사람은 아주 멀다. 세상에서 가장 먼 거리가 머리에서 가슴까지라는 말도 있다. 머릿속의 기억이 가슴속의 추억으로 가는 데 일생이 걸릴 수도 있다. 이처럼 기억을 추억으로 승화시키는 것은 매우 중요한 일이다. 요즘 젊은 가수가 부르는 노랫말에도 이와 유사한 부분이 있다.

하루가, 한 달이, 일 년이, 시간이 흐르면 흘러가면
우리 아픈 기억들도 너와의 슬픈 그 기억들도
가슴속에 스며들어 오면
밝은 저 태양보다
좀 더 환한 미소가
이젠 웃을 수 있는, 이젠 웃을 수 있는, 예쁜 추억으로,
머릿속에 가득한 기억이
가슴속에 가득한 우리 추억이
흘러가는 시간에 그 시간에
아픈 기억조차 소중한 추억이 된다. (김태우 / '기억과 추억')

추억은 아름답다. 비록 당시에는 고통스럽고 불편하고 힘들었다 하더라도 추억이 되는 순간 그들이 자리한 장소는 그리움의 진원지가 된다.

지나간 삶의 과정에서 만나 훈훈한 인정을 나누었던 사람들, 또는 어려움을 함께하며 서로를 위로해 주었던 사람들, 시간과 공간을 공유하기만 해도 좋았던 사람들 — 이제는 떠나서 함께 할 수 없어도 그런 사람들이 그리움으로 남은 것만으로도 행복하다. 다행히 지금도 마음만 먹으면 만날 수 있다면 더더욱 행복하다. 그리워하는 사람을 만나 추억의 잔을 나누는 것 자체가 팍팍한 세상살이에 지친 영혼들에게 최상의 힐링이 된다.

흔히 노년기에는 추억을 먹고 산다고 한다. 나이가 들어감에 따라 기억은 지워지지만 추억은 되살아난다. 이는 참 사연스럽고 다행스런 현상이다. 인간관계는 기억보다는 추억을 만들어가는 것이다. '추억 만들기'에 너무 늦은 사람은 없다. 그리고 지나간 기억을 추억으로 되돌리도록 노력해야 한다. 나 역시 이 순간 불현듯 다른 사람에게 '기억되는 사람'보다 '추억되는 사람'이고 싶다는 생각이 든다.

(2014. 6)

임아 강을 건너지 마오

역 앞 도로를 지나다 보니 4 · 13 총선 현수막이 숲을 이루고 있다. 인파가 많이 지나는 길목이라서 후보마다 좋은 장소를 놓치지 않으려는 듯 마구 이름을 걸고 있다. 그런데 그 가운데 유달리 조그만 현수막 하나가 옆으로 밀려나 초라하게 붙어 있다. 이웃한 근처 파출소에서 횡단보도 무단통행 방지를 홍보하기 위해 설치한 현수막이다.

님아 길을 건너지 마오.
무단횡단 안 된다고 전해라.

직설적 구호만 보아오다가 모처럼 패러디를 사용한 부드러운 표현을 대하니 한결 여유를 주는 것 같아 저절로 한 번 더 읽어보게 된다. '패러디'란 이름난 말이나 글의 내용을 따온 표현이다. 하지만 누가 봐도 따온 것을 알 수 있기에 은근슬쩍 가져와서 자기 것처럼 쓰는 표절과는 다르다. '늙은 ○○의 슬픔' 하면 누구나 괴테의 작품 '젊은 베르테르의 슬픔'에서 따온 것임을 알고, '우리를 기쁘게 하는 것들' 해도 누구나 안톤 시나크의 수필 '우리를 슬프게 하는 것들'을 연상한다.

위 현수막의 아랫줄의 '무단횡단 안 된다고 전해라' — 이는 요즈음 노년층에서 뜨는 가요 '백세 인생'을 패러디한 것이다.

육십 세에 저 세상에서 날 데리러 오거든

아직은 젊어서 못 간다고 전해라.

죽음보다 더 강하게 무단횡단을 거부한다는 뜻인가? 어쨌든 재미있는 표현이다.

'님아 길을 건너지 마오' — 이는 몇 년 전에 상영되었던 독립영화 '님아, 그 강을 건너지 마오'의 제목을 패러디한 표현이다. 이 영화는 당시 500만 관객을 동원하여 독립영화의 흥행 신기록을 세웠다. 영화의 내용은 부부로 만나 76년간이나 함께 살아온 98세의 할아버지와 89세의 할머니의 삶의 이야기이다. 결혼 후 50주년을 금혼식이라고 하는데 금혼식을 넘어도 한참 넘기면서 살아온 긴긴 세월이다. 영화라고 하면 약간의 윤색이나 스토리 전개상의 기법도 있을 법한데 그런 것 전혀 없이 평소의 생활 모습을 그대로 묘사했다. 과장적인 연기도 없고 멋진 대사도 없다. 그냥 살아가는 평범한 일상일 뿐이다.

사람은 나이를 먹으면 동심으로 돌아간다고 하는데, 정말 동심으로 돌아간 듯 두 주인공은 눈싸움도 하고 물장난도 하며 낙엽을 상대의 몸에 뿌리기도 한다. 만년의 삶이 이렇게 순수하면서도 낭만적일 수 있다는 것이 신기하다.

더욱이 영화의 마지막에는 할아버지가 돌연 죽고 마는데 이 역시 연기가 아니라 사실이다. 촬영 전에는 전혀 예상하지 못한 일이었다고 한다. 결국 할아버지의 죽음으로 영화는 완성도가 더욱 높아졌다. 이런 이

유들로 막상 영화가 끝났을 때 관객의 가슴에는 잔잔한 감동의 물결이 치고 더러는 눈물을 흘리기도 한다.

'님아, 그 강을 건너지 마오' — 그런데 이 독립영화의 제목 역시 우리나라의 고대가요를 패러디한 것이다. 국문학사상 우리나라에서 가장 오래된 노래라고밖에 할 수 없는 작품이 바로 '공후인箜篌引'인데, 이 노래를 문학적 측면에서 부르는 이름이 '공무도하가公無渡河歌'다. '공무도하公無渡河'의 뜻이 바로 '임아 강을 건너지 마오'라는 뜻이다. 아쉬운 것은 당시에는 우리 글자가 없는 시대라서 중국 문헌에 한문으로 내용만 전해 내려올 뿐 원래 노래의 가사 형태는 알 수가 없다.

고대의 가요는 대개 서사적 배경설화가 있는데 이 노래 역시 그렇다. 고조선古朝鮮의 나루지기인 곽리자고霍里子高가 어느 날 새벽 일찍 일어나 배를 손질하고 있었는데 머리가 하얗게 센 한 남자[白首狂夫]가 머리를 풀어헤치고 술병을 들고 물을 건너가려 하고 있었다. 그의 아내가 소리 높여 부르며 막으려 했지만 너무나 뜻이 완강하여 어쩔 수 없었다. 결국 남편은 센 물살에 휩쓸려 물에 떠내려가고 말았다. 남은 아내는 애달픈 마음을 노래에 얹어 부르니 바로 '공무도하가'였다. 곽리자고는 귀가하여 이런 안타까운 장면을 그의 아내 여옥麗玉에게 말해 주자 아내는 공후箜篌를 켜면서 노래를 따라 하니 듣는 사람이 모두 눈물을 흘렸다고 한다.

公無渡河공무도하　임아 물을 건너지 마오.
公竟渡河공경도하　당신은 결국 물을 건너시네.
墮河而死타하이사　물에 빠져 죽고 마니,

當奈公何당내공하　내 이를 어이할꼬.

이처럼 우리 문학사의 첫 장면은 이별과 죽음에서부터 시작된다. 세상의 모든 죽음 가운데 슬프지 않은 것이 없겠지만 가까운 혈육의 죽음은 우리를 가장 슬프게 한다. 남편이 굳이 강을 건너려 한 의도는 알 수 없지만, 이를 막지 못하고 지켜보는 아내로서는 스스로의 무력감과 자괴감, 그리고 비통함으로 가슴을 쳤을 것이다. 그리고는 남편의 뒤를 따랐다. 죽음의 길을 함께 함으로써 체념을 극대화시켰던 것이다. 회한이 담긴 노래만이 마지막 의식이었다.

이처럼 강이란 이별의 상징이요, 죽음의 메타포metaphor다. 이는 동서양이 다르지 않다. 모든 신화나 민담, 전설에서 강은 만남과 이별, 삶과 죽음의 경계선으로 나타난다.

불교의 삼도천三途川은 사람이 죽어서 저승으로 가는 도중에 있다는 강이다. 죽은 지 7일째 되는 날에 이곳을 건너게 되는데, 이 강에는 물살의 세기에 따른 세 종류의 여울이 있다. 이는 생전의 업業, 곧 선악의 경중에 따라 쉽게 건너기도 하고 어렵게 건너기도 한 데서 붙여진 이름이다. 삼도천은 죄가 무거워 지옥地獄, 아귀餓鬼, 축생畜生의 삼악도三惡道의 괴로움을 면하고 정토淨土에 태어나는 일이 용이하지 않음을 깊은 강에 비유한 것이다.

이스라엘의 요르단 강은 구약시대 여호수아가 이스라엘 백성을 거느리고 건너간 강이자 신약시대 예수가 세례를 받은 강이다. 실재하는 강이면서 천국으로 가는 관문으로도 상징된다. 따라서 요르단 강을 건너서 만나자는 것은 천상에서의 재회를 의미한다.

그리스 신화에서는 저승에 다섯 개의 강이 흐른다고 한다. 곧 슬픔의 강－아케론, 비탄의 강－코퀴도스, 증오의 강－스틱스, 불길火焰의 강－플레게돈, 그리고 망각의 강－레테이다.

죽어서 하데스가 지배하는 명계冥界에 가기 위해서는 이처럼 이승의 삶을 청산하는 여러 과정을 거쳐야 한다. 이승과 이별하는 슬픔, 비탄, 증오, 정화의 과정이다. 그리고는 마지막으로 레테의 강물을 한 모금씩 마시게 되는데, 이 강물을 마신 망자는 과거의 모든 기억을 깨끗이 지우게 된다.

사람이라면 누구나 숙명적으로 이러한 강을 언젠가는 건너게 마련이다. 부부 간에도 언젠가는 누구 한 사람을 먼저 보내야 한다. 가는 사람은 숙명으로 인식하더라도 남은 사람은 슬프기 짝이 없다.

영화 '님아, 그 강을 건너지 마오'에서도 할아버지를 보내는 할머니의 마음은 백수광부의 아내의 마음과 다르지 않을 것이다. 기나긴 76년을 함께 살아도 부족한 세월이다. 결국 할아버지는 할머니의 바람도 아랑곳없이 그 강을 건너게 되고 영화는 막이 내린다.

오늘날 황혼 이혼이 부쩍 늘어났다고 한다. 연간 10쌍이 결혼하면 5쌍은 이혼을 한다고 한다. 그런데 주목할 것은 그 5쌍 중 2쌍이 20년 이상 결혼생활을 한 50대 이상의 황혼 이혼이라는 것이다. 연령대로 볼 때 압도적으로 많은 수이다. 황혼 이혼은 주로 여성 측이 제기한다. 이를 두고 전통 여성이 지녔던 헌신과 인종의 미덕이 실종되었다고 그 책임을 여성들에게 돌리려는 경향이 있다. 하지만 황혼 이혼의 사유는 황혼기에 생긴 것이 아니다. 젊은 시절 불평등과 억압 속에서도 자녀가 결혼하고 독립할 때까지 자신을 버리고 기다린 인종忍從의 결과다. 따라서 황혼 이혼은 가정을 지키기 위한 여성의 헌신과 희생을 반증하는 현상이라고 볼 수 있다.

'님아, 그 강을 건너지 마오'의 주인공처럼 아름답게 인생을 마감할 수 없을까? 아니면 백수광부의 아내의 심정으로 떠나는 임을 말릴 수는 없을까? 못 이기는 척하며 건너지 않을 수는 없을까? 모든 사람이 인생의 황혼기에 배우자끼리 서로 의지하며 살다가 마지막에는 함께 손잡고 삼도천이든, 요르단 강이든, 레테의 강이든 건널 수 있었으면 좋겠다.

(2016. 4)

아름다운 퇴장

7.30 보선에 참패한 야당의 후폭풍이 거세다. 이번 선거에서 여당의 정치 신인 후보에게 패배한 야당의 대통령 후보급의 한 중진은 정계 은퇴를 선언했다. 정치인은 출처관出處觀, 곧 나오고 물러감이 분명해야 한다는 것이 은퇴의 변이었다. 그분의 정치노선에 대한 찬반 여부을 떠나서 퍽 신선한 느낌으로 다가온다.

옛날 선비들에게 있어서도 출처관은 가장 중요한 덕목이었다. 맹자는 '대장부론大丈夫論'에서 다음과 같이 말했다.

> 천하의 넓은 곳에 거처하며, 천하의 바른 자리에 서며, 천하의 큰 길을 간다. 뜻을 얻으면 백성과 함께 하고 뜻을 얻지 못하면 홀로 자신의 길을 간다. 부귀로 마음을 어지럽히지 아니하며, 빈천으로 뜻을 바꾸지 아니하며, 권세에도 지조를 굽히지 않는 사람, 이를 대장부라 이른다.
>
> **(居天下之廣居 立天下之正位 行天下之大道 得志 與民由之 不得志 獨行其道 富貴不能淫 貧賤不能移 威武不能屈 此之謂大丈夫)**

선비의 출처관에 대한 참으로 명쾌한 언급이다. 정치가가 세상이 자신을 필요로 하지 않음을 알고도 물러나지 않고 미련을 가지고 이리 기웃, 저리 기웃거림은 올바른 공인公人의 자세가 아니다. 따라서 맹자의 말은 선비가 때맞추어 물러남은 그 지위에 오르는 것만큼이나 중요하다는 의미를 나타내고 있다.

그런데 뜻을 얻지 못해 물러나는 것보다 더 어려운 것이 있으니, 바로 뜻을 얻은 다음에 물러나는 것이다. 생애의 절정기에 물러나 여생을 잘 보내고 이름을 아름답게 남긴 사람들을 우리는 역사적으로 많이 볼 수 있다. 반대로 자신의 역할이 끝났는데도 계속 머물러 있으려다가 불행을 겪은 사람도 많다.

전한시대 장량張良은 한신韓信, 소하蕭何와 함께 한漢나라 창업의 삼걸三傑이라 칭할 정도의 큰 인물이었다. 그는 한고조漢高祖의 책사策士로서 한고조가 항우項羽를 이기고 천하를 통일하는 데 절대적인 공헌을 했다. 통일 후에 그는 유후留侯에 봉해지고 많은 재산을 얻었지만 모든 것을 내놓고 물러났다. 궁벽한 시골에서 태어나 세 치 혓바닥 이외에는 가진 것 없이 세상에 나와 제후의 지위를 얻었으면 그만이지 더 이상 무엇을 바라겠느냐는 변이었다. 전설에 의하면 그는 적송자赤松子라는 신선을 따라 가서 자신도 신선이 되었다고 한다. 이는 아마 그의 물러남을 아쉬워하거나 그의 행적을 미화하려는 당시 민중의 여망이리라. 자손도 번창했는데 그 후손들이 사는 곳이 지금의 장가계張家界라고 한다.

반면 한신韓信은 한나라 통일 후에도 초왕楚王의 지위에 올라 권력을 이어가려 했다. 결국 그는 황실의 위협 세력으로 간주되어 불행한 최후를 맞이하게 되었다. 그가 죽으면서 "토끼 사냥이 끝나니 사냥개마저 삶아먹는구나"라고 한 말은 오늘날에도 '토사구팽兎死狗烹'이라는 유행어로 쓰인다.

또 오월시대吳越時代 월왕越王 구천句踐의 명신名臣이었던 범려와 문종文種도 대조적인 처신을 했던 대표적 인물들이다. 이들은 구천이 오왕吳王 부차夫差를 격파하고 철천지원수를 갚는 데 주도적으로 활동했다. 이른바 '와신상담臥薪嘗膽'의 고사이다. 원수를 갚고 빼앗긴 나라를 되찾게 되자 돌연 범려는 문종에게 월나라를 떠날 것을 제의했다. 그는 문종에게 보낸 편지에서 '월왕 구천과는 고난은 함께 할 수는 있어도 영광은 함께 할 수 없다'고 하며 머지않아 자신들은 화를 입게 될 것이라 했다. 그러나 문종은 거부했다. 범려는 바로 이웃 제齊나라로 가서 토지를 개간하고 농사법을 개량하여 막대한 재산을 모은다. 그 공으로 그는 제나라의 재상이 되지만 얼마 안 가서 다시 물러났다. 영예가 길면 화가 미친다는 것이 그 이유였다. 범려의 예언대로 문종은 구천에 의해 죽음을 면치 못했다.

이와는 약간 다른 경우이긴 하나 한 산악인의 사례가 있다. 우리나라의 대표적인 산악인 하면 대부분의 사람들이 엄홍길, 박영석을 떠올린다. 그러나 산악인 한왕룡에 대해서는 아는 사람이 많지 않다. 하지만 엄홍길, 박영석의 이름에 가려서 그렇지 그 역시 대단한 산악인이다. 엄홍길, 박영석에 이어 그도 산악인의 꿈인 히말라야 14좌를 우리나라에서 3번째, 세계에서 11번째 완등했다. 그런데 다른 두 사람과는 달리 그는 그의 목표인 14좌 등정을 달성하자 더 이상의 다른 목표를 정하지 않았다. 그는 다음과 같이 은퇴 아닌 은퇴변을 남기고 전문 산악인으로서의 생활을 접었다.

> 히말라야 14좌 완등은 내가 좋아서 했고 스스로 할 수 있음을 보여줬으니 몇 번째 올랐든 상관없다. 그러나 이제는 사회로 돌아갈 때라고 생각한다. 내가 좋아하는 것만 계속하려면 결혼은 왜 했고 아이는 왜 낳았는가? 시간이 좀 지나면 나는 잊혀진 산악인이 되고 싶다.

그는 히말라야 14좌를 완등한 후 다시 히말라야를 찾았지만 정상을 목표로 하지는 않았다. 다만 원정대들이 버린 쓰레기를 수거하는 '청소등반' 활동을 해왔다. 그리고 국내에서도 전국의 산을 돌며 버려진 쓰레기를 줍는 '클린 마운틴 운동'을 펼치고 있다.

산악인 박영석은 히말라야 14좌 등정에 이어 세계 7대륙 최고봉 등정, 3극점(북극점, 남극점, 에베레스트) 등정을 성공하여 세계에서 최초로 산악 그랜드슬램을 달성했다. 그러고도 활동을 멈추지 않고 안나푸르나의 새로운 루트를 개척하려다가 끝내 실종으로 생애를 마무리했다. 물론 그의 죽음은 끝 모르는 도전정신을 보여준 산악인다운 최후라고 볼 수 있지만 가족이나 일반 국민들로서는 안타까움을 느끼지 않을 수 없다.

산악인 박영석의 경우는 그래도 안타깝기는 하지만 국민들의 가슴속에 아쉬움과 애틋함으로 남아 있는 아름다운 죽음이라고 볼 수 있지만, 정말 보기가 민망한 것은 한번 맛본 권력의 주변을 떠나지 못하고 계속 머물려다 불행한 처지를 겪는 정치인이나 고위 공직자들이다.

세월호 사건 이후 마피아에 빗대어 관官피아, 법法피아가 등장하고, 나아가 세稅피아, 철鐵피아, 금金피아니 하여 범죄 집단을 연상케 하는 신조어들이 양산量産되고 있다. 이 모두 다 깨끗하게 물러나지 못한 데서 오는 사회 병리현상이다. 퇴직하면 그만이지 그 직무와 관련 있는 한

자리를 또 차지하여 깨끗하고 공정하지 못한 경영을 하다가 결국 세월호 같은 대형 사고를 일으키게 된다.

산에 오르는 이유는 내려오기 위해서이다. 그런데 정상頂上 정복에 도취되어 무한정 머물려다가는 낭패를 본다. 마찬가지로 고위직에 오르는 것은 조만간 내려오라는 신호이다.

가야 할 때가 언제인가를
분명히 알고 가는 이의
뒷모습은 얼마나 아름다운가.
봄 한철 격정을 인내한
나의 사랑은 지고 있다.
분분한 낙화
결별이 이룩하는 축복에 싸여
지금은 가야 할 때.
무성한 녹음과 그리고
머지않아 열매 맺는
가을을 향하여
나의 청춘은 꽃답게 죽는다. (이형기 / '낙화')

언제 들어도 멋지게 느껴지는 시이다. 꽃은 떨어지기 위해서 핀다. 계속 매달려 있다면 어떻게 되겠는가? 밀알은 썩어야 열매를 맺는다. 꽃이 아름답게 피어서 아름답게 지듯이 물러날 때를 알고 아름답게 자리를 비우는 겸손을 본받아야 한다. 명심보감明心寶鑑의 다음 구절은 오늘날에도 유효한 경구이다.

만족할 줄 알아 항상 만족하면 종신토록 욕되지 않고,

그칠 줄을 알아 항상 그치면 종신토록 부끄러움이 없을 것이다.

(知足常足 終身不辱 知止常止 終身無恥)

(2014. 8)

인연 가꾸기

삼세三世의 업業이 모두 인연에 따라 이루어진다는 것이 불교의 가르침이다. 그렇다고 인연이 불교의 전유물은 아니다. 이는 유교에서 '효도'를 강조한다고 해서 다른 종교에서 결코 효도를 경시하지 않는 것과 같다. 불교에도 부모은중경父母恩重經이라는 경전이 있고, 기독교에도 효도가 십계명의 하나로 강조되고 있다.

인연은 인간 생활에서 참으로 소중하다. 그러기에 누구나 좋은 인연을 갖기를 원하고 나쁜 인연을 피하려고 한다. 그런데 우리는 인연을 통상 '좋은 인연'과 '나쁜 인연'으로 나누고, 그것들이 별도로 존재한다고 여긴다.

과연 그럴까? 베드로와 유다는 똑같이 예수님을 만났지만 한 사람은 예수님의 수제자가 되었고 다른 한 사람은 배신자가 되었다. 같은 만남이 이렇게 극명하게 좋은 인연과 나쁜 인연으로 갈라질 수가 있는 것이다. 이는 처음부터 좋은 인연, 나쁜 인연이 따로 존재하지 않음을 의미한다.

어떤 사람이 예루살렘에서 여리고로 내려가다가 강도를 만나 돈을 빼앗기고 크게 다쳤다. 마침 지나가던 제사장과 레위인은 이 다친 사람을 보고 그냥 지나쳤다. 그런데 유대인들에게 멸시당하며 살아가는 사마리

아인은 이 사람을 보고 구제해 준다. 널리 알려진 '착한 사마리아인'의 이야기이다. 이 역시 좋은 인연과 나쁜 인연은 처음부터 정해진 것이 아니라는 이야기이다.

좋은 인연은 거저 주어지는 것이 아니라 정성으로 가꾸어야 한다. 중국 삼국시대 유비劉備는 초야에 묻혀 사는 제갈량諸葛亮을 군사軍師로 영입하기 위해 세 번이나 그의 집을 찾아갔다. 유명한 삼고초려三顧草廬의 이야기이다. 이런 정성으로 유비와 제갈량은 현군賢君과 명신名臣이라는 좋은 인연으로 촉나라 건국이라는 대업을 이루게 되었다. 이들의 관계를 수어지교水魚之交, 곧 '물과 고기의 만남'으로 규정하는 것으로 볼 때에도 이들의 만남이 얼마나 좋은 인연이었는가를 알 수 있다.

한고조漢高祖 유방劉邦을 도와 한漢나라를 일으킨 한신韓信은 원래 한고조의 적敵인 항우項羽의 신하였다. 그런데 항우는 한신의 능력을 알아보지 못했다. 결국 한신은 자신을 알아준 유방의 편에 서서 항우의 세력을 제압하여 한나라 제업帝業을 이루게 했다. 항우로 보아서는 굴러들어온 좋은 인연을 놓쳤을 뿐 아니라 오히려 나쁜 인연으로 만들어 패배의 쓴 잔을 맛보았다. 이처럼 좋은 인연은 누구나 알기 쉽게 포장되어 있는 것이 아니라, 이를 알아보는 밝은 지혜와 자기의 것으로 만드는 정성이 따라야 하는 것이다.

그런데 좋은 인연을 찾아서 가꾸는 것도 필요하지만, 나아가 나쁜 인연을 좋은 인연으로 바꾸는 더 적극적인 자세도 중요하다.

세계 3대 테너는 스페인의 플라시도 도밍고와 호세 카레라스, 그리고 이탈리아의 루치아노 파파로티이다. 도밍고는 마드리드 출신이고, 카레라스는 스페인 자치령인 카탈로니아 출신인데 두 지역 간에는 극심한 지역감정이 존재한다. 그런데 지역 간의 대립과 자존심 이상으로 도밍고와 카레라스는 음악에 있어서도 라이벌이었다. 두 사람은 자주 다투었고 끝내 카레라스는 도밍고에게 절교를 선언했다. 그러던 중 카레라스가 백혈병에 걸려 미국에 건너가서 치료를 받는다. 그러나 치료 효과도 보지 못하고 돈도 떨어져 귀국하여 어려움에 봉착한다. 그러던 중 어느 자선재단에서 운영하는 백혈병 전문병원의 도움으로 무료로 치료를 받아 극적으로 건강을 회복한다.

카레라스는 고마움에 자신도 그 재단의 후원회에 등록한다. 그런데 그 과정에서 이 재단을 세워 자신을 도운 사람이 다름 아닌 자신의 라이벌 도밍고임을 알게 된다. 도밍고가 카레라스의 자존심을 자극하지 않기 위해 이름을 드러내지 않았던 것이다. 이를 안 카레라스는 도밍고의 공연장을 찾아가 이 사실을 청중에게 알리고 도밍고에게 감사를 표시한다. 관중은 감동의 환호를 했다. 이 이벤트 이후 두 사람은 완전히 신뢰를 회복하고 거기다 파파로티까지 끌어들여 3대 테너가 함께 로마 월드컵 전야제에서 공연했다.

좋은 인연은 따로 존재하지 않을 뿐 아니라, 엄청난 행운이 찾아오듯 갑자기 찾아오는 것이 아니다. 평소에 주어진 책임을 다하고 정성으로 남을 대할 때 좋은 인연이 깃들 수 있다. 이렇게 본다면, 좋은 인연이란 결코 멀리 있는 것이 아니라 내가 지금 있는 이 시간, 이 자리에서 찾을 수가 있는 것이다. 이는 '행복의 파랑새'를 자기 집 새장에 두고도 멀리 산 넘어 강 건너 찾아나서는 어리석은 사람과 다름이 없다.

신약성서 마태오복음을 보면 이 세상 마지막 날 심판의 장면이 나온다. 예수님은 세상 사람을 구원을 받을 부류와 받지 못할 부류로 마치 양과 염소를 가르듯이 오른편과 왼편으로 갈라놓고 왼편에 앉은 구원받지 못할 사람을 다음과 같이 나무랄 것이라고 하셨다.

'너희는 내가 굶주렸을 때 먹을 것을 주지 않았고, 내가 목말랐을 때 마실 것을 주지 않았으며, 내가 나그네였을 때 따뜻이 맞아들이지 않았다. 또 내가 헐벗었을 때 입을 것을 주지 않았고, 내가 병들었을 때와 감옥에 있을 때 돌봐주지 않았다.'

그러면 그때 그 사람들이 대답할 것이다. '주님, 저희가 언제 주님께서 굶주리시거나 목마르시거나 나그네 되신 것을 보고, 또 헐벗으시거나 병드시거나 감옥에 계신 것을 보고 시중들지 않았다는 말씀입니까?'

그때 예수님께서 대답할 것이다.

'내가 너희에게 진정으로 말한다. 너희가 사람들 가운데 가장 보잘것없는 자에게 해주지 않은 것이 곧 나에게 해주지 않은 것이다.'

예수님을 가까이 두고 멀리서 찾는 어리석음을 우리는 오늘도 되풀이하고 있지나 않은지 돌아볼 필요가 있다. 가난한 형제의 집을 건너뛰어, 나에게 도움이 될 부자와 권력가의 집을 찾아 떠나는 여행을 오늘도 하고 있다.

옷깃만 스쳐도 500겁의 인연이 작용한 결과라고 한다. 가요에도 우리의 만남은 우연이 아니라고 했다. 이렇듯 우리가 일상적으로 만나는 어느 한 사람도 흔하거나 우연한 인연이 아니다. 정성으로 대하고 신뢰를 쌓아가며 소중히 가꾸어 나갈 때 그 결과는 좋은 인연이 되어 내 앞에 소리 없이 다가올 것이다.

(2014. 2)

이름에 대하여

열경悅卿, 청간淸簡, 매월당梅月堂, 동봉東峰, 청한자淸寒子, 벽산청은碧山淸隱, 췌세옹贅世翁, 설삼雪岑 — 이는 모두 세조 때의 생육신 중 한 사람인 김시습金時習을 지칭하는 이름이다. 위에서 열경悅卿은 성년이 되어서 부르는 이름인 자字이고, 청간淸簡은 죽은 후 조정에서 내리는 시호諡號이며, 다른 나머지는 모두 호號이다. 이처럼 옛사람들은 본명 이외에도 혼란스러울 정도로 달리 부르는 많은 이름을 가졌다.

자字는 동료 간이나 아랫사람에게 사용하는데, 그러기에 존칭을 붙이지 않는다. 따라서 윗사람의 자字를 부르는 것은 예의가 아니다. 나도 젊은 시절에 자字를 가졌던 기억이 있다. 서른 살 전후 몇 사람이 어울려 한문 공부를 하러 다닐 때 한문을 가르쳐 주시던 어른께서 나에게 '양숙養叔'이라는 자字를 내리셨다. 맹자 공손추장公孫丑章의 '호연지기浩然之氣'와 관련된 내용을 배우던 때였다고 생각된다. 곧 '浩然之氣'의 '浩'자와 내 이름의 '浩'자를 연관시켜 호연지기를 기르라는 뜻으로 '기를 양養'자를 넣은 자字였다. 하지만 자字가 통용되는 시대가 아니어서 널리 사용되지는 못하고 함께 공부하던 동료 간에만 잠시 사용되다가 잊히고 말았다. 다만 자신의 이름자와 관련하여 뜻하는 바나 부족한 점을 고전에서 따서 자字를 짓는 방법을 알게 된 계기는 되었다.

호號 역시 이름 대신 부르는 말이다. 호號의 사용하는 범위는 이름名이나 자字보다 넓어서 동료 간은 물론 아랫사람이나 윗사람에게 두루 쓰인다. 그러나 전통적으로 예술인이나 학자 등 사회적 명망이나 학덕을 갖춘 분들이 주로 호를 사용하였기에 섣불리 호號입네 하고 지어서 남에게 불러달라기가 그리 내키는 일이 아니다.

자字가 대체로 집안 어른이나 윗사람이 지어주는 데 비해 호號는 남이 지어주기도 하고 자신이 짓기도 한다. 호의 작법도 자신이 지향하는 바의 뜻을 살리기도 하지만 주로 자신이 살고 있는 주변의 산, 강 등 자연물이나 당호堂號, 또는 지명에서 취한 예가 많다. '퇴계退溪'하면 대단한 이름인 것 같지만 사실 안동의 조그만 산골 '시내'에서 취한 이름이다. 하지만 그 조그만 냇물이 우리나라 유학의 큰 강물이 되었다. 율곡栗谷, 송강松江, 다산茶山, 면앙정俛仰亭, 우계牛溪 등이 다 그렇다.

오늘날 나이가 들어서도 서로 이름을 부르는 경우를 많이 보게 되는데 젊은 사람들 보기에도 썩 좋은 광경은 아니다. 이럴 때면 옛날 성년식인 관례冠禮 시에 자字를 지어 그 뜻을 마음에 새기면서 친구 간에 불렀던 전통이 퍽 의의가 있다고 여겨진다. 물론 학교 동기회 등 특별한 경우에는 비록 나이가 들어서도 이름을 부르는 것이 서로 친밀감을 나타내는 효과가 있기는 하다.

그런데 자字니 호號니 하여 이름 대신 부르는 말이 왜 발달하게 되었을까? 이는 본명을 부르기 꺼리는 습속에서 기인되었다고 할 수 있다. 말하자면 이름은 너무 소중하기에 아무나 함부로 부를 수 없다는 것이 이유다. 특히 윗사람의 이름은 절대로 부르지 않는다. 죽은 어른의 생전 이름을 일러 '휘諱'라 하는데 이 글자는 '꺼린다' 또는 '피한다'는 뜻이다. 아들이 아버지 이름을 남에게 말할 때 '무슨 자', '무슨 자'라고 이르는 것도 이에 기인한다.

성현이나 임금의 이름 글자는 극히 사용을 꺼려 이미 사용하고 있는 이름이나 명칭이라도 다른 글자로 바꾼다. 예컨대, 중국 한나라 때 세객說客 괴통蒯通의 이름은 원래 '철徹'이었는데, 한무제漢武帝의 이름이 '徹'이기에 사기史記에는 같은 뜻을 가진 글자 '通'으로 바꾸었다. 대구大邱도 원래 '달구達丘' 또는 '大丘'였는데, 공자의 휘諱가 '丘구'라서 나중에 '大邱'로 바뀌었다고 한다. 삼국사기 열전列傳에는 '연개소문淵蓋蘇文'의 성姓이 '淵'이 아닌 '泉'으로 기록되어 있다. 당나라 고조高祖의 이름이 '淵연'이기 때문이었다. 하지만 아무래도 성까지 바꾸는 것은 좀 지나친 감이 든다. 아마 당시였다면 내 이름에 '淵'자도 쓰지 못했을 것이다.

우리나라의 경우도 마찬가지여서 조선의 역대 왕의 이름은 대부분 실생활에서 거의 볼 수 없는 어려운 글자를, 그것도 외자만 사용했다. 언어생활의 불편을 최소한 막아보겠다는 취지였다고 한다. 祹도, 晄황, 岵호, 祘산 — 이들은 각각 세종, 예종, 인종, 정조의 이름이었다. 충청도 尼城縣이성현은 원래 尼山縣이산현이었는데 정조의 이름 '李祘이산'과 발음이 같아서 바꾸었다고 한다.

이름이 존귀하기에 전통적으로 작명作名은 함부로 하지 않았다. 물론 천민의 경우는 마당쇠니, 떡쇠니, 태어난 달에 따라 삼월三月이니, 유월六月이니 하기도 했지만 양반 관료들은 매우 신중하게 이름을 지었다. 이런 이유로 성명학姓名學이 발달하게 되었다.

나 역시 결혼 당시 아이가 태어나면 우리 아이 이름만큼은 내가 지어야겠다는 생각을 했다. 그리하여 작명 책자를 참고하여 실제 두 아이의 이름을 모두 내가 지었다. 뿐만 아니라 조카들 이름도 모두 지었다. 그리고 이것이 알려지자 주위의 부탁이 있어서 몇몇 아이의 이름을 지어주기도 했다. 그런데 언제쯤인가 성명 여하에 따라 운명이 좌우된다는 말을 상기하니 작명을 함부로 해서는 안 되겠다는 생각이 들었다. 이름을 지어준 애들이 다들 착하고 올바른 생활을 하면 모를까 그렇지 못하면 원망을 살 수도 있다. 그 이후로는 요청이 있어도 모두 사양하였다. '반풍수가 집안을 망하게 한다'는 속담이 떠올랐던 것이다.

사실 사주나 명당이나 관상처럼 성명도 지나치게 맹신하는 것은 문제라고 생각한다. 이름만 잘 짓는다고 행복하게 살 수 있다고 믿는 것은 명당에 묘만 쓰면 부귀공명을 누릴 수 있다는 것만큼이나 위험한 발상이다.

좋은 이름을 짓는 것보다 더 중요한 것은 이름의 뜻과 같이 삶의 내용을 참되고 선하고 아름답게 가꾸어 나가려는 자세이다. 아무리 좋은 이름이라도 그 이름에 걸맞게 행동하지 않으면 그 이름이 무슨 소용이 있겠는가? 말 그대로 명실상부名實相符해야 하는 것이다. 만약 무턱대고 영웅호걸이나 부귀공명을 뜻하는 좋은 글자만 갖다 붙이면 그 이름의 무게에 짓눌려 더 위축된 삶을 살아갈지도 모른다. 유명무실有名無實이란 이런 경우가 아닐까? 나아가 자칫하면 웃음거리나 비난의 대상이 되기도 한다.

사회적으로 물의를 일으킨 범법자들의 이름에도 참 진眞 자, 착할 선善 자, 아름다울 미美 자가 다 들어 있다. 고래古來로 희대의 간신奸臣들의 이름만 봐도 그렇다. 당나라 현종의 성총을 흐린 양국충楊國忠도, 당나라를 망하게 한 주전충朱全忠도 모두 이름에는 충성 충忠 자가 들어 있다. 그리고 명나라 멸망을 재촉한 삼인방三人幇 엄숭嚴嵩, 위충현魏忠賢, 온체인溫體仁도 이름만큼은 모두 높고崇 충성스럽고忠 어질었다仁.

인명뿐이 아니라 제도나 물건의 이름도 그렇다. 오늘날 수십 년이나 일인 독재로 악명이 높은 나라도 국명은 다들 공화국共和國이다. 선거를 통해 대통령을 뽑고 임기를 다하고는 물러나는 정치체제라는 것이다. 세계 최악의 왕조인 북한도 민주주의 인민공화국이다. 공화국으로 부족하여 한술 더 떠 민주주의에다 또 인민이 붙었다. 어쩌면 이름이 아깝다 못해 너무나 희극적이라는 생각이 든다.

한때는 멋모르고 이름을 지었지만 이제 이름 짓기는 하지 않은지 오래되었다. 아마 다시 짓는 일은 없을 것이다. 어쩌면 이름이란 짓는 것보다 불러주는 것이 더 중요하다. 한때 가졌던 나의 자字가 아무리 좋은 뜻일지라도 불러주지 않아 곧 잊혀지고 말았듯이 이름이든, 자字든, 호號든 서로서로 잊지 않고 정감을 가지고 불러주는 것이 중요하다.

내가 그의 이름을 불러주기 전에는
그는 다만
하나의 몸짓에 지나지 않았다.

내가 그의 이름을 불러주었을 때
그는 나에게 와서
꽃이 되었다.

내가 그의 이름을 불러준 것처럼

나의 이 빛깔과 향취에 알맞는

누가 나의 이름을 불러다오

그에게로 가서 나도

그의 꽃이 되고 싶다.

우리들은 모두

무엇이 되고 싶다

너는 나에게, 나는 너에게

잊혀지지 않는 하나의 눈짓이 되고 싶다. (김춘수 / '꽃')

서로의 빛깔과 향기에 맞는 이름을 부르며 잊혀지지 않는 의미가 되어 상대에게 따뜻하게 다가갈 때 좋은 인간관계, 나아가 밝은 사회가 이루어질 것이다.

(2011. 11)

거짓말의 명암

오늘이 만우절萬愚節이다. 해마다 만우절이 되면 장난 신고로 경찰이 몸살을 앓는다. 백화점, 방송국, 공항 등이나 심지어 공공기관에 폭발물이 설치되었다는 허위 신고로 폭발물 처리반이 출동하고, 이로 인해 항공기 출발이 지연되는 등 큰 소동이 일어난다. 한 사람의 장난으로 경찰력이 낭비되고 실제 긴급 상황에 처한 사람이 도움을 받지 못하는 경우가 초래된다. 말 그대로 장난이 아닌 것이다. 근년 경찰은 장난 전화라도 피해를 줄 경우 법에 따라 강력히 처리하겠다고 공언했지만, 아직도 전국적으로 허위 신고는 연간 수천 건에 이르고 있다고 한다.

만우절의 유래는 분명하지는 않으나 서양에서 한 해의 시작을 4월 1일로 하다가 1월 1일로 옮긴 것이 계기가 되어 발생했다고 한다. 처음에 바뀐 것을 모르는 사람이나, 바꾸는 것을 싫어하는 사람들이 종전처럼 4월 1일을 새해라고 하여 상대를 혼란스럽게 했다. 이것이 점차 가벼운 거짓말로 서로 속고 속이며 웃는 날로 정착되었다고 한다. 그러니까 오늘날처럼 상대를 골탕먹이거나 많은 사람을 곤란에 빠뜨리는 일은 분명 본래의 취지에 맞지 않다.

그런데 우리나라에도 이런 만우절과 비슷한 풍속이 있었다. 하지만 이러한 사실을 알고 있는 사람은 많지 않다. 세종실록世宗實錄에는 다음과 같은 내용이 있다.

> 상왕上王이 첫눈을 상자에 담아 약이라면서 내시 최유崔游를 보내어 장난삼아 노상왕전老上王殿에 올리니, 노상왕은 미리 알아차리고 사람을 시켜 최유를 쫓아가 잡으라고 하였으나 잡지 못하였다. 원래 고려 풍속에 첫눈을 밀봉密封하여 서로 주고받았는데, 받은 사람은 반드시 음식상을 마련하였다. 그런데 만약 받은 사람이 미리 알아차리고 그 심부름꾼을 붙잡으면 보낸 사람이 도리어 음식상을 마련하였다.

여기서 상왕上王과 노상왕老上王은 세종 당시 왕위에서 물러난 3대 태종과 2대 정종定宗을 이른다. 태종이 심부름꾼을 시켜 첫눈을 상자에 담아 약이라고 속이고 형님인 정종에게 보내어 장난을 했다는 내용이다. 이런 풍습은 고려시대부터 내려왔는데, 첫눈 상자를 받고 속은 편은 한턱을 내었으며, 만약 받은 사람이 속지 않고 심부름꾼을 붙잡으면 오히려 보낸 사람이 한턱을 내었다는 것이다. 그래서 정종은 심부름꾼을 잡으려 했으나 결국 잡지 못했다.

근엄한 왕실에서 이런 유類의 장난을 한 것은 퍽 의외다. 그런데 이런 거짓말 장난을 하는 날이 특정한 날짜가 아니라 첫눈 오는 날이라니 참 낭만적이고 멋있는 풍습이라고 할 수 있다. 그리고 오늘날 이상으로 당시에도 첫눈은 서설瑞雪로 인식되었다. 실록의 여러 곳에 첫눈 오는 날 왕에게 하례를 했다는 기록이 있다.

거짓말은 물론 '사실이 아닌 것을 사실인 것처럼 꾸며대어 말하는 것'이다. 사람은 자기의 실수나 잘못을 변명하기 위해, 순간적 위기를 모면하기 위해, 또는 경제적 이익을 꾀하기 위해 거짓말을 한다. 이런 거짓말은 대개가 남에게 피해나 상처를 준다. 그런데 모든 거짓말이 다 나쁜 것일까?

구약 출애굽기에서 모세의 후계자 여호수아는 유태인을 이끌고 가나안 지역에 들어갈 때 미리 여리고에 정탐꾼 두 사람을 보냈다. 그 집은 기생 라합의 집이었다. 라합은 그 정탐꾼을 숨겨주었다. 그리고 정탐꾼을 잡으려는 사람이 와서 수상한 사람이 오지 않았느냐고 묻자 이미 떠났다고 거짓말을 했다. 두 사람의 목숨을 구한 것이다.

이를 두고 상반된 해석을 내릴 수 있다. 라합은 여리고측에서는 조국을 배반한 나쁜 사람이고, 이스라엘의 입장에서는 의로운 사람이다. 이는 나치스 시대에 박해받는 유태인이나 일제 강점기에 독립운동가를 숨겨준 것과도 같다. 박해받는 민족의 입장에서는 타당한 행위지만 나치스나 일제의 입장에서는 그렇게 보지 않을 것이다.

그렇다면 선악이 명백한 경우는 어떤가? 내 집에 살인강도에게 쫓긴 사람이 들어왔을 때 살인강도가 나타나 나에게 그의 행방을 묻는다. 이때 그를 구하기 위한 거짓말을 했다. 철학자 콘스탕Bejamin Constant은 이 경우를 '불가피한 거짓말'이라고 용인했다. 모든 사람은 진실을 말할 의무가 있지만 어떤 사람도 다른 사람을 해치는 경우에까지 진실을 말할 권리를 가지지는 못한다고 했다.

하지만 칸트I. Kant는 이 견해에 반대하면서 어떠한 동기에서라도 거짓말은 정당화될 수 없다고 했다. 그 어떤 거짓말도 인간 스스로의 존엄성이나 인격을 손상하게 한다는 것이다. 칸트윤리학의 보편주의와 엄숙주의는 이해할 수 있지만 실감을 가지고 이를 인정하기에는 어려운 측면이 있다. 마치 인간은 본질적으로 존엄한 존재임은 인정하지만 내 가족을 해친 범인까지 존엄하다고 하기 어려운 것과도 같다. 난파선에서 승객을 안정시키기 위해 일시적으로 거짓말을 하고 모두 살려냈다. 살아난 사람에게 그 거짓말 한 사람은 죄인일까? 의인일까? 비상시에는 비상시의 원리가 존재한다. 이것이 '불가피한 거짓말'이 용인되는 여지가 된다. 유교에서도 이를 권도權道라고 인정한다.

이처럼 모든 거짓말이 다 나쁜 것이 아니라 통용되는 거짓말도 분명히 있다. 말하자면 거짓말에도 색깔이 있다. 하얀 거짓말, 검은 거짓말, 빨간 거짓말, 파란 거짓말 등이 그것이다. 오늘날 선거 때마다 나오는 흑색 선전, 새빨간 거짓말 등을 생각해 보면 이해가 갈 것이다. 검은 거짓말과 빨간 거짓말이 악의의 거짓말이라면 하얀 거짓말, 파란 거짓말은 선의의 거짓말이 아닐까?

자신은 이익을 취하고 남에게 피해를 주는 거짓말은 말할 것도 없이 악의적 거짓말이고, 남이나 공공의 이익을 위해서 하는 거짓말은 선의의 거짓말이다. 그러니까 거짓말은 필요악의 경우 제한적이나마 존재 가치를 충분히 가지고 있다.

의사는 환자를 치료하는 과정에서 때로는 환자 본인에게 병의 상태를 사실대로 밝히지 않는 경우가 있다. 선의의 거짓말이다. 치료 과정에서 환자의 심리 상태와 의지는 매우 중요하다. 이는 실험으로도 증명이 되었다. 진통제나 수면제라고 하면서 실제 아무런 약효 성분이 들어 있지 않은 물이나 가루를 투약해도 상당한 진통이나 수면 효과가 있었다는 것이다. 이른바 플라시보 효과placebo effect 이론이다. 문병객이나 가족이 회복할 수 없는 환자를 대할 때 정확한 정보보다는 위로가 될 만한 말을 우선적으로 하는 것도 어쩌면 다 선의의 거짓말이다.

이와 관련된 실험 연구가 있다. 미국의 한 초등학교에서 연구팀은 무작위로 뽑은 아동의 명단을 담임선생에게 건네면서 특별히 우수한 학생들이라는 정보를 주었다. 그러자 실제로 학년말에 그 집단은 다른 집단에 비해 성적이 많이 올랐다. 교사와 학생에게 긍정적 기대감을 심어줌으로써 교육효과를 기하는 이론, 이른바 자성예언自成豫言, self-fulfilling prophecy이다. 이 역시 선의의 거짓말이 필요한 여지를 뒷받침한다. 학생들에게 용기를 심어주기 위해서, 또는 희망을 주기 위해 하는 거짓말을 나쁘게만 볼 수는 없다.

소설 레미제라블에서 주인공 장발장은 한 조각의 빵을 훔친 죄로 19년 동안 감옥살이를 하고 출옥한다. 출옥 후 그에게 하룻밤 숙식을 제공해 준 사제의 집에서 은촛대를 훔쳤다가 다시 체포되어 끌려가게 되었다. 그때 사제는 그 은촛대는 자기가 준 것이라고 거짓 증언하여 장발장을 구해 준다. 이를 계기로 장발장은 비로소 사랑에 눈을 뜨게 되어 마들렌이라는 이름으로 새로운 인생을 시작한다. 선의의 거짓말이 인생을 바꾼 것이다. 이처럼 차가운 진실보다는 따뜻한 거짓이 필요한 때가 분명 있다.

'굿바이 레닌'이라는 영화가 있다. 주인공의 어머니는 동독 치하에서 아들이 끌려가는 충격으로 의식을 잃었다가 8개월 뒤 동·서독이 통합된 뒤 서독에 와서 의식을 되찾는다. 하지만 약간의 충격에도 목숨이 위험하다는 의사의 경고에 따라 주인공은 어머니를 위해 모든 생활환경을 동독의 상태로 바꾼다. 이때부터 어머니를 위한 아들의 지상 최대 거짓말 프로젝트가 시작된다. 아파트를 과거 동독 시절의 모습으로 꾸며 놓는 것은 물론, 쓰레기통을 뒤져가며 동독 시절의 물병을 구하고, 급기야는 동독의 발전과 서독의 붕괴를 담은 거짓 TV 뉴스까지 제작하기에 이른다. 그런데 이전에 어머니도 어린 자식을 지키기 위해 정치적 망명을 한 아버지에 대해서 거짓말을 했다. 이처럼 가족을 위한 눈물겨운 거짓말도 존재한다.

선의의 거짓말은 요즈음의 흔한 연속극에도 많이 나온다. 사랑하는 사람을 위해 자신이 물러서지 않으면 안 되는 상황을 설정하여 사랑하지 않노라고 거짓말을 하고 물러서면서 아파하는 내용도 있고, 자식의 장래를 위해 친자 관계를 속이는 내용도 있다. 보릿고개를 넘을 때 어머니는 배고픈 자식들에게 항상 자신은 밥을 먹었다는 거짓말을 했다. 이처럼 상대를 위해 자신을 희생하는 아가페적인 거짓말도 있다.

딱히 선의의 거짓말이 아니더라도 일상적 거짓말은 이미 많이 통용되고 있다. 사진사는 신부의 결혼사진을 보고 자기가 본 신부 사진 중 가장 예쁘다고 말한다. 연예인은 연인관계를 감추기 위해 그냥 알고 지내는 사이일 뿐이라고 말한다. 옷가게 점원은 고객이 입는 옷마다 가장 잘 맞고 멋이 있다고 말한다. 배달을 시킨 중국집에 독촉하면 항상 5분 전에 출발했다고 한다.

탈무드에서도 허용된 거짓말이 두 가지 있다고 했다. 첫째는 다른 사람이 이미 산 물건에 대해 설령 그것이 시원찮은 물건이라 할지라도 좋다고 말하는 것이요. 둘째는 친구가 결혼했을 때 그 부인이 미인이 아닐지라도 반드시 미인이라고 말하는 것이다. 우리 속담에서도 '노처녀가 시집가기 싫다', '장사꾼이 밑지고 판다', '노인이 빨리 죽고 싶다'는 말은 이른바 3대 거짓말이라고 한다.

이와 같이 도처에 악의 없이 일종의 예의로 정착된 일상적 거짓말도 많다. 이런 거짓말을 딱히 나쁘다고만 볼 수 없다. 이처럼 우리는 거짓말이라고 의식하지 못하면서도 이미 일상적으로 사용하고 있다. 그러니까 한 번도 거짓말을 한 적이 없다는 것보다 엄청난 거짓말은 없을 것이다.

사람들은 거짓말인 줄 알면서도 자기를 칭찬하는 말을 듣고 싶어 한다. 불편한 진실보다 감동적인 거짓말을 원하는 것이다. 이러한 심리가 있는 이상 거짓말은 근절되기 어렵다. 굳이 상대가 듣고 싶어 하는 거짓 덕담을 못해 줄 이유가 없지 않는가? 어떤 조사에 의하면 만우절에 사랑하는 사람에게 꼭 들어서 기분 좋은 거짓말은 '영원히 너만을 사랑해', '넌 나의 전부야', '너 없이 못살아', '네가 세상에서 제일 예뻐', '넌 최고로 괜찮은 여자야' 등이었다고 한다. 솔직함이 좋다고 '너에게 매력을 못 느껴' 하는 말보다 이와 같은 거짓말들이 상대에게 더 큰 감동을 줄 것이다.

근년에는 만우절에 속는 일 없이 잘 보내고 있다. 하지만 속지 않고 만우절을 보낸 것이 만우절을 잘 보냈다고 할 수는 없다. 어쩌면 명절이나 기념일을 무의미하게 보낸 격도 되기 때문이다. 과거 현직에 있을 때는 그래도 꼭 만우절 행사(?)를 치렀다. 수업 시간에 학생들이 학반을 바꾸어 앉아 있기도 했고, 교실 앞문을 열어두고 "선생님, 앞문 열렸어요"

해서 황급히 바지의 지퍼를 내려다보기도 했다. 여학교에서는 학생 하나가 앞에 나와 "선생님, 안아 주세요"해서 당황했는데, 이 말은 사탕 달라는 말이라고 해서 웃은 적도 있다.

소설가 성석제는 '재미있는 거짓말이야말로 일상의 반복, 권태에서 인간을 구원하는 힘'이라며 거짓말 예찬론을 펼친 바 있다. 피카소는 '예술이란 진리를 깨닫게 해주는 거짓말'이라고 말하면서 더 나아가 '거짓은 때로 사회를 돌아가게 하는 윤활유인 반면, 진리는 오히려 위험하고 파괴적일 수 있다'고 했다.

평소에는 거짓말을 못하더라도 만우절만은 남을 유쾌하게 속여 즐겁게 한바탕 웃는 날이었으면 좋겠다. 웃음치료가 있듯 웃는 것은 건강에 좋다고 하지 않는가? 선의의 거짓말, 아름다운 거짓말은 생활의 활력소가 되어 팍팍한 일상을 녹이고 조였던 마음의 문을 여는 윤활유 역할을 하는 것이 분명하다.

(2015. 4)

여인동락與人同樂

근래 사흘 안에 음악회를 두 곳이나 다녀왔다. 음악회라고 해서 비싼 관람료를 내는 호사스런 공연은 아니었다. 그리고 둘 다 아는 분의 '강추'에 의해서였다.

하나는 '시골마을 작은 음악회'라는 공연인데, 영천 어느 시골마을에 있는 조그만 한문서당에서 열렸다. 올해로 벌써 13회째라고 한다. 서당 이름이 '채약서당採藥書堂'인데 주인의 호號를 땄다고 한다. 이름만 들어도 서당 주인은 도시가 아닌 조용한 시골에서 자신의 뜻대로 살아가는 분임을 알 수 있다.

松下問童子송하문동자　소나무 아래서 친구를 찾으니
言師採藥去언사채약거　산에 약초 캐러 갔다고 동자가 말하네.
只在此山中지재차산중　이 산속 어디인가 있긴 한데
雲深不知處운심부지처　구름이 깊어 찾을 수가 없구나.

(가도(賈島) / '尋隱者不遇')

'채약採藥'이란 호는 위의 한시漢詩에서 따온 걸로 짐작된다. 이 시는 시詩만이 아니라 많은 화가들이 그림의 소재로 삼았을 정도로 유명하다.

그런데 막상 가서 보니 '작은 음악회'가 아니었다. 영월정詠月亭이라는 작은 건물의 툇간을 무대로 삼았는데 경사진 좁은 터에 이미 많은 사람들이 운집해 있었다. 출연진만 해도 수십 명이었다. 공연 종목도 20개 정도였는데 판소리, 민요, 성악, 관현악, 정악, 거기다 민속춤, 줄타기까지 다양했다. 악기 역시 대금, 가야금, 해금 등 국악기를 위시하여 아코디언, 바이올린, 바순Bassoon 등 서양 악기까지 모두 동원되었다. '바순'이란 악기도 여기서 처음 보았다.

이 정도 수의 출연자에게 제대로 출연료를 지급한다면 이 작은 서당이 부담하기 어려울 것이다. 궁벽한 시골에 수강료 수입이 있은들 얼마나 되겠는가? 모르긴 해도 출연자의 재능기부 형태가 아니고는 불가능하다고 생각되었다.

영월정詠月亭이란 당우堂宇도 주인의 겸허하고 소박한 인품을 보는 듯했다. 흔히 전원주택이라고 하면 넓은 터에 많은 건축비를 들여 짓는 경우가 많다. 사실 일정 부분 남에게 보이기 위한 의도도 있다. 그런데 이 집은 혼자이거나 아니면 부부 두 사람만이 살기에 알맞을 정도로 좁다. 방 한 칸과 서재로 쓰는 툇간 한 칸뿐이다. 그리고 건물 점유공간을 최소화하여 필요한 만큼만 사용했다.

오후 5시 30분에 들머리 행사가 시작되어 밤 10시가 지나서 끝났으니 4시간을 훌쩍 넘겼다. 지금까지 내가 관람한 공연 중에 이렇게 긴 시간 동안 자리를 지킨 적이 없다.

밤 공기가 쌀쌀한데다 공연 시간이 길어 더러는 중간에 자리를 뜨는 사람도 없지 않았지만 대부분 끝까지 자리를 지켰다. 이들 출연자들은 서울, 충청도 등 멀리서 온 분들도 있다. 3~4분 짧은 공연을 위해 서너

시간을 소비하여 찾은 것이다. 그리고 한 번 무대에 서기 위해서 또 얼마나 준비를 했겠는가? 이를 생각하면 편하게 앉아서 관람하는 것을 결코 힘들다고 할 수 없다. 그래서 미리 자리를 뜰 수가 없었다.

내년을 기약하며 끝인사 하는 주인 부부를 바라보며 이분들이 진정 행복한 생활을 하는 분들이라고 생각했다. 좋아하는 것을 즐기는 것보다 더한 행복이 있을까? 하지만 보다 더욱 행복한 것은 좋아하는 것을 남과 함께 즐기는 것이다. 10명이 함께하면 10배 즐겁고, 100명이 함께하면 100배가 즐겁다. 반대로 10명이 즐길 것을 혼자 즐기면 그 즐거움은 10분의 1로 감소하며, 100명이 즐길 것을 혼자 즐기면 100분의 1로 감소한다.

맹자孟子에는 이런 내용이 있다. 옛날 왕이 음악과 사냥을 즐기는 것에 대해서 백성들은 두 가지로 반응한다. 하나는 이맛살을 찌푸리며 원망하고 비난하는 경우이며, 하나는 오히려 왕이 건강한 모습으로 음악과 사냥을 즐기니 기쁘다고 하는 경우이다. 이렇게 반응이 다른 것은 무엇 때문인가? 원망하는 경우는 백성들은 어려운 처지에 빠져 있는데 왕만이 혼자 즐기기 때문이고, 기뻐하는 경우는 왕이 백성과 즐거움을 함께하기 때문이라고 설명하고 있다. 이를 두고 '여민동락與民同樂'이라고 한 것이다.

제齊나라 선왕宣王은 맹자에게 물었다. 옛날 주나라 문왕文王은 사방 70리의 사냥터를 두었는데도 백성들이 오히려 좁다고 했는데, 지금 왕 자신의 사냥터는 사방 40리밖에 되지 않는데도 왜 백성들은 오히려 넓다고 하느냐고. 그때 맹자는 대답했다. 주나라 문왕은 그 사냥터를 나무꾼이나 토끼몰이 하는 사람과 함께 사용했지만 지금 왕은 사냥터에 출입 금지령을 내리고, 만약 들어가서 사슴이라도 한 마리 잡는 백성이 있다면 이를 살인죄로 다스리지 않느냐고 했다. 말하자면 통치자가 백성의 즐거움을 즐거워하면 백성도 통치자의 즐거움을 즐거워한다는 것이다. 백성들이 즐기는 것을 함께 즐기고 백성들이 근심하는 것을 함께 근심하면 저절로 인정仁政은 이루어진다고 맹자는 갈파했다.

이 음악회를 나에게 소개하여 함께 간 사람은 현직에 있을 때 K여고에서 함께 근무했던 Y선생이다. 그는 올 2월에 정년퇴임을 했는데 퇴임 후 오피스텔을 하나 구입하여 문화재와 대금 공부를 하면서 현직에 있을 때보다 더 바쁘고 즐겁게 살아간다. 나에게도 대금을 배워보라고 하면서 직접 연습용 악기까지 사주었다. 그래서 시작했지만 무척 어려워 1년이 다 되어 가는데도 소리조차 못 낸다. 현재로선 즐거움이 아니라 괴로움이다. 언제쯤 보란 듯이 한 곡조 멋지게 불어 보답할 때가 있을지? 백년하청百年河淸이란 말이 떠오른다.

또 하나의 음악회는 경주 충효동 김유신 장군의 재실齋室인 금산재金山齋에서 열렸다. 그런데 이 음악회는 모 은행 전국 지점장들의 1박 2일 연수회의 부수행사였다. 그러니까 일반 시민을 대상으로 한 행사가 아니었다. 이 행사는 신라문화원에서 주관했는데 낮에는 사적지 답사를 하고 밤에는 음악회를 개최했다. 전국의 모든 지점장을 대상으로 하기에 매주 2회씩 3개월 동안 실시한다고 했다. 따라서 청중은 매번 바뀌지만 공연 내용은 같다.

이 음악회의 공연단은 안동에서 왔다는데 공연단이라고 해야 노래하는 사람 남녀 각각 1명, 해금과 대금 연주자 각 1명, 그리고 춤꾼 1명, 그리고 사회자 1명 도합 6명이었다. 공연 시간은 한 시간 남짓이었는데 이

공연이야말로 작은 음악회였다. 이 공연의 특징은 진행 방식이었는데 거의 사회자가 주도했다. 그는 우선 걸쭉한 입담으로 관중을 사로잡았다. 공연 막간에 김유신 장군의 행적을 중심으로 신라의 역사를 끌어들여 오늘날 금융기관 지점장과 같은 CEO의 리더십을 거론하고 나라 사랑으로 연결시켰다. 이른바 역사테마 음악회 성격인 것이다.

이 음악회 관람 역시 신라문화원 소속이면서 경주박물관 전시품 해설 자원봉사로 나와 같은 날 봉사하는 K여사의 권유에 따른 것이다. 그녀는 벌써 이 공연 관람이 네 번째라고 한다. 얼마나 재미있으면 이렇게 여러 번 보느냐고 물었더니 사실은 매번 다른 사람에게 권하다 보니 그렇게 되었단다.

나에게 이 두 음악회를 권유한 Y선생과 K여사의 공통점은 무엇일까? 이 역시 영월정 주인과 다름이 없다. 그것은 좋은 것을 나만 즐기지 않고 다른 사람과 함께 즐기자는 마음을 가졌기 때문이다. Y선생은 악기를 사주면서까지 배우기를 권유했고, 음악회에도 자기 차에 태워 함께 갔다. 그리고 K여사 역시 같은 공연을 네 번이나 반복 관람하면서도 귀찮다 여기지 않았다. 말하자면 여인동락與人同樂을 몸소 실천하는 분들이다.

오늘날 정년퇴임을 한 분들의 일상을 보면 참 다양하다. 헬스장에 나가고 골프를 치며 등산을 한다. 그리고 악기 연주를 배우고 서예를 익힌다. 물론 노후 생활을 위해서 필요하고 유익한 취미 활동이다. 평생교육 체제가 확립되어 있는 오늘날 그 활동영역은 더욱 다양하다. 하지만 아무리 다양한 활동이라도 크게 나누어 보면 혼자 즐기는 경우와 그것을 여러 사람과 공유하는 경우로 나눌 수 있다.

자신이 가진 재능이 진정 가치가 있고 자신의 활동이 진정 즐거움이 되려면 여러 사람과 함께해야 한다. 신神은 인간에게 남과 다른 능력 한 가지는 꼭 주었다. 이는 '여러 사람과 함께 하라'는 뜻이다. 따라서 재능을 자기만족용으로 혼자만 쓰면 신의 뜻에 반하는 것이다. 나 역시 처음에는 가진 재능이 없어 할 만한 봉사활동이 없다고 생각했다. 하지만 재능이 아니라 마음이 없을 뿐이다. 거동이 불편한 환자에게 기본 생활을 도와주고 말벗이 되어 주는 것도 봉사다. 이런 봉사는 자신이 가진 가장 중요한 '건강'을 남과 공유하는 일이다.

경주박물관에는 '국은기념실菊隱記念室'이라는 기증문화재를 전시하는 전시실이 있다. 여기에는 국은菊隱 이양선李養璿 박사가 의사 생활을 하면서 평생 모아서 기증한 문화재들이 전시되어 있다. 그는 이 문화재를 후손에게 물려주어 집안에 가두어 두지 않고 박물관에 기증하여 여러 사람에게 내놓았다. 얼마나 훌륭한 뜻인가? 이와 반대로 자신이 아끼던 수석壽石을 꼭꼭 숨겨놓았다가 죽은 후 유품 정리 중에 나온 경우도 있다. 아끼는 물건을 잘 지키려는 의도겠지만 모으기만 했을 뿐 비록 혼자서라도 즐기지 못한 것이다.

사람은 죽을 때 '껄껄껄' 한다는 우스갯소리가 있다. 이는 웃으며 죽는다는 말이 아니다. '참을껄, 즐길껄, 베풀껄' 한다는 것이다. 이 중의 특히 '즐김'과 '베풂' 두 가지는 합했을 때 그 시너지 효과가 매우 높은 것이다. 따라서 집 이름도 '독락정獨樂亭'보다는 '동락정同樂亭'이 훨씬 더 좋은 이름이다.

인생의 만년晩年은 자신의 삶을 돌이켜 볼 때이며, 돌이켜 보아 아쉬움이 있다면 만회하기 위한 마지막 기회이기도 하다. 이를 놓치면 후회가 클 것이다. 저승에 가서 '나' 아닌 '남'을 위해 무엇을 했느냐는 질문을 받을 때의 답변을 준비해야 한다. 그 답변 중에는 '나와 내 가족'만이 아닌 '남과 이웃'이라는 말도 들어 있어야 할 것이다. 인생의 전반부가 배우고 모으는 덧셈이나 곱셈에 치우쳤다면, 후반부는 베풀고 나누는 뺄셈과 나눗셈을 주로 해야 산술적으로도 균형 있는 삶이 될 것이다. 아름다운 만년은 바로 그런 삶이 아니겠는가?

지금 정원엔 여름꽃이 한창이다. 옛 사람의 풍류대로 익은 술은 없더라도 Y선생과 K여사 같은 지인을 초대하여 차라도 한잔 하고 싶다. 아름다운 꽃들도 혼자 피었다가 저버린다면 그 또한 어찌 아쉽지 않으랴?

(2015. 6)

당신, 내 꿈속에서 맞으리

1998년 4월, 안동의 어느 택지개발 단지에서 고분 하나가 발굴되었다. 썩다 만 유골만이 세월을 증언할 것이라는 예상과는 달리, 그 무덤에서는 전문 해독이 가능한 기록물이 여러 편 나왔다. 한글 편지 1통, 한문 편지 11통, 한시 2수, 토막 구절이 남은 종이 포장지 등이다. 이 외에도 피장자의 머리맡에 놓인 미투리 1켤레, 의류로 부녀자의 옷 4점, 아이의 옷 1점 등이 발굴되었다.

역사의 비밀을 간직한 고분은 일종의 타임캡슐이다. 고분 속의 부장 유물은 당시 사람들의 삶의 모습을 생생하게 말해 주는 가장 믿을 수 있는 1차 정보이기 때문이다. 따라서 고분 발굴 과정에서 명문銘文을 찾아내는 것은 발굴의 최대 성과요 개가이다. 많은 신라 고분 중에서도 명문이 나온 경우는 매우 드물어서 금관이 출토된 왕릉급 무덤도 주인공을 몰라 그 무덤에 걸맞는 이름을 붙이지 못하고 있는 실정이다.

한글 편지는 피장자의 아내가 죽은 남편에게 보낸 것이고, 한문 편지는 아버지가 죽은 아들에게 보낸 것이다. 그리고 한시漢詩는 형이 죽은 동생에게 쓴 것이다. 기록물과 족보를 참고하면 이 무덤의 주인공은 고성 이씨固城李氏 군자감 참봉軍資監參奉을 지낸 이요신李堯臣의 둘째 아들로 이름은 응태應台이다. 그는 1556년(명종 11년)에 태어나서 1586년 31세의 젊은 나이에 어린 아들 하나와 아내의 뱃속에 유복자를 남긴 상태에서 죽었다.

아버지가 쓴 한문 편지의 내용으로 미루어 아들은 본가로부터 멀리 떨어진 곳에 살았는데, 이는 당시의 관습으로 보아 처가살이를 했거나 처갓곳에 가서 살았다고 짐작된다. 우리가 일반적으로 알고 있는 사실과는 달리, 조선 중기까지만 하더라도 아들과 딸, 장남과 다른 형제 간의 차별은 존재하지 않았다. 족보에는 딸과 외손이 똑같이 실렸고 여성도 호주가 될 수 있었다. 재산도 아들과 딸, 장남과 다른 형제 간에 차별 없이 균등하게 분배되었다. 이는 당시의 분재기分財記가 증명한다. 그러기에 친가親家가 사정이 여의치 못하다면 처가살이를 했고, 처가에서 아내 몫의 재산을 배분받아 출세의 밑천으로 삼았다. 이런 사례는 조선시대 사대부가士大夫家의 보편적 관습이었다.

제사도 아들이나 장남의 전담이 아니었다. 그러기에 아들이 없어도 굳이 양자를 들일 필요가 없었다. 딸이 유산을 상속받아 외손봉사外孫奉祀를 이었던 것이다. 그리고 더러는 장남 이외의 아들이나 딸이 해마다 번갈아 제사를 모시는 가문도 있었다. 제사로 모시는 조상도 고위 관료가 아닌 경우에는 3대, 4대 봉사를 하지 않고 보통 2대 조부모까지였고, 벼슬을 하지 않은 서민의 경우 부모만 제사를 모셨다.

오늘날까지 남아 있는 장자長子 위주나 남아선호 사상, 4대 봉제사 등은 모두 조선 후기에 나타난 관습들이다. 이는 임진왜란, 병자호란 후 양반 계층이 떨어진 권위를 회복하고 계층 몰락을 막기 위하여 유교원리주의로 회귀한 결과였다.

안동 고분 출토 유물 중 가장 감동을 주는 것이 한글 편지다. 제목은 '원이 아버님께 상백上白, 병술 유월 초하룻날 집에서'이다. 전문全文은 다음과 같다. 읽기 편하도록 16세기 당시의 표기를 편의상 요즘 식으로 바꾸었다.

당신 늘 날더러 말하기를 둘이 머리 세도록 살다가 함께 죽자 하시더니 어찌하여 나를 두고 당신 먼저 가시나요? 나와 어린 자식은 누구를 의지하여 어떻게 살라고 다 버리고 당신 먼저 가시나요?

당신은 나의 마음을 어떻게 가졌으며 나는 당신 마음을 어떻게 가졌던고? 늘 함께 누워서 나는 당신더러 "여보, 남들도 우리처럼 이렇게 서로 어여삐 여기고 사랑할까요? 남들도 우리같이 살까요?" 하였더니, 어떻게 그런 일은 생각지도 않고 날 버리고 먼저 가시나요? 당신 여의고 아무래도 살 수 없어 곧 당신한테 가고자 하니 날 데려가세요. 당신 향한 마음 이승에서 잊을 수 없고 아무래도 서러운 마음은 끝이 없어요. 내 마음은 어디다가 두고 어린 자식 데리고 당신을 그리며 어떻게 살아갈꼬 합니다.

이 편지 보시고 내 꿈에 오셔서 자세히 일러 주세요. 꿈에서라도 당신 말을 자세히 듣고자 하여 이렇게 써서 넣어 드립니다. 자세히 보시고 일러 주세요. 당신 내 뱃속의 자식 태어나면 보고 말할 것 있다 하고 그렇게 가시니, 뱃속의 자식 태어나면 누구를 아빠라 하라시는 건가요? 아무리 한들 내 마음 같을까요? 이런 일이 하늘 아래 또 있을까요? 당신은 한갓 그곳에 가 계실 뿐이거니와 아무리 한들 내 마음같이 서러울까요? 끝이, 끝이, 끝이 없어 다 못 쓰고 대강만 적습니다. 이 편지 자세히 보시고 내 꿈에 오셔서 얼굴 보여주시고 자세히 일러 주세요. 나는 꿈에 당신 볼 수 있다고 믿고 있어요. 몰래 오셔서 얼굴 보여주세요. 할 말은 하도 끝이 없어 이만 적나이다.

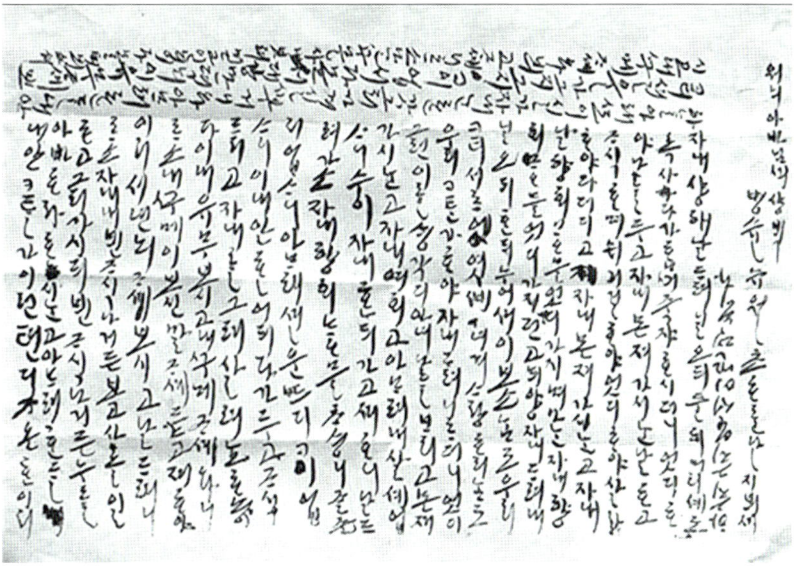

▲ 한글 편지

이 편지는 피장자被葬者의 가슴 위에 덮여 있었는데, 앞에서 밝혔듯 죽은 남편에게 남은 아내가 쓴 절절한 사부곡思夫曲이다. 아마 남편이 죽은 후로부터 장례 전까지의 기간에 썼을 것이다. '원이 아버님께'라는 제목으로 보아 어린 아들을 둔 처지에서 남편의 죽음에 대한 슬픔, 아버지의 얼굴도 보지 못하고 자랄 유복자에 대한 안타까움, 혼자 남겨진 처지에서의 서러움, 그리고 무엇보다 남편을 향한 애절한 그리움을 가득 담고 있다.

용어상 특이한 것은 남편의 호칭을 '자네'라 한 사실이다.(윗 편지의 '당신'은 모두 원문의 '자네'를 바꾼 것임) 부부 간에 사용된 호칭어가 같다는 점은 부부 간의 지위의 평등을 시사한다. 사대부가의 부부 사이에는 서로 공대어를 사용했음이 이를 뒷받침한다.

편지에서 아내는 하고픈 말을 다 하지 못하고 지면이 다하자 종이의 위쪽 여백을 이용하였다. 그래도 모자라자 마지막 줄은 편지의 제목과 본문 사이의 여백에다 줄을 거꾸로 하여 마무리했다.

구구절절한 사연은 400년이 지난 오늘날에도 많은 사람의 심금을 울린다. 아마 아내는 어린 자식과 뱃속의 유복자가 없었다면 남편을 따라갔을지도 모른다. 함께 누워서 "남들도 우리같이 사랑할까요?", "남들도 우리와 같을까요?" 하는 다정한 대화를 나누는 장면은 우리가 알고 있는, 내외가 분명한 사대부가의 일반적 부부관계의 통념을 깨고 있다.

그리고 편지를 쓴 아내는 자신이 보낸 이 편지를 읽고 꿈에라도 와서 모습을 보여달라고 두 번이나 간청을 한다. 꿈은 사람이 현실적 절망에 부딪칠 때 이를 해결하기 위한 수단이다. 말하자면 꿈을 통해 현실적 소망을 실현하려는 것이다. 이는 문학작품에 자주 등장하는 사례이다.

近來安否問如何근래안부문여하	요즈음 안부 어떠한지요?
月到紗窓妾恨多월도사창첩한다	사창紗窓에 달이 뜨니 소첩의 정한情恨 더욱 깊어라.
若使夢魂行有跡약사몽혼행유적	꿈속에 오고 간 발자국, 자취가 남는다면

門前石路半成沙문전석로반성사　임의 대문 앞 자갈길은 모래밭이 되었으리.

서녀庶女 출신 이옥봉李玉峰의 한시이다. 신분사회에서 사랑하면서도 정인情人과 함께 할 수 없었던 기생의 정한을 노래한 시이다. 얼마나 꿈속에 자주 임의 문전을 드나들었으면 대문 앞길 자갈이 부서져 모래가 되었을까? 바닥 모를 그리움의 심도를 나타내는 기법이 놀랍다. 경기민요 노랫가락에도 다음과 같은 꿈이 등장한다.

꿈아 무정한 꿈아 왔던 님을 왜 보냈나.
오신 님 보내지 말고 잠든 나를 깨우려마.
이후에 님이 오시면 님을 잡고서 날 깨워주렴.

사랑도 거짓말이요, 님이 날 위함도 또 거짓말
꿈에 와서 보인다 하니 그것도 역시 못 믿겠구려.
날같이 잠 못 이루면 꿈인들 어이 꿀 수 있나.

첫째 수에서는 임이 꿈에 찾아왔으나 잠에 빠져 만나지 못했는데 그 원망을 도리어 꿈에게 돌리고 있다. 실상 임을 데리고 온 것은 꿈인데도 말이다. 이 모순된 원망에는 헤어진 임에의 갈망과 임을 만나지 못함에 따른 안타까움이 착색着色되어 있다. 그런데 둘째 수에서는 임에 대한 그리움으로 잠마저 이루지 못하고 전전반측輾轉反側 불면의 밤을 지새우는 상황을 노래하고 있다. 그리움이 크면 어찌 잠인들 들 수 있으랴? 그리고 잠들지 못하는데 어찌 꿈을 꿀 수 있으랴? 그립다 하면서도 편히 잠들 수 있는 사람을 나와 비교하지 말라. 첫째 수의 화자와는 확실히 차별화된다.

한글 편지뿐만이 아니라 부장품 중 장옷을 비롯한 여성과 어린아이 의류와 형이 동생에게 보낸 한시에도 애틋한 가족애가 나타나 있다. 그런데 피장자의 머리맡의 미투리에는 더한층 절절한 마음이 담겨 있다. 어쩌면 편지보다 그리움과 한恨의 농도가 더 진하게 느껴진다.

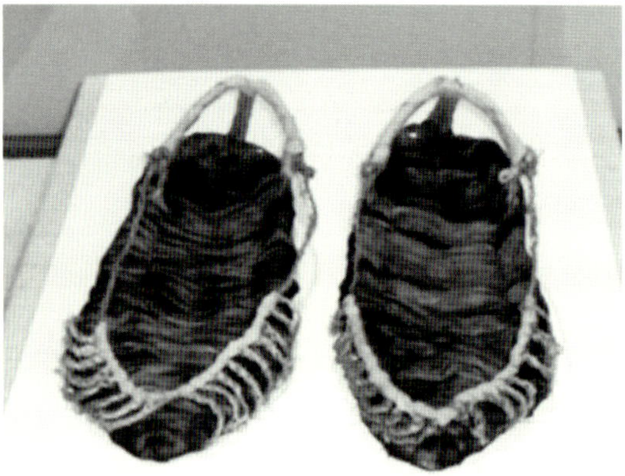

▲ 머리카락 미투리

미투리는 삼[大麻]으로 짚신처럼 삼은 신이다. 날도 짚신이 네 개라면 미투리는 여섯이다. 그래서 육날 미투리이다. 미투리의 날이나 총에 형형색색 색깔을 넣어서 만든 것이 꽃미투리인데 주로 여성이나 어린이용이다. 따라서 미투리는 짚신보다 정성과 노력이 많이 들어가는 신발이다.

그런데 이 미투리는 머리털을 섞어 짠 것으로 밝혀졌다. 미투리를 감싼 한지 조각에 남은 '내 머리 베어 ……'로 미루어 아내는 남편의 병 낫기를 염원하면서 자신의 머리카락을 잘라 정성을 다해 한 날 한 날 이 미투리를 만들었음을 알 수 있다. 그러나 이렇게 만든 신발을 신어보지도 못하고 남편은 죽었으며, 그래서 이를 무덤에 넣어주었다고 짐작된다.

'신어 보지 ……' 등의 남은 글자가 말해 준다.

신발을 무덤에 넣는 풍속은 신라시대의 출토 유물로도 알 수 있다. 경주 노동동 고분군에 '신발이 나온 무덤'이라는 뜻인 식리총飾履塚이 있고, 그 밖에 금관총, 황남대총 등 다른 무덤에서도 금동신발이 나왔지만 이들은 신분이 높은 피장자의 장신구 세트를 맞추기 위한 것일 뿐, 신발만의 특별한 의미는 찾기 어렵다. 그러나 당시에 출토된 토기 중 짚신모양 토기는 상당한 의미를 갖고 있다. 짚신은 수레, 배, 말 모양 등의 다른 상형토기와 같이 먼 길을 이동할 때 필요한 수단으로 망자亡者의 편안한 저승길을 바라는 염원이 담겨 있다.

▲ 짚신모양 토기

삼손과 데릴라의 이야기에서처럼 서양에서는 머리카락이 힘과 권력을 상징하지만 동양에서는 공경과 헌신, 나아가 자기희생의 상징이었다. 석가모니의 전생前生 신분은 선혜善慧라는 보살이었다. 그가 보살행을 하고 있을 때 연등불燃燈佛을 만났다. 그런데 그 부처님이 지나시는 길은 진흙길이었다. 그래서 선혜는 자신의 머리털을 길에 깔고 연꽃을 공양하였다. 이 정성으로 그는 연등불로부터 훗날 석가모니 부처로 태어나리라는 수기受記를 받았다. 결과적으로 석가모니의 출생의 계기에 머리카락이 작용했으니 그 영향은 이처럼 심대하다.

남성에게 수염이 있다면 여성에게는 머리카락이 있다. 여성의 머리카락은 여성성을 상징하는 동시에 오직 사랑하는 사람에게만 허락하는 여성의 정조나 정절을 상징하기도 한다. 따라서 머리카락은 여성이 가진 가장 고귀한 것이기에 이를 잘라 바친다는 것은 자신의 전부를 바치는 행위인 것이다.

눈물 아롱아롱
피리 불고 가신 임의 밟으신 길은
진달래 꽃비 오는 서역 삼만 리.
흰 옷깃 여며여며 가옵신 임의
다시 오진 못하는 파촉 삼만 리.
신이나 삼아 줄 걸 슬픈 사연의
울올이 아로새긴 육날 미투리.
은장도 푸른 날로 이냥 베어서
부질없는 이 머리털 엮어 드릴 걸.
초롱에 불빛 지친 밤하늘
굽이굽이 은핫물 목이 젖은 새.
차마 아니 솟는 가락 눈이 감겨서
제 피에 취한 새가 귀촉도 운다.
그대 하늘 끝 호올로 가신 임아. (서정주 / '歸蜀道(귀촉도)')

귀촉도歸蜀道 설화를 소재로 하여 전통 여성의 정한情恨의 세계를 형상화한 절창이다. 임이 떠난 후엔 내 머리카락은 아무 쓸모가 없다. 그리하여 이 부질없는 머리털로 미투리를 삼아 드린다. 위의 시는 그마저 이행하지 못한 회한을 뼈에 사무치도록 노래했다.

귀촉도의 주인공도 하지 못한 헌신적 행위를 '원이 엄마'는 실행했다. 정절을 지키는 장도칼로 자신의 머리카락을 싹둑 잘라, 남편에 대한 사랑과 헌신을 씨와 날로 하여 미투리를 삼아서 무덤에 넣었던 것이다.

이 편지는 이미 소설, 영화, 뮤지컬, 음악 등 각종 예술의 소재로 이용되어 많은 사람의 심금을 울려주고 있다. 그리고 출토지 안동에서는 기념물도 조성되어 관광객들의 이목을 끌기도 한다. 또한 국제적으로도 감동의 한류韓流로 소개되어 세계인들의 감동을 자아내고 있다. 한국판 '사랑과 영혼'인 것이다.

이혼율이 급증하고 있는 오늘날, 모쪼록 400여 년 만에 발굴된 기록물을 통해 부자애, 부부애, 형제애를 한 번쯤 돌아보았으면 한다. 그리고 위기의 부부관계를 복원하는 계기로 삼았으면 하는 바람이다.

(2015. 5)

'문전성시門前成市'를 꿈꾸며

노년에 눈과 귀가 어두운 것은 남의 결점이나 좋지 않은 점을 보지도 듣지도 말라는 수양론적인 이유에서다. 이와 똑같이 노년에 기억력이 감퇴하는 이유도 좋지 않은 일을 잊고 아름다운 것만을 가지고 가라는 신의 뜻인지 모른다. — '레테의 강' 중

레테의 강

레테Lethe의 강은 그리스 신화에 나오는 강이다. 죽은 사람이 명계冥界, 곧 저승으로 가는 도중에 건너야 하는 다섯 개의 강 중 마지막 강이다. 이 강에서 망자는 강물을 마시게 되는데, 이 물을 마시면 이승에서의 모든 기억들을 깨끗이 잊게 된다고 한다. 이는 새로운 세계로 진입하는 준비과정인 것이다.

근간에 부쩍 건망증이 늘어나 정말 걱정이 될 정도이다. 이러다가는 레테의 강을 건너기도 전에 이승에서의 모든 기억을 잊어버리지나 않을까 하는 생각을 한다.

외출할 때 휴대폰이랑 지갑 등 소지품을 챙기지 못하는 것은 기본이고, 무슨 일을 할라치면 일하는 시간의 거의 절반은 도구를 찾는 데 허비하고 만다. 일을 잠시 쉬면 쓰던 도구를 어디에 두었는지 기억하지 못하고 다시 찾는다. 그래서 아내는 나를 두고 치매 초기라고 놀리지만 사실 나뿐 아니라 아내 역시 나와 오십보백보五十步百步다. 저녁에 텃밭이나 화단에 급수시설을 틀어 놓고 잠그는 것을 잊어버려 밤새도록 펌프가 돌아간 일도 있고, 빨래를 가스레인지에 올려두고 태운 일도 다반사茶飯事다. 그래서 삶는 빨래에 불을 끌 시간을 종이에 적어 보이는 곳에 붙여도 보았지만 그것을 확인하는 일 자체를 잊어버리게 되니 별 효과가 없다.

며칠 전엔 '조건부 자동차면허 취소통지서'라는 것을 받았다. 적성검사를 받아야 할 기간이 1년이나 지났다는 것이다. 다행히 취소유예기간 안에 검사를 받아 면허증을 갱신하면 취소가 되지 않는다고 적혀 있었다. 마침 아내도 적성검사 통지서를 받았다면서 함께 가서 받자고 했다. 병원에 가서 문진표를 작성하고 시력검사를 한 후 그 기록표를 가지고 경찰서 민원실에 갔다. 그런데 가서 알게 된 사실은 아내도 적성검사 만료일을 며칠 경과하여 역시 과태료를 내야 하는 입장이었다. 순간 내가 검사기간을 놓친 데 대해 아내로부터 받은 타박이 너무 억울하여 결국 피장파장 아니냐고 했더니 아내는 그래도 내가 더 심하지 않느냐는 것이다. 이렇게 주거니 받거니 하는 것을 보고 민원실 직원들이 재미있는 양 모두 웃었다.

그런데 경찰서에 오기 바로 전 차 안에서 면허증을 찾다가 자동차 등록증 안에 만원짜리 지폐가 한 장 들어 있는 것을 발견했다. 가만히 생각해 보니 언젠가 넣어둔 비상금이었다. 당시 수요일은 오전과 오후에 모두 강의講義 일정이 있어 점심은 시장 식당에서 해결했다. 그런데 한번은 식당에서 식사를 하고 나서 지갑이 없어 황당한 일이 있었다. 그래서 차 안에 최소한 만원짜리 한 장은 넣어두어야겠다고 생각했다. 그런데 여태껏 그 사실을 잊어버렸는데 오늘 만원짜리 지폐를 보고야 생각이 난 것이다.

망각으로 인한 큰 소동은 연전年前에도 있었다. 그때나 지금이나 낮에는 거의 집을 비우는데 그래도 도둑맞을 만한 값비싼 귀중품이 없기에 마음이 그리 쓰이지는 않았다. 가지고 있었던 금붙이는 IMF 당시 금모으기 운동을 할 때 결혼반지만 빼고는 다 은행에 내주었다. 그런데 그 후 다시 모인 것들이 상당한 양이 되어 외출에 대비해 따로 치워두었다. 그러고는 잊고 있었는데 손녀 첫돌을 맞아 보관하고 있는 금붙이로 돌반지를 만들어 주기로 했다. 당시는 금값이 천정부지天井不知로 올라갈 때였다. 그런데 막상 찾으려고 하니 생각이 나지 않았다. 평상시 넣어둘 만한 곳을 다 찾아보아도 찾을 수가 없었다. 며칠간이나 온 집을 샅샅이 다 뒤져도 결국 찾지 못하여 마음을 접기로 했다. 그리고 잊었다. 그런데 한 2년 뒤쯤 먹다 남은 양파즙 파우치를 정리하는데 그 속에 잃어버린 줄만 알았던 금붙이가 들어 있지 않은가? 하지만 아내나 나, 어느 한 사람도 거기에 넣은 것이 생각나지 않았다. 결국 서로 떠넘기기만 하다가 말았다. 하지만 잃었다고 생각한 물건을 찾게 되니 공짜로 생긴 것 같은 기분이었다.

건망증과 치매의 차이는 무얼까? 찾으려는 물건이 어디 있는지 기억이 나지 않는 것은 '건망증'이고, 그 물건 자체가 생각이 나지 않는 것은 '치매'라고 한다. 그렇다면 금붙이 소동은 치매인가 건망증인가? 찾아내고도 그곳에 숨겼다는 사실이 기억나지 않으니 단순한 건망증은 아닌 듯하여 걱정스럽다.

건망증이나 치매도 기억의 훈련으로 예방이 된다고 한다. 평소 두뇌 활동을 활발하게 하면 인지기능을 강화시킬 수 있다는 것이다. 그래서 하다못해 고스톱이라도 치는 것이 치매 예방에 도움이 된다는 말도 듣는다. 공자도 "하루 종일 배불리 먹기만 하고 마음을 쓰는 데가 없으면 참 곤란하다. 하다못해 장기 · 바둑이라도 두는 것이 아무것도 하지 않는 것보다는 낫다"고 했다. 이 말은 오락이나 잡기에 빠진 사람들이 변명으로 삼는 말이기도 하다.

계산기가 나오기 이전에는 학교에서 학생들의 성적을 낼 때 주판珠板을 사용했다. 성적집계표의 가로 세로가 맞아떨어지면 그보다 더 기쁜 순간이 없었다. 그런데 오늘날은 그렇게 편리했던 계산기조차도 볼 수 없다. 대신 컴퓨터나 휴대폰에 계산기보다 더 편리한 기능이 있다. 그리고 버튼 하나를 누르면 모든 기억을 다 재생시켜 준다. 의식적으로 외우거나 기억해야 할 필요가 없다. 이렇게 머리를 쓰지 않다가 치매환자가 늘어나게 되지 않을까 걱정이 된다. 그래서 작고한 어느 유명 시인은 기억력 강화를 위해 아침에 일어나 세계의 산 이름 수천 개를 외웠다는 일화도 있다.

망각이 개인의 수준에서 머문다면 그래도 그 피해가 제한적이지만 사회나 국가의 수준에서 나타난다면 그 피해가 매우 심각하다. 연전의 세월호 사건은 당시 정권이 흔들릴 정도로 온 나라가 들썩인 사건이었다. 그런데 불과 1~2년이 채 가지 않아 또다시 안전불감증이 일으킨 유사사고가 발생하였다. 우리 국민의 집단 망각증은 이처럼 심각하다.

그리고 오늘날 일본에 대한 역사 문제만 해도 그렇다. 교과서 왜곡, 위안부 문제, 독도 영유권과 같은 문제에 부딪혔을 때도 뜨거운 냄비처럼 달아오르다가 시간이 지나면 언제 그랬냐는 듯이 잊어버린다. 헝가리 작가 토마스 사즈는 말했다. '어리석은 사람은 용서도 않고 잊지도 않는다. 순진한 사람은 용서하고 잊어버린다. 그러나 현명한 사람은 용서는 하되 잊지는 않는다'고.

며칠 전 일본이 저지른 남경대학살 사건의 기록물이 세계기록유산에 등재되었다. 사진자료를 보면 중국은 남경대학살 기념관에 '可以寬恕 但不可以妄覺가이관서 단불가이망각'이라는 구호를 적어 놓았는데, 이는 바로 '용서는 하되 잊지는 않겠다'는 말이다. 물론 우리도 이 말을 주목할 필요가 있다. 하지만 용서를 하기 위해서는 자신의 행위를 반성하거나 최소한 인정이라도 해야 하는데 계속 명백한 역사적 사실을 외면하고 있는 일본 위정자들을 용서해야 할는지는 좀 더 생각해 보아야 할 것이다.

그런데 망각은 우리 인간의 삶에 부정적으로만 작용하는 것은 아니다. 정신과 의사들의 말에 의하면 망각은 각종 스트레스에 대한 방어기제로 작용한다고 한다. 망각은 기억과 마찬가지로 인간의 생존을 위해 유익할 뿐만 아니라 반드시 필요하다는 것이다. 기억이 환경 변화에 대처하는 뇌의 방어기제의 씨줄이라면 망각은 날줄이라 할 수 있다. 따라서 망각은 기억과 함께 천으로 짜여져서 인체를 보호해 주는 옷이 된다.

우리는 기억만으로는 살 수가 없다. '기억의 술사術士'로 불리는 기억의 천재 솔로몬 세르셉스키라는 사람은 수학 공식이나 외국어 단어 등 아무런 의미나 상관성이 없는 목록을 모두 외웠다. 한 자리에서 목록을 읽어주면 일반인들은 대개 5~7개의 단어를 기억하는 것이 보통인데 그는 한꺼번에 70개를 순서대로나 역순으로 외웠다고 한다. 더군다나 10년이나 15년이 지난 후에도 그 목록을 잊어버리지 않고 기억할 수 있었다. 그는 이 기억력으로 언론사 리포터와 무대공연가로 대단한 출세를 하였다. 기억력이 축복인 듯 보였다. 하지만 기억의 그늘이 있었다. 그의 뛰어난 기억 능력도 복잡한 개념을 기억해내는 데는 방해가 됐다. 단순한 기억은 잘 하는 대신 복잡하고 추상적인 문장 하나도 제대로 이해하지 못했다. 더 큰 문제는 망각을 할 수 없는 것이었다. 그는 머릿속에 저장된 과거의 정보를 지워내려고 무진 노력했지만 효과가 없었다. 대부분의 사람들이 힘들게 기억하고 쉽게 망각하는 것과는 반대의 현상이 그에게 일어난 것이다. 기억이 오히려 고통이 되었다. 결국 말년에는 자신이 5분 전에 들은 이야기와 5년 전에 들은 이야기를 구분하지 못하는 상황으로까지 상태가 악화되어 정신병원에서 생을 마감했다.

잊지 못함이 괴로움이 된다. 불면증, 공황장애, 스트레스 등 현대사회의 모든 심리적 고통은 기억에서 비롯되었다. 망각이 있어 우리가 살아갈 수 있다. 기억이 인간의 행복을 방해한다. 따라서 기억을 다스리는 자가 행복한 사람이다.

니체는 망각을 '행복의 열쇠'라고 했다. 그는 창조와 생성을 위해 망각은 불가피하며 망각을 해야 건강한 의식을 형성할 수 있다고 주장했다. 육체도 소화기관을 비워야 건강하듯, 정신도 신진대사가 필요하다.

노년은 어두운 모든 기억들로부터 해방되는 시기이다. 노년에 눈과 귀가 어두운 것은 남의 결점이나 좋지 않은 점을 보지도 듣지도 말라는 수양론적인 이유에서다. 이와 똑같이 노년에 기억력이 감퇴하는 이유도 좋지 않은 일을 잊고 아름다운 것만을 가지고 가라는 신의 뜻인지 모른다. 따라서 모든 것을 송두리째 잊기보다는 '기억할 것'과 '잊을 것'을 구분하고 싶다. 상처와 아픔의 기억이나 내가 남에게 베푼 일 등은 잊더라도 사랑하는 사람들과의 아름다운 추억이나 내가 남에게 입은 고마움 등은 잊지 않았으면 한다. 비록 레테의 강을 건너면서도 말이다.

(2010. 10)

'문전성시門前成市'를 꿈꾸며

내가 사는 마을의 이웃 마을에서 5일장이 열립니다. 끝자리 4일과 9일에 열리는 장입니다. 우연히 장터 근처에 볼일을 보러 왔다가 음악방송 소리에 이끌려 장터에 들어서고 보니 오늘이 바로 불국장날이었습니다. 올 겨울 들어서는 처음 와 본 5일장입니다.

티엔미미 니샤오더 티엔미미(甛蜜蜜你笑得甛蜜蜜)
하오샹화얼 카이짜이 춘펑리(好像花兒開在春風里)

(달콤해 너의 미소는 달콤해
봄바람 속에 피어난 꽃과 같아)

중국계 가수 덩리쥔鄧麗君이 부른 티엔미미甛蜜蜜 — 하지만 시장 풍경은 노래와 같이 꿀처럼 달콤하지도, 꽃처럼 화사하지도 않았습니다. 정말 요즘 추위가 장난이 아닙니다. 방송에는 55년 만의 2월 추위라고 야단입니다. 소한, 대한을 지나고 입춘을 코앞에 두자 초조한 동장군冬將軍이 마지막 발악을 하는 것 같습니다. 입춘 땜치고는 대단한 위세입니다. 그러기에 모처럼 찾은 장터는 썰렁하기 짝이 없습니다. 물건 사는 사람이 파는 사람보다 더 적은 것 같습니다.

낮 2시경이라 벌써 점포를 거둘 시간이 아닌데 점포의 숫자도 얼마 되지 않습니다. 가장 넓은 장바닥을 중심으로 곡물이나 양념류, 채소류를 파는 할머니들이 그나마 자리를 차지하고 있을 뿐, 트럭에 물건을 싣고 이동하는 직업 장사꾼의 점포는 그릇, 생선, 의류, 신발, 농기구 등 종목별로 각각 한두 점포밖에 되지 않는 것 같습니다. 말하자면 대표선수만 남은 듯합니다.

전통적으로 재래시장, 특히 5일장은 단순히 물건을 사고파는 상거래의 공간만은 아니었습니다. 반가운 얼굴들과 만나는 친교의 장이요, 삶의 체증을 풀어주는 소통의 장이요, 세상 돌아가는 사정을 들을 수 있는 정보 습득의 장이었습니다. 그리고 걸쭉한 입담의 경연장이기도 하고, 넉살좋은 약장수가 대동한 재인才人, 광대들이 벌이는 흥겨운 놀이마당이기도 했습니다. 그리고 가족을 생각하는 사랑과 효도의 장이었습니다. 말하자면 경제적 기능을 넘어 사회·문화적으로도 매우 중요한 기능을 했습니다.

그러나 농경사회가 산업사회로 변모하면서 5일장은 쇠퇴의 길을 걷기 시작했습니다. 농어촌 인구의 급격한 감소, 교통과 운송 수단의 발달, 유통체계의 변화, 거기다 근래에는 통신판매와 전자상거래까지 등장하여 재래시장의 존립을 더욱 어렵게 하고 있습니다. 1970년대만 해도 전국 1,500여 개의 5일장이 있었으나 지금은 그 삼분의 일인 500개도 되지 않는다고 합니다. 재래시장의 쇠퇴는 필연적으로 농어촌경제의 침체를 초래할 뿐만 아니라 시장의 사회·문화적 기능을 약화시켜 사람과 사람

사이의 유대도 그만큼 약화시킬 것이 틀림이 없습니다.

노랫소리는 시장 한가운데 설치된 간이 방송스튜디오에서 울리고 있었습니다. '라디오 극장'이라는 이름 아래 컨테이너하우스로 된 대형 라디오 모양의 스튜디오 앞에는 커다란 음향기기가 좌우로 서 있고 그 앞에 조그만 공연장도 있었습니다. 스튜디오 안에서는 헤드폰을 쓴 여성 진행자가 노래를 내보내면서 간간이 멘트를 날리는 것을 유리창을 통해 볼 수 있었지요. 음성이나 말투가 라디오 방송 정규 음악프로 담당자에 견주어도 손색이 없습니다. 스튜디오 앞에는 '여러분의 추억이 담긴 소중한 사연을 노래와 함께 신청해 주십시오. 감미로운 목소리의 소유자 장터DJ가 소개해 드립니다'라는 안내 표지판이 서 있었지만 신청하는 사람은 아무도 없었습니다.

▲ 라디오 극장

무대 앞에는 장작 난로가 활활 타고 있었습니다. 슬며시 난로 옆 의자에 앉아 엽차 한잔을 얻어 마시며 이 시설과 활동에 관한 이야기를 들었습니다. 지역 문화단체에서 문화관광부의 전통시장 활성화 사업인 '문전성시'라는 프로젝트를 위탁받아 운영한다는 것이었습니다. 물론 운영비는 몽땅 지원금으로 충당합니다. 하지만 너무나 장꾼이 적어 바라보기가 민망할 지경이었습니다.

5일장을 비롯한 재래시장의 급격한 퇴조는 아무래도 대형 유통업체의 등장 때문이 아닐까 합니다. 막대한 자본을 무기로 가격과 편의便宜의 차별화를 통해 소규모 유통업체를 무력화시키고 골목상권의 존립을 어렵게 한 것입니다. 대기업으로서의 최소한의 체통이나 체면도 없이 잡식 공룡처럼 먹이라면 가리지 않고 마구 먹어치웁니다. 그러니 작은 동물들이 어떻게 생존하겠습니까? 연전에는 '통큰 치킨'이니 뭐니 하여 보통 가격의 3분의 1 수준인 5,000원짜리 치킨을 출시하여 시장의 질서를 어지럽히더니 근간에는 약속이나 한 듯 재벌가의 딸, 손녀들이 제빵업계에 등장하여 기존 업체들을 긴장시킵니다. 뿐만 아니라 떡볶기에까지 진출하여 영세업자나 하루 벌어 하루 먹고 사는 사람들을 힘들게 한다고 합니다.

생산업체 간의 선의의 경쟁이 소비자의 구미에 맞는 가격과 품질의 서비스를 가능하게 한다고 하지만 종국적으로는 시장의 독점을 초래하여 건전한 시장질서를 무너뜨립니다. 체급이 다른 선수 간의 경기는 아무리 공정하게 심판을 보더라도 이미 경기 자체가 불공정한 것입니다.

춘추시대 맹헌자孟獻子는 말했습니다. '말이 끄는 수레를 가진 집안은 닭과 개 따위를 길러 작은 이익을 취하지 않으며, 집안 행사에 얼음을 쓸 수 있는 집안은 소와 양을 기르지 않는다(孟獻子曰 畜馬乘 不察於鷄豚 伐氷之家 不畜牛羊)'고. 이는 가진 자일수록 가난한 백성의 생계를 위협하지 않는다는 뜻입니다. 말하자면 상생相生의 정신을 말함이지요.

한편 조선 후기 명유名儒 윤증尹拯 선생은 후손에게 어려운 서민층의 부업 중 하나인 양잠을 금했다고 합니다. 명문가로서의 노블리스 오블리주를 실천한 것이지요. 오늘날 재벌을 포함한 기득권층은 이런 사례를 주목해야 할 것입니다.

이제 노래는 덩리쥔에서 바비킴, 터보, 그리고 소녀시대로 바뀌었습니다. 노래부터 격세지감이 듭니다. 지난날 장터의 유성기판에서 울려 퍼지는 잡음투성이의 노래는 대개 흘러간 가요였습니다. 그 가락 속에서 신명나게 호객하는 소리, 흥정하는 소리, 입씨름하는 소리로 시끌벅적했지요. 포성처럼 들리는 뻥튀기 소리를 배경으로 한쪽에는 약장수가 만병통치약 선전에 열을 올리고 있었지요. 끝에는 공짜 구경이 미안하여 장수환長壽丸이니 신기정神氣精이니 하는 약을 한 통씩 구입하여 돌아서는 것이 우리네의 인심이었습니다. 약효가 있는지 없는지는 아무도 따지지를 않았습니다.

오늘날 장터 시설이나 환경은 괄목하게 좋아진 것 같습니다. 화장실도 개량되고 점포도 깔끔합니다. 업종도 고급화되어 음식점만 하더라도 횟집, 고깃집도 있고 치킨집, 수육집, 호프집도 눈에 띕니다. 하지만 왠지 아쉬움이 남습니다. 하나의 양식樣式으로 통일된 간판은 세련되기는 하지만 너무 획일적입니다. 그냥 서툰 글씨 '방앗ㅅ간'을 읽을 때의 정감이 묻어나지 않습니다. 의자와 식탁도 개선되었지만 그 옛날 국밥집의 삐걱거리는 긴 나무의자가 더 따뜻하게 느껴집니다. 그리고 당시 장꾼들이 즐겼던 주메뉴인 국밥이나 잔치국수를 파는 가게를 쉽게 찾을 수 없는 것도 아쉽습니다.

▲ 썰렁한 5일장

문득 어릴 때 5일장 보러 가신 부모님을 기다리던 때가 생각납니다. 당시 어머님은 국밥 한 그릇 맘대로 못 드시고 값이 좀 더 싼 잔치국수로 점심을 때우셨지요. 그리고 그 절약한 돈으로 가족을 위해 고등어 한 손, 양말 한 켤레 더 사서 왕복 칠팔십 리를 걸어 다니셨습니다.

명절빔으로 새 옷이라도 한 벌 얻어 입을 수 있는 대목장은 그야말로 기다림과 초조 그 자체였습니다. 이미 한낮부터 가슴 설레는 기다림은 시작됩니다. 나일론 양말, 새 운동화, 검은색 학생복, 거기다가 맛좋은 눈깔사탕, 풀빵 ……. 그런데 야속하게도 막걸리 한 잔에 마음이 넉넉해지신 아버지는 꼭 저물 무렵에 동구 밖 우리들의 장 마중을 기다려 오시지 않았습니까?

이제 이 장판도 한두 시간만 지나면 파장이 될 것입니다. 그 옛날의 활력은 전설로만 기억될 뿐 병든 가축처럼 볕살 좋은 한낮 무렵에만 잠시 귀찮은 듯 눈을 뜨다가 하오가 되면 이내 기력을 잃은 채 눈을 감아버리지요. 하지만 요즘 같은 혹한기이기에 이렇게 움츠린다고 믿고 싶습니다. 곧 겨울이 지나고 봄이 와서 산나물, 묘목, 고추 모종, 고구마 순 등이 나올 때쯤 되면 그런대로 흥청댈 날을 기대합니다. 그때는 장터DJ도 더욱 신바람이 나서 '문전성시'를 구가하겠지요. 이제 그런 날을 꿈꾸며 무거운 발걸음을 돌립니다.

서민의 소박한 꿈과 낭만, 인정과 애환, 신명과 기다림, 아니 삶 자체가 질편하게 녹아 있는 어린 시절의 5일장이 참으로 그리운 하루였습니다.

(2012. 2)

선택

인간의 삶을 한 단어로 정의한다면 무엇이라고 할까? 사람마다 다를 수 있지만 '선택'이란 단어도 그 중 하나가 될 수 있다. '선택'을 빼놓고는 인간의 삶을 말할 수가 없다. 직업, 배우자, 종교 등 삶의 과정에서 맺어지는 굵직한 매듭마다 모두가 선택의 결단을 해야 한다. 어디 굵직한 매듭뿐인가? 오늘 하루를 두고도 해야 할 일을 선택하고, 만날 사람을 선택하고, 입을 옷을 선택하고, 먹을 것을 선택해야 한다. 이런 하루의 선택의 순간들이 모이면 일주일이 되고, 한 달이 되고 일 년이 된다. 그러니까 선택 그 자체가 인생이 된다.

선택이라고 해서 많은 것 중에서 하나를 택하는 것만 있는 게 아니다. 이거냐 저거냐 '양자택일兩者擇一'일 수도 있고, 하느냐 마느냐의 '가부택可不擇一'일 수도 있다. 지금 이 글을 쓰는 것도 쓸 것인지 말 것인지를 선택한 결과이다.

지난 주 몇몇 지인들과 영양英陽 두들마을에 갔다. 낙엽은 지고 날씨는 흐려 고택 거리가 퍽 을씨년스러웠다. 한 양반가 씨족의 삶의 현장이 이렇게 보존이 되는 것만으로도 퍽 의미가 있다고 생각되었다.

두들마을은 알려진 바와 같이 재령 이씨載寧李氏의 집성촌이며, 소설가 이문열의 고향이기도 하다. 이 마을의 입향조는 석계石溪 이시명李時明인데, 정작 주목받는 인물은 오히려 그의 배필이었던 정부인貞夫人 장계향張桂香이다.

장씨 부인은 퇴계의 학맥을 이은 성리학자 경당敬堂 장흥효張興孝의 딸이다. 그녀는 어릴 때부터 영특했으며 서화書畵와 문장에도 뛰어났다. 19세에 그의 아버지의 제자였던 이시명의 계실繼室로 출가하였다. 그녀는 전실 소생 1남 1녀와 자신이 낳은 6남 2녀를 훌륭하게 키웠다. 그 중 셋째 아들인 갈암葛庵 이현일李玄逸은 퇴계학을 정통으로 계승하고 이조판서에 까지 이른 인물이다.

장씨 부인은 모든 언행을 법도대로 하여 시부모는 물론 친정부모에게도 극진히 효도하고 남편을 평생 손님처럼 대했다. 친정어머니가 돌아가시자 홀로 계신 아버지를 염려하여 친정에 가서 아버지를 돌보다가 재혼을 시킨 후 돌아왔다. 아버지가 돌아가셨을 때는 새어머니와 그 자녀 3남 1녀를 시댁으로 데려와 부양했다. 심지어 신주神主까지 시댁으로 옮겨 모셨다고 한다.

또한 그녀는 이웃사랑도 실천하여 흉년이나 기근으로 민생이 참혹할 때 굶주린 사람의 구휼救恤에 정성을 다했다. 사방에서 모여든 행인이 집 안팎을 메워 솥을 밖에 걸어 놓고 밥을 짓고 죽을 끓여 먹이기도 했고, 의지할 데 없는 늙은이를 돌보았으며, 고아들을 데려다가 기르는 등 인덕과 명망이 자자하였다. 흉년이 들었을 때 도토리가 중요한 구황작물이 되기에 상수리나무를 많이 심었다고도 한다.

일흔이 넘어서 그녀는 '음식디미방飮食知味方'이란 조리서調理書를 지었다. 이는 조선시대의 경상도 양반가의 음식 조리법을 소개한 책인데, 그

음식 수가 146가지에 이른다고 한다. 장씨 부인은 숙종 6년에 83세를 일기로 세상을 떠났다.

찌푸린 날씨 속에 고택과 비석, 유물전시관, 예절관 등을 돌아보았는데 모두가 장씨 부인에 초점이 맞추어져 있었다. 전국적으로 전통마을은 많지만 여성의 행적이 중심이 된 곳은 퍽 드물다.

여기서 장씨 부인을 이야기하는 것은 후손 이문열에 의해 그녀를 모델로 하는 소설 '선택'이 쓰여졌기 때문이다. 십수 년 전 '선택'이 발표되었을 때 페미니즘feminism과 관련하여 많은 찬반 논란이 있었다.

위에서 본 바와 같이 장씨 부인은 당시 삼강오륜三綱五倫이라는 유교적 도덕률이 지배하는 조선사회로 볼 때 한 시대를 모범적으로 산 인물이다. 한 집안의 현모양처賢母良妻에서 더 나아가 가장의 입장에서 주도적으로 가문을 일으키고 이웃사랑을 실천했다. 이는 찬양받아야 마땅하다. 그런데 왜 논란을 가져왔는가?

논란의 불씨는 작가가 야기惹起한 측면이 있다. 작가는 작중 인물 장씨 부인을 들어 오늘날의 왜곡된 페미니즘을 비판하려는 동기를 숨기지 않았다. 그는 소설 '선택'의 머리글에서 오늘날의 페미니즘이 남성 위주로 조직된 불합리한 질서에 대한 항의와 여성에 대한 격려까지는 좋으나, 그 항의가 뒤틀린 논리나 개인적 원한에서 비롯된 저주와 악담이 되어서는 곤란하다고 했다. 그리고 실제 작품 이름을 거론하며 이혼을 '절반의 성공'(실제 소설 제목은 '절반의 실패')쯤으로 정의하고, 여성의 불륜을 '황홀한 반란'으로 미화하는가 하면, 비정하게 '무소의 뿔처럼 혼자서 가라'고 외치는 목소리가 높아지는 것은 진실로 걱정스럽다고 비판했다. 이는 이모李某 씨와 공모孔某 씨 등 페미니즘 작가들을 지적하는 말이다.

이에 대해 해당 작가들이 가만히 있을 리 없었다. 아직도 많은 불평등과 불합리에 시달리는 여성에게 조선시대의 도덕률로, 그것도 훈계조로 경책警策을 내리는 것은 억압의 굴레로부터 여성 해방을 부르짖는 페미니스트들에게는 묵과할 수 없는 사항이었다. 어쩌면 이 논란은 페미니즘과 반페미니즘만이 아니라 보수냐 진보냐의 앙금이기도 했다. 알다시피 이문열은 진보주의자들에게는 용납할 수 없는 보수꼴통(?)이었다.

여기서 딱히 어느 편에 서려는 것이 아니다. 문제는 책 제목이 왜 '선택'이냐는 것이다. 그것이 궁금했다. 반대론자들의 주장은 장씨 부인의 삶은 전혀 '선택'의 여지가 없다는 것이다. 성리학적 이념이 강하게 지배하는 조선왕조에서 사대부가士大夫家 여자의 운신의 폭은 너무나 좁았다. 칠거지악七去之惡과 삼종지도三從之道에 따른 희생과 봉사만 있을 뿐 자신을 위한 꿈은 그야말로 꿈도 꾸지 못했다. 그래서 반대론자들은 선택적이지 못한 장씨 부인의 희생적 삶을 마치 스스로 선택한 것처럼 미화하여 조상 자랑을 했다고 비난했다.

하지만 제목을 '선택'으로 한 것은 아마도 장씨 부인이 가진 예술적·학문적 재능을 포기하고 전통적인 현모양처의 길을 택했다고 볼 수도 있기 때문일 것이다. 아니면 소극적 순종의 길을 가느냐, 적극적 개척의 삶으로 가느냐의 선택일 수도 있다. 아니면 자신을 위한 삶이냐, 남을 위한 삶이냐의 선택일 수도 있다. 그러니까 선택된 행로 안에서도 지향해야 할 선택 요소가 또 있는 것이다.

특히 외형적 삶의 형태를 선택하는 것만큼이나 내면적 의지나 태도의 선택도 중요하다. 같은 현모양처라고 해도 안방에 갇혀 현실 상황에 순응하는 소극적이고 수동적인 삶도 있고, 상황을 타개하려는 치열하고 적극적인 삶도 있다. 바로 장씨 부인이 그런 삶을 살았다고 생각된다. 그녀는 관직을 포기한 양반가에서 부모에 대한 효도, 남편에 대한 공경, 자녀 교육의 의무는 물론, 안방 밖으로 시선을 돌려 가산을 일으키고 지역공동체를 위해서도 헌신했다. 한 시대를 주도한 여장부女丈夫였다. 그럼에도 불구하고 장씨 부인의 삶이 마치 선택의 여지 없이 타의에 의해 떠밀리듯 강요된 삶이라고 평가하는 것은 장씨 부인의 훌륭한 삶에 대한 모욕일 수도 있다는 생각이 든다.

선택은 고뇌이고 결단이고 책임이다. 또한 선택에는 미련도 있고 후회도 있다. 그리고 선택에는 훌륭한 선택도 있고, 나쁜 선택도 있다. 한편으로 참 가슴 아프고도 안타까운 선택도 있다.

얼마 전 70대 노모가 교통사고 후유증으로 25년째 누워 지내던 40대 아들을 목 졸라 죽인 사건이 있었다. 긴 세월을 아들을 보살펴왔지만 최근 자신도 병이 나서 얼마 살지 못하리라는 판단을 하게 되자 자신이 죽은 후 아들이 당할 고통을 생각하고 아들의 생명을 거두었다.

또 딸이 너무 고생하고 힘들게 살까봐 지적장애를 가지고 있는 손자를 할아버지가 죽이고 자신도 목숨을 끊은 일이 있었다. 또 40대 지적장애 아들을 죽이고 자신도 목숨을 끊으려고 했던 70대 아버지에 대한 국민참여재판이 열리기도 했다.

이런 사건을 접하면 생명 경시니 인내 부족이니 하는 평가를 차마 내릴 수가 없다. 그 처지를 당하지 않고 어찌 그 절망을 이해하겠는가? 다만 그들의 선택을 안타까워만 하지 말고 우리 모두가 이웃에 대해 무관심보다는 관심을, 국가로서도 성근 사회안전망보다는 촘촘한 안전망을 선택해야 할 필요가 있다.

이제 젊은 날처럼 삶의 내용을 가르는 큰 선택은 없겠지만, 비록 사소할지라도 어두움보다는 밝음을, 슬픔보다는 기쁨을, 근심보다는 즐거움을, 불만보다는 만족을, 불화보다는 화합을, 분노보다는 용서를 선택하며 살아가고 싶다.

(2015. 11)

재난의 징후

2014년 4월 16일. 일어나서는 안 될 재앙이 일어났다. 진도 세월호 침몰 사건이다. 470여 명의 승객을 태운 배가 300여 명의 남은 승객과 함께 침몰하여 바다 밑에 거꾸로 박혔다. 배가 침몰된다면 침몰 전에 구명복을 착용하고 일단 바다에 떠서 구조를 기다리는 것이 상식이다. 그런데 대부분의 승객이 그대로 선실에 남아 변을 당했다.

제주해상관제소와 교신 8시 55분. 민간어선과 해경헬기 현장 도착 9시 30분. 선장, 선원 탈출 9시 38분. 이어 탈출 승객 110여 명 구조 10시, 선체 90도 이상 기울 10시 25분. 뱃머리만 남기고 완전 침몰 11시 30분.

그렇다면 구조대가 도착한 시간 이후로도 탈출할 수 있는 시간, 소위 골든타임이 한 시간 가까이 되는데 말 그대로 금쪽같은 시간을 선실에서 헛되이 보낸 것은 대기하라는 방송 때문이었고 한다. 비록 제 목숨을 최우선으로 한 선장 이하 승무원들이 승객에 앞서 탈출했다 하더라도 탈출하라는 지시만이라도 확실하게 하고 나왔다면 이런 참상은 피할 수 있었다고 생각하니 어이가 없다.

선장이라는 사람이 자신의 배에 수백 명 승객을 남겨둔 채로 일부 승무원에게만 탈출 명령을 내리고 자신이 제일 먼저 탈출했다. 방송에서 그가 속옷 바람으로 탈출하는 영상을 보고, 그리고 이후에 그가 한 행적을 들으면 과연 그가 제정신을 가진 인간인지를 의심하게 된다. 언론보도를 보면 그는 사복을 입고 일반 승객이라고 신분을 속이고 구조선을 탔다. 그가 탈출하여 현장에서 해경과 함께 구조작업을 했다면 그래도 최악의 비난은 면했을 것이다. 그는 바로 병원에 입원했고 마치 남의 일 보듯이 유유히 병실에서 물에 젖은 지폐를 말리고 있었다고 한다. 그리고 가족이 울부짖고 발을 동동 굴리던 시간에도 삼시 세끼 밥그릇을 비웠다고 한다. 운항 관련 승무원들 또한 별반 다르지 않다. 그들 역시 승객을 팽개친 채 선박의 구조構造에 대한 정보를 이용하여 맨 밑바닥에 있는 기관실을 탈출하여 한데 모여 일사불란하게 전원 구조되었다. 선박의 비상구, 통로 등 탈출경로에 대한 지식을 승객을 살리는 데 조금도 활용하지 않았다.

인간이 위급한 상황에서 자신의 목숨을 구하려는 행위는 동물적 본능이다. 그래서인지 선장은 동물적 생존본능에 너무나도 충실했다. 그 대신 인간이기를 포기하고 스스로 정말 동물이 돼버렸다.

반면에 부족한 구명복을 양보하고 모두 다 구한 뒤에 나가겠다고 하면서 학생들을 돌보다가 희생된 아르바이트 승무원 박지영, 아내와 마지막 통화 중에도 학생들을 구하러 가야 하기에 길게 통화를 못 한다고 했다는 양대홍 사무장, 자기가 입은 구명조끼를 친구에게 주고 다른 친구를 구하러 들어갔다가 못 나온 고등학생 정치웅, 학생들을 위해 끝까지 남아 자신의 생을 마친 남윤철, 최혜정 등의 교사들 …… 이런 아름다운 영혼들이 추악한 승무원들 반대편에 있다.

이걸 보면 사람은 출생 이상으로 삶과 죽음에도 차별이 있다고 생각된다. 곧 숭고한 죽음과 추악한 삶이다. 사람은 살 자리에서는 살고 죽을 자리에서는 죽어야 한다. 반대로 살 자리에서는 살지 못하고 죽을 자리에서는 죽지 못하는 것이 불행인 것이다. 치욕적인 삶과 명예로운 죽음 그 선택 여하에 따라 한 인간의 영욕이 구분되는 것이다.

더욱 가슴 아픈 것은 대부분의 희생자가 꽃다운 나이인 학생들이라는 사실이다. 대체 그들이 무슨 잘못이 있기에 피다만 꽃봉오리로 져야 하는가? 얼마나 기다렸던 수학여행이며, 얼마나 설레는 마음으로 출발했을까? 또한 학생들의 부모는 무슨 청천벽력인가? 이들이 이 참혹한 비극을 당해야 할 이유가 무엇인가? 단 하나의 이유가 있다면 그들의 자녀들이 세월호를 탔다는 것뿐이 아니겠는가? 그리고 우리들이 이렇게 멀쩡하게 살아서 그 슬픔을 지켜보는 것은 우리들의 자녀가 그 배에 타지 않았다는 사실 때문이 아닌가?

"모두 사랑해"

"연극부 다들 사랑해, 내가 잘못한 거 있으면 용서해 줘."

"엄마, 말 못할까 봐 미리 보내 놓는다. 사랑해."

마지막 휴대전화 메시지는 눈물 없인 읽을 수가 없다. 마지막 순간—학생들의 마음은 원망과 미움이 아니라 모두가 사랑이고 용서였다. 아무리 눈물을 흘린다 해도 그 부모들에 비하면 우리는 아무것도 아니다. 그 처지를 조금이라도 알기 위해서는 복잡한 장치가 필요 없다. 그들의 자녀 자리에 우리의 자녀를 대입시켜 보면 된다. 아, 당장 가슴이 미어지는 것 같다.

혹시나 하는 생존 가능성을 염두에 두고 국민적 염원으로 기다리고 있건만 생존자는 늘어나지 않고 사고가 날 수밖에 없는 원인만 하나하나 밝혀지고 있어 공분公憤을 자아낸다.

정관계 유착, 전관예우, 선박의 개조, 과적, 시설개수 명령 불이행, 재난대비 안전교육 미비, 계약직 직원 채용, 점검기관과의 유착 …… 모든 사고 원인의 종합판이다. 그러니까 사고는 시간 문제였다. 청해진해운 세월호만 그럴까? 나아가 선박회사만 그럴까?

무엇보다 '설마' 하는 안전불감증과 법·규정을 우습게 아는 풍조는 우리 사회에 만연된 심각한 중병이다. 재난 훈련을 귀찮게 여기고 건물이나 차량을 불법으로 개조하고, 사고가 나면 어느 기관이든지 자신들의 책임을 벗어나기 위해 급급하지 않았던가? 우선 나부터도 이런 문제에 자유로울 수 없을 것 같다. 교통법규를 무시하고, 불법주정차를 하고, 무자격자에게 건물 보수를 의뢰하고, 항공기 탑승 시 승무원의 구명복 착용 설명에 얼마만큼이나 귀를 기울였던가?

특히 학교 관리자로 현직에 있을 때 당장 기억나는 일이 있다. 건물 3층에서 옥상으로 올라가는 문을 잠그느냐 열어두느냐가 문제였다. 행정실에서는 소방법에 따라 화재 시 대피를 위해 열어두어야 한다고 했다. 그런데 학생지도를 하는 학생부에서는 잠가두자고 했다. 열어두면 학생들이 옥상에 출입하여 담배를 피우고 장난을 치는 등 생활지도와 안전에 문제가 있다는 것이다.

그때마다 원칙대로 열어두고 학생이 출입하지 못하도록 교내 생활지도 선생님이 순시하며 지도하기로 했지만 며칠이 지나면 흐지부지되어 잠가두는 때가 더 많았다. 만약 그때 옥상에 긴급대피를 했어야 할 화재라도 났다면 세월호와 다른 점이 무엇인가? 이 역시 '설마'라는 안전불감증이 전제되었던 것이다.

그동안 청문회를 통해 보았듯이 많은 공직 내정자들이 자녀 교육이나 부동산 투자를 위해 위장 전입을 했다. 다들 별문제가 없다고 걸러낸 사람들인데도 그랬다. 하지만 비난하는 사람 자신도 그럴 위치에 있을 때 그렇게 하지 않겠다고 단언할 수 있는 사람이 얼마나 될까? 나 아닌 남이기에 쉽게 매도하고 비난해 왔지 않았던가? 남이 하면 불륜이고 자신이 하면 로맨스인 것이다.

하지만 이렇게 말한다고 해도 세월호 탈출 승무원의 무책임한 범죄 행위가 결코 가벼워지는 것은 아니다. 물타기가 될 수는 없다. 엄밀하게 조사하여 준엄한 의법처리가 따라야 함은 물론이다. 구구한 삶이 죽음보다 더 견디기 어려운 것이라는 것을 자각시켜야 할 것이다.

이번 사건의 안전불감증은 자연스럽게 안보불감증으로 이어지고 있다. 만약 서울 도심지에 포탄 한 발이라도 떨어진다면 어떤 상황이 벌어질까? 배 한 척 침몰해도 이렇게 우왕좌왕하는데 전쟁이라도 발발한다면 과연 국가의 위기관리 체제가 이루어질까?

지구상에서 가장 불량하고 비이성적인 독재정권이 어떤 도발을 행할지도 모르는 상황에서도 설마 하고 너무도 태연하게 지내는 것이 우리의 현실이다. 태연하다 못해 북한을 비호하고 마치 도발을 기다리는 듯한 세력도 엄존하고 있다. 이를 두고 세계인들이 오히려 놀란다.

이번의 사건을 정치적으로 이용하려는 세력도 분명히 있다. 어떻게 해서라도 국민적 분노의 불씨를 살려 광우병 촛불집회 때처럼 이를 반정부 투쟁으로 몰아가려는 것이다. 오히려 유가족이 이런 세력과 선을 긋는 모습을 보여주어 퍽 다행스럽다.

지금 가장 중요한 것은 시신 한 구라도 더 빨리 찾는 것이고 유가족을 다독이는 것이다. 다음으로 진상조사를 하고, 책임자 문책과 진정한 사과가 있어야 하며, 궁극적으로는 재발 방지에 모든 힘을 집중해야 함이 순서이다.

어느 재미在美 언론이 한 말도 생각해 본다. 그는, 유가족 단체가 국무총리에게 물을 끼얹은 것, 목숨을 건 잠수사들에게 함부로 다그친 것, 대통령의 조화를 치운 것 등을 두고, "자식의 죽음 앞에 좀 더 절제하는 모습을 보일 때 죽음은 더욱 숭고하고 감동은 더욱 깊어진다"고 했다. 사실 이런 말도 용기라면 용기이다. 사고 후 생존가능성이 전혀 없는 상황에서도 방송에 출연하는 사람마다 에어포켓이니 뭐니 하면서 계속 생존가능성으로 유가족의 애를 태우고 구조작업의 방향 전환을 어렵게 했다. 아무도 가능성이 없다는 말을 하지 않았다. 그럴 용기가 없었던 것이다.

재난은 갑자기 닥치는 것이 아니다. 우리의 몸에 이상이 생겼을 때 몸이 고통이라는 신호를 보내듯, 경고 없는 재난은 없다.

사고에 대한 경고는 여러 가지 방식을 통해 나타난다. 소돔과 고모라처럼 직접 신의 음성으로 알리기도 하고, 폼페이처럼 인간의 타락상으로 보여주기도 하고, 때로는 자연현상으로 징후를 보여준다. 그러나 가장 보편적인 것은 큰 사건 전에 작은 사고나 다른 유사사고가 반드시 일어나는 것이다.

'하인리히 법칙'이라는 것이 있다. 이는 대형 사고가 발생하기 전에 그와 관련된 수많은 경미한 사고나 경고성 징후들이 반드시 존재한다는 것을 밝히는 이론이다. 만약 산업재해가 발생하여 중상자가 1명 나오면 그 전에 같은 원인으로 발생한 경상자가 29명, 같은 원인으로 부상을 당할 뻔한 사람이 300명이 있다는 것이다. 이렇듯 큰 사고는 우연히 또는 어느 순간 갑작스럽게 발생하는 것이 아니라 그 이전에 반드시 경미한 사고들이 방치되는 과정 속에서 발생한다는 것을 실증적으로 밝힌 것이 하인리히 법칙이다.

세월호 사고도 예고된 재난이었음이 속속 드러나고 있다. 사고를 당할 뻔한 일도 여러 번 있었고, 무리한 운행에 대한 고발과 진정도 있었다. 경미한 사고나 징후를 지나쳤다면 대형 사고를 겪은 후에라도 깨달았어야 했다. 소 잃고라도 외양간은 고쳐야 한다. 그동안 대형 사고가 얼마나 자주 일어났는가? 서해 페리호 사고, 삼풍백화점 사고, 대구지하철 사고 등은 정말 상상하기에도 끔찍한 기억들이 아니었는가?

옛글에서 말했다. '늦가을 서리를 밟으면 곧 얼음이 어는 혹독한 동절기가 다가옴을 안다. 자식이 아비를 죽이고, 신하가 임금을 죽이는 것과 같은 큰 사건은 하루아침에 일어난 것이 아니라 작은 원인이 점점 쌓여서 초래된 것이다.'

우리 경주지역에서 가장 근래에 일어난 대형 사고는 마우나리조트 사고다. 당시 경주실내체육관에 검은 리본을 달고 희생 대학생들의 영정 앞에 다녀온 지가 불과 2개월밖에 지나지 않았다. 그런데도 나부터가 그 사고의 뒤처리가 지금 어찌 되었는지 모른다. 모두 다 안전불감증, 사고망각증에 중독되어 있는 것이다.

그동안 우리나라는 세계 최빈국에서 세계 10위의 통상대국通商大國으로 발전했다. 라디오 하나도 만들지 못하는 나라에서 우리가 만든 자동

차가 6대주를 달리고, 우리가 만든 배가 5대양을 누빈다. 전 세계 휴대전화의 3개 중 하나가 우리가 만든 제품이라고 한다. 그동안 우리는 특유의 근면과 가족애를 바탕으로 정말 열심히 일했다. 해외로도 진출하여 모랫바람 건설 현장에서, 광산에서, 정글의 나라에 파병군으로 가서 목숨을 담보로 돈을 벌었다. 유례없는 최단기간의 경제발전이었다. 이 과정 속에서 반대급부로 얻은 것이 '빨리빨리' 문화, 권력유착, 적당주의, 안전불감증, 생명 경시, 법 규정 무시와 같은 좋지 않은 병폐들이다. 따라서 어느 정도까지는 이해가 될 수 있다.

그런데 이제는 이런 것들과 결별해야 한다. 여기까지여야 한다. 더 이상 이런 병폐를 떨쳐내지 못하면 스스로 열등 민족임을 증명하는 것이 된다. 이번 사고만으로도 세계인들은 우리를 얼마나 한심하게 보았을까? 우리로부터 신뢰를 얼마나 철회했을까? 이에 따라 국격國格이 얼마나 추락했을까? 값으로 따지지 못할 것이다.

원래 우리 민족은 이렇지 않았다. 자연재해 하나만 일어나도 통치자가 스스로 근신하고 반성했다. 성덕대왕신종이나 남산신성비에서 보는 바와 같이 이미 천 수백 년 전부터 물건이나 시설 건조建造에서 실명제實名制를 하여 책임 공사를 해왔다. 그리고 황룡사 건립에서처럼 사찰 하나를 이루는 데도 93년이나 걸렸다. 그 어디에 대충대충, 빨리빨리가 존재했던가?

대통령부터가 특단의 대책을 세우겠다고 한다. 물론 당연한 것이다. 국가적인 재난방지 시스템이나 법령도 중요하지만 여기에는 반드시 국민의식의 변화와 각성이 필요하다. 국가와 국민이 함께 나가야 하는 것이다. 국민의식이 어쩌면 시스템이나 법령보다 더 중요한지 모른다. 국민 스스로가 국가나 기업이나 정치권에 대해서 눈을 부릅뜨고 살펴야 한다. 국민은 막강한 투표권를 갖고 있지 않은가?

다시는 이런 대형 사고가 재발되지 않게 하는 것이 희생자들의 죽음을 헛되지 않게 하는 우리 살아 있는 자들의 임무이다. 대형 사고를 거치면서 전화위복轉禍爲福이라는 말이 그 빛을 잃은 지 오래지만 이제는 마지막으로 이 말의 의미를 되새기자. 값비싼 대가對價를 치르고도 또다시 이런 사고가 일어난다면 정말 세월호만이 아니라 대한민국호도 침몰할지 모른다. 그리고 희생자도 저 세상에서 분노할 것이다.

(2014. 4)

푸른 오월에

올해도 아내와 산나물을 뜯으러 시골에 갔다 왔다. 오월 초에 행하는 연례적인 행사다. 어릴 때 자라던 곳이라 부모님, 조부모님 산소도 돌아보고, 그곳에 사는 동생들 가족과 함께 즐거운 시간을 보내기도 한다. 그런데 해가 갈수록 채취한 산나물의 무게가 줄어든다. 어떤 해는 아예 허탕을 치기도 한다. 산나물이래야 고사리와 두릅밖에 모르던 시절에도 가기만 하면 한 배낭 가득 따오고, 참나물과 취나물을 겨우 알고 가서도 살진 미나리 같은 향기로운 자연산 참나물을 적잖게 따왔다.

그런데 언제부터인가 산에 산나물꾼들이 많이 모여들기 시작하면서 채취량이 줄어들었다. 우리가 가기 전에 벌써 몇 팀이 다녀간 흔적이 있으니 우리를 기다려 주지 않는 것은 당연했다. 가장 많이 줄어든 것은 두릅나무이다. 두릅순은 미처 자랄 틈도 주지 않는다. 1~2cm만 되어도 다 따버린다. 그것도 모자라 가지를 마구 꺾고, 심지어 낫으로 밑둥을 잘라 버리기도 한다. 두릅나무는 키가 크고 가시가 달려 있어서 자신을 방어할 수 있는데도 이렇게 피해가 막심한 이유는 무엇일까? 그것은 다른 나무가 갖지 못하는 유용성有用性 때문이다.

장자莊子에는 이를 '유용지무용有用之無用'으로 설명한다. 송나라의 어느 지방은 좋은 재목材木이 많기로 유명하다. 그러기에 작은 나무는 원숭이 묶는 말뚝용으로, 중간 나무는 집짓는 마룻대용으로, 그리고 큰 나무는 부잣집 장례용 관재棺材로 베어가서 산에 나무가 남아나지 않는다. 또 이르기를 계피나무는 껍질 때문에 잘려지고, 옻나무는 진액 때문에 벌목당한다고 했다. 쓸모가 있는 것이 자신을 지키는 데는 오히려 쓸모없음보다 못한 것이 되고 만다. 두릅도 이처럼 쓸모가 있음으로 인해 잘라지고 찍혀진다.

이와는 반대로 '무용지유용無用之有用'이 있다. 쓸모없음이 오히려 자신을 지키고 사회에 도움을 줄 수도 있다는 것이다. 역시 장자莊子에는 이렇게 설명한다. 어느 곳에 큰 고목이 한 그루 있다. 이 나무는 전차戰車를 천 대나 그 나무 그늘에 숨길 수 있을 정도로 컸다. 그러나 이 나뭇가지는 구불구불하여 기둥이나 들보로도 사용할 수 없고, 밑둥은 가운데가 갈라져 있어 관棺으로도 쓸 수가 없다. 하지만 이 나무는 정작 쓸모가 없기에 목수들의 주목을 받지 않아 이렇게 크게 자랄 수 있었고 넓은 그늘을 만들어 많은 사람들에게 휴식처를 제공했다. 또 제사를 지내는 데 희생물로 쓰이는 동물은 완전무결해야 하기에 이마가 흰 소나 얼룩소, 들창코 돼지는 희생되지 않고 살아남는다. 이 역시 무용지유용無用之有用인 것이다.

'타산지석他山之石'이라는 말도 유용성과 무용성이라는 이분법으로는 설명하기 어려운 말이다. 어떤 산에 강도가 약하여 석재石材로는 쓸모가 없다고 버려진 돌이 있었다. 하지만 옥공玉工이 옥을 가는 데는 이보다 더 좋을 수가 없다고 한다. 남이 다 버리는 것도 자신에게 도움이 될 수도 있다는 교훈이다.

며칠 전에도 이를 경험한 바 있다. 담 밑에 작두콩을 심어 담에 덩굴을 올리는데 뒷집 대밭에서 솎아낸 못 쓰는 대나무를 참 유용하게 사용했다. 그 잘라낸 대나무는 처치가 곤란하여 아무렇게나 쌓아두고 썩을 때까지 기다릴 수밖에 없는 참 쓸모없는 것이었다. 무엇을 담에 세울까 고민하다가 문득 그 대나무 더미가 생각이 나서 그것을 가져다가 낫으로 밑둥을 날카롭게 하니, 꽂아 세우기도 좋고 곁가지가 달려 있어 덩굴이 올라가기에 매우 적합했다. 정말 타산지석이었다. 이처럼 유용성, 무용성이란 절대적으로 분리해서 존재하는 것이 아니다.

유용성, 무용성뿐만 아니라 이에서 조금만 더 나아가면 인간의 행복과 불행의 조건들도 결코 고정된 것이 아니다. 그 상황을 자신에 맞게 활용하면 불행이 행복이 될 수도 있고, 반대로 행복이 불행이 될 수도 있다. 따라서 선불리 따질 일이 아니다.

회남자淮南子에 나오는 이야기이다. 어느 북쪽 변방에 점치는 노인이 살고 있었는데 하루는 그가 기르는 말이 아무런 까닭도 없이 도망쳐 오랑캐들이 사는 국경 너머로 가버렸다. 마을 사람들이 찾아와서 위로했다. 그런데 늙은이는 이것이 혹시 복福이 될지도 모른다면서 조금도 낙심하지 않았다. 몇 달 후 뜻밖에도 도망갔던 말이 다른 마을에서 좋은 말을 한 필 데리고 돌아오자 마을 사람들이 찾아와서 이번에는 축하를 하였다. 그러자 그 늙은이는 이것이 오히려 화禍가 될지 모른다면서 조금도 기뻐하지 않았다. 그런데 얼마 후 노인의 외동아들이 그 말을 타고 달리다가 말에서 떨어져 다리가 부러졌다. 마을 사람들이 또 찾아와서 위로하자 노인은 또다시 이것이 복이 될는지 어찌 아느냐고 태연해 했다. 과연 1년이 지난 후 오랑캐들이 대거하여 쳐들어왔다. 마을 장정壯丁들이 모두 징발되어 싸움터에 나가 죽었는데 다리를 저는 노인의 아들만이 남아 가정을 지킬 수 있었다. 이른바 '새옹지마塞翁之馬'의 고사이다. 가족에 부담만 주는 장애인 아들이 도리어 가족에게 없어서는 안 될 필요한 아들이 되었던 것이다.

이처럼 인간에게 유용성이나 무용성, 더 나아가 길흉화복吉凶禍福은 이처럼 예측하기 어렵다. 그러고 보니 오늘날 '잘난 아들은 국가의 아들, 돈 잘 버는 아들은 사돈의 아들, 빚진 아들은 내 아들이라는 우스갯소리'가 나돈다. 공부시킨 잘난 아들은 대도시로 외국으로 다들 떠나고, 못 배운 아들이 시골에서 부모 봉양을 한다는 의미인데, 요즈음은 잘나고 못나고, 배우고 못 배우고 가릴 것 없이 모두 고향과 부모를 떠나기에 이 말도 옛말이 되어버렸다.

작물을 키우다 보면 골칫덩어리가 잡초다. 특히 밭둑의 한삼덩굴은 대단한 번식력으로 농작물을 괴롭힌다. 이놈이 나무를 휘감으면 나무가 견디지 못한다. 집 뒤 밭둑의 매실 한 그루는 그로 인해 죽어 베어냈다. 그렇다고 이 무성한 잡초들이 해롭기만 할까? 만약 밭둑에 이런 잡초들이 없다면 둑의 흙이 죄다 둑 밑으로 흘러내렸을 것이다. 그리고 한삼덩굴은 민간요법으로 해열제나 이뇨제로도 쓰인다니 무용無用과 유용有用 사이를 왕래하면서 그 간격을 없애는 존재임이 틀림이 없다.

이처럼 사물을 유용성과 무용성으로 구분하는 것은 위험하다. 세상에는 절대적 가치를 가진 존재는 없다. 모두 상대적이고 상호의존적 관계 속에 존재한다. 저것이 있기에 이것이 있고, 네가 있기에 내가 있다. 그런데도 우리는 너무 이분법으로 선악善惡과 호오好惡와 미추美醜 등으로 갈라 세운다.

장자莊子에 또 일렀다. 거문고가 연주될 때에는 연주되는 현弦이 있는 반면 연주되지 않는 현弦도 있어야 한다. 모든 현弦이 다 나서서는 음악이 성립되지 않는다. 그러므로 연주되는 현과 연주되지 않는 현이 항상 상호보완적으로 존재한다. 또 일렀다. 다리가 긴 새도 있고 다리가 짧은 새도 있다. 학의 다리가 길다고 자를 수 없듯이 오리 다리가 너무 짧다고 늘일 수도 없다. 길고 짧음에 대한 인식 자체가 편견이 작용된 결과다. 하루에 천리를 달리는 명마名馬도 쥐를 잡는 데는 두더지보다 못하고, 밤에 그렇게 밝은 밤눈을 가지고 있는 올빼미도 낮에는 큰 산도 보지 못한다. 처지나 환경에 따라 각각 타고난 자연의 본성대로 살아가는 것이다. 어찌 우열로 설명하겠는가?

따라서 주연 배우만 가지고는 한편의 연극이나 영화를 만들 수가 없다. 주연과 조연 모두 다 필요하다. 아니 주연이니 조연이니 하는 말 자체가 우열을 전제로 하는 말이기에 바람직하지 못하다. 그 어떤 역할도 중요하지 않은 게 없다. 또 여백이 없는 동양화를 상상할 수 없다. 여백이 그림을 존재하게 하기 때문이다. 노자老子도 말했다. 밥그릇은 빈 공간이 있기 때문에 밥을 담을 수 있으며, 창문도 빈 공간이 있기 때문에 문의 역할을 할 수 있다고. 그러니 어찌 유용, 무용을 구분하여 따지겠는가?

일이 중요하다고 해서 일과日課 중에 쉬는 시간이 없으면 어찌 될까? 숨이 막힐 것이다. 쉬는 시간도 일하는 시간에 못지않게 유용하다. 서원書院 건물에 공부하는 강학당講學堂만이 아니라 음풍농월吟風弄月하는 누각樓閣이 왜 중요한가는 더 말할 필요가 없다. 오늘날 학교 교육에서도 공부와 성적에 경도傾倒되어 얼마나 중요한 것을 간과하고 있는가? 모든 학생들이 다 공부를 잘 할 수도 없고, 또 우리 사회가 그렇게 많은 공부 우등생을 필요로 하지도 않는다. 학이나 오리의 다리가 다르듯이 저마다 타고난 자신의 특성에 맞게 살아가면 된다.

오늘날 K팝이 세계를 강타하고 있다. 그런데 그 중심에 우리의 젊은이들이 있다. 세계의 젊은이들이 우리의 춤과 노래와 드라마에 열광한다. 이 현상을 일으킨 것은 과연 공부 잘하는 학생들인가? 오히려 우등생이기보다는 공부를 등한히 한다고 학부모와 선생님으로부터 꾸중을 들은 학생들이 아닌가? 한때는 우리 사회가 백안시白眼視했던 젊은이들이 오늘날에는 막대한 문화상품을 만들어 세계에 수출하고 있다.

우리의 경험은 어떤가? 꼭 성공 사례만 중요한가? 나태, 절망, 방황, 혼돈, 실패 …… 어쩌면 이런 부정적인 경험 내용이 인생에 더 중요한지 모른다. 결과적으로 무용지유용無用之有用과 유용지무용有用之無用은 궁극적으로는 같은 의미를 가지는 것이다.

그렇다고 쓰임새가 많음이 모두 무익하다는 뜻은 아니다. 국가가 요구하는 유용한 인재를 기르는 것이 필요 없다는 뜻은 더더욱 아니다. 다만 오늘날 모두 다 눈앞의 유용성을 기준으로 하는 타산적 풍조에 빠져 우리 사회에 정말 필요한 것을 등한히 하지 않을까 걱정된다. 또 잘난 사람들에 의해 밀려난 많은 젊은이들이 소위 낙오자들이라는 이름으로 희망을 잃고 살아가지 않을까 하고 우려할 뿐이다. 세상에는 이름 없는 풀이 없듯이 그 누구도 존재 가치가 없는 사람은 한 사람도 없다.

청소년의 달인 오월, 산야의 초목이 왕성한 삶을 구가하는 축제의 계절에 위축되고 그늘진 젊은이들이 더 이상 없기를 기대해 본다.

(2014. 5)

신부가 없어졌다

지난 연말에 성당에서 혼인갱신식이 있었다. 그러고 보니 우리 부부가 결혼한 지가 벌써 40년이 넘었다. 결혼 25주년인 은혼銀婚을 훌쩍 뛰어넘어 50주년이 되는 금혼金婚을 바라보는 햇수다. 이쯤이면 가정과 결혼의 의미를 되새기고 부부애를 확인하는 계기를 갖는 것도 필요한 때이다. 하지만 이번 혼인갱신식에는 꼭 이러한 필요성을 절감해서 참여한 것이 아니었다. 소속단체 회장님이 가급적 전원이 신청을 하자고 권하기에 특별한 불참 사유가 없어 그냥 응한 것이다. 예물도 평소에 끼던 묵주반지를 그대로 사용하기로 했다.

갱신식은 저녁 7시 30분. 집이 시내에서 떨어진 관계로 성당까지는 15~20분 정도가 걸린다. 아무리 늦어도 7시에는 출발해야 했다. 평소에 하듯 미리 대문 앞에 차를 대놓고 아내를 기다렸다. 신부화장(?) 때문인지 오늘따라 대기 시간이 길었다. 승용차 라디오에서 7시 뉴스가 시작되어서야 뒷문으로 한복 입은 아내가 차에 올랐다.

뉴스의 내용은 당시에 퍽 사회적 관심이 있는 사건으로 기억된다. 출발해서부터 줄곧 뉴스에 귀를 기울이며 차를 몰았다. 10여 분 후 뉴스가 끝나고 성당이 가까워서야 퍼뜩 아내 생각이 났다. 혼인갱신과 관련된 말을 걸었는데 이상하게도 아무 대답이 없었다. 그래서 뒤를 돌아보니 이게 웬일인가? 뒷좌석은 텅텅 비어 있었다. 결혼식을 10여 분 남겨두고 신부가 사라진 것이다. 황당한 일이었다. 분명히 타고 출발했다고 생각했는데 어디서 내렸는지 알 수가 없었다. 횡단보도에서 신호를 받을 때가 아니면 내릴 시간이 없다. 그렇다고 해도 말 한마디 없이 내릴 수는 없다. 하지만 이유를 찾는 것이 중요한 일이 아니었다. 그렇다고 지금 다시 집에 갈 시간 여유도 없다. 부랴부랴 휴대전화를 걸었지만 계속 통화 중이었다. 난감했다. 마지막이라고 생각하고 걸어보았더니 연결이 되었다. 아내 말은, 내가 혼자 떠나버려 택시를 타고 오고 있다는 것이다. 일단 안도는 했다. 성당에 먼저 도착하니 안내하는 자매님께서 왜 혼자 오느냐고 물었다. 대충 얼버무리고 성당 문 밖에서 기다렸다. 거의 시작 시간이 임박하여 아내가 헐레벌떡 도착했다.

출발할 때 아내가 뒷좌석의 문을 연 것은 타기 위해서가 아니라 뒷좌석 앞에 둔 고무신을 꺼내기 위함이었단다. 고무신을 꺼내들고 문을 닫고 앞좌석으로 가려는데 차가 출발해 버렸단다. 따라오면서 아무리 소리쳐 불러도 그냥 와버린 것이다. 휴대전화를 해도 받지를 않더라는 것이다. 약 400여m 거리에 있는 큰 도로의 버스 승강장까지 숨가쁘게 오면서 그래도 혹시 기다리거나 다시 태우러 오지 않겠나 하는 기대도 했는데 끝내 허사였단다. 초조히 버스를 기다리는데 다행히 지나가는 택시가 있어 타고 왔다고 했다.

돌이켜보니 한복을 입은 채 뒷문을 열고 닫는 소리만 듣고 뒷좌석에 탔다고 생각하고 출발해 버린 것이다. 평소와는 달리 뒷자리에 탄 것은 아마 한복을 입었기에 앞자리가 불편했을 거라는 생각을 했다. 그리고는 바로 뉴스에 몰입되었다. 이것이 상황의 전부였다.

부끄러운 일을 이렇게 공개하는 이유는 이번 해프닝이 나 개인적인 부족함을 넘어 어쩌면 오늘날 우리 사회의 단면을 보여주는 의미도 있지 않나 해서이다.

모처럼 아내가 한복을 입었다면 옷매무새도 한번 봐주고, 그리고 왜 뒷자리에 탔는지를 물었어야 했다. 그런데 같은 차를 타고도 10여 분이나 눈길 한번 주지 않고 대화 한마디 없었다. 이는 어쩌면 자기 세계에 빠져 이웃을 외면하는 오늘날의 세태를 말해 주는 것은 아닐까? 이웃 간, 그것도 같은 집에 사는 주인과 세든 사람 사이에도 관심이나 소통이 없다. 외로운 독거자가 죽은 지 몇 달이나 방치된 사건이 뉴스에 심심찮게 보도된다. 몇 달을 넘어 몇 년이 된 사건도 있다.

차를 타고 문 닫는 소리가 나면 으레껏 탔을 것이라는 생각도 문제다. 문 닫는 소리는 어디까지나 '소리'일 따름이지 실제 행위 자체는 아니다. 이 역시 신호체제信號體制에 따라 기계적으로 돌아가는 오늘날의 삶의 모습을 말해 주는 것은 아닐까? 시작종이 울리면 시작하고 마침종이 울리면 마친다. 성당 미사에서도 '사랑을 베푸시는 하느님 아버지와 ……'로부터 시작하여 '미사가 끝났으니 가서 복음을 전합시다'에 이르기까지 너무 미사에 형식적으로 참여하지 않는지 생각해 볼 일이다. 미사 통상문을 줄줄이 외우면서도 그 의미 자체는 소홀히 여기지 않는지를 돌아볼 필요가 있다는 말이다.

또한 휴대전화 불통도 현대생활의 치명적인 약점을 말해 준다. 각종 편리한 생활도구나 통신기기가 있어도 고장이 나거나 꺼져 있거나 통화 중이면 아무 소용도 없다. 기계에 의존하는 생활을 하다가는 기계에 이상이 생기면 속수무책이다.

이번 사건은 40년을 살아온 부부의 관계를 다시 살펴보는 계기가 되었다. 처음부터 의도하지는 않았지만 어쩌면 혼인갱신의 의미를 충분히 절감했다. 그리고 더 나아가 이웃과의 단절된 생활, 습관적으로 살아가는 생활, 모든 것을 기계에 의존하는 생활 등 오늘날의 삶의 모습을 돌아보는 계기도 되었다.

혼인갱신식을 마치고는 뒤풀이 다과회가 있었다. 동시에 노래 부르기 순서가 있었다. 먼저 부른 사람이 다음 부를 사람을 지명하는 방식이었다. 곤혹스럽게도 지명을 받아 고심 끝에 선택한 곡목은 홍민이라는 옛날 가수가 부른 '결혼기념일의 노래'였다. 하지만 정작 미안함과 참담함으로 가슴이 뛴 내막을 아는 사람은 아내 말고는 아무도 없었다.

당신을 처음 만났을 때 내 가슴은 뛰었소.
아지랭이처럼 피어나는 그건 사랑이었소.
당신이 내게 다가올 때 나는 알고 있었소.
소리 없이 내게 찾아온 그건 행복이었소.

(2014. 2)

선덕여왕 대제

근간 급진 이슬람무장세력 IS이슬람 국가의 민간인 납치 사건이 인류의 평화에 큰 위협이 되고 있다. 그들은 자신들의 정치적 목적을 위하여 아무 관계도 없는 선량한 사람을 납치하여 석방 대가對價를 요구하고 불응하면 잔인하게 죽이는 동영상을 배포하여 세계인을 공포 속으로 몰아넣고 있다. 종교를 표방하면서 극히 반종교적 횡포를 자행하고 있다. 물론 이슬람의 대다수는 그렇지 않겠지만 선명성을 내세우는 광신적 종교주의자는 그 해악이 자못 크다.

그들은 납치나 테러뿐만 아니라 인류가 남긴 귀중한 문화유산도 의도적으로 파괴하고 있다. 말하자면 타 종교의 유적이나 유물이 자신들의 종교에 모독이 된다는 이유에서다. 소위 '반달리즘'이라고 부르는 문화유산 파괴주의는 스페인 침략자들에 의한 잉카유적의 파괴 등 주로 영국, 스페인, 프랑스 등 유럽 강대국에 의한 식민지 토착문화의 말살이 주를 이루었다. 물론 자국 내에서의 타 종교 말살정책으로 인한 유물의 훼손도 빼놓을 수 없다.

금세기에 들어와서 가장 대표적인 사례가 유네스코 세계유산인 아프가니스탄 바미안 석불의 폭파이다. 바미안 석불은 3~6세기경 인도 쿠샨왕조 시대에 조성된 간다라 미술의 걸작이다. 절벽의 한 면을 파내어 만들었는데 높이가 각각 약 35m와 53m나 된다. 2001년 3월 이슬람 탈레반은 바미안 석불을 '이교도의 우상'이라고 비난하며 로켓탄을 이용해 석불을 파괴했다. 국제사회는 파괴하기 전 옮길 시간적 여유라도 달라고 요청했지만 그들은 들어주지 않았다. 그 결과 1,500년 이상을 견뎌온 거대 유적은 흔적만 남긴 채 사라졌다. 유물·유적을 없애버린다고 역사가 지워지는 것은 아니다. 이는 손바닥으로 하늘을 가리는 격이다. 우리도 과거 식민지 잔재인 조선총독부 청사를 '역사 바로 세우기' 사업의 일환으로 폭파를 할 때 '부끄러운 역사도 역사'라는 반대 여론이 있었던 것도 이러한 이유에서였다.

바미안 석불 폭파 이후에도 걸프전 때의 이라크 바그다드 국립박물관 훼손, 시리아 내전 당시 세계문화유산인 팔미라 유적 포격에 이어 IS에 의한 고대 유물 파괴가 지속되고 있어 세계적 분노가 끊이지 않고 있다.

우리나라에서도 고려시대 몽골의 침입으로 팔만대장경, 황룡사 9층 목탑 등이 소실된 것을 비롯해 임진왜란 당시 왜군들에 의해 수많은 문화재가 파괴되고, 병인양요 때엔 외규장각에 보관된 책들이 약탈당하는 등 적지 않은 피해를 입었다. 경주박물관 미술관 뒤편에 전시되고 있는 수많은 목 없는 불상 또한 그렇다. 이들은 분황사 우물에 처박혀 있는 것을 꺼낸 것들이다. 문화유산의 파괴는 인류의 문화에 대한 테러나 마찬가지다. 인류의 소중한 문화유산을 보전하기 위한 국제사회의 협력이 절실하다.

근래에 종교 간 대립의 극복 문제를 생각해 볼 계기가 있었다. 지난주 남산에 있는 선덕여왕릉에 들렀다. 내가 출강하는 강좌 수강생들의 답사 안내를 위한 사전답사 목적에서였다. 그런데 거기서 아주 특별한 행사를 참관했다. 내가 선덕여왕릉 주차장에 도착했을 때와 거의 같은 시각에 한 대의 전세버스가 도착했다. 그런데 버스에서 많은 사람들이 무슨 행사를 위한 준비물을 모두 하나씩 들고 내렸다. 그러고는 선덕여왕릉으로 운반하기 시작했다. 나 역시 그들과 함께 오르면서 양 손에 든 한 단원의 짐을 덜어 운반해 주었다. 그 단원에게 무슨 행사냐고 물으니 자신들은 수도권 어느 지역의 사찰 신도들인데 연례행사로 선덕여왕 대제大祭를 지내려고 이렇게 와서 짐을 운반한다는 것이다. 올해로 40년이 넘었다고 한다.

왕릉에 도착한 후 나의 사전 답사 용무는 금방 끝났지만 행사 준비를 하는 광경을 지켜보면서 행사 내용이 사뭇 궁금하여 끝까지 참관했다. 우선 왕릉 앞 상석 좌우에 제상을 이어서 차렸는데 제물祭物이 엄청났다. 양도 많고 종류도 다양하거니와 모든 제물을 정성을 들여 직접 만들었다고 한다. 그리고 행사 참석자들의 복장도 모두 예복 차림이었다. 여자들은 형형색색 채색옷에 화관을 쓰고, 남자들은 흰색 두루마기를 입었다. 바닥에는 비단과 초석자리를 깔고, 왕릉 옆 큰 나무에는 오방색 휘장을 걸었다. 또한 대금, 해금, 태평소, 장구, 북 등 다양한 국악기를 갖춘 연주단도 갖추어져 있었다. 그리고 경주 김씨 종중에서도 숭혜전崇惠殿 참봉을 위시하여 3~4명이 제복차림으로 참례하였다.

그런데 의식 자체는 예상과 달리 불교식이 아니었다. 금관 등 왕의 복식을 한 선덕여왕과 시녀들을 능의 전면 오른편에 앉히고, 능의 정면 제례공간에는 선녀복장 여자들을 배치했다. 사회자에 의해 의식이 진행되었다. 의식의 주요 내용은 인사말에 이어 주례자가 선덕여왕을 추모하고, 국태민안을 비는 기원문을 염하고, 초·중·종헌의 헌작獻爵을 했다. 잔을 드릴 때마다 네 위격에 차례대로 절을 했는데 그 대상은 천지신명天地神明, 오방신五方神, 선덕여왕 등이었다. 행사 진행에 맞추어 주악奏樂을 했는데, 특히 주례자가 악단에 맞추어 경기민요 노랫가락을 불렀다. 그리고 탑돌이 하듯 능을 오른쪽으로 3바퀴를 도는 것으로 의식이 끝났다. 언뜻 보아도 특정한 종교의 의식이기보다는 도교, 불교, 유교, 무속, 민속 등이 모두 반영된 퓨전식이었다.

행사를 마친 후 궁금하여 사찰 신도들이면서 왜 불교의식으로 하지 않았느냐고 물어보니 그들의 사찰이라는 것이 무속과 관련된 사찰이라는 식으로 대답했다. 이 행사의 주례자는 아주 어릴 때 신내림을 받은 남자 강신무降神巫였다. 말하자면 선덕여왕은 그의 몸주신이었다. 듣고 보니 궁금증은 일부 풀렸다. 경기민요 노랫가락이 무속가에서 나왔다는 것도 확인할 수 있었다.

어떻게 들릴지 모르지만 나도 한때 명리학, 풍수지리 등에 대해 알기 위해 지역대학 사회교육원에 얼마간 강의를 들으러 나간 적이 있다. 물론 믿기보다는 궁금증 해소 차원이었다. 수천 년이나 지속해 온 문화라면 어떤 근거가 있을 것이라는 생각이 들어서였다. 하지만 곧 그만두었다. 우선 무엇보다 인간의 행복과 불행을 운명론의 질곡 속에 가두어 버리는 맹신적 태도와 음양오행론을 같은 원리로 하는 다른 영역을 인정하지 않는 태도 때문이었다. 예컨대, 사주를 보는 사람은 풍수를 전혀 고려하지 않고, 풍수를 보는 사람은 사주니, 작명이니, 관상이니 하는 것을 무시하고 개인의 운명을 판단하는 것이다.

하지만 이번 행사처럼 제사를 지내는 주체가 어떤 종교단체이냐를 떠나서 삼국통일의 기초를 닦은 위인偉人을 이처럼 막대한 경비와 노력과 정성을 다하여 해마다 멀리 와서 제사로 모신다는 것이 결코 쉽지 않는 일이며 어쩌면 매우 바람직하다고 생각되었다. 종교가 다르다는 이유로 추모 행사마저 함께 올리지 못하는 현실에서 다양한 종교색을 포함한 퓨전의식 같은 행사도 어쩌면 필요하지 않을까 생각했다. 또한 명분을 중요시하는 유교를 전통으로 하는 김씨 문중에서 비유교적非儒教的 행사에 참여하고, 마친 후 서로 감사의 인사를 표하는 것은 참 보기에도 좋았다.

서로 다른 종교 유적이 같은 공간에 공존한 사례도 없진 않다. 인도 중부 엘로라 석굴은 바위산 사면斜面에 석굴 34개가 2km에 걸쳐 늘어져 있다. 남쪽으로부터 제1굴에서 제12굴까지는 불교 석굴, 이어지는 제13굴부터 제29굴까지는 힌두교의 석굴이고, 제30굴부터 마지막까지 북쪽의 최후의 5굴은 자이나교의 석굴인데, 빠르게는 6세기부터 10세기 사이에 만들어졌다. 이처럼 엘로라 석굴에는 불교, 힌두교, 자이나교의 불상과 신상이 훼손되지 않고 공존하고 있다. 물론 종교의 교체기를 거쳤을 텐데도 타 종교 유적이라고 훼손을 하지 않고 그 옆에 자신들의 유적을 만들었다. 이는 타 종교의 존재를 서로 인정하고 종교의 보편적 가치를 추구한 관용 정신이라고 볼 수 있다.

이와는 다르지만 터키 이스탄불의 성소피아 사원도 지배 주체가 달랐어도 파괴하지는 않았다. 성소피아 사원은 원래는 동방교회의 성당으로 지어진 것을 오스만 제국이 점령하여 파괴하지 않고 이슬람 모스크로 사용했다. 그 후 1923년 오스만 제국이 무너지고 터키 공화국이 수립되었을 때 유럽 기독교 국가들은 성소피아 사원의 반환과 종교적 복원을 강력하게 요구했다. 이에 터키 정부는 소피아 사원을 인류 모두의 공동 유산으로 간주하여 박물관으로 지정하고, 그 안에서는 기독교든 이슬람이든 종교적 행위를 금지하고 있다.

우리나라는 하나의 국교國教가 없는 다종교 국가이다. 이런 나라에 만약 종교 간에 첨예한 대립과 편가름이 있다면 국가 발전에 엄청난 장애가 될 수 있다. 그런데 다행히 종교 간의 갈등이 그렇게 심하지 않다. 얼마나 다행인지 모른다. 이것은 자기 종교만이 절대선임을 주장하지 않는 공존의식共存意識의 소산이다. 총선 등에서의 이념과 세대의 양극화나 지역적 편향성에 비하면 종교는 지금까지는 그리 큰 문젯거리로 작용하지 않고 있다. 어쩌면 기적과도 같은 현상이다.

참된 종교는 오로지 자신의 종교 하나뿐이라는 독선이 가장 위험하다. 그리고 종교지도자의 열린 자세가 무엇보다 중요하다. 이런 점에서 근년에 성탄절과 석가탄신을 맞아 천주교와 불교의 성직자들이 서로 축하 메시지를 발표하고 상호 방문을 하는 모습은 참 바람직한 일이다.

오늘 우연히 선덕여왕 추모제를 지켜보면서 종교 간에 지도자나 신자들이 자주 만나 공동으로 행사도 치르고 덕담도 나누면서 상호 이해의 기회가 늘어나기를 기대해 본다.

(2015. 7)

애별리고愛別離苦

어쩌다 기르게 된 닭을 아내는 연신 잡으라고 채근한다. 5개월 정도를 길렀는데 냄새도 나고 파리도 많이 모여든다. 결국 잡기로 했다. 하지만 쉽게 손이 가지 않는다. 아침 일찍 나가면 늘 모이를 주는 나를 알아보기라도 하는 듯 삐악거리는 것들을 내 손으로 죽이려니 영 내키지 않는다.

정성으로 기르던 가축을 처분할 때는 항상 괴로움이 따른다. 시골 출신인 나는 어릴 때 가축과 함께 자랐다. 닭은 방목을 했는데 마구간 구석, 짚으로 만든 보금자리에서 따뜻한 계란을 꺼내는 재미가 쏠쏠했다. 그리고 논밭 둑을 개와 함께 신나게 달렸다. 여름이면 방과 후 '소 먹이기'는 온통 내 몫이었다.

'소 먹이기'란 친구들과 함께 소를 몰고 야산이나 산골짜기로 가서 풀어놓아 풀을 뜯게 하고 저녁때 몰고 오는 일이다. 남의 논밭에만 들어가지 못하게 하면 된다. 소가 떼를 지어 풀을 뜯는 동안 친구들과 '감자 삼곳'도 했다. '감자 삼곳'이란 달군 자갈에 물을 주어 발생하는 뜨거운 김으로 감자를 익혀 먹는 놀이다. 원래 삼[大麻]을 익히는 가마가 '삼곳'이다. 감자 삼곳에 몰두하다가 종종 소가 남의 밭에 들어가 농작물을 해치거나, 소가 너무 멀리 가버려서 찾느라고 집에 늦게 돌아오는 일도 있었다. 그때는 꾸중깨나 들어야 했다.

가축과의 이별은 갑자기 찾아온다. 학교에서 어느 날 돌아오면 소가 없어진다. 아버지와 소장수와의 거래가 성립되어 팔려가 버린 것이다. 닭은 특별히 반가운 손님이 왔을 때 대접하기 위해 잡는다. 흔히 '닭 잡아 손님 대접한다'는 말은 정성과 인정이 깃든 말이지만 그 이면에는 기르던 닭의 목을 비틀거나 칼로 목을 따서 끓는 물에 넣는 '잔인한' 손길이 있다는 사실은 간과한다.

가장 무섭고 끔찍한 기억은 개를 잡는 일이다. 유독 우리 집에서는 개를 많이 잡았다. 어릴 때 들은 이야기로는 할아버지의 뱃속에는 육충肉虫이 있는데 이놈이 발동하여 속이 아프다고 하셨다. 그래서 개고기로 진정시켜야 한다는 것이다. 지금 생각하면 속병을 앓으시던 할아버지께서 고단백식으로 영양 보충을 하셨다는 말이 된다. 개를 잡는 일은 아버지의 몫이었다. 그 날이면 너무 보기가 끔찍하여 나는 집을 나갔다가 일(?)이 다 끝난 뒤에 돌아오곤 했다. 그런데 드물게나마 어쩔 수 없이 목격한 적도 있다. 개를 지게꼬리 같은 끈으로 목을 묶어 말아놓은 멍석 구멍으로 넣어 한쪽 끝에서 잡아당긴다. 개가 멍석 다른 한쪽에 목이 조여 꼼짝할 수 없을 때 도끼로 머리를 쳐서 죽이는 것이다. 그 다음은 대추나무 가지에 매달아 껍질을 벗긴다.

오늘날 같으면 도저히 정서적으로 아이들에게 보여줄 광경이 아니지만 그때는 그게 당연한 줄 알았다. 닭이나 소, 개를 처분할 때도 어른들은 우리 같은 아이들에게 일러주는 일이 없었다. 가축이란 어차피 우리 인간을 위해서 존재한다는 사실이 상식화되었던 시절이다. 물론 요즈음처럼 개고기 식용에 대해 찬반론도 없었고 나아가 동물 학대니 불법 도

축이니 하는 것도 문제되지 않았다.

결혼 후 내 집을 가진 후에 개를 기르기 시작했다. 처음엔 발바리와 같은 애완용으로 시작하여 나중에는 진도견이나 동경이 같은 큰 개를 길렀는데 그 마지막이 역시 늘 문제였다. 기르다 보면 병으로 죽기도 하고 아니면 자연사를 한다. 그 사체를 가까운 산에 가서 묻어야 하니 치우는 일도 힘이 들지만 죽어가는 모습이 참 마음이 아팠다.

이런 일도 있었다. 어릴 때부터 먹어와서인지 우리 형제들은 개고기를 잘 먹는다. 그래서 남매 간에 모임을 할 때는 대개 개를 한 마리 잡는다. 더러는 강아지를 사서 시골 동생들 집에 보내 길러서 필요할 때 잡는다. 한번은 우리 집에 진도견 종류의 개 두 마리가 있었는데 기르기가 너무 힘들어 한 마리를 처분하려 했는데 그걸 어떻게 알고 형제들은 이구동성으로 그 해 모임에는 그 중 한 마리를 잡자고 했다. 거절도 못하고 참 난감했다. 결국 궁여지책으로 우리 개를 아는 개장수에게 주고 그 대신 다른 개 한 마리를 잡아달라고 해서 시골에 가져간 적이 있었다. 하지만 이것은 눈가리고 아웅하는 식의 자기 위안이다. 여름날 팔려간 우리 개의 말로를 짐작하기 어렵지 않기 때문이다. 고기는 잘 먹으면서 잡기는 꺼리는 이 모순을 어떻게 설명할까?

개만큼은 자기가 기른 것을 잡는 것은 할 짓이 아니라는 생각이 든다. 개는 다른 가축과 비교할 수 없을 정도로 사람과 감정의 교류가 많다. 주인의 목소리뿐만 아니라 발자국이나 차 소리까지도 알아보고 반기는 것이 개다.

가축과 사람이 다르지 않다. 불교에서는 '애별리고愛別離苦'라고 하여 사랑하는 사람과 이별하는 고통을 생로병사生老病死의 사고四苦와 함께 칠고七苦 또는 팔고八苦 중의 하나로 여긴다. 그 중 죽어 이별하는 것은 죽음과 이별이 겹치니 가장 아픈 고통이다.

인연이 하나 늘면 고통도 하나 는다. 그래서 대부분의 사찰이 세속과 떨어진 산중에 있고, 서양의 수도원도 사막이나 산마루에 있어 온 것일까? 그리고 진리를 찾는 수도자가 세속을 멀리하는 것일까?

사실 성직자나 수도자는 세속과 동떨어져도 안 되지만 그렇다고 너무 세속에 밀착되는 것도 바람직하지 않다. 성직자가 지나치게 사적私的인 인연에 치우치면 원만한 사목 활동을 하기가 어렵다. 따라서 일반 신자들도 청빈清貧과 순명順命과 정결貞潔을 지켜야 할 사제나 수녀들을 세속적 인정과 물질 공세로 얽어매지 않아야 한다. 본당을 떠날 때 훌훌히 떠날 수 있게 해야 한다. 사제나 수녀가 가방 하나만 챙겨 떠나는 모습은 언제 보아도 멋지고 아름답다.

나이가 들고 보니 이제 결말이 아픈 인연은 되도록 멀리하고 싶다. 말하자면 굳이 새로운 인연은 맺고 싶지 않다는 말이다. 그리고 지나간 인연은 지나간 인연으로 족하다. 옛날의 인연을 현재에 복원하려고 하면 십중팔구 실망한다. 아무리 아름다운 그림도 흐르는 세월의 강에 적셔지면 빛바래지 않는 것이 없다.

이런 인연을 실감 있게 그린 것이 피천득의 '인연'이란 수필이다. 이 글은 지은이가 일본 유학 시절 하숙집 딸 아사코와의 추억을 내용으로 했는데 아사코와는 세 번 만난다. 그리고 만날 때마다 달라지는 아사코의 이미지를 꽃으로 상징했다. 처음 유치원 때에는 귀엽고 예쁜 '스위트피', 두 번째 여대생 때는 청순한 '목련', 세 번째 나이가 들어서는 '시든 백합'이다. 이 글은 다음과 같이 끝을 맺는다.

> 그리워하는데도 한 번 만나고는 못 만나게 되기도 하고, 일생을 못 잊으면서도 아니 만나고 살기도 한다. 아사코와 나는 세 번 만났다. 세 번째는 아니 만났으면 좋았을 것이다.

아니 만나든 못 만나든 모두 자신이 만든 업이다. 오늘 아침 어린 시절 가축과의 슬펐던 기억을 연상하면서 애별리고愛別離苦란 아픈 인연을 한번 떠올려 본다.

(2015. 7)

유토피아

이 세상 어디를 가도 파랑새는 없다. 파랑새는 자기 집의 새장에 있다. 따라서 멀리 무릉도원을 찾으려 하지 말고 가족과 화목하고 이웃과 인정을 나누면서, 욕심을 줄이면서 살아가면 이 세상이 무릉도원인 것이다. — '유토피아' 중

인생의 기보棋譜

내가 컴퓨터에서 할 수 있는 게임이라곤 바둑 이외에 아무것도 없다. 국민오락이라고 모두가 열광하는 고스톱이나 애니팡조차도 모른다. 시대에 뒤떨어진다는 말을 들어도 할 말이 없다. 장기將棋는 어릴 때 시골 장판에 펼쳐놓은 박보장기를 구경하다가 어쩌다 보니 배우게 되었다. 양 진영의 군사가 대치하여 전투를 벌여 장군이 잡히면 끝나는 게임이 장기다. 이처럼 장기는 기물의 배치가 군대 편제와 같아 재미가 있었다. 전차병(車), 포병(包), 기마병(馬), 코끼리부대(象), 보병 병졸(兵)과 왕궁수비대(士) 등 직능별로 나누어지는 것이다.

그런데 그 뒤 고등학교 때인가 바둑을 알고 보니 그 재미는 장기에 비할 바가 아니었다. 장기가 위계를 중시하는 봉건시대의 성격을 지닌 게임이라면 바둑은 민주화시대에 걸맞는 게임이다. 바둑은 장기와 달리 돌하나하나가 아무 차별이 없기 때문이다. 단지 두어지는 돌마다 스스로 창출하는 기여도에 따라 유용성의 가치가 결정된다. 또 바둑은 장기처럼 반드시 상대를 죽이지 않아도 둘 수 있다. 서로 무주공산無主空山에 중요한 요소를 선점하여 최후에 영토를 넓게 확보한 편이 이긴다.

오늘날에는 직업적인 전문기사가 있고 두뇌스포츠로 인정되어 아시

안게임 같은 국제 체육경기에도 종목이 들어갈 정도로 그 가치를 인정받고 있지만 옛날에는 바둑과 장기를 잡기雜技라 하여 긍정적인 대접을 받지 못했다. 실제 여기에 몰입하다가 자신의 본분을 잊어버리는 사례가 많았기 때문이다. 삼국시대 고구려 장수왕長壽王은 한강유역을 확보하기 위해 백제와 전쟁을 하기 전에 먼저 바둑을 잘 두는 도림道琳이라는 승려를 백제에 보냈다. 일종의 '바둑 첩자'였던 것이다. 그리하여 바둑광인 개로왕蓋鹵王의 마음을 사로잡아 과중한 토목공사를 일으켜 백제의 국력을 피폐하게 만들었다. 결국 개로왕은 전사하고 백제는 한강유역을 내주고 남쪽으로 쫓겨 내려가게 된다.

전통적으로 유학자들도 바둑을 잡기로 보기는 마찬가지였다. 공자는 논어에서 이렇게 말했다.

> 하루 종일 배불리 먹고도 마음을 쓰는 데가 없다면 참으로 곤란하다. 장기와 바둑이라는 것이 있지 않느냐? 그것이라도 하는 것이 아무것도 하지 않는 것보다는 낫다.
>
> **(飽食終日 無所用心 難矣哉 不有博奕者乎 爲之猶賢乎已)**

먹고 하는 일 없이 편편 노는 것보다야 바둑 · 장기로라도 용심用心하는 것이 낫다는 것이다. 이 말은 장기 · 바둑을 긍정하는 말처럼 들리지만 역시 군자君子가 할 만한 일은 아니라는 뜻이 강하다. 다만 주색잡기酒色雜技 중에서도 여색女色처럼 반드시 금해야 할 것은 아니라고 한 것만으로도 바둑을 좋아하는 사람들은 위안을 삼을 만하다. 나 역시 가끔 이 말을 농담 삼아 써먹기도 한다.

바둑은 참 공정한 게임이다. 내가 한 수 두면 상대가 한 수 둔다. 혼자서 연달아 둘 수는 없다. 그러기에 어떤 실력 외적인 요소가 개입할 여지가 없다. 나이도 신분도 경력도 없다. 오늘날 선거전에서처럼 흑색선전도, 과장도 허세도, 그리고 어떤 술수도 통하지 않는다.

바둑이 오늘날 컴퓨터게임이나 장기에 비해 흥미를 더하는 것은 가로 19줄, 세로 19줄이 교차하는 361개의 교차점 위에 연출되는 천변만화千變萬化에 있다. 유사 이래 지금까지 두어온 그 많은 대국 중 어느 것도 같은 것이 없다.

그리고 바둑은 험한 세파를 헤쳐나가는 삶의 지혜가 담겨 있다. 요즘은 대학 바둑학과에 '바둑교훈학'이라는 강좌가 있다고 한다. 이는 바둑 연구를 바둑의 영역에 그치지 않고 더 나아가 삶의 교훈이나 처세로까지 연결하는 분야라고 한다. 실제 '위기십결圍碁十訣'이라는 바둑 격언을 보면 하나하나가 탁월한 병법이요 훌륭한 처세수법이다.

1. 지나치게 승리를 탐하지 말라.(不得貪勝)
2. 적의 세력권에 들어갈 때는 완만함을 유지하라.(入界宜緩)
3. 적을 공격할 때는 나의 형세를 돌아보라.(功彼顧我)
4. 돌 몇 개를 희생하더라도 선수를 잡으라.(棄子爭先)
5. 눈앞의 작은 이득을 탐하지 말고 대세를 취하라.(捨小取大)
6. 위험에 처할 경우 돌을 버릴 줄 알라.(逢危須棄)
7. 신중하게 움직이고, 결코 경솔하고 조급하지 말라.(愼勿輕速)
8. 혼자 떨어지지 말고 서로 호응이 되게 움직이라.(動須相應)
9. 적이 강한 경우에는 자신의 안전부터 도모하라.(彼强自保)
10. 형세가 외롭거든 화친하는 길을 찾으라.(勢孤取和)

이 중 하나만 들라면 당연히 첫째 격언, 곧 '지나치게 승리에 집착하지 말라'는 것이다. 이하 다른 것들은 모두 여기에서 파생된다. 즉, 승리에 너무 집착하다 보면 올바른 판단을 할 수 없어 무리수를 두게 되는 것이다. 무모하게 적진 깊이 들어가게 되고, 작은 것을 탐하다가 큰 것을 잃게 된다. 삶에 있어서도 과욕이 항상 자신을 망가뜨리고 실패를 부르는 원인이 되지 않는가?

물론 승리를 떠나서는 바둑이 존재할 수 없다. 특히 프로기사들은 승리를 먹고 산다. 하지만 그럴수록 평정심과 냉정함을 유지해야 한다. 이기기 위해서 무리수를 두다가 자멸하는 것이 가장 프로답지 않은 것이다. 최선을 다하다가 도저히 만회하지 못할 때는 패배를 인정하고 돌을 거두어야 한다. 안 될 것을 뻔히 알면서도 상대의 실수를 기다리며 끝까지 두어가는 것은 추하게 보인다. 승리도 중요하지만 깨끗한 패배도 중요한 것이다. 한때 중국 기사들이 승부가 결정이 났는데도 돌을 거두지 않는 것을 포기를 모르는 불굴의 정신인 양하여 빈축을 산 일이 있다.

이처럼 바둑은 매너가 중요하다. 오늘날 인터넷을 활용하는 컴퓨터 대국 시에도 '반갑습니다', '안녕하세요' 등의 시작할 때의 인사말이나, '잘 두었습니다', '많이 배웠습니다' 등의 종국했을 때의 인사말이 준비되어 있지만 요즈음에는 대부분 시작 인사는 하지만 종국 인사는 하지 않는다. 그만큼 예의를 잃어가고 있다.

바둑을 일본에서는 검도劍道, 서도書道, 다도茶道 등과 같이 '기도棋道'라고 한다. 바둑을 도道의 경지로 높여 보는 것이다. 그만큼 바둑은 단순한 게임이나 오락의 수준을 넘어 깊은 삶의 철학과 연관이 된다. 따라서 높은 기력을 가진 사람은 그에 상응하는 인격을 지녀야 한다. 한때 우리나라 최고의 기사였던 조훈현은 일본에서 유학생활을 했다. 그런데 그의 스승 세고에瀨越는 좀처럼 지도 대국을 두어주지 않았다. 9년 동안 단지 10판 정도만 두었다고 한다. 이는 그만큼 기술 이전에 인성 지도를 지향했던 것이다. 이런 문하에 현대 바둑을 획기적으로 발전시킨 오청원吳淸源 같은 기사棋士가 나온 것은 우연이 아니다. 오청원에게 누군가 바둑이 무엇이냐고 물었을 때 그는 '바둑은 조화調和'라고 대답했다고 한다. 나는 이 말이 너무 마음에 다가와 지금도 대국 닉네임으로 쓰고 있다. 평소의 내 좌우명 격에 해당하는 '조화와 균형'과 일치하기 때문이다. 바둑에서 공격과 방어, 실리와 세력, 무거움과 가벼움, 승부욕과 자제력 등 그 어느 한쪽에 치우치지 않고 균형을 맞추어가는 것이 중요하듯, 삶에서도 균형 감각이 매우 필요하다.

바둑에는 정수正手가 있고 묘수妙手, 속수俗手, 속임수도 있다. 바둑은 정수를 기본으로 해야 한다. 물론 어려운 상황을 타개하기 위해 더러는 임기응변의 묘수를 찾기도 한다. 상황이란 항상 유동적이라서 더러는 원칙과 정도에 입각한 정수가 통하지 않을 때가 있다. 그때에는 정수를 고집할 것이 아니라 변형할 필요가 있다. 정석定石을 익히고 나서는 잊어버려라는 말은 이런 이유에서다. 그렇다고 해서 묘수를 너무 즐겨서는 안 된다. 한 판의 바둑에서 묘수를 세 번 두면 필패必敗라는 말이 있다. 바둑에서 정수와 묘수는 삶에 비유하면 각각 정도正道와 권도權道에 해당된다. 어디까지나 정도와 원칙을 기본으로 하고 임기응변의 권도는 제한적으로 써야 한다.

바둑이 또 하나 인생과 닮은 점은 두어 놓고 후회한다는 점이다. 삶에서 최선의 길을 찾아 살아가는 것이 어렵듯이 바둑에서도 최선의 착점을 찾는 것 역시 쉽지 않다. 그리고 착점의 기회란 너무 빨라도 안 되고 늦어도 안 된다. 때를 아는 것이 중요한 것이다. 인생에서도 가장 중요한 것이 나아가고 물러나는 시기를 아는 것이다. 때를 놓쳐서 실패한 삶이 얼마나 많은가?

프로기사라면 누구든 명국名局의 기보棋譜를 세상에 남기고 싶어 한다. 어떤 대국이 명국일까? 대 역전극일까? 눈터지는 계가바둑일까? 명국의 전제가 승리한 대국이라면 그것은 반쪽짜리 명국일 것이다. 두 사람 다 이길 수 없기 때문이다. 아무래도 명국이란 누가 이기든 최선을 다하여 정수와 묘수, 역전과 재역전을 통해 최후까지 승부를 예측하지 못한 가운데 관전하는 사람들로 하여금 손에 땀을 쥐게 하는 대국이 아닐까?

이 세상에 태어나 한평생을 보낸 사람들은 저마다 각자의 기보棋譜를 남긴다. 중요한 것은 기보를 남기는 것이 아니라 남긴 기보가 어떤 기보인가인 것이다. 사람에 따라 인생 초반에 무리수를 두다가 실패한 대국도 있고, 중반까지 어려움을 겪다가 후반에 역전승하는 대국도 있다. 끝까지 정수를 두어간 떳떳한 대국도 있고, 속임수와 묘수만 찾다가 끝나는 대국도 있다.

나의 기보는 어떤 내용일까? 이제 초반, 중반도 끝난 상태에서 종반을 맞아 마지막 끝내기를 바라보는 시점이기에 어쩌면 이미 대세는 결정되었는지도 모른다. 하지만 승패가 모든 것을 말해 주는 것은 아니다. 따라서 내 바둑이 명국인지 아닌지도 굳이 알고 싶지가 않다. 안다고 졸국拙局이 명국이 될 수도 없거니와 설령 명국이라고 자찬한다고 남들이 주목해 줄 것 같지가 않다.

끝까지 무리하지 않고 정수대로 차근차근 두어 가리라. 대세가 끝난 상태에서 속수와 묘수를 찾아 무엇하리? 명국이 아니더라도 부끄럽지 않은 기보에 만족하려 한다. 그리고 마지막에는 꼭 나와 대국을 한 사람에게 승부와 관계없이 '많이 배웠습니다'라는 인사는 남기고 싶다.

(2014. 6)

태평성대를 그리며

현재 우리나라가 가지고 있는 세계 1위 기록 중에서 가장 불명예스러운 것이 '자살률'이다. 연간 자살자가 15,000명이나 된다. 그런데 그 중 약 40% 가량이 생활고生活苦가 원인이라고 한다. 특히 근간에 생활고로 인해 집단으로 자살하는 가족이 연이어 생겨나고 있다. 며칠 전 서울에서 일어난 삼모녀三母女의 자살은 듣는 사람을 더욱 안타깝게 한다.

60세인 어머니와 30대인 두 딸은 함께 죽기로 의견을 모은 듯 창틈에 테이프를 붙이고 침대로 출입문을 막아놓은 후 번개탄을 피워 숨졌다. 경찰 조사에 의하면 어머니는 사건 발생 한 달 전에 팔을 다쳐 해오던 식당일을 못 하게 되었고, 일자리를 못 구한 두 딸도 카드빚으로 인한 신용불량자였다고 한다. 마지막으로 남긴 봉투 안에 남은 돈 70만원과 함께 한 통의 편지가 들어 있었다. 집주인에게 쓴 편지에는 마지막 월세와 공과금이라며 죄송하다는 내용이 적혀 있었다. 평소에 얼마나 남에게 피해를 끼치지 않으려 했는지 짐작할 수 있다. 이 편지가 더욱 가슴을 아리게 한다.

물론 보기에 따라서는 죽기로 작정하면 못할 일이 무엇이냐면서 삶에 대한 의지가 약함을 비난하는 사람도 있을 것이다. 하지만 그렇게 복지 정책을 내세우면서도 아직 우리 사회의 안전망이나 복지시스템이 매우 허술하다는 사실을 이 자살 사건은 말해 준다. G20에 진입한 나라로서의 발전 사례가 무색할 정도이다.

진정 부유한 나라는 큰 부자가 많은 나라가 아니라 극빈자 수가 적은 나라이다. 인도는 부자의 수가 많기로 세계 5위라고 한다. 그렇다고 아무도 인도를 부국富國이라고 하지 않는다. 절대빈곤층이 두꺼우냐, 엷으냐가 국가의 빈부를 가리는 척도가 아닌가 한다.

옛날 태평성대를 이야기할 때 흔히 '함포고복含哺鼓腹'이나 '도불습유道不拾遺'라는 말을 쓴다. 함포고복含哺鼓腹이란 '배를 두드려 가며 실컷 먹는다'는 뜻으로 궁핍이 없는 시대를 말한다. 오늘날로 보면 민생 문제가 태평성대의 선결 조건인 것인 셈이다. 이처럼 백성이 통치자들에게 바라는 것은 예나 이제나 단순하다. 그것은 살아가는 데 모자람이 없이 등 따뜻하고 배부르게 해 달라는 기본적 요구이다.

도불습유道不拾遺란 '길에 물건이 떨어져 있어도 주워가는 사람이 없다'는 뜻이다. 이는 그만큼 백성의 도덕성이 높다는 뜻도 있지만 못사는 사람이 없다는 뜻이기도 하다. 따라서 도불습유란 백성 모두가 잘사는 사회, 곧 성장과 분배가 조화를 이룬 사회를 뜻한다. 특수계층만 잘사는 시대는 태평성대가 아니다.

신라 역사에서 풍요로운 전성기라면 흔히 헌강왕대憲康王代를 이른다. 삼국사기에 의하면 왕이 궁궐의 누각에 올라 도성都城을 바라보니 초가집이 하나도 없었고 밥을 짓는 데 나무를 사용하지 않고 숯을 썼으며, 노랫소리가 밤낮으로 끊이질 않았다고 묘사되고 있다. 그리고 전성기 때 귀족들의 금입택金入宅이 35채가 있다고 했다. 금입택이란 금으로 장식한 호화저택을 말한다.

하지만 이 시대는 진정한 의미의 태평성대는 아니었다. 금입택이 늘어난 만큼 먹지 못하는 백성들도 늘어났다. 부의 분배가 제대로 이루어지지 못해 민심의 이반이 일어난 시기였던 것이다. 겉으로 보이는 호화롭고 사치스러움은 귀족들이 누리는 한마당 잔치에 불과했다. 실제 헌강왕 사후 불과 1년 후에 진성여왕이 즉위한다. 진성여왕이 즉위할 때는 이미 신라의 해체기였다. 전성기가 이렇게 급히 기울어질 수가 없다.

로마가 망할 때에도 특수계층의 향락과 일반 서민의 궁핍이 대비되던 시기였다. 그들은 연일 산해진미山海珍味를 장만해서 늦은 밤까지 연회를 열었다. 먹다가 배부르면 먹은 걸 억지로 토해내고 또다시 먹었다. 벽 한쪽이나 옆방에 토하는 그릇을 마련해 놓았다고 한다. 이러한 귀족층의 호화, 사치, 향락이 민심과 괴리乖離를 이루는 양극화兩極化에 의해 로마는 망할 수밖에 없었다.

중국 상고시대 요堯임금은 백성들의 사는 모습을 보기 위해 미복微服을 하고 지방을 암행했다. 논밭을 지나다가 농부들이 일을 하면서 부르는 노래를 들었는데 이런 내용이었다.

해가 뜨면 들에 나와 일하고, 해가 지면 집에 들어가 쉰다.
배고프면 밭을 갈아 먹고, 목마르면 우물을 파서 마시니
임금님의 힘이 나에게 무슨 소용이 있는가?
(日出而作 日入而息 耕田而食 鑿井而飮 帝力何有于我哉)

이 노래가 '격양가擊壤歌'인데 밭을 고르면서 부르는 노래라는 뜻이

다. 이 노래는 요임금에게 시대의 징표로 받아들여졌다. 제왕이 필요 없는 시대 — 이는 분명 태평성대太平聖代임이 틀림이 없다고 판단한 요임금은 매우 만족하여 더 다닐 필요가 없다고 생각하고 환궁했다고 한다. 특출한 영웅을 기다리는 시대는 치세治世가 아니라 난세亂世이다. 이상적인 사회는 도가道家에서 말하는 무위無爲의 치治가 행해지는 시대이다.

오늘날을 두고 보아도 최고 통치자에 따라 국가 발전의 명암이 갈리는 나라는 개발도상국이나 후진국이다. 선진국은 누가 통치자가 되어도 큰 차이가 없다. 따라서 후진국의 정치는 인물 중심인 반면, 선진국은 시스템 중심이다. 따라서 선진국의 투표율이 대체로 저조한 것도 정치에 대한 관심도가 높지 못하기 때문이 아닌가 한다. 결국 누가 대통령이 되든 별 주목을 받지 못하는 사회, 이런 시대가 태평성대인 것이다.

한 통계를 보면 오늘날 아프리카에서는 2억이 넘는 인구가 굶주려 죽어가고 있고, 아시아에서도 약 10억 인구가 하루 1달러가 채 안 되는 돈으로 살아가고 있다고 한다. 반면 잘사는 나라는 가난과의 전쟁 대신 비만肥滿과의 전쟁을 외친다. 배불리 먹고도 살찌지 않는 음식을 최고로 친다.

우리 사회는 어떤가? 물질적 풍요를 구가하는 이면에는 경제적 궁핍으로 자살자가 속출하고 있다. 진정 함포고복含哺鼓腹, 도불습유道不拾遺의 태평성대는 언제쯤일까? 이 순간 드레스 값 8,000만원, 머리장식 화관花冠 값 12억 원이라는 어떤 여배우의 결혼식 기사와 월세를 못 내어 죽은 서울 삼모녀三母女의 자살 기사가 대비되어 가슴이 아프다.

(2014. 3)

황제를 위하여

항공기의 '땅콩 회항' — 참 희한한 말이다. 언론에 보도된 사태의 전말은 이렇다. 대한항공 여객기가 뉴욕 케네디 국제공항에서 이륙하기 위해 활주로로 이동 중이었다. 이때 일등실에 탑승한 대한항공 조현아 부사장에게 승무원이 간식을 제공하는데 견과류를 봉지째 건넸다. 조 부사장은, 일등실에서의 견과류 제공 방식은 먼저 승객의 의사를 묻고 나서 먹겠다고 하면 접시에 담아 주도록 되었다면서 업무 책임자인 사무장을 불러 매뉴얼을 가져와서 확인해 보라고 했다. 사무장이 매뉴얼을 가지고 와서 우물쭈물하자 조 부사상은 호되게 질책했다. 여기까지라면 있을 수 있는 일이었다. 그런데 조 부사장은 황당하게도 책임을 물어 사무장을 항공기에서 내릴 것을 명령했다. 이로 인해 항공기는 다시 역방향으로 이동하여 사무장을 공항에 내려놓고 이륙하였다. 결국 승객 250명을 태운 여객기는 20여 분 지연 출발하였고 도착시간도 늦었다. 그 과정에서 승객들이 놀랐음은 물론이다.

이 사건이 보도되자 SNS를 비롯한 인터넷망에 급속히 전파되어 비난 여론이 비등하였다. 항공 규정에 의하면 항공기 운항과정에서의 지휘 감독권은 그 누구도 아닌 항공기의 기장에게 있다고 한다. 그렇다면 그 당시의 조 부사장의 행위는 승객의 안전이나 출발에 지장을 주었기에 임원으로서의 업무 감독권을 넘어 일종의 업무 방해요 월권이다. 아무리 항공사 부사장이라도 기내에서는 한 사람의 승객일 뿐이기 때문이다.

그런데 그 이후 수습 과정에서 회사측이 보여준 조처나 발표는 더욱 여론을 악화시켰다. 처음에 항공사는 승객에게 불편을 주어 죄송하다고는 했지만 부사장의 조처는 정당한 직무라고 했다. 그러나 비난 여론이 잠자지 않고 담당 부처인 국토부가 조사에 나서고 고발을 받은 검찰에서 항공사 압수수색까지 하자 사태의 심각성을 알고 외국에 있던 조양호 회장이 급거 귀국하여 그의 딸인 조 부사장과 함께 사과를 하였다. 그리고 임시 이사회를 열어 조 부사장은 모든 보직에서 떠난다고 발표했다. 하지만 보직만 내려놓을 뿐, 부사장이라는 지위는 그대로 유지한다고 하여 다시 비난이 일자 결국 모든 보직과 지위를 내놓는다고 했다.

그러던 중 항공기에서 강제로 퇴선당한 사무장이 귀국하여 기자회견을 했는데, 당시 그는 조 부사장으로부터 단순히 업무상의 질책을 넘어선 욕설과 반말, 심지어 폭행까지 당했다고 했다. 인격적 모욕을 당했다는 것이다. 그렇지만 조 부사장은 폭행이나 폭언은 모르는 일이라고 부인하여 진실공방으로 흘러가는 듯했다. 그런데 당시 1등석에 타고 있었던 승객의 증언이 나왔는데 대체로 사무장의 증언과 일치하자 여론은 다시 들끓었다. 조 부사장의 행위는 이른바 '슈퍼 갑질'이라는 것이다.

회사의 충성파 임직원들의 처사가 또한 여론의 악화를 부채질하였다. 일부 임원은 귀국한 사무장의 집을 매일 찾아가 조 부사장에게 유리한 진술을 해달라고 회유했다. 그리고 1등석 동승객에게도 그와 같은 부탁을 하였다.

그리고 조 부사장이 국토부에 조사를 받으러 갔을 때 40여 명이나 되는 임직원이 따라가서 조 부사장을 감싸고, 일부는 조사과정에 배석했다. 심지어 일부는 국토부 청소담당에게 조 부사장이 사용할 화장실 청소까지 부탁한 것으로 알려졌다. 그리고 조 부사장이 조사받고 나올 때까지 차내의 보온을 위해서 승용차의 시동을 4시간이나 끄지 않고 기다렸다는 말이 퍼지자 여론은 최악에 이르렀다.

국내 굴지의 재벌이며 우리나라 대표적인 항공사의 위기 대처방식치고는 매우 한심했다. 사건 초기에 과감하게 과실을 인정하고 진정으로 사과를 했더라면 일이 이렇게 커지진 않았을 것이다. 둑이 터졌을 처음에 호미로 막았으면 될 것을 가래로도 막기 어려운 지경에 이른 것이다. 죽竹의 장막에 가려 누구 한 사람 듣기 싫은 소리로 직언하는 임원이 없었다.

'천자天子가 비록 무도無道해도 직언直言하는 신하 7명만 있으면 천하를 잃지 않고, 제후가 비록 무도해도 직언하는 신하 5명만 있으면 그 나라를 잃지 않고, 대부大夫가 비록 무도해도 직언하는 신하 3명만 있으면 그 집을 잃지 않는다'는 말이 있다.

이는 기업이든 국가든 제대로 직언을 하는 참모들이 있으면 비록 최고경영자가 시원치 않다고 하더라도 그 집단은 최소한 현상 유지는 한다는 뜻이다. 재벌기업에도 위기관리의 전문가가 있지만 재벌소유주의 독단 때문에 전문가로서 역할을 제대로 할 수가 없어, 소위 '오너 리스크owner risk'가 많이 발생한다는 것이다.

이번 사태는 근본적으로 대기업 소유주의 황제식 경영에서 비롯되었다는 지적이 많다. 경영권을 세습하여 마치 회사를 자신의 것으로 여기는 심리에서 이런 사태가 발생했다는 지적이다. 사원들을 기업의 구성원으로서가 아니라 마치 봉건시대에 집안의 하인 대하듯 한다는 것이다.

조현아 부사장은 대한항공 조양호 회장의 2남 1녀 중 장녀이다. 그리고 조양호 회장은 대한항공 창업자 조중훈 전 회장의 아들이다. 그러니까 조 부사장은 재벌 창업자의 3세대이다. 사실 재벌 창업자들은 6.25전쟁 후 주린 배를 움켜잡고 각고의 노력으로 기업을 일으켰다. 재벌 2세대도 직접 아버지인 1세대의 궁핍을 가까이서 지켜보았고 노력의 가치를 학습했기에 나름대로 쌓인 내공이 있었다. 그런데 3세대는 좋은 가정환경에서 궁핍을 모르고 자라고 편하게 외국유학 생활을 한 결과, 사회의 밑바닥의 삶이나 눈물과 땀의 가치를 모를 수밖에 없다. 그리하여 심심찮게 좋지 않은 일로 여론에 오르기도 했다.

대한항공 조 부사장은 지난해 5월 하와이로 전근 발령을 받는 형식으로 가서 쌍둥이를 낳아 원정출산이 아니냐는 의혹을 받기도 했다. 그의 남동생 조원태 부사장도 2005년에 승용차를 운전하다가 70대 할머니에게 폭언과 폭행을 한 혐의로 입건된 일이 있었다. 막내 조현민 전무도 구설수에 오른 경우가 있었다.

대한항공 조양호 회장은 대국민 사과에서 자식교육을 잘못시킨 아비를 꾸짖어달라고 했다. 자식 둔 사람으로 그 마음을 이해할 만하다. 하지만 이는 재벌가의 경영권 세습체계에서 초래된 자업자득인 것이다. 승계에 앞서 인품과 자질을 길러주어야만 했다. '황금 일만一萬 상자가 자식에게 경전 한 권 읽히는 것보다 못하다'는 말도 있다.

재벌 3세대들이 너무 일찍 임원직에 오른 것부터가 문제다. 20~30대에 공부를 하고, 30~40대에 현장 경영수업을 하고, 50대에 가서 최고경영자가 되는 것이 자연스럽다. 대부분의 재벌 3세대는 학교를 졸업하고 30대 초반에 그룹에 입사해서 3~4년이면 임원직에 오른다. 일반사원은 20~30년이 지나야만 오를 자리인 것이다. 조현아 부사장도 나이 32세에 임원직에 올라 이제 막 40살에 부사장이 되었다. 밑바닥에서 평사원이 겪는 어려움을 경험하는 것이 최고경영자의 내공이라면 그 내공이 부족했다. 일등석보다는 삼등석을 더 많이 탔어야 했다.

송나라의 현유賢儒 이천伊川 선생은 말했다. 사람에게는 세 가지 불행이 있다. 첫째는 어린 나이에 높은 관직에 오르는 것이며, 둘째는 부형父兄의 권세에 의존하여 좋은 벼슬을 하는 것이며, 셋째는 뛰어난 재주에다 문장력마저 갖춘 것이라고.

조 부사장은 위의 세 가지 중 마지막의 경우는 모르겠으나 앞의 두 가지 불행에는 분명히 해당이 된다고 본다. '덕이 모자라는데 지위가 높은 사람치고 화가 미치지 않는 사람이 없다'는 주역周易의 말도 이를 뒷받침한다.

부富와 권세를 가진 사람에게 겸손은 인격의 최대 덕목이다. 그에 반하여 최대의 악덕은 교만과 오만이다. 비록 총명과 예지를 가졌다 하더라도 어리석음으로 이를 지키고, 공적功績이 천하를 뒤덮을 만해도 사양함으로 이를 지키고, 용맹이 세상을 떨치더라도 겁냄으로 이를 지키고, 부유함이 사해四海를 가졌다 하더라도 겸손으로 이를 지키라고 옛사람은 일렀다.

옛날에 비해 리더십도 많이 달라졌다. 옛날에는 권위주의적 수직적 리더십이 통했다면, 오늘날은 민주적 수평적 리더십이 요구되는 시대이다. 부하직원의 하찮은 실수에 대해 서릿발같이 책임을 묻기보다는 관용을 베풀어 진심으로 뉘우치고 업무에 정진하도록 함이 현명하다. IBM의 최고경영자였던 토마스 와튼의 일화도 우리가 생각해 볼 만한 사례라고 할 수 있다. 한때 회사에 큰 손실을 끼친 부하직원 하나가 와튼의 호출을 받았다. 그는 회사를 그만두라는 소리를 들을 것을 예상하고 그의 방으로 갔다. 그러나 와튼은 "너무 상심 말게. 자네의 교육비용으로 천만 달러를 쓴 거야"라는 말을 해주면서 오히려 그를 격려했다. 이런 대우를 받은 사람이 어찌 경영자를 존경하지 않으며 회사에 헌신하지 않겠는가?

과거를 거울로 삼지 않는 민족은 미래가 없다고 한다. 우리는 그동안 정권이 교체되면서 물러나는 대통령의 친인척비리를 거의 예외 없이 보아 왔다. 만약 어느 대통령이라도 이전 대통령의 경우를 반면교사反面教師로 삼았다면 그런 악순환이 계속되지는 않았을 것이다. 세월호 사태를 국가개조의 다시없는 좋은 기회로 삼아야 한다고 했으나 벌써 잊어가고 있다.

우리나라의 재벌은 경제개발 과정에서 큰 기여를 했고 이는 현재도 다름이 없다. 따라서 재벌 소유주가 국가 사회에 끼치는 영향은 막대하며, 긍정적인 역할도 많이 하고 있다. 대한항공 조양호 회장만 하더라도 몇 번의 도전 끝에 성공한 평창올림픽 유치를 위해 막대한 노력과 지원을 했고 현재 조직위원장을 맡고 있다. 외국의 재벌들에게선 볼 수 없는 일이다. 사비私費를 써가며 본업을 제쳐놓고 동분서주했다. 그런 공적을 다른 사람도 아닌 딸이 한방에 날린 격이 되었다.

백 번 양보하여 재벌 소유자의 황제의 지위를 인정한다 해도 후계자들이 진정 황실 가문과 황제를 위한다면 처신을 함부로 해서는 안 될 것이다. 그리고 회사의 중역들도 진정 황제를 위한다면 직언을 서슴지 말아야 할 것이다. 모쪼록 이번의 사태가 모든 재벌 소유주들의 마인드가 바뀌고 기업문화를 한 차원 고양하는 데 도움이 되길 기대한다. 그렇다. 황실을 위하여, 그리고 황제를 위하여!

(2014.12)

유토피아

예로부터 사람들은 삶이 고달프면 고통도 슬픔도 없는 세상을 꿈꾸었다. 이른바 '유토피아utopia'다.

옛날 중국 무릉武陵이라는 곳에 한 어부가 있었다. 그는 강을 오르내리며 열심히 고기를 잡았지만 가난을 벗어나지 못했다. 그런데 어느 날 고기잡이를 나갔다가 길을 잃었다. 어느 강줄기인지 알 수가 없었다. 그런데 강물 위에는 복숭아 꽃잎이 떠내려 오고, 물가에는 길게 복숭아꽃 숲이 늘어져 있었다. 웬만큼 올라가도 꽃 숲은 계속되었다. 그는 내친 김에 끝까지 가보려고 계곡을 따라 계속 올라갔다. 드디어 강의 수원水源이 시작되는 곳에 이르러 보니 다시 큰 산이 막아섰다. 그 산에는 꼭 한 사람 드나들 만한 크기의 동굴이 있었다. 호기심이 발동한 어부는 드디어 배를 버려두고 그 동굴 속으로 들어갔다.

두렵기도 했지만 어부는 좀 더 좋은 세상을 만나려는 마음에 한 걸음 한 걸음 발길 따라 걸었다. 얼마의 시간이 흘러 드디어 굴이 끝난 지점에 이르렀다. 동시에 밝은 햇빛과 함께 시야가 트여 전혀 예상하지 못했던 마을 하나가 나타났다. 복숭아 꽃잎은 이 마을에서 떠내려 온 것이었다.

들판은 넓고 마을의 집들은 정연했다. 기름진 전답이며 아름다운 연못, 뽕나무나 대나무 등속이 있었다. 밭둑으로 서로 연결되었고 개 짖는 소리와 닭 우는 소리가 들렸다. 그 사이를 사람들이 오가며 농사일을 하고 있었는데 남녀가 입은 옷으로 보아 모두 다른 세상에서 온 사람 같았다. 흰 머리 노인이나 더벅머리 젊은이 모두가 한결같이 기뻐하고 스스로 즐거워하는 모습이었다.

마을 사람들은 어부를 보자 모두 놀랐다. 그러고는 자기들 집에 초대를 하여 닭도 잡고 술도 준비하여 융숭하게 대접을 했다. 그들은 말하기를 오래 전에 자신들의 조상이 진秦나라의 폭정에 견디다 못해 처자를 데리고 이곳에 왔다고 했다. 그리고는 한 번도 이 마을 밖을 나가지 않았다고 했다. 그러니 세상이 어떻게 변했는지 알 턱이 없었다. 진나라 때라면 지금부터 약 600년이 지난 시대였다. 어부가 그동안의 역사를 이야기해 주자 그들은 위진魏晉시대는 물론 한漢나라가 있었다는 사실도 알지 못했다.

어부는 며칠 동안 이곳에서 대접을 잘 받았지만 결코 혼자 오래 머물 수는 없었다. 자신을 기다리는 처자妻子도 생각났다. 그는 돌아가서 가족을 이끌고 다시 오고 싶었다.

떠나는 날 그들은 아쉬워했다. 그러면서 바깥세상에 가서는 절대로 이번 일을 말하지 말라고 당부했다. 어부는 이곳에 찾아올 때의 반대 순서대로 길을 따라 나오면서 다시 찾고 싶은 마음에 계곡의 길을 따라 표지標識를 해두었다. 드디어 배를 찾아 타고 집에 돌아왔다.

하지만 그는 돌아온 지 얼마 안 되어 표지를 따라 다시 그곳을 찾으려 했으나 찾지 못했다. 그래서 그는 고을의 태수를 찾아가서 자초지종을 이야기했다. 태수 역시 솔깃하여 어부에게 사람들과 장비를 지원하여 다시 찾아보라고 했으나 끝내 그곳을 찾지 못했다.

이 이야기는 전원시인 도연명陶淵明이 쓴 '도화원기桃花源記'라는 글의 내용이다. 이 글에 나온 마을이 바로 '무릉도원武陵桃源'인데 도화경桃花境, 별천지別天地, 선경仙境 등으로도 불린다. 이후 복숭아꽃은 신선이 사는 세상, 또는 절경絶景을 연상하는 말이 되었다.

이 이야기를 통해서 도연명은 우리들에게 무엇을 말하고 있을까? 곤고한 삶을 살아가는 사람들에게 마음으로나마 위안을 주기 위함인가? 아니면 시인묵객들에게 예술적 소재를 주기 위함인가? 아무래도 이런 것들은 아닌 듯하다.

우선 윗글에서 어부가 다시 찾고자 했던 무릉도원은 결코 찾을 수 없었다는 점에 주목할 필요가 있다. 어부는 태수의 인력 지원을 받아서도 찾는 데 실패했다. 이는 무릉도원이란 이 세상 어디에도 없다는 뜻이 된다. 분명 이 세상 어디에도 없는 곳을 계속하여 신기루 좇듯 헛된 망상이나 환상으로 살아가지 말라는 뜻이 아닐까?

서양에서 말하는 '유토피아utopia'란 말도 'u'와 'topia'의 합성어이다. 'u'는 '없다'라는 뜻이고 'topia'는 장소를 의미한다. 그러니까 '유토피아'는 'non-place', 결국은 세상 어느 곳에도 없는 곳이라는 말이 된다. 장자가 말하는 '無何有之鄕무하유지향'도 무위자연의 최고의 경지를 뜻하지만 말뜻으로는 '어느 곳에도 없는 곳'이라는 의미를 가진 말이다.

다음으로 생각할 것은 무릉도원이 종교에서 말하는 극락이나 천당과 같이 이 세상의 모습과 다른 곳이거나 현세적 삶과는 아주 딴판의 세상은 아니라는 사실이다. 실제 위에서 어부가 본 마을 풍경은 그리 경탄할 만한 곳은 아니다. 그 마을이나 들판은 극락세계에 제시되고 있는 황금연못이나 칠보나무가 서 있는 아름답고 장엄한 광경이 아니라, 평범한 논밭이고 호수이며, 뽕나무, 대나무가 서 있는 숲이다. 거기는 극락조 가릉빈가迦陵頻伽가 허공을 수놓은 곳이 아니라 그냥 개가 짖고 닭이 홰를 치며 우는 곳이다. 그리고 사람들도 천의天衣를 입은 선관仙官, 선녀들이 주악奏樂하는 모습이 아니라 그냥 평범한 더벅머리 차림의 사람들이 씨를 뿌리며 농사일을 하는 곳이다. 우리가 땀 흘리며 일하는 현실과 조금도 다름이 없는 곳이다.

토마스 모어가 작품 '유토피아'에서 그린 곳도 땀도 눈물도 없는 천국이 아니라 일상 현실이었다. 그곳의 경제기반 역시 농업이었다. 다만 정치적 형태는 왕정이나 독재가 아니라 민주적 대의代議정치이다. 관리도 법률도 형벌도 있지만 매우 제한적이다. 전쟁에 반대하며 인권이 존중되는 사회 — 이것이 그가 그리는 유토피아다. '유토피아'는 근대사회를 지향하여 르네상스를 꽃피운 작품으로서의 중요성이 있다. 이처럼 서양의 유토피아는 동양의 무릉도원같은 소극적 · 도피적 세계가 아니라 사회개혁적 성격을 띠어 동서양이 다른 접근 태도를 보이지만, 모두 다 천상세계가 아니라 인간의 현실적 세계를 이상향으로 그리고 있다는 점은 동일하다.

마지막으로 도화원기에서 반드시 눈여겨 읽어야 할 구절이 있으니 그것은 무릉도원의 사람들은 노인이나 젊은이나 모두 다 '기뻐하며 스스로 즐거운 모습'을 하고 있다는 점이다. 원문의 표현을 빌리면 '이연자락怡然自樂'이다.

극락과 지옥은 즐거움과 고통으로 구분된다. 낙원樂園, 낙토樂土, 극락極樂 모두 '樂'자가 빠지지 않는다. 말하자면, 천국과 극락은 즐거움만 있는 곳이요, 지옥은 고통만 있는 곳이다. 그렇다면 현실은 즐거움과 고통이 혼재하고 있는 곳이 아닐까?

무릉도원에서는 밭둑을 통해 이웃과 소통하고 노소老少가 함께 어울리고, 손님이 오면 닭 잡고 술 걸러 대접하며, 자신을 내세우지 않다 보니 항상 기쁘고 즐거울 수밖에 없는 곳이다. 이런 곳을 찾기 위해 굳이 인력을 동원해 찾을 필요가 없다. 기쁨과 즐거움이 있는 곳이면 다 무릉도원인 것이다.

이 세상 어디를 가도 '파랑새'는 없다. 파랑새는 자기 집의 새장에 있다. 따라서 멀리 무릉도원을 찾으려 하지 말고 가족과 화목하고 이웃과 인정을 나누면서, 자신을 내세우지 말고 욕망을 줄이면서 살아가면 이 세상이 무릉도원인 것이다. '하루가 편안하면 하루가 신선(一日清閑 一日仙)'이라는 말이 있지 않은가? 현실에서 이상향을 찾지 못하면 죽어서도 결코 천당과 극락을 찾기가 어려울 것이다. 차안此岸을 피안彼岸으로 바꾸는 삶, 이것이 도화원기桃花源記가 던져주는 진정한 메시지가 아닐까?

(2016. 6)

도불습유道不拾遺

며칠 전 신문에 난 기사이다. 밤 10시쯤 서울 명동파출소에 한 홍콩 관광객이 찾아와 지갑을 분실했다고 신고했다. 지갑에는 7,500홍콩달러(한화 약 100만원 상당)와 한화韓貨 4만원, 그리고 여권과 카드가 들어 있다며 안타까워했다. 파출소에서는 바로 순찰 중인 경찰관들에게 이 소식을 알렸다. 10시 17분쯤 명동성당 근처를 순찰 중인 경찰관에게서 연락이 왔다. 조금 전 연인 사이로 보이는 20대 남녀가 돈이 들어 있는 지갑을 주워 건네주었는데 내용물이 그 분실한 지갑과 비슷하다는 것이다. 파출소에 가져와서 분실자에게 확인을 하니 바로 그 지갑이었다. 여권과 카드뿐만 아니라 현금도 고스란히 있었다. 홍콩 관광객은 너무나 기뻐하면서 주운 분들, 나아가 한국 국민 전체에게 감사한다고 했다.

지갑을 주워 신고한 젊은 남녀는 정말 자랑스럽고 훌륭한 한국인이었다. 더 훌륭한 것은 신분조차 밝히지 않은 점이다. 주인이 나타나면 사례금을 받을 수도 있고 나타나지 않으면 습득자가 소유권을 갖게 된다며 연락처를 남기라는 경찰관의 말에 관심이 없다며 손사래를 치고 주인을 꼭 찾아주라는 말만 하고 가버렸다는 것이다. 마치 분실물 찾아주기 매뉴얼처럼 분실 후 단 17분 만에 되찾은 것이다. 연인 간의 사랑만큼이나 아름다운 기사이다. 누가 20대를 일러 '개념 없이 살아가는 세대'라고 할 것인가?

나 역시 지갑을 잃은 적이 있는데 7~8만원 들어 있었던 현금은 두고라도 신분증이나 돌려주었으면 했는데 정말 며칠 후 우편을 통해 신분증만 돌려받고 매우 고마워한(?) 적이 있다.

외국 여행 시 다들 겪는 일이지만 가이드로부터 지갑이나 여권은 특별히 챙기라는 당부를 많이 듣는다. 그리고 한번 분실했다면 다시 찾는 일은 극히 드물다. 관광객은 여행지에서 겪은 일이 평생의 기억으로 남는다. 좋은 일이든 나쁜 일이든 그 경험은 주위 사람에게 전파되어 그 지역이나 나라에 대한 여론을 형성하는 데 영향을 준다. 그러므로 관광객을 대하는 모든 시민이나 국민이 공식 외교관 이상의 민간 외교관이다. 이런 좋은 사례들은 국제관계에서도 국가 신인도信認度를 높이는 가장 좋은 방법이 된다. 신문에서 짜증나는 기사를 주로 보는 입장에서 참 신선한 기사이다. 이런 기사가 많이 났으면 좋겠다.

그런데 비슷한 시기에 보도된 정반대의 기사도 있다. 어느 은행지점에 한 고객이 환전換錢을 하기 위해 왔다. 그런데 담당 은행원은 싱가포르 달러 100달러짜리 60장을 준다는 것이 실수로 1,000달러짜리를 60장 내줬다. 그러니까 6천 달러 줄 것을 6만 달러 준 것이다. 그 차액은 5만 4천 싱가포르달러로 우리 돈으로 약 4,400만원이나 되는 많은 액수였다. 은행 측에서 폐쇄회로CCTV를 통해 확인한 결과, 그날 오후 2시쯤 IT사업가인 이모(51세) 씨에게 돈을 건넸다는 것을 알게 되었다. 지폐의 색깔로도 100달러짜리와 1,000달러짜리는 쉽게 구별된다.

즉시 이씨에게 연락을 하여 반환할 것을 요구하자 이씨는 돈 봉투에

든 내용물을 확인하지 못한 상태에서 봉투 자체를 분실했다며 반환을 거부했다. 담당 은행원은 어쩔 수 없이 일단 손실분은 자기 돈으로 배상을 하고 이씨를 고소했다. 그러자 며칠 뒤 이씨는 담당 은행원에게 전화를 걸어 주위 사람들의 권유도 있고 자신도 법적 논란에 휘말리기 싫다며 손실액의 50%을 반환하겠다는 제의를 했다. 하지만 담당 은행원은 분실물에 대한 사례비를 기준으로 10%만 감해 주겠다고 역제의를 했지만 합의는 깨어졌다. 결국 해결의 공은 경찰조사로 넘어가게 되었다. 은행원의 실수도 황당하지만 고객의 처신도 의심받기에 딱 좋다. 찾은 돈을 확인하지 않을 수는 있지만 잃어버렸다거나, 반쯤은 돌려주겠다는 제의가 궁색하기만 하다.

며칠 전 목욕탕에서 목욕요금을 지불했는데 웬일인지 창구 직원은 천 원짜리 한 장을 내주는 것이었다. 요금을 딱 맞게 주었기에 거스름이 필요한 것도 아니었다. 받은 즉시 바로 돌려주었지만 적은 금액이라서 쉬웠을까? 만약 앞의 은행에서와 같이 몇 천만 원이었다면 조금은 갈등하지 않았을까?

'도불습유道不拾遺'란 말이 있다. 길에 떨어진 남의 물건을 아무도 주워 가지 않는다는 뜻이다. 곧 이 말은 태평성대를 지칭하는 말이다. 중국 고사에는 도불습유가 더러 나온다.

진秦나라 효공孝公은 위衛나라로부터 망명한 법가法家 상앙商鞅을 발탁하여 정치를 맡겼다. 그는 '변법變法'이라는 법으로 철저한 법치를 단행했다. 처음에는 새로운 법령을 공포하자 백성들은 믿지 않고 코웃음을 쳤다. 백성들이 조정을 믿지 않으면 정치는 실패한다. 이것을 아는 상앙은 어느 날 궁성의 남문에 나무기둥 하나를 세우고 이것을 북문으로 옮기는 사람은 십금十金을 준다는 방榜을 붙였다. 아무도 옮기는 사람이 없었다. 모두 다 믿지 않고 웃었다. 그래서 이번에는 상금을 50금으로 올렸다. 그러자 한 사람이 장난삼아 옮겼다. 그러자 바로 그에게 거액의 상금이 지급됐다. 그로 인해 백성들이 조정을 믿기 시작했다. 상앙은 백성들의 국정에 대한 어떤 비판도 허용하지 않았다. 악평하는 사람은 물론 호평하는 사람도 벌을 주었다. 법을 어기면 지위 고하를 가리지 않고 처벌했다. 태자가 법을 범하자 태자의 보육관을 처형하고, 사부師傅를 중형에 처했다. 가족이나 이웃 간에도 연좌제를 단행하였다. 법을 시행한 지 10년 후 길에 떨어진 물건을 주워가는 자도 없고 도둑도 없어졌다. 전쟁에도 연전연승할 만큼 부강한 나라를 이룩했다.

정鄭나라 재상 자산子産은 간공簡公의 신임을 받아 개혁정치를 시작했다. 그 역시 귀족의 권한을 제한하는 등 강력한 법치를 시행했지만 그는 '관맹상제寬猛相濟'를 기본으로 하였다. 곧 너그러움과 엄격함의 조화를 추구한 것이다. 당시 신하들은 향교가 국정에 대한 비판과 논란의 온상이 되어 통치에 방해가 되니 아예 없애자고 했다. 그러나 자산은 그 말을 일축했다. 흐르는 물을 억지로 막으면 나중 터지게 되어 피해가 크니 물길을 바르게 돌리는 것이 낫다고 했다. 언로言路를 막으면 부작용이 난다는 것이다. 그는 이웃 강대국 틈바구니에서 소국 정나라를 지켰을 뿐 아니라 내치內治도 큰 성과를 거두었다. 그가 정치를 맡은 지 5년이 되자 밤에 문을 잠그지 않아도 되었고 길에 물건이 떨어져도 주워가는 사람이 없었다. 노인이 무거운 짐을 가지고 다니지 않아도 되었고 상복 입는 기간을 정하지 않아도 알아서 다들 예를 지켰다.

공자는 56세에 노魯나라의 대사구大司寇가 되어 덕화정치德化政治를 폈는데 불과 3개월 만에 남녀 간의 문란한 행동도 사라졌고 물건을 사고팔 때 속이는 일도 없어졌다. 길에 떨어진 물건을 주워가지 않게 되어 외국 사람도 노나라에 와서 안심하고 여행을 하게 되었다. 이웃 큰 나라가 두려움을 느낄 정도로 정치적 변화를 초고속으로 이룬 것이다.

그런데 정치적 변혁을 이룬 위의 세 사람의 통치술은 달랐다. 상앙은 일종의 공포정치를 행했고, 공자는 도덕정치를 시향했다. 그리고 정자산鄭子産은 이 둘의 조화를 기했다. 이렇게 정체政體가 다르긴 해도 궁극적으로 구현된 것은 도불습유, 곧 안정된 사회였다. 검은 고양이든 흰 고양이든 쥐만 잡으면 된다고 한 등소평의 백묘흑묘론黑猫白猫論과 같은 것이다.

그런데 세 통치자의 말로는 너무나 달랐다. 이는 통치 방법에 따른 부작용이었다. 상앙은 그를 신임한 효공이 죽자 개혁 과정에 불만과 원한을 가진 사람들에 의해 실각을 당하고 만다. 그리고 불안을 느껴 국외로 탈출을 시도하다가 잡혀 결국 자신이 만든 가혹한 법에 의해 거열형車裂刑, 곧 사지四肢가 찢기는 형벌을 받고 죽었다. 반면에 자산子産은 그가 죽자 온 국민의 애도를 받았다. 후세에 공자도 그를 극찬했다.

신라시대 인관印觀은 시장에 솜을 가지고 가서 서조署調라는 사람의 곡식과 바꾸어 집으로 돌아오는데 솔개가 갑자기 솜을 채갔다. 그런데 자기 집에 오니 마당에 솜이 떨어뜨려져 있었다. 인관이 서조에게 돌려주자 서조는 솔개가 솜을 채간 것은 하늘의 뜻이므로 받지 않겠다고 했다. 그렇다면 곡식을 돌려주겠다고 하니 이미 두 장場이 지났으니 내 물건이 아니라고 했다. 결국 두 사람은 끝내 장바닥에 물건을 버려두었다.

그런데 아무도 그것을 가져가지 않았다. 나중 시장 관리관이 이 사실을 왕에 알리자 왕은 크게 칭찬하고 두 사람 모두에게 벼슬을 내렸다. 이 역시 도불습유의 사례가 아닌가 한다.

오늘 아침 외국 관광객 지갑 분실 사례를 접하면서 아름다운 마음을 가진 젊은이들로 인해 하루가 유쾌하다. 그 이름 모르는 남녀도 자신들의 선행으로 인해 하루가 행복했을 것이다. 이런 젊은이들이 있는 한 우리 사회가 건강하고 살 만하다는 생각을 한다. 그리고 나라의 장래도 밝다고 본다. 선진국이란 국민소득이 아니라 그 나라 국민들의 도덕성으로 결정되는 것이 아닐까? 예컨대, 분실물을 찾아준 비율을 기준으로 선진국을 가리는 것이 좋겠다는 엉뚱한 생각도 해본다.

(2015. 3)

계산의 허실

온 국민을 충격과 슬픔으로 몰아넣은 세월호 참사와 관련하여 원인 규명에 관심이 쏠리고 있다. 그동안 우리 사회가 버리지 못하고 있는 많은 적폐積弊와 안전불감증이 이번 참사의 밑바탕에 깔려 있지만, 잘못된 계산법으로도 이번의 참사를 설명할 수 있다.

참사를 일으킨 해운회사는 승객의 안전은 안중에도 없이 눈앞의 이익에 급급했다. 선박의 구조를 변경하여 화물이나 여객의 적재량의 한도를 높이고, 이로도 부족하여 기준의 몇 배나 되는 화물을 과적했다. 심지어 배의 균형을 맞추는 평형수를 빼내고 그 무게만큼의 화물을 더 실었다고 한다. 인건비 지출이 아까워 계약직이나 아르바이트생을 많이 썼다. 선장조차도 계약직이었다. 그리고 승무원의 안전교육에 드는 비용은 낭비로 생각하여 책정된 예산이 연간 54만원에 불과했다고 한다. 기상이 나빠 다른 배들은 출항을 포기했는데도 세월호는 무리하게 운항을 강행했다. 정말 근시안적인 잘못된 계산법이었다. 전염병이 예고된 가운데도 비용이 아까워 예방주사를 맞지 않는 것과 다름이 없다. 결국 회사는 어떻게 되었는가?

이와는 반대로 당장은 손해지만 장기적으로 보면 몇 배 이익을 가져다주는 운영이나 경영도 있다. 거창한 예를 들 필요도 없다. 며칠 전 라디오 방송에서 들은 내용이다. 어떤 주부가 시장에서 채소를 사서 그 봉지를 가게에 두고 잊고 왔다. 다시 찾으러 갔더니 예상대로 혼잡한 와중에 이미 없어졌다. 주인에게 부탁하고 맡긴 게 아니라서 변상 요구도 할 수 없었다. 그런데 주인은 손님이 두고 간 물건이 없어졌다면 주인에게도 책임이 있다며 변상을 했다. 미안한 만큼 덤으로 물건을 더 얹어 주었다. 너무 감동한 그 주부는 그 이후 만나는 사람마다 이 미담을 이야기하고 그 가게를 소개했다. 그리하여 많은 사람들로 하여금 그 가게를 단골로 삼게 했다. 굳이 하지 않아도 되는데도 변상하는 것은 분명 손해되는 계산법이다. 그런데 나중 더 큰 이익으로 이어지는 것을 보면 분명 이 계산법이야말로 현명한 계산법이다.

나에게도 서로 계산법이 달라 벌어진 이웃과의 소동이 있었다. 처음 이사 와서 화단을 조성하면서 이웃집 경운기를 빌려 한나절 동안 흙을 실어 왔다. 수고비를 얼마 주면 되겠느냐고 물으니 알아서 달라고 했다. 함께 있던 이웃 주민 한 사람의 의견대로 지불했는데 얼마 후 그의 가족 한 사람이 와서 돈이 적다며 봉투를 던져버리고 돌아갔다. 충격적이었다. 그래서 이튿날 다시 가서 더 얹어주고 사과했다.

알아서 달라는 것을 인정人情에 기댄 말이라고 착각했던 것이다. 그 말을 믿은 것이 실수라면 실수였다. 인정에 기대어 저지른 실수였기에 인정을 접으면 되는 것이다. 물론 그렇게 되면 결국 거래만 남는다. 그 당시 실제 품값으로 부족했던 액수를 보태어 되돌려주고 나자 마음의 부담은 가벼워졌지만 이상하게도 이웃에 대한 고마움은 싹 가시는 것 같았다. 마음속으로부터 우러나오는 인정의 싹을 자르는 것 같은 기분이 들었다. 그렇다면 그 거래는 서로가 손해되는 계산이었다.

오늘날 편리한 계산기가 나와 계산법計算法은 엄청 발전했다. 소수점 열째 자리까지도 금방 산출한다. 그런데도 왜 잘못된 계산이 나오는가? 잘못된 계산의 결과로 사람 사이의 갈등이 더욱 깊어만 가는 것이 안타깝다. 예컨대, 재벌 가문에서는 항상 재산 분배의 계산을 잘못하여 형제가 소송을 하고 결국 갈라선다. 이렇게 오늘날의 편리한 계산기가 왜 그들에겐 무용지물이 되고 마는 것일까?

세상에는 채우고 채워도 부족한 계산법이 있고, 덜고 덜어도 남는 계산법이 있다. 전자는 사람을 불행으로 인도하지만, 후자는 행복으로 인도한다. 비록 구구법을 몰라도 주어진 처지에 만족하면 좋은 계산법을 이끌 수가 있고, 첨단 계산기를 가져도 욕심이 작용하면 나쁜 계산법이 나온다.

사칙 연산법 중 다들 덧셈에 너무 익숙해 있는 것이 사실이다. 요즈음은 덧셈만으로는 만족하지 못해 한꺼번에 많이 늘어나는 곱셈을 찾는다. 물론 덧셈과 곱셈도 필요하다. 하지만 뺄셈과 나눗셈 없는 덧셈과 곱셈으로는 평화로운 세상을 만들 수 없다.

물고기 두 마리와 보리떡 다섯 개로 오천 명을 먹인 예수님의 기적도 나누는 데서 일어났다. 만약 물고기와 보리떡을 가진 이가 자기만 먹겠다고 내놓지 않았다면 한 사람의 배만 채웠을 것이다. 나눗셈을 통해서 수많은 사람이 배가 부를 수 있었다. 오늘날도 '나눔의 기적'은 곳곳에 일어나고 있다. 고통은 나누면 반이 되고 기쁨은 나누면 배가 된다. 어떤 이는 행복은 덧셈, 불행은 뺄셈, 재물은 곱셈이라지만 이 역시 너무 타산적인 계산법이다. 고통과 기쁨에 나눗셈이 들어가야 한다. 삶의 단계에서 젊은 시절에는 덧셈과 곱셈을 주로 하다가도 나이가 들면 뺄셈과 나눗셈에 관심을 가지는 것이 순리이다.

우리는 초등학교 교과서에도 실린 의좋은 형제의 이야기를 다들 알고 있다. 추수하여 볏가리를 쌓아두고 형은 신접살림 차린 동생에게, 그리고 동생은 식구가 많은 형에게 몰래 밤에 볏짐을 지고 가서 쌓아놓았다. 그런데도 밝은 날 보면 자기 볏가리가 조금도 줄지 않았고 상대의 볏가리 역시 조금도 늘지 않았다. 말하자면 2 − 1 = 2라는 계산인 것이다. 이 계산이 틀린 계산, 어리석은 계산이라고 할 수 있는가? 이 계산법으로 형제 간에 얼마나 중요한 것을 얻었는가?

어느 형제가 길을 가다가 동생이 금덩어리 둘을 주워 형과 나누어 가졌다. 그런데 강을 건너다가 형제는 각기 금덩어리를 강물에 던져버렸다. 금을 발견했을 때 형은 동생이, 동생은 형이 없었다면 자신이 금을 독차지했을 것이라는 마음이 생기자 이 금덩어리가 형제 간의 우의를 깨뜨리는 상서롭지 못한 물건이라고 여겼기 때문이었다. 금덩어리를 모두 던져버린 후에 오히려 형제 간의 우의는 배가倍加되었다. 말하자면 이 계산은 2 − 2 = 4이다. 이 역시 산술적으로 보면 아주 틀린 계산이다. 이런 잘못된 계산을 두고 우리는 왜 감동을 할까?

성서에는 타산적인 계산에 익숙한 우리가 이해하기 어려운 여러 가지 계산법들이 나온다.

포도원 주인이 일한 사람들에게 삯을 주는 장면이 있다. 그런데 이상하게도 이른 아침부터 일한 사람이나 늦은 오후에 일한 사람이나 품삯이 같았다. 이 얼마나 불공평한 일인가. 일찍 온 자들이 불평을 한 것은 당연했다. 그러자 주인은 적게 주든 많이 주든 그것은 주인의 뜻이라고 잘라 말했다. 삯은 돈 많은 주인의 입장이 아니라 가난한 근로자의 입장을 고려함이라는 뜻이 아니겠는가? 좀 일찍 예수님을 알고 믿은 사람이 늦게 믿은 사람과 어찌 똑같은 천국에 가는가를 불평할 권리는 우리에게 없다.

양 100마리를 기르는 사람이 99마리를 버려두고 길 잃은 한 마리 양을 찾아나서는 것도 현실적인 계산은 아니다. 많은 수의 온전한 사람보다 부족한 한 사람의 잃어버림을 하느님께서 더 마음 아파하는 것은 사랑이 아니고는 설명할 수가 없다. 꼴찌가 먼저가 되고 먼저가 꼴찌가 되는 계산법이 존재하는 것이다.

또 예수님은 헌금함에 많은 돈을 넣은 부자들보다 두 렙톤을 넣은 가난한 과부를 훨씬 더 칭찬했다. 오늘날의 모금에서는 당연히 고액기부자가 빛이 나고 높은 평가를 받는다. 그러나 과부는 생활비 전체를 내었다고 칭찬받았다. 헌금은 액수가 아니라 정성이었던 것이다.

마음이 메마를 때면 교외로 나가 요즈음 같은 5월의 신록의 향연을 바라보자. 관람료 없이 이렇게 훌륭한 경치를 보면서도 왜 다들 불만으로 살아갈까? 태어날 때 공짜로 생명을 부여받아 건강한 몸으로 살아가는 것만으로도 남는 장사인데 왜들 이리 불평이 많을까? 도대체 어떤 계산법을 썼기에 이런 현상이 일어나는가?

바보 같은 계산법을 쓴 이는 참 많이 있다. 간디, 테레사 수녀, 김수환

추기경, 이런 분들은 참으로 바보 같이 살다 가신 분들이다. 그런데 세상의 빛이 되는 분은 똑똑한 자들이 아니라 바보 같은 자들이다. 그 바보의 정점에 예수님이 있다. 세상의 모든 권능을 가지고도 약자를 섬기고 나아가 소중한 생명까지 내놓았다. 그리고 원수를 사랑하라는 희한한 계산법을 가르쳤다.

(2014. 5)

비교에 대하여

오늘날 인터넷 세대의 학생들이 가장 싫어하는 아이는 누구일까? 그건 아마도 '엄친아'가 아닌가 한다. 용모와 몸매와 공부, 3박자를 모두 갖춘 '엄마 친구의 아이', 곧 '엄친아'는 대부분 인터넷 세대 학생들의 공적公敵 1호이다. 물론 엄마로서는 자기 아이에게 발전의 동기 유발을 위한 자극제로써 '엄친아'를 거론하지만 비교를 죽기보다 싫어하는 자녀들에게는 먹힐 리가 없고 반발심만 불러일으킬 뿐이다.

그런데 '엄친아'에 이어 또 '부친남'이라는 말도 있다. 모든 조건을 완벽하게 갖춘 '부인 친구의 남편'이 '부친남'이다. 용모도 수려하고 연봉이나 지위도 높고 집안일도 잘 거들어주는 남편이다. 이 말 역시 오늘날 이 땅의 대다수 남편들이 가장 듣기 싫어하는 말이다. 물론 '부친남'이 있다면 '남친부'도 있을 것이다.

엄마로부터 '엄친아'에 시달리면서 근근이 취업을 하고 결혼을 했는데 이제 또 아내나 남편으로부터 '부친남'이나 '남친부'에게 시달리는 세대가 참 가련하다. 이는 물질, 용모, 학력, 성과 지상주의를 드러내는 오늘날의 우울한 시대적 단면이기도 하다.

남편으로서의 모든 조건을 갖추지 못한 나에게도 '부친남'은 반가운 존재는 아니다. 물론 나이 들었고 현직에서 나왔기에 이제 새삼 용모니,

연봉이니 하는 조건으로부터는 자유롭다. 하지만 집안일에 등한하고 기계치에 가까울 정도로 손재주가 없는 점은 '부친남'이 찾아오기 딱 좋은 조건이 된다.

젊을 때는 그래도 그럭저럭 지냈는데 정년을 하고 집에 있는 시간이 많아지자 아내의 입에 '부친남'이 등장하기 시작한 것이다. 어쩌면 그렇게 집안일에 등한하고 손도 까딱하지 않느냐는 것이다. 누구누구네 집에 가서 손질하여 잘 꾸며놓은 것을 배우고 오라는 것이다. 하기야 책상물림으로 살아가는 나의 입장에서 뭐라 변명할 말도 없지만 실제 손도 까딱하지 않는다는 말을 듣기에는 억울한 면도 있다. 200여 평 농작물을 재배하면서 집안의 힘든 일은 떠밀리다시피 해도 내 손이 안 가는 일은 없기 때문이다. 단지 자발적이 아니라 마지못해 하는 것뿐이다. 하지만 '부친남'도 너무 자주 찾아오면 나도 모르게 방어기제가 작동된다. 언젠가 결국 이런 말이 튀어나왔다. 사람은 다 다르게 태어났기에, 그 사람들이 내가 아니듯이 나 또한 그 사람들이 아니지 않느냐고. 그리고 마지막엔 "그렇다면 그 사람들 내가 하고 있는 향교 강의 할 수 있어? 박물관 해설할 수 있어?"라는 말까지 나오고 말았다. 순간 "변명하는 말을 들으면 그 궁색함을 안다遁辭知其所窮"라는 옛말이 생각났다. 아내로서도 예상치 못한 나의 말에 서로 겸연쩍어 웃고 말았다. 비교가 초래한 일이었다.

여섯 살 먹은 손자가 있는데 가까운 곳에 살기에 자주 우리 집에 온다. 그런데 오기만 하면 TV를 틀어 어린이 채널을 본다. 책에는 별 흥미를 느끼지 않는다. 숫자나 글자를 가르치려 해도 배우려 들지 않는다. 어린이집에 같이 다니는 또래의 아이는 벌써 글자를 다 안다. 이 녀석은 친구 사귀기를 좋아하고 생활주변에 대한 이해와 적응은 그래도 빠른 편이다. 최근에 애비가 전근이 되어 이사를 가게 되었는데 가장 친했던 친구에게 전화를 걸어달라고 했다. 작별 인사를 하려는 것이었다. 그 아이는 벌써 책을 줄줄 읽는 아이였다.

"○○야 나 주열인데 우리 집이 원주로 이사를 가게 되었어. 이제 너를 못 보게 되어 너무 아쉬워, 너도 아쉽지? 앞으로 전화도 하고 또 편지도 해, 그럼 잘 있어." 대체로 이런 내용이었는데 미리 대본을 외우듯 거침없이 말을 이어가면서도 서두와 끝맺음이 분명했다. 특히 '아쉬움'이라는 말을 어떻게 알고 사용했는지 놀라웠다. 책을 읽을 줄 모른다고 이런 언어구사 능력이나 친구 교제 능력이 묻혀버려서는 안 된다는 생각이 들었다.

이 녀석도 제들 집에서 많이 시달린다. 벌써 학습지 선생이 찾아오고 배움터를 찾아가고 미술학원에 가기도 한다. 앞으로 제발 주위로부터 "네 친구는 벌써 책을 읽는데 너는 왜 이 모양이니?" 이런 말은 듣지 말았으면 한다.

기대에 못 미치는 자녀나 남편을 둔 엄마나 아내의 입장에서는 속도 상할 것이다. 그래서 다른 집의 자녀나 남편을 거론하기가 쉬운 것도 사실이다. 하지만 타고난 재능의 다양성도 인정했으면 한다. 모든 면에서 남보다 뛰어나기란 불가능하기에 획일적인 비교나 줄 세우기는 결코 바람직하지 않다. 지나치면 비교하는 측이나 비교되는 측이나 모두를 불행하게 한다.

인간이 남보다 더 많이 소유하고, 남에 비해 더 멋있고 아름답게 보이려는 시도는 언제 시작되었을까? 박물관에 전시된 신석기시대의 '빗살무늬 토기'와 청동기시대의 '거울'로 미루어 보면 일찍이 선사시대부터 벌써 토기로 잉여 먹거리를 축적하고 거울로 자신의 용모를 남과 비교했었다.

결국 실생활의 편의便宜를 위해 만들어진 물건이 오히려 인간의 욕망을 자극하여 스스로 불행을 자초한 것이다. "거울아, 거울아 세상에서 누가 가장 예쁘니?" 여기서 유발된 '백설공주'의 불행도 바로 '거울' 때문이었다. 모든 불행은 남보다 더 많이 소유하고 더 아름답게 보이려는 욕망으로부터 시작되었고 거기엔 빠짐없이 '비교'가 개입되었다.

이처럼 사람은 남과 비교하여 우위에 있을 때 만족을 느낀다. 바로 상대적 행복인 것이다. 상대적 행복이 있다면 상대적 불행도 있을 것이다. 무엇 하나 부족함이 없는 상태일지라도 다른 사람보다 열세이거나 열등하다는 이유로 부족과 불만을 느끼게 된다. 그래서 그 모자람을 채우기 위해 허덕이다가 결국 불행해지게 된다.

우리가 지난날 절대빈곤 속에 허덕일 때는 먹는 것만 해결되면 행복할 줄 알았는데 오늘날 1인당 국민소득 3만 달러의 시대에도 만족하지 못하는 것은 바로 상대빈곤 때문인 것이다. 6천만 원 연봉을 받는 사람도 1억 연봉을 받는 사람 앞에서는 공연히 박탈감, 상실감을 느낀다. 따라서 가진 것을 비교하는 것만큼 어리석고 불행한 일은 없다.

예로부터 우리네의 할머니나 어머니가 손자나 아들을 낳아 신령님이나 삼신할머니에게 복을 비는 내용 중에 '동방삭의 명을 타고 석숭의 재물 타고 ……'라는 구절이 있다. 동방삭東方朔은 중국 한漢나라 시대의 전설적인 장수인長壽人인데 그는 삼천갑자三千甲子, 곧 18만 년을 살았다고 한다. 그리고 석숭石崇은 서진西晉시대의 부자였다. 석숭이 백성들로부터

긁어모은 재산은 천문학적 수치에 가까웠다. 그의 별장 금곡원金谷園도 그의 부富를 말해 준다. 당시 부자富者 라이벌인 왕개王愷라는 왕족이 있었는데 서로 부富를 뽐내었다.

기록을 보면 석숭이 값비싼 호초胡椒 가루로 집의 벽을 바르자 왕개는 더 비싼 붉은색 분粉으로 벽을 발랐다. 이번에는 왕개가 엿물로 솥을 씻는다는 말을 듣고 석숭은 촛불로 밥을 지었다. 왕개가 집 앞의 길 양쪽 40리에 자색紫色 비단으로 만든 병풍을 길게 세웠다. 그러자 석숭은 더 비싼 채색 비단 병풍을 50리나 만들어 세웠다. 석숭에게 진 왕개는 기분이 상해서 생질인 황제 무제武帝한테 도움을 청했다. 무제는 퍽 재미있는 내기인 것 같아서 궁궐 안에 놔두었던 아름답고 커다란 산호 지팡이를 주었다. 그는 자랑을 하러 석숭의 집에 갔는데 석숭의 하인들이 이를 부지깽이로 써버렸다. 왕개는 경악했다. 그러나 석숭은 아무 일도 없다는 듯이 하인을 시켜 창고에 가득한 산호 지팡이 중에서 예닐곱 개를 가져와서 고르라고 했다. 왕개는 망연자실茫然自失했다.

이는 약간의 설화적 요소도 가미되었을 것이다. 이런 부富와 사치의 내기는 극단적인 사례지만 인간의 심성 중에는 모두 이런 비교의 우위에 서려는 욕망이 있지 않나 한다. 왕과 왕족과 신하가 이 모양이니 이런 사회, 이런 나라가 제대로 유지되었겠는가? 결국 얼마 가지 않았다. 석숭은 부의 자랑에서는 승리했지만 다른 왕족과 미녀를 두고 다투다가 결국 칼을 맞고 죽었다. 그리고 나라도 얼마 후 망했다. 중국 통일왕조 중에서 가장 부패했던 진왕조晉王朝는 기껏 50년 정도 지속하다가 북방 이민족에게 영토의 반을 내어주고 남쪽으로 쫓겨 내려갔다.

오늘날 경쟁하듯 높아지는 고층빌딩을 보면서 이와 비슷한 우려를 느낀다. 1960년대만 해도 세계에서 가장 높은 건물은 뉴욕 맨하탄의 엠파이어스테이트 빌딩으로 102층에 높이는 381m였다. 1970년대에 들어와서 각국은 높은 건물 경쟁을 했다. 우리나라 건설업체가 참여한 건물만 보더라도 1990년대 말 452m의 말레지아 '페트로나스 타워(일명 쌍둥이 빌딩)', 2010년 828m의 두바이 '부르즈 할리파'가 당시 최고의 높이였다. 그런데 지난해 중국 후난성 '스카이 시티'는 832m로 다시 이를 경신했다. 그런데 현재 건설 중인 사우디아라비아의 '킹덤 타워'가 완공되면 그 높이는 1,007m에 이른다고 하니 어디까지 올라갈지 걱정이다. 이를 보면서 하늘까지 높이려다가 신의 노여움을 사서 무너진 '바벨탑'이 연상된다. 인간의 욕심과 오만, 그 끝은 과연 어디일까? 제발 우리나라만은 이 경쟁에 가담하지 않았으면 한다.

꽃은 다른 꽃과 비교하지 않는다. 그저 자신의 아름다움만 나타낼 뿐이다. 더 아름답다고 우월감을 나타내지도 않고 덜 아름답다고 열등감에 젖지도 않는다. 독특한 색깔과 모양으로 각자의 아름다움을 길러서 서로 조화를 유지한다. 경쟁하지 않아도 벌이 찾아든다. 향기 없는 꽃이 없기 때문이다. 그리고 꽃피우기 좋은 봄철만 다투지 않고 여름에도, 가을에도 꽃을 피운다. 양보를 통해 계절의 교통정리를 하고 있는 것이다.

세상을 살면서 경쟁을 피할 수는 없다. 그러나 불필요한 경쟁과 비교는 하지 말아야 한다. 굳이 비교하려면 기준을 낮추는 것이 필요하다. 운동경기에서 은메달을 딴 사람보다 동메달을 딴 사람이 더 행복감을 느낀다는 연구 결과가 있다. 은메달을 딴 사람은 기준을 금메달에 두지만 동메달을 딴 사람은 메달을 못 딴 사람을 기준으로 삼기 때문이다.

그리고 남과 비교하는 대신 자신 안에서 비교할 필요가 있다. 그것은 자기 성찰의 하나이다. 자신 안에서의 비교를 통해 지난날 어렵고 힘들었던 때를 기억하며 오늘에 만족하고, 현재의 어려움을 지난날의 기쁘고 즐거웠던 시대로 되돌리려는 노력을 하는 것이 중요하다.

비교에 의한 상대적 행복은 참된 행복이 될 수 없다. 행복의 열매는 언제나 '남의 나무' 아닌 '자신의 나무'에 달려 있다. 다른 나무의 열매에 시선을 빼앗겨 내 열매의 소중함을 모르면 불행하다. 그런데 늘 남의 행복에는 확대경을 들이대면서, 자신의 행복은 축소경으로 본다. 행복이란 남과 비교해서 얻는 것이 아니라 스스로 만족하는 데서 얻는 것이다. 최고보다는 최선을 지향하는 삶이 가치가 있다. 최고는 불만을 낳고 최선은 만족을 낳기 때문이다.

요컨대, 진정한 경쟁은 나 자신과의 경쟁이요, 참된 비교는 나 자신의 어제와 오늘의 모습이다. 그렇다. 자신의 삶에 충실하는 모습이 가장 아름답다.

(2015. 2)

신문을 끊다

오랫동안 구독했던 일간신문을 끊었다. 끊었다기보다는 끊게 되었다는 표현이 더 적절한지 모른다. 오늘날의 모든 생활은 급속도로 온라인 중심의 디지털 방식으로 옮겨가고 있다. 나 역시 글쓰기, 송금하기, 예매하기 등 많은 부분을 컴퓨터에 의존하지만, 그래도 책과 신문만큼은 아직도 전자도서니 웹진이니 하는 디지털 방식이 아닌 오프라인의 아날로그 방식을 유지하고 있다. 이로 보면 신문과 책이 느리게 사는 삶의 마지막 보루이기도 하다. 그런데 이 중 신문을 끊음으로써 이제 읽기도 디지털 방식으로 바뀔 수밖에 없게 되었다.

이전 시내에 살 때에는 새벽에 신문이 배달되었는데, 외곽 농촌지역인 현 거주지로 이사를 오고 나니 신문도 그리 빨리 배달되지 않는다. 아침 8시 가까이 되어서야 배달되는데 일찍 일어나는 나로서는 참 늦은 시간이다. 나이 들어서는 더욱 일찍 잠이 깨이는 탓에 새벽 4시만 되면 벌써 신문이 기다려진다. 일단 신문을 받아들고 편하게 누워서 따끈한 뉴스를 읽는 약 한 시간은 하루 중 가장 안락하고 행복한 시간이다.

그런데 이런 신문을 끊게 되었다. 그 계기는 지난 월요일 새벽에 내린 눈이었다. 강의하러 출발하는 시간인 9시 반까지 신문이 배달되지 않았다. 물론 눈 때문이거니 했다. 강의를 마치고 낮 12시가 넘어 집에 왔다. 그동안 햇볕이 두터워 눈은 거의 녹았다. 그런데 집에 와보니 아직 신문이 오지 않았다.

그래서 신문지국에 연락을 했더니 막 자다가 깨어난 사람처럼 흐릿한 목소리에다 뭔가 짜증이 묻어 있었다. 받지 못한 신문 얘기를 했더니, 우리 집으로 오는 오르막길이 미끄러워 배달하지 못했는데, 내일신문과 함께 배달하겠다고 한다. 조용한 오후에 신문 보는 1시간이 아쉬워 지금 배달하기에 아무 지장이 없으니 가져다줄 수 있지 않느냐고 했다. 그러자 그는 자기가 오늘 몇 시에 일어났는지 아느냐고 되물으면서, 새벽 2시에 일어나 힘든 고생을 했는데 왜 알아듣지 못하느냐고 언성을 높였다. 너무 황당했다. 구독자가 배달되지 않은 신문을 갖다 달라는 게 그리 부당한 요구냐고 했더니 그렇게 불만스러우면 신문을 끊으면 되지 않느냐고 했다. 나도 화가 나서 정 그렇다면 끊겠다고 하니 그는 알았다면서 전화를 끊었다.

이 마을에 이사를 와서 신문을 구독해 온 지도 10년이 다 되어 간다. 배달은 신문지국 운영자가 직접 한다. 처음에는 신문을 항상 대문 밖에 놓고 가기에 그렇게 하면 집안에서 언제 신문이 왔는지를 알 수가 없으니, 대문 안에 넣어달라고 부탁했다. 하지만 처음 몇 번은 그렇게 하더니 얼마 안 되어 원점으로 되돌아갔다. 나중 이유를 알고 보니 배달차량에서 내리지 않고 운전석에서 바로 던져놓고 가기 때문이었다. 시골이라 이 마을, 저 마을에 다니는 것이 불편해서 그럴 수도 있겠다고 생각하고 다시 그런 요청은 하지 않았다.

또 한 가지 문제는 신문대금을 계좌이체를 통해 자동 납부하지 못하는 것이다. 신문대금을 계좌이체를 하면 매우 편할 뿐더러 요금 할인 혜택도 받을 수 있는 이점利點이 있다. 그런데 신문지국에서는 이를 매우 꺼렸다. 알고 보니 그렇게 하면 지국에서 수금수당을 받을 수 없기 때문이었다. 그래서 이 또한 지국에서 요구하는 방식대로 할 수밖에 없었다. 변두리 지역이라서 신문지국이 하나뿐이니 어쩌면 독점의 횡포라고도 볼 수 있다. 신문을 받아 보려면 불편을 감수할 수밖에 없다.

언짢은 전화를 끊고 나서도 한동안 마음이 무거웠다. 평소에 텃밭에서 일을 하다가 배달 시간에 서로 만나면 그래도 서로 인사를 나누었던 사람이 그런 언사를 쓰리라고는 전혀 상상하지 못했다. 짐작컨대, 그는 눈이 많이 오리라 예상하고 새벽부터 눈발 속에 배달하느라 지쳤을 것이고, 배달이 끝난 후에 곤히 잠이 들었는데 내 전화 벨소리에 잠을 깨었을 것이다. 이런 어려움도 모르고 빠진 신문을 바로 가져다 달라니까 아마 짜증이 났을 것이다. 이해가 가기도 했다. 하지만 만약 그런 상황이었다면 좀 쉬다가 늦게라도 가져다주겠다고 양해를 구해야 할 일이 아닌가? 그런데 원인 제공자가 오히려 마구 화를 내고 고성을 지르니 소위 적반하장賊反荷杖이었다. 이는 마치 우유 배달원이 당일 가져다주어야 할 것을 내일 두 개를 갖다 주겠으니 오늘 먹지 말고 내일 두 개를 함께 먹으라는 것과 무엇이 다른가?

그런데 이튿날 아침에 나가보니 끊겠다던 신문은 여전히 배달되었다. 그래서 오후에 다시 전화를 걸었다. 어제의 이해 못할 처사도 알아보고, 신문을 보든 끊든 서로 개운하게 마무리를 해야겠다는 생각에서였다. 아침에 전화하지 않고 오후에 한 것은 혹시 또 잠잘지도 모르는 사람을 깨우지 않으려는 배려에서였다. 통화가 되어 내가 누군지를 밝히고 어제 통화에 대한 이야기를 했다. 그런데 어제와는 달리 매우 친절한 목소리였다. 어제는 새벽부터 힘들었는데 너무나도 사정을 몰라주어 순간적으로 그런 말을 했다면서 사과성 발언을 했다. 예상했던 이유였다. 그러면서도 신문을 끊는 문제는 전혀 개의하지 않는다고 했다. 나도 그렇게 배달을 부담스럽게 여긴다면 끊는 게 좋다고 했다. 그렇게 해서 신문을 끊었다.

수십 년 동안 조간신문을 읽어 왔던 터라 한동안 신문을 읽는 아침 시간의 공백이 너무 컸다. 무엇보다 허전했다. 마치 매일 찾아오는 반가운 손님이 누군가의 농간으로 인해 올 수 없게 된 것 같은 생각이 들었다. 그래서 끊기로 한 다음날 아침에는 나도 모르게 대문간으로 나가 보았지만 대문 앞이 그렇게 공허하게 보일 수가 없었다. 물론 온라인으로 온갖 신문을 훑어 볼 수가 있지만 컴퓨터 자판 앞에서 사무 보듯 인터넷 신문을 읽는 것과 편하게 누워 종이 신문을 읽는 것은 아주 다르다. 느낌뿐만 아니라 판단 작용도 다르다고 생각된다

이 마을에 이사를 와서 이와 비슷한 일을 당하는 일이 왕왕 있었다. 도시 외곽지역이기에 가장 불편한 점은 주택의 전기시설이나 냉난방시설 등이 고장이 났을 때 수리하는 문제다. 거리가 먼 관계로 수리공이 시내에서 오기를 꺼린다. 할 수 없이 인근 마을에서 부족하나마 수리를 할 수 있는 사람에게 부탁을 하게 되는데 이 또한 만만하지가 않다.

얼마 전에는 대문 초인종 자동개폐기가 고장이 났다. 아내가 평소 우

리 집에 수리차 몇 번 온 적이 있는 나이 많은 분을 불렀더니 새것으로 교체하는 것이 좋겠다면서 전자제품상에 가서 기기器機만 사다 놓으면 와서 달아주겠다고 했다. 그래서 출장비 3만원을 미리 주고 기기를 사다 놓은 후 볼일이 있어 외출을 하고 돌아와 보니, 와서 기기를 달았는데도 작동이 되지 않았다. 그래서 전화를 하니 요즘 기기의 회로 방식이 옛날 것과 달라서 연결이 되지 않았다고 했다. 이미 받은 출장비는 준다, 안 준다 말도 없었다. 결국 다른 기술자를 불러 이중으로 출장비를 부담했다. 지급한 출장비 문제를 말해 봐야 이전의 행태로 볼 때 고치든 못 고치든 출장을 왔다갔으니 출장비 반환을 하지 않을 것은 뻔했기 때문이다.

종전에도 지하수 펌프가 고장이 나서 그 노인을 불렀는데 와보니 고장이 아니었다. 아내가 잘 모르고 전화를 했던 것이다. 그래서 헛걸음하게 해서 미안하다고만 하니 돌아가면서 불평을 했다. 불국사에서 차로 5분 거리지만 왔다고 하면 출장비가 3만원이다. 그분은 다리를 저는 노인으로 웬만하면 동정이 갈 만하지만 너무 돈을 따지기에 그런 마음이 나지 않았다. 누구를 탓하랴. 간단한 전자기기 하나 만질 줄 모르는 기계치인 나 자신을 탓할 수밖에.

우리는 일상생활을 하면서 많은 직업인들을 만난다. 올바른 직업인을 만나는 것은 우리를 행복하게 한다. 반면 자신의 편이便易만 따지는 공직자나 이익만 챙기는 장사꾼을 만나는 것은 모두의 불행이다. 직업의식은 무엇이며 직업적 보람이란 무엇인가? 직업에 종사하면서 주어진 역할에 대한 사명감과 자부심이 직업의식이고, 자신의 고객에게 만족을 주는 데서 얻는 성취감이 직업적 보람이 아닌가?

이로 본다면 그 신문지국 운영자는 자신이 배달한 신문으로 구독자를 행복하게 하고 있다는 직업적 보람을 느끼지 못하는 사람이 틀림이 없다. 그렇지 않고서야 자신이 하는 일을 그렇게 안이하게 생각할 수 있었겠는가? 문득 '사람은 반드시 자기가 자기 스스로를 업신여긴 후에 남이 그를 업신여긴다'는 말이 떠오른다. 자신이 자신을 존중할 줄 모르면 아무도 그를 존중하지 않을 것이다.

물론 직업은 개인적으로는 생활수단이기에 수입이나 소득을 떠나서는 생각할 수 없다. 그렇다고 하여 직업의 사회적 기능을 결코 가볍게 볼 수는 없다. 그리고 이 둘의 관계는 상반되는 것 같으면서도 밀접한 관련이 있다. 말하자면, 고객 만족에 대한 보람을 찾는 과정에서 더 큰 수입으로 이어지고, 반면 오로지 자신의 편이와 수입에만 치중하다 보면 고객이 이탈할 수밖에 없기 때문이다.

직업의식이나 직업적 보람은 꼭 높은 공직자나 큰 기업인에게만 존재하는 거창한 것이 결코 아니다. 내가 배달한 신문이 다른 사람을 행복하게 하고 내가 수리한 기기가 다른 사람을 편하게 한다는 자부심과 만족감이 바로 직업의식이고 직업적 보람인 것이다.

처음 이 집으로 이사올 때 한 지업사에 도배를 맡겼는데, 천정에 약간 주름이 진 것을 그대로 두어도 괜찮다고 했는데도 불구하고 찜찜하다면서 먼 거리까지 와서 다시 붙여주고 간 지업사 주인이 있었다. 참 직업의식이 철저한 사람이었다. 왠지 오늘따라 그 사람 생각이 자꾸 난다.

(2014. 12)

강의노트 · 초抄

학교생활을 마치고도 또 이렇게 강단에 서게 되니 팔자소관으로 인정할까 한다. 그렇다면 어느 노래의 가사처럼 '사랑하는 당신'이 있을 때까지 '나의 노래'를 부르며 이 길을 가는 데까지 가야겠다고 생각한다. 처음에 마음먹었던 기한은 지났지만 진정 수강생에게 도움이 되고 나 자신이 보람과 즐거움을 느낀다면 굳이 기한을 정하지 않으련다. —'나의 노래' 중

나의 노래 / 자손에게 무엇을 물려줄 것인가? / 은혜를 널리 베풀어라
회사후소繪事後素 / 군성신충君聖臣忠 / 나에게는 형이 없는데 ……
편안함과 즐거움을 위하여 / 득총사욕得寵思辱

나의 노래

강의 중 휴식시간은 강의시간만큼이나 중요하다. 이는 단순히 쉬는 시간이 아니라 수강생 간의 친교의 시간이요, 정보교환의 시간이기 때문이다.

내가 지금 나가고 있는 사회교육원 강의도 마찬가지다. 두 시간 강의 중 중간 약 10분간의 휴식시간을 이용하여 따뜻한 커피 한 잔씩을 앞에 두고 정담을 나눈다. 그런데 한꺼번에 커피를 가지러 나가면 혼잡하기 때문에 주로 좀 젊은 수강생이 앞앞이 다니면서 봉사한다. 그러니까 이 시간은 공부시간에 느낄 수 없는 봉사와 감사, 그리고 인정의 교류가 있다. 가끔 떡 같은 간식도 마련한다. 뜻있는 분이 자발적으로 베푸는 배려요 나눔이다.

오늘도 떡이 배달되었다. 그런데 오늘은 누군가 했더니 한동안 결석을 하다가 두어 달 만에 나온 분이 마련한 것이었다. 그분은 그동안 병원에서 큰 수술을 하고 어느 정도 회복이 되어 오늘 오랜만에 출석했다. 강의 중 안타까운 것은 연세가 있기에 몸이 편찮은 수강생이 생기는 일이다. 더러는 본인뿐만이 아니라 가족의 건강 문제로 아픔을 겪는 경우도 있다. 배우자를 잃은 경우도 있고 자식을 가슴에 묻은 경우도 있다. 그래서 오래 쉬기도 하고 아예 그만두는 사람도 있다. 오래 쉬다가도 나오게 되면 그보다 더 반가울 수가 없다. 오늘 수강생도 그동안 결석사유도 몰라 미안한데 이처럼 간식까지 받고 보니 미안함을 넘어 고맙기까지 하다.

내가 경주향교 사회교육원에서 강의를 한 지도 벌써 3년이 지났다. 처음 사회교육원에 나온 것은 실상 강의를 하기 위해서가 아니라 듣기 위해서였다. 정년퇴직을 하고 1년 가까이 집에서 방콕생활(?)을 하다가 이래서는 안 되겠다 싶어 생각해 보니 특별히 할 만한 게 없었다. 퇴직 후 봉사하고 베푸는 활동이 중요함은 모르는 바가 아니었지만 당장 남에게 도움을 줄 만한 기능이나 자질이 없었다. 그래서 평소에 조금이나마 관심을 가진 분야를 찾다 한문으로 표현되는 유교문화와 경주를 중심으로 한 신라유적이 떠올랐다. 그래서 경주향교 사회교육원 한국유학사반에 수강신청을 했다.

강의를 듣던 중 당시 명심보감반을 담당하시던 고령高齡의 강사가 병으로 작고하게 되었다. 그래서 사회교육원 측의 권유로 강의를 맡게 되었다. 한문에 대한 소양이 그리 내놓을 만하지는 못했지만 현직에 있을 때 중고등학교에서 한문교과를 지도해 본 경험을 밑천으로 기초반 정도는 강의할 수 있으리라고 생각했다. 내가 교직에 발을 들여놓던 당시는 한문교사가 따로 없었고 국어교사가 인접교과인 한문과목 수업도 했다.

현직에 있을 때 나는 학생 교육도 중요하지만 학부모, 특히 어머니의 자녀에 대한 교육관이 중요하다고 생각한 적이 있었다. 학생보다 어머니가 먼저 바뀌어야 한다고 생각했기 때문이었다. 그래서 이 강의가 그런 취지를 실현할 기회일 것 같은 생각도 들었다.

그런데 막상 수강생들을 만나보니 여성 수강생은 많았지만 학부모로서의 어머니는 거의 찾아볼 수 없었고, 60~70대가 대부분이었다. 50대면 여기서는 '새댁'으로 통할 정도였다. 학부모 교육은 물 건너갔지만 이들에게도 다들 손자 · 손녀가 있고, 아들 · 며느리도 있기에 가정교육에 일정 부분 영향을 미칠 수도 있지 않나 생각했다. 그러나 무엇보다 연세 지긋한 분들의 뭔가를 배우려는 노력이 대단하게 여겨졌다. 이처럼 경로당에서 보내는 시간을 줄이고 힘들게 나온 분들에게 최소한 헛걸음은 시켜드리지는 않아야겠다는 생각이 들었다.

다들 현역 활동을 마친 사람으로서 생활경험이나 학력이 너무 다양하여 초점을 맞추기도 쉽지 않았다. 대학을 졸업한 분도 없진 않았지만 상당수가 옛날 어렵게 살았을 때, 가정형편이 여의치 못해 배움의 열망을 채우지 못한 분들이었다.

일단은 강의 운영방식이 고민되었다. 그래서 전임자의 경우를 물어보니 한자의 필획과 자구字句를 중심으로 꼼꼼하게 지도했다고 한다. '강의'라기보다는 '교습'이었다. 물론 한문의 기초를 다지기 위해서는 그런 지도가 필요하다. 하지만 나는 '교습'보다는 '강의'를 하고 싶었다. 한자 교습은 '한자 쓰기'나 '한자어 익히기' 같은 자료를 통해서 혼자서도 가능하지 않은가?

고전古典은 녹슨 청동거울처럼 낡은 유물이 아니다. 수천 년, 수백 년 전에 살았던 사람들의 말잔치로 끝나는 것이 아닌 것이다. 따라서 그 의미를 낡은 책 속에 가두지 말고 꺼내어 오늘의 시점에서 재해석하고 활용해야 한다.

더욱이 명심보감明心寶鑑은 이름 그대로 '마음을 밝히는 거울'이다. 그렇다면 그 거울을 통해서 자기의 내면을 들여다 보고 마음의 때를 닦아야 한다. 그리고 궁극적으로 자신을 변화시키는 동력으로 삼아야 한다. 그러니 자구 이해나 해석 정도로 만족할 수는 없는 것이다.

대체로 이러한 취지로 강의의 방향을 설정하였는데 문제는 강의 형태였다. 수강생들은 연령으로 볼 때 나름대로의 삶의 경륜을 가진 분들이다. 따라서 가장 바람직한 것은 교재의 내용을 화제 삼아 발표를 통해 서로의 경험을 나누는 것이 중요하다. 하지만 그건 지나친 욕심이었다. '발표'란 것이 그리 쉬운 일이 아니기 때문이다. 강의시간에 책 들고 나오기도 어려운데 집에서조차 과제학습의 부담을 지우는 것은 수강생이 원하지도 않고 가능하지도 않았다. 결국 강사가 주도하는 일방적인 방식이 될 수밖에 없었다.

모든 강의의 요건은 유익함과 재미다. 음식으로 비유하면 유익함은 영양가이고 재미는 맛이다. 이 둘은 자동차의 두 축과 같아서 그 중 하나라도 빼놓으면 달릴 수가 없다. 특히 고전 강의는 자칫하면 고리타분하게 여겨져 재미를 잃을 우려가 있다. 영양가는 있을지언정 맛이 없는 음식이 돼버리는 것이다. 다행히 동양 고전에는 교재 내용과 관련되는 많은 일화와 역사적 사실이 내포되어 있다. 배경지식으로 이런 것들을 이끌어내어 흥미를 살리는 것이 중요하다. 그래서 강의 시작 전에 고사성어 하나를 소개하면서 시작했다. 그리고 교재 내용을 오늘의 시사문제에 적용하는 것도 잊지 않았다.

하지만 익숙한 것과의 결별은 쉽지가 않다. 전임자와 달라진 강의 방식에 대해 "전에는 이렇게 배웠는데요" 하고 살짝 찾아와서 일러준 수강생도 있었다. 그런데 시간이 지나자 수강생들도 차츰 내 강의 방식에 익숙해지기 시작했다.

강의를 하면서 한문과 관련되는 각종 경시대회에 출전도 했다. 성취감을 가져다 줄 뿐만 아니라 대회에서 탄 상금으로 타 지역 유적답사도 하였다.

항상 느껴왔지만 수강생의 수업태도는 참 진지했다. 흐트러지거나 지루해 하지 않았다. 휴대폰이 더러 울렸었지만 이는 진동으로 해놓는 것을 잊어버리거나 소리가 울렸을 때 조작이 서툰 탓이니 어쩌겠는가?

그리고 강사에 대한 예의가 깍듯했다. 계단을 오를 때나 출입문을 드나들 때 비록 연세가 많으신 분이라도 항상 나에게 순서를 양보한다. 수업 시작 전과 쉬는 시간에 빠짐없이 차를 날라다 준다. 그리고 연중 스승의 날이니 명절을 그냥 보낸 적이 없다. 참 송구스럽기도 하고 불편한 생각마저 들었다. 퇴직 이후에 과분하게 호사를 누리는 것 같다. 그러면서도 어쩌면 이 세대가 스승에 대한 존경을 가지는 마지막 세대는 아닌가 하는 생각마저 들었다.

오늘날 학교 현장은 어떤가? 업무가 조직적이고 공정하게 배분되어 효율적인 측면도 있지만 직원 간의 끈끈한 인정과 사랑이 점차 엷어지고 있지나 않나 염려된다. 예컨대, 수업시간 배분도 학반을 갈가리 쪼개서라도 칼로 두부 자르듯 똑같은 시간 수로 나눈다. 연장자나 선배에 대한 예우는 없어진 지 오래다. 공식적인 모임 이외에 소통의 장도 없으니 개인이 있을 뿐 공동체는 없다.

교장실에 외부 손님이 와도 자판기에서 학교장이 직접 음료를 뽑아 접대하는 시대다. 접대업무가 행정실의 고유 업무에 들어 있지 않다는 이유에서다. 만약 강요하다가는 성차별로 규탄을 받게 된다. 하지만 이는 행정실 직원 개인을 탓할 일만도 아니다. 그들도 그들의 권익을 주장하는 노조 성격의 상급단체가 있어 그 단체의 결정을 따라야 하기 때문이다.

학생들은 어떤가? 아이들은 발랄하기는 하나 예의는 부족하다. 현직에 있을 때 1층 교사용 화장실 앞에 교장실이 있었다. 학생들은 교사용 화장실에 스스럼없이 드나들었다. 뿐만 아니라 교장실에 들어와서 화장지가 없으니 달라고도 하고, 자판기에 사용할 동전을 바꾸어달라는 학생도 있었다. 이를 친근감이라고 표현해야 할지 예의가 없다고 해야 할지 혼란스러웠다.

'교효학반敎斅學半'이라는 말이 있듯이 가르친다는 것은 반은 배우는 것이다. '배우고 익힘(學而時習)'이 기쁨이라는 논어의 말을 인용하지 않더라도 언제라도 배운다는 것은 참 즐거운 일이다. 지금 내 방에 걸려 있는 '默而識之, 學而不厭, 誨人不倦(묵묵히 마음에 새기고, 배움에 싫증을 내지 않고, 남을 가르치는 데 게을리하지 않는다)'이라는 구절은 내 교직생활을 이끌어준 모토였다. 대학원 다닐 때 지도교수님께서 써주신 휘호다. 이 구절은 현직 학교생활을 마친 지금도 단연 유효하다.

지금 선진국에서는 가장 훌륭한 고령화 대책이 공부라고 하고 평생학습 체제를 강화한다고 한다. 그래서 실버타운을 대학과 같은 교육기관 가까이 두고 그와 연계하여 평생학습 프로그램을 제공한다고 한다. '자아실현'이니 '자기개발'이니 하는 것은 공부를 통해 구체화된다. 이를 두고 '주체적 삶'이라고 부르기도 한다. 하지만 굳이 이러한 어려운 말들을 쓰지 않더라도 나이 들어서도 자기가 좋아하는 공부를 하며 즐겁게 살아가는 삶이 바로 '자아실현'이고 '자기개발'이며, 또한 '주체적 삶'이 아닌가 한다. 가르치고 배우는 일이 모두 즐겁다면 이는 강사와 수강생 모두가 행복한 것이다. 강의를 시작할 때는 한 3년 정도 생각한 것이 이미 그 기한은 지났다. 어느 가수는 50년 노래 인생을 다음과 같은 한 곡의 노래에 모았다.

> 아득히 머나먼 길을 따라 뒤돌아 보면은 외로운 길
> 비를 맞으며 험한 길 헤쳐서 지금 나 여기 있네.
> 끝없이 기나긴 길을 따라 꿈 찾아 걸어온 지난 세월
> 괴로운 일도 슬픔의 눈물도 가슴에 묻어놓고
> 나와 함께 걸어가는 노래만이 나의 생명
> 언제까지나 나의 노래 사랑하는 당신 있음에
> 언제까지나 나의 노래 아껴주는 당신 있음에
> 아득히 머나먼 길을 따라 뒤돌아 보면은 외로운 길
> 비를 맞으며 험한 길 헤쳐서 지금 나 여기 있네. (이미자 / '노래는 나의 인생')

결혼 당시 아내는 점치는 사람에게 나에 관하여 물었더니 많은 부하를 거느리는 직업을 가졌다더란다. 학생을 가르치는 교직이 해당이 되니 점占이 용하지 않느냐는 것이다. 당시에는 전폭적인 동의는 하지 않았지만 퇴직 이후에도 또 이렇게 교단에 서게 되니 늦게나마 팔자소관八字所關으로 인정할까 한다. 그렇다면 위의 노래가사처럼 '사랑하는 당신'이 존재하는 한 '나의 노래'를 부르며 이 길을 가는 데까지 가야 하지 않나 생각한다. 예정된 기한은 지났지만 진정 수강생에게 도움이 되고 나 자신이 보람과 즐거움을 느낀다면 굳이 기한을 정하지 않으련다.

오늘 감사한 마음으로 따뜻한 차와 떡을 대하며 자리에 함께 한 수강생뿐만 아니라 그동안 나오다가 그만두신 분들도 다들 건강하고 각기 또 다른 즐거움을 찾아 행복한 노년을 보내시기를 기원한다.

(2015. 2)

자손에게 무엇을 물려줄 것인가?

司馬溫公 曰 積金以遺子孫 未必子孫能盡守 積書以遺子孫 未必子孫能盡讀 不如積陰德於冥冥之中 以爲子孫之計也

(明心寶鑑, 繼善篇)

사마온공이 말했다. 돈을 모아서 자손에게 물려준다 해도 그 자손이 그 돈을 반드시 지키지는 못할 것이요, 책을 쌓아서 자손에게 물려준다 해도 그 자손이 반드시 지키지는 못할 것이다. 남 몰래 덕을 베풀어 자손을 위한 계책을 삼는 것만 같지 못하다.

(명심보감, 계선편)

자손에게 무엇을 물려줄 것인가? 가장 쉬운 대답은 재산이다. 특히 우리는 대대로 가난을 상속받아 왔기에 자손만큼은 이런 가난으로부터 벗어나게 하고 싶다. 그래서 재산을 물려주려고 한다. 동시에 피땀으로 이룬 재산을 자손을 통해 유지하고 싶어 한다.

하지만 공짜로 상속받은 재산의 가치를 자손이 인식하지 못한다면 그것은 모래밭에 지은 집과 다름이 없다. 부자가 삼대까지 가는 집이 없다는 속담이 이를 말해 주고 있지 않은가?

상속되는 많은 재산이 자손에게 미치는 반대급부도 녹록지 않다. 청렴, 검소는 차치하고라도 '값으로 매길 수 없는 보배(無價之寶)'라고까지 했던 근면성과 성실성이 실종될 수가 있다. 그러고서 땀과 노력의 가치를 자손이 인식하기를 어찌 기대할 수 있으랴?

오늘날 재벌들의 행태를 보라. 막대한 유산이 불화의 원인이 되어 형제 간에 담을 쌓고 소송으로 이어지고 심지어 조상의 제사도 함께 모시지 않는다고 하지 않는가? 제대로 상속이 이뤄지는 재벌가를 찾기 힘든 것이 현실이다.

과거 수백 년을 유지해 온 명망 있는 가문을 보면 나름대로 부富의 유지 비결이 있다. 그 첫째는 지역사회에 덕을 베풀었음이며, 둘째는 자식 교육을 잘 시켰다는 점이다. 멀리 갈 것 없이 우리 경주 지역에서 12대 만석꾼을 유지한 교촌 최부잣집을 보더라도 일정한 생산량을 넘는 것은 모두 사회에 환원하는 방식으로 덕을 베풀었다. 그리고 자손들에게 청렴과 검소의 자세를 가르쳤다. 이를 반영한 6가지 가훈家訓은 이미 세상에 널리 알려져 있다. 존재해서 좋은 부잣집을 이웃이 굳이 해칠 이유가 없지 않은가? 오히려 보호해 주었다.

한말韓末 12,000석 부자였던 여수麗水의 영광 김씨靈光金氏 가문이 다른 부자들과 달리 여순사건麗順事件을 거치면서 좌익으로부터 피해를 입지 않은 것도 평소에 노비나 소작인들에게 베푼 자선공덕의 결과였다고 한다.

오늘날 서양의 기부문화는 어떤가? 자손에게 많은 재산을 물려주지 않는 것은 서양 선진국 문화의 오랜 전통이다. 자식들도 부모의 유산을 기대하지 않는다고 한다. 기업이 산출한 영리營利를 사회에 환원하는 것을 당연한 것으로 인식한다. 이러한 부자를 누가 손가락질하겠는가? 그러기에 제대로 된 사회에서는 부자가 치욕이 아니라 존경을 받는다. 오히려 가난한 사람이 부끄러움이 되는 것이다.(邦有道 貧且賤焉 恥也 邦無道 富且貴焉 恥也)

몇 년 전에 읽은 기억이 있다. 세계적인 부호 마이크로 소프트사의 빌 게이츠는 560억 달러의 전 재산 중에서 자녀 셋에게 각각 1,000만 달러(당시 환율로 108억 원)씩만 주기로 했다고 한다. 우리 돈으로 108억 원이라면 적은 돈이 아니지만 그의 전 재산에 비하면 0.017%에 지나지 않는다. 그리고 또 다른 부호인 금융가 워렌 버핏은 당시 그의 재산의 85%에 해당하는 374억 달러를 사회에 환원한다고 발표했다.

이제 우리나라에서도 기부문화가 점차 확산되고 있다. 대기업은 아니지만 삼영그룹의 이종환 회장은 그의 전 재산의 95%에 해당하는 9,000억 원으로 교육재단을 만들고 대학 도서관을 짓는 등 사회에 환원하고 은퇴했다. 그는 평소 '개인은 소박하고 국가는 윤택해야 한다'는 지론을 가지고 있었다고 한다.

이제 우리는 재산이니 책이니 하는 유형적인 유산보다 참된 정신적 유산을 후손에게 물려줄 때가 되었다. 따라서 사마온공이 말한 윗글의 가르침은 이 시대를 살아가는 우리들에게 많은 깨달음을 준다.

끝으로 재산의 대부분을 사회에 환원하면서 밝힌 워렌 버핏의 다음과 같은 말을 새겨볼 만하다.

"내 자식이 제대로 된 아이라면 유산이 아니라도 살아갈 것이요, 제대로 된 아이가 아니라면 물려주어도 그 유산을 지키지 못할 것이다."

(2016. 11)

은혜를 널리 베풀어라

景行錄 曰 恩義 廣施 人生何處不相逢 讐怨 莫結 路逢狹處 難回避 (明心寶鑑, 繼善篇)

경행록에서 말했다. 은혜와 의리를 널리 베풀어라. 인생이 어디서든 서로 만나지 않으랴? 원수를 맺지 마라. 좁은 길목에서 만나면 피하기가 어렵다. (명심보감, 계선편)

명심보감 수편首篇인 계선편의 주제는 선행과 악행에는 철저한 과보果報가 따른다는 것이다. 그래서 처음 시작 문장도 '선善을 행하는 사람에게는 하늘이 복으로 갚아주고, 악惡을 행하는 사람에게는 화禍로 갚는다(爲善者 天報之以福 爲不善者 天報之以禍)'고 했다.

조선 중기에 홍순언洪純彦이라는 역관譯官이 있었다. 그가 사신使臣을 따라 중국에 가게 되었는데 북경 가까운 통주通州의 어느 청루靑樓에서 기생 한 사람을 만났다. 그런데 그녀는 소복素服 차림이었다. 그리고 기생이기보다는 사대부가士大夫家의 여자다운 품위가 느껴졌다. 이런 곳에 출입할 사람이 아니라는 생각이 들어 혹시 어떤 사연이 있는지를 물었다.

아니나 다를까 그는 남경南京 출신 호부시랑戶部侍郎 류모柳某의 무남독녀였다. 당시 아버지가 누명을 쓰고 옥사獄死하고 어머니마저 죽자 남겨진 빚에 장례비葬禮費마저 구할 수 없었다. 그래서 몸을 팔기 위해 청루에 나왔다는 것이다. 홍 역관은 그녀의 효성을 치하하고 자신이 가진 돈 2,000냥과 인삼人蔘을 그녀에게 주었다. 후일을 위해 성명 석자라도 알려 달라는 처녀에게 그냥 조선 역관 홍씨洪氏라는 사실만 알려주고 헤어졌다. 처녀는 그 돈으로 부모의 빚을 갚고 장례를 무사히 치렀다.

그 후 선조 21년(1588년)에 홍순언은 종계변무사宗系辨誣使 황정욱黃廷彧을 따라 북경에 다시 가게 되었다. 원래 태조 이성계의 아버지는 이자춘李子春인데 어쩐 연유인지 대명회통大明會通 등 명나라의 기록에는 이인임李仁任으로 잘못 기록되어 있었다. 이와 같은 잘못된 종실의 계통系統을 바로잡는 일이 종계변무宗系辨誣이고, 이 임무를 띤 사신이 종계변무사였던 것이다. 조선의 역대 왕은 이를 바로잡기 위해 십수 차례 사신을 보냈으나 실패했다. 따라서 이번에 만약 또 실패한다면 엄벌을 받게 되는 막중한 임무였다.

사신 일행이 요동 땅에 들어서자 영접사迎接使가 나왔는데 예부시랑禮部侍郎 석성石星이 보낸 사자使者였다. 그 사자는 홍 역관을 찾았고 홍 역관이 자신임을 밝히자 먼저 그를 안내하여 석성石星에게 안내했다. 그런데 뜻밖에 거기서 지난날 자신이 도움을 주었던 류씨柳氏 처녀를 만나게 되었다. 어쩐 일이냐고 물으니 자신과 헤어진 후 상처喪妻한 석성石星의 후실後室이 되어 홍 역관의 은혜를 갚으려고 조선 사신이 올 때마다 찾고 기다렸다는 것이다.

홍 역관 역시 이번 사신의 임무를 말하고 그 절박함을 호소했더니 석성은 힘써보겠다고 약속했다. 종계변무는 바로 예부시랑인 그의 업무소관이었던 것이다. 결국 그는 뜻밖에도 쉽게 200년 가까이 끌던 종계변무의 임무를 완수했다. 돌아올 때 류씨 부인은 손수 수놓아 짠 비단 100필을 보은의 선물로 주었다. 그 비단에는 '報恩'이라는 글자가 새겨졌다. 보은단報恩緞이었다.

귀국 후 홍순언은 종계변무를 성사시킨 공으로 광국이등공신光國二等功臣에 책훈되고 당릉군唐陵君에 봉해졌으며, 종이품從二品 우림위장羽林衛將을 시작으로 병조참판에까지 올랐다.

그런데 이게 끝이 아니었다. 그 후 임진왜란이 일어났을 때도 명나라에 지원병을 요청하는 사신을 따라 가서 때마침 병부상서兵部尙書였던 석성의 도움으로 쉽게 명나라 군사를 끌어들이게 되었다. 한 사람의 개인이 베푼 은혜가 개인에게는 영광이 되고 국가의 위기마저 구했다. 이 모두가 은의恩義를 광시廣施한 결과라 하겠다.

그런데 선행은 비록 작은 것이라도 단발로 끝내지 않고 이어가야 의미가 있다. 그리고 사소한 악행이라도 '이런 것쯤이야' 하고 대수롭지 않게 생각하면 안 된다. 역시 계선편에는 다음과 같은 내용이 있다.

> 동악성제 수훈에서 말했다. 하루 동안 선행을 했다고 해서 복福이 당장 이르지는 않더라도 화禍는 점점 멀어질 것이요, 하루 동안 악행을 했다고 해서 화禍가 당장 미치지는 않지만 복福은 그만큼 멀어진다. 선善을 행하는 사람은 봄 동산의 풀과 같아서 그 자라는 것은 보

이지 않으나 나날이 성장해 가고, 악惡을 행하는 사람은 칼 가는 숫돌과 같아서 그 닳는 것은 보이지 않으나 나날이 줄어든다.

(東岳聖帝 垂訓 曰 日行善 福雖未至 禍自遠矣 一日行惡 禍雖未至 福自遠矣 行善之人 如春園之草 不見其長 日有所增 行惡之人 如磨刀之石 不見其損 日有所虧)

작은 선행이라도 하나하나 쌓이게 되면 그 공덕이 봄풀과 같이 자랄 것이고, 사소한 악행이라도 자꾸 하다 보면 숫돌처럼 자신의 몸을 닳게 할 것이다. 그리고 작은 선행으로 설령 복福이 이르지는 않는다 하더라도 화禍는 저만큼 멀어질 것이니 이 역시 복福이 아니겠는가? 그리고 작은 악행으로 당장 화禍가 이르지 않는다고 해도 복福이 멀어지니 이 역시 화禍가 아니겠는가?

(2017. 1)

회사후소繪事後素 — 바탕이 먼저이다

> 子夏問 巧笑倩兮 美目盼兮 素以爲絢兮 何謂 子曰 繪事後素 曰 禮後乎 子曰 起予者 商也 始可與言詩已矣 (論語, 八佾篇)
>
> 자하 : '고운 웃음, 예쁜 눈동자, 하얀 분 위에 아름답구나!' 란 말은 무슨 뜻입니까?
>
> 공자 : 그림은, 먼저 그리는 바탕을 마련한 뒤에 그려야 한다.
>
> 자하 : 예禮가 나중이군요.
>
> 공자 : 나를 일으키는 자는 상(자하의 이름)이로구나. 비로소 너와 시詩를 말할 수 있겠구나.
>
> (논어, 팔일편)

논어의 위의 대목은 공자와 제자 자하子夏와의 대화이다. 하얀 분을 바른 얼굴 위에 이목구비耳目口鼻가 아름답다는 시경詩經의 구절의 뜻이 무엇이냐는 질문에 공자는 '그림 그리는 일'에 비유하여 설명했다. 그림 그리는 일은 무엇보다 그림의 바탕이 먼저 마련되어야 한다는 것이다. 아무리 솜씨가 뛰어나도 바탕이 깨끗하지 못하면 제대로 된 그림을 그릴 수가 없다. 그러자 자하는 여기서 더 나아가 예교론禮敎論으로 발전시켰다. 인간에게 예禮가 매우 중요한 덕목이지만 올바른 마음가짐이 먼저라는 공자의 가르침을 깨달은 것이다.

그렇다고 공자가 예를 경시한 것은 아니다. 그는 제자 안회顔回와의 대화에서 '자신의 사욕私慾을 이기고 예를 회복하는 것이 인仁(克己復禮 爲仁)'이라고 가르쳤다. 나아가 '하루만이라도 사욕私慾을 이기고 예를 회복하면 천하가 다 인仁으로 돌아간다(一日克己復禮 天下歸仁焉)'고까지 했다.

그리고 예의 본질을 묻는 임방林放의 질문에 '예는 사치스럽다기 보다는 차라리 검소한 것이고, 상례喪禮는 복잡한 절차이기 보다는 슬퍼하는 마음(禮 與其奢也寧儉 喪 與其易也寧戚)'이라고 말했다. 또한 '사람이 어질지 않다면 예가 무슨 필요가 있느냐(人而不仁 如禮何)'고 가르쳤다. 이로 보면 공자는 문文보다는 질質, 곧 꾸밈보다는 바탕을 중시했다.

이처럼 공자는 제자와의 대화를 통해 시경 한 구절로서 용모론容貌論에서 회화론繪畫論으로, 그리고 예교론禮敎論으로 자연스럽게 발전시켜 나갔던 것이다. 이는 매우 탁월한 공자의 교육방법이었다.

그런데 우리는 위의 대목에 머물지 말고 '인성론人性論', '교육론敎育論'으로 좀 더 발전시켰으면 한다. 인간에게 있어서 재능과 덕성德性은 수개의 수레바퀴와 같다. 위에서 말한 '아름다운 그림'은 '재능'이요, '그림의 바탕'은 '덕성'이다. 재능의 가치를 발현하려면 그에 상응하는 덕성이 바탕이 되어야 한다. 그렇지 못하면 그 재능은 유용하게 쓰이지 못하고 오히려 해악을 끼칠 수도 있다. 칼은 요리사의 손에서는 맛좋은 음식을 만들지만 강도의 손에 들리면 범행의 도구가 된다.

오늘날 우리 교육의 현실을 또한 돌아볼 필요가 있다. 시험성적을 절대시하는 지식교육에 밀려 중요한 인성교육은 제자리를 찾지 못하고 있다. 인사 하나 제대로 못해도 도덕, 윤리 시험은 만점을 받는 것이 오늘날의 평가제도이다.

좀 오래 전이긴 하나 유니세프국제아동기금에서 아시아 태평양지역 17개국 청소년을 대상으로 어른에 대한 공경 정도를 설문으로 조사했는데 동방예의지국東方禮儀之國이라는 우리나라가 최하위였다는 발표를 읽은 적이 있다. 지금이라고 그리 개선되지는 않았을 것이다. 이를 증명이라도 하는 듯 청소년에 의한 각종 반인륜적인 사건이 빈번하게 일어나고 있다. 심지어 유학생이 아버지를 죽인 사건도 있다. 급속한 경제성장과 일등주의, 성과주의의 그늘치고는 너무 심각하다. 이 모두가 인성을 도외시하고 성적이나 재능만을 추구한 결과가 아니겠는가?

오늘 '회사후소繪事後素'라는 논어의 한 구절을 읽으며 꾸밈보다 바탕이 우선이라는 공자의 위대한 가르침에 새삼 공감한다. 우리 사회가 진정 바라는 인물은 머리만 좋은 사람이 아니라 올바른 품성과 따뜻한 가슴을 가진 사람이기 때문이다.

(2016. 11)

군성신충君聖臣忠

王良 曰 欲知其君 先視其臣 欲識其人 先視其友 欲知其父 先視其子 君聖臣忠 父慈子孝 (明心寶鑑, 省心篇)

왕량이 말했다. 그 임금을 알려고 한다면 그 신하를 보고, 그 사람을 알려고 한다면 먼저 그 벗을 보고, 그 아비를 알려고 한다면 먼저 그 자식을 보라. 임금이 훌륭하면 그 신하가 충성하고, 아비가 인자하면 자식이 효도하느니라. (명심보감, 성심편)

최순실 게이트로 온 나라가 들끓고 있다. 참 불행한 일이다. 헌법재판소에서 탄핵 심리를 하고 있는데 헌정사상 두 번째이다. 언론에서 보도한 바와 같이 비선秘線의 여자 한 사람이 국정을 농단壟斷한 것이 사실로 드러난다면 농단자만의 문제가 아니라 거기에 놀아난 통치권자의 판단과 능력도 문제가 된다. 용인술도 바로 통치권자의 능력이기 때문이다.

그동안 검찰이나 특검의 재판과정을 보면 관련자 모두가 자신은 몰랐다, 지시대로 했다는 등 떠넘기기로 일관하고 있는 것 같다. 도대체 모두가 다 아는 일을 업무를 관장하는 당사자들이 몰랐을 리가 없다. 문제는 잘못된 것을 알고도 침묵했거나 시정是正을 건의했으나 받아들여지지 않았거나 둘 중의 하나다. 그런데 후자라면 자신의 직책을 던지고 나왔어야 했다. 그래야 책임을 면할 수 있다. 그런데 고위 참모가 자신의 올바른 건의가 받아들여지지 않아서 사표를 던지고 나왔다는 소문은 들은 바 없다.

우리나라에는 왜 명예롭게 임기를 마치고 박수 속에 퇴장하는 대통령이 아직 한 사람도 없는가? 왜 역사를 두려워하지 않는가? 권력을 내놓게 되면 반드시 거쳐야 할 검증의 관문을 왜 자신은 예외라고 인식할까?

군성신충君聖臣忠 — 왕이 훌륭하면 신하가 충성한다. 이는 비록 왕조시대의 말이지만 오늘날도 예외가 아니다. 왕이나 대통령 주변의 사람들은 최고통치자의 의중에 따라 움직인다. 만약 최고통치자가 듣고 싶은 소리만 들으려 한다면 누구 한 사람 실상대로 보고하지 않는다.

중국 전국시대戰國時代 위나라 임금 문후文侯가 어느 날 신하들에게 자신은 어떤 임금이냐고 물었다. 모두들 어진 임금이라고 대답했다. 그때 임좌任座라는 신하가 말했다.

"임금님께서 중산中山 땅을 얻으시어 임금님의 아우를 봉하지 않고 임금님의 아들을 봉하였으니 어찌 어진 임금이라 할 수 있겠습니까?"

이 말을 들은 문후가 언짢아하자 임좌는 빠른 걸음으로 물러났다. 다음으로 책황翟璜이라는 신하에게 똑같은 질문을 하니, 그는 문후를 어진 임금이라고 했다. 어째서인가 물으니 그는 대답했다.

"옛말에 '임금이 훌륭하면 신하가 바른 말을 한다'고 했습니다. 조금 전 임좌는 바른 말을 했습니다. 이는 임금님이 어질기 때문입니다."

이에 문후가 뉘우치고 임좌를 다시 불러 돌아오게 하고는 몸소 당 아래에까지 내려가 맞아들여서 상경上卿으로 삼았다. 문후는 비록 평범한 임금이었지만 바른 말을 하는 신하가 있었고, 신하들의 말에 귀를 기울였기에 허물을 남기지 않을 수 있었다.

당나라 태종이 '정관貞觀의 치治'라는 좋은 정치를 한 것 역시 위징魏徵같은 신하가 있었기에 가능했다. 위징은 당 태종이 듣기 싫어하는 직언을 서슴지 않았다. 하지만 당 태종은 그런 위징을 내치지 않았다. 그 중에는 우리나라와 관련된 것도 있다. 삼국사기에 의하면 진평왕이 당 태종에게 미녀 두 사람을 보냈는데 위징은 이를 받는 것은 옳지 않다고 만류했다. 결국 당 태종은 이들을 되돌려 보냈다. 그러면서 말했다.

"임읍(林邑 : 지금의 베트남)에서 보내온 앵무새도 따뜻한 자기 나라로 돌아가고 싶어 하는데, 하물며 친척을 멀리 이별하고 온 두 여자의 처지가 어떻겠는가?"

황제의 덕망이 더욱 높아졌음은 물론이다.

그런데 그런 당 태종도 위징의 직언에 역정을 낸 적이 있었다. 너무도 못마땅하여 얼굴까지 붉히며 대궐을 박차고 나왔다. 태종은 내전에 들어와서도 분이 풀리지 않았다.

그래서 그는 문덕황후에게 말했다. "내 위징, 그 시골뜨기 영감쟁이를 없애버리고 말겠소" 이때 황후는 안으로 들어가서 예복을 갖추어 입고 나와 당 태종에게 큰절을 올렸다. 태종이 놀라 이유를 묻자 그녀는 대답했다.

"옛말에 임금이 훌륭하면 신하가 충성스럽다 했습니다. 지금 위징같이 바른 말을 하는 충신이 있는 것은 폐하께서 성군聖君이시라는 뜻입니다. 그래서 경하를 드리는 바입니다." 태종은 결국 가슴속에 타오르는 분노를 꺼버렸다. 이런 사례를 보면 태종의 '정관貞觀의 치治'에는 충성스런 신하만이 아니라 현명한 황후가 있다는 것도 고려되어야 할 것 같다.

당 태종은 평소 세 종류의 거울을 들어서 자신의 허물을 바로잡았다고 한다. 동경銅鏡과 사경史鏡과 인경人鏡이다. 즉, '구리로 거울을 만들면 자신의 용모를 단정하게 할 수 있고, 역사를 거울삼으면 천하의 흥망성쇠의 원인을 알 수 있으며, 사람을 거울로 삼으면 자기의 득실을 분명하게 알 수 있다'고 했다. 그래서 직언 신하 위징魏徵이 질병으로 죽자 '거울 하나를 잃었다'고 애석함을 토로했다

최근 많은 국제정세의 어려움 속에 이러한 어지러운 정국을 맞아 정말 나라가 걱정이 된다. 대통령도 여성이기에 거울을 통해 용모에 신경을 쓰는 것도 당연하지만, 용모를 비추어 보는 거울뿐만이 아니라 역사의 거울, 사람의 거울에도 관심을 가졌으면 한다. 그리고 국민들도 알아야 한다. 대통령의 법적 책임 유무나 진퇴 여부는 헌법기관을 통해서 판결을 내릴 일이지 군중집회로 세 대결을 하는 것은 스스로 법치국가임을 부정하는 행위이다. 헌재가 제대로 심리하여 어떤 판결을 내리든 수용하여 하루빨리 정국이 수습되기를 바랄 뿐이다.

(2016. 12)

나에게는 형이 없는데 ……

經目之事 恐未皆眞 背後之言 豈足深信 (明心寶鑑, 省心篇)

눈으로 본 일도 진실이 아닐까 두려운데, 등 뒤에서 하는 말을 어찌 족히 깊이 믿을손가! (명심보감, 성심편)

어느 시대건 헛소문이 없지는 않다. 그런데 그 중 가장 나쁜 것은 남을 음해하거나 모함하는 말이다. 이는 남을 곤란에 빠뜨리거나 끌어내림으로써 자신의 이익을 도모하려는 세력이 퍼뜨리는 경우가 많다.

그런데 옛날 현인들은 음해를 당하더라도 적극적으로 해명하지 않았다. 누군가로부터 음해를 받는 것을 자신의 부덕不德의 탓이라 여겼으며, 그럴수록 더욱 자기수양에 열중했다.

한漢나라 효문제 때의 문신인 직불의直不疑는 낭관으로 있을 때 함께 근무하는 사람이 휴가를 가면서 동료의 금金을 자기 것으로 잘못 알고 가져갔다. 금을 잃은 사람이 직불의가 가져간 것으로 오해하자 그는 변명하지 않고 보상해 주었다. 그런데 휴가 갔던 사람이 돌아와서 자기 것이 아니라며 금을 돌려주자 직불의를 의심했던 사람은 매우 부끄러워하며 사과했다고 한다. 그로 인해 직불의는 많은 사람들로부터 칭송을 받았다. 또 한번은 태중대부太中大夫가 되어 황제를 뵐 때 누군가 직불의가 형수와 간통했다는 모함을 했다. 그러자 그는 궁궐 밖으로 나오면서 혼잣말로 "나에겐 형이 없는데(我乃無兄)"라고만 했을 뿐 적극적으로 자신의 결백을 밝히지 않았다. 나중에 혐의를 벗은 것은 물론이다.

후한後漢 때 신하 제오륜第五倫은 상습적으로 장인丈人을 구타했다는 모함을 받았는데, 나중 자신이 결혼했을 때는 이미 장인이 돌아가신 뒤였음이 밝혀져 오해가 해소됐다.

현명한 군주가 여러 음해를 마주하고도 신하를 믿어 성공한 사례도 있다.

위魏나라 문후文侯가 악양樂羊을 장수로 삼아 중산中山을 공격하였으나 함락하는 데 3년이나 걸렸다. 결국 악양은 승전을 하고 개선했는데 매우 득의양양했다. 이에 문후는 악양에게 상자 하나를 보여주었다. 그 상자 안에는 지난 3년 동안 악양을 비방하는 문서가 가득 차 있었다. 이것을 본 악양은 일어나 두 번 절하고 머리를 조아리며 "이번의 승리는 신臣의 공功이 아니라 신臣에 대한 모함을 감추어 주신 전하의 힘입니다"고 말했다.

우리는 지금 정보의 홍수 속에 살고 있다. 표현의 자유라는 미명 하에 진실과 거짓을 가늠할 수 없는 각종 루머가 인터넷을 도배하고 있다. 그로 인해 많은 사람이 명예가 훼손되고 인권이 유린되고 있는 것이 현실이다.

이런 풍토라면 직불의直不疑나 제오륜第五倫이 나와도 의혹을 벗기 어렵다. 그리고 위나라 문후가 나와도 올바른 신하를 음해로부터 지켜주지 못할 것이다.

음해가 가장 심할 때는 선거철이다. 선진국인 미국도 예외가 아니다. 지난해 미국 대통령 선거는 폭로전, 비방전의 양상을 띠었으며, 그 과정에서 법정으로 비화되기도 했다. 어떤 통계에 의하면 선거일 기준 3개월간 인터넷상을 달궜던 헛소문에 불과한 가짜뉴스가 870만 건으로, 사실에 근거를 둔 진실한 뉴스 736만 건보다 더 많았다고 한다.

우리나라도 올해 대통령 선거가 있다. 지금의 시끄러운 정세라면 어쩌면 몇 달 앞당겨 실시될지도 모른다. 그리고 내년에는 광역자치단체장 선거와 지방자치단체장 선거, 그리고 광역의원과 기초의원, 각 시도 교육감을 뽑는 지방선거가 있다. 음해와 모함이 진실인 양 포장돼 포털 사이트나 SNS 등에 난무하는 경우 유권자가 제대로 선거에 임할지가 걱정이다.

아니면 말고 식의 폭로전으로 가면 진실 여부를 가리기는 불가능하다. 만약 사실을 확인하기 전 해명을 유보하거나 침묵하면 일단 혐의가 사실인 양 인식된다. 그리고 엄연한 진실도 투표 전에는 무조건 상대를 일단 무고誣告로 고발하고 본다.

여기에는 국민들도 한몫 한다. 사실 여부가 확인될 때까지 차분히 기다려주지 못한다. 그리고 선거만 지나면 그 과정에 있었던 일을 기억으로부터 지워버린다. 이런 점을 선거꾼들은 이용한다.

상자 가득 모함 상소를 받고서도 신하를 끝까지 믿어주었던 군주, 그리고 형수를 범했다는 악성 음해에도 '내게는 형이 없는데 ……'라고 중얼거리며 적극적으로 해명하지 않았던 신하가 새삼 생각난다.

(2017. 1)

편안함과 즐거움을 위하여

景行錄曰 心可逸 形不可不勞 道可樂 心不可不憂 形不勞則怠惰易弊 心不憂則荒淫不定故 逸生於勞而常休 樂生於憂而無厭 逸樂者 憂勞 豈可忘乎. (明心寶鑑, 正己篇)

경행록에서 말했다. 마음이 편안하려면 몸은 수고롭지 않을 수 없고, 도를 즐기려면 마음은 근심하지 않을 수 없다. 몸이 수고롭지 않으면 게을러서 폐단에 빠지기 쉽고, 마음이 근심하지 않으면 황음해져서 안정을 잃게 된다.

편안함이란 수고로움에서 나와야 오래 가고, 즐거움은 근심 속에서 생겨야 싫증이 나지 않는다. 따라서 편안하고 즐거우려 하는 사람은 어찌 수고로움과 근심을 잊을손가?

(명심보감, 정기편)

몸과 마음은 쓰기 위해서 존재한다. 따라서 몸과 마음은 쓰지 않으면 그 의미를 잃게 된다. 열심히 일한 뒤에 얻는 휴식이 참된 휴식이며, 애써 추구하던 일이 이루어질 때 진정한 성취감을 맛본다. 땀 흘려 산을 오른 사람과 케이블카를 타고 오른 사람이 정상에서 느끼는 기분이 같을 수 없다. 같은 이유로 배고픈 사람과 배부른 사람이 느끼는 음식 맛도 다를 수밖에 없고 물맛도 목이 마른 사람과 그렇지 않는 사람은 다르게 느낀다.

사실 인류의 문명은 수고로움에서 편안함으로, 불편함에서 편리함으로 발전해 왔다. 이는 지금도 그렇고 앞으로도 그럴 것이다. 그런데 문제는 지나치게 편안함과 편리함을 추구하고 수고로움과 불편함을 외면한 결과 오히려 문화의 긴장성을 잃어가고 있다는 사실이다.

천도天道는 항상 음양의 교호작용에 의해 존재하기에 편안함은 수고로움을 전제로, 기쁨이나 즐거움은 슬픔이나 근심을 전제로 얻을 수 있는 마음의 작용이다. 그러기에 수고로움과 근심을 철저히 외면하고 편안함과 즐거움만을 추구하는 것보다 더한 욕심은 없다.

물질적 풍요를 한껏 누리고 있는 오늘날 우리는 오히려 지난날 가난했던 시절을 기억해야 한다. 그때의 기억을 되살려 물질의 소중함을 알고, 나아가 가난한 이웃에게 나눔을 실천하는 기회를 가져야 한다. 옛말에도 '귀하게 된 뒤에 천했을 때를 잊으면 그 귀함이 오래가지 못한다(貴而忘賤者 不久)'고 했다. 다음은 장지연이 쓴 '일사유사逸士遺事'에 나오는 이야기다.

조선 인조~현종 때 호조판서 등 높은 벼슬을 한 김좌명金佐明이란 분이 있었다. 그는 대동법大同法을 시행한 영의정 김육金堉의 아들로 명망 있는 가문의 훌륭한 정치가였다. 그가 호조판서로 있을 때 그 집에 최술崔戌이라는 하인이 있었는데 글을 알 뿐 아니라 성실하고 예의도 바르기에 그를 서리胥吏로 임명해 자기 관청의 중요한 자리를 맡겼다. 그런데 얼마 후 최술의 홀어머니가 그를 찾아와 아들의 요직을 거두고 다른 낮은 자리로 옮겨달라고 간곡하게 요청했다. 그는 매우 놀랐다. 최술이 얼마나 원했던 관직이었는데 이제 와서, 그것도 어머니가 그렇게 말하다니? 이유를 묻자 그녀는 이렇게 대답했다.

"저는 일찍 남편을 여의고 가난해서 끼니를 잇지 못할 정도였는데, 대감의 은덕으로 굶지 않고 살게 됐습니다. 거기다 아들이 관직을 얻어 부잣집에 장가도 갔습니다. 그런데 어느 날 아들이 처가에 갔다 오더니 '뱅어국이 맛이 없다'는 둥 반찬투정을 늘어놓았습니다. 지난날 가난했을 때에는 술지게미나 개떡이라도 꿀맛같이 여겨 불평 한마디 없이 살아온 아들이었습니다. 그런 아들이 장가든 지 열흘 만에 벌써 그렇게 불평을 하는 것은 교만하고 사치스런 마음이 생겼기 때문입니다. 그런 마음으로 재물을 관리하는 중요한 자리에 오래 있다가는 무슨 일을 저지를지 모릅니다. 소인은 아들 하나를 믿고 살아가기에 아들의 불행은 차마 지켜볼 수 없습니다. 대감께서도 아들놈을 아끼신다면 제발 소인의 청을 들어주십시오."

김좌명은 최술의 어머니에게서 큰 감명을 받고, 그 후 사람을 쓰는 일에 그 어머니의 말을 큰 교훈으로 삼았다고 한다. 아마도 이런 훌륭한 어머니라면 아들도 틀림없이 개과천선改過遷善했으리라 본다.

오늘날 우리 부모들은 어떤가? 비 한 방울, 바람 한 점 없는 온실 속에서 아이들을 키우고 있지는 않은지 생각해 볼 일이다. 결핍과 불편을 모르고 자라난 세대가 진정한 편안함과 즐거움의 올바른 의미를 알 턱이 없다.

속성상 편안함과 즐거움은 끝이 없다. 이는 만족할 줄을 모른다는 말이다. 기대 수준을 낮추지 않고 만족의 강도를 자꾸 높여가는 것은 절대 행복으로 가는 길이 아니다. 물질적으로 풍요로운 오늘날의 행복지수가 지난날 가난했던 시절보다 꼭 높다고만 볼 수 없다. 그리고 오늘날 행복지수가 높은 나라가 반드시 부자나라가 아니라는 사실도 자각할 필요가 있다.

송宋나라 왕신민汪信民이 '사람이 항상 나물뿌리를 씹을 수 있다면 세상 모든 일을 다 이룰 수 있다(人常能咬菜根卽百事可成)'고 했듯 나물뿌리의 쓴 맛을 본 사람이 인생의 맛을 가장 잘 느끼고 아울러 어려운 일도 이룰 수가 있다.

그렇다. 고생은 즐거움의 어머니(苦者樂之母)라는 말처럼 진정 편안하고 즐겁고자 하는 사람은 수고로움과 근심을 회피하지 말아야 한다.

(2017. 1)

득총사욕得寵思辱

> 得寵思辱 居安慮危 (明心寶鑑, 省心篇)
>
> 총애를 얻었거든 욕될 때를 생각하고, 편안하거든 위태로울 때를 염려하라. (명심보감, 성심편)

사랑은 변하지 않는 것인가? 변하는 것인가? 물론 사랑의 본질은 변하지 않는 영원한 진리이다. 하지만 개별적 · 경험적 사랑까지도 불변이라고 할 수만은 없을 것 같다.

위衛나라에 미자하彌子瑕라는 미소년이 있었다. 그는 남자임에도 미색으로 왕의 총애를 받고 있었다. 어느 날 그는 어머니가 병이 났다는 소식을 들었다. 너무 급한 김에 그는 왕명이라 속이고 왕의 수레를 타고 문병을 다녀왔다. 국법에는 왕의 수레를 허락 없이 타면 월형刖刑이라는 발을 자르는 형벌을 받게 되어 있다. 뒤에 이 사실을 안 왕은 미자하를 오히려 칭찬했다. 얼마나 효성이 지극했으면 무서운 형벌도 감수하고 임금의 수레를 타고 갔을까 하고.

또 하루는 미자하彌子瑕가 복숭아밭에서 복숭아를 먹다가 맛이 너무 좋다며 반쯤 먹다 만 복숭아를 임금에게 바쳤다. 이번에도 왕은 기뻐하며 "맛있는 복숭아를 다 먹지 않고 가지고 와서 과인에게 주다니, 과인을 생각하는 마음이 참 지극하구나" 하고 칭찬했다.

그런데 세월이 흘러감에 따라 왕의 총애도 점점 식어갔다. 그러던 중 미자하가 가벼운 잘못을 저지르게 되었다. 왕은 종전과는 전혀 다른 태도로 미자하를 꾸짖었다. "네놈은 본래 성품이 좋지 못한 놈이다. 이번뿐만이 아니라 예전에도 나 몰래 나의 수레를 탔으며, 먹다가 남은 복숭아를 나에게 먹으라고 주었도다. 이런 불경한 놈은 당장 처벌하라"

한비자韓非子에 나오는 이른바 '여도지죄餘桃之罪' 고사이다. 사랑을 받을 땐 누구나 그 사랑이 영원히 갈 것이라고 착각하여 행동하다가 끝내 욕됨을 당하고 만다. 따라서 사랑이 변하는 속성을 깨닫는 자만이 욕됨을 면할 수 있다. 사랑의 불변성을 믿는 사람이 덕이 있는 사람이라면, 사랑의 가변성을 믿는 사람은 지혜로운 사람이다.

조선시대 군왕 중에서 축출된 두 왕은 바로 연산군과 광해군이다. 왕이었음에도 불구하고 묘호廟號가 없고 종묘에 배향되지도 못한다. 그리고 무덤도 능이 아니고 묘이며, 통치기록도 '실록'이 아니라 '일기日記'로 칭한다.

이 두 왕이 이런 지경에 이른 이유는 왕의 총애를 믿은 두 여자가 있었기 때문이다. 지금까지 드라마에서도 많이 나온 연산군의 후궁 장녹수張綠水와 광해군의 궁녀 김개시金介屎가 그녀들이다. 두 여인의 공통점은 둘 다 천민 출신이며 왕의 총애를 얻은 뒤에는 하늘을 찌를 듯한 권세로 국정을 농단하였다는 것이다. 그리고 그녀들의 말로末路는 비참한 죽음이었다. 그녀들은 나이가 들어감에도 왕의 총애가 영원할 줄 알았다.

그 결과 자신도 망치고 군주도 망치고 나라도 혼란에 빠뜨렸다.

그런데 근세인 불과 100여년 전에도 이런 사례가 있으니 고종 때의 여자 무당 진령군眞靈君이다. 1882년 임오군란 시 명성황후는 충주 부근의 장호원으로 피신을 하였다. 이때 나타난 이가 무당 이씨다. 그녀는 천민 출신으로 일찍이 혼인을 했으나 과부가 되었다. 어떻게 무당이 되었는지는 알려지지 않았다. 아마 당시 정변으로 불안하고 답답했던 명성황후가 자신의 미래를 알고 싶어 무당을 불러 점을 치게 했을 것이다. 그런데 그는 용케도 환궁한 날을 맞추었다. 이로 인해 명성황후의 신임을 얻고 함께 궁궐에 들어왔다.

그 후 명성황후는 물론 고종의 전폭적인 신임과 총애를 얻은 무녀 이씨는 국정의 비선실세秘線實勢가 되었다. 자신의 사당을 짓고 재물을 모으고 인사人事에 개입하는 등 무소불위無所不爲의 권세를 휘둘렀다. 그녀의 문 앞에는 고관대작들이 줄을 이었다고 한다. 급기야 고종은 그녀에게 진령군眞靈君이라는 작호를 내리기까지 하였다. 여자가 그것도 7종 천민인 무당이 당호堂號가 아닌 군호君號를 받은 것은 조선 역사상 유일무이한 사례라고 한다. 멈출 줄 모르던 그의 권세는 결국 명성황후가 시해된 1895년이 지나서야 멈추었다. 의문의 죽음을 당한 것이다.

사랑뿐만이 아니라 명예도 그렇다. 공을 이루어 명예를 얻었더라도 그 명예는 영원한 것이 아니다. 따라서 자신을 낮추고 적당할 때 그 자리를 내려와야 한다. 이것이 '공성신퇴功成身退'다. 그러지 않으면 화를 당한다. 세상을 뒤덮을 만한 공을 세우더라도 자랑 긍矜 자 하나로 무너진다고 했다.

또 하나, 편안할 때 위태로움을 생각하라는 말은 권력가뿐만 아니라 평범한 사람들에게도 좋은 경구警句가 된다. 평소에 큰 비용 들이지 않고 예방하면 될 것을 꼭 병이 나서야 거금을 들고 병원을 찾는다. 그렇다. 서리를 밟으면 겨울이 올 줄 알아야 한다.

(2016. 11)

전시품과의 대화

박물관 전시품이 들려주는 속삭임은 팍팍한 현실을 살아가는 사람들에게 따뜻한 위안과 격려도 되지만 때로는 따가운 질책이 되기도 한다. 이제 그 속삭임을 부족하나마 나름대로 관람객들에게 전하려고 한다.

박물관 전시품과의 대화

오늘은 목요일, 경주박물관에서 해설 봉사를 하는 날입니다. 오전 10시 주전시관主展示館인 신라역사관에 들어서니 벌써 한 무리의 신청자들이 기다립니다. 10여 명의 60대 여성 단체인데 고등학교 동기생들이라고 합니다. 매년 모임을 갖다가 올해는 수학여행의 추억을 떠올리며 40년 만에 경주를 찾았다네요.

신라역사관 1회 해설 시간은 1~2시간으로 신축적입니다. 그러니까 관람객의 수준이나 흥미, 집중도에 따라 해설 시간을 달리하는 것이지요. 오늘 신청자들은 아무래도 유물의 의미보다는 까마득한 학창시절의 추억여행에 관심이 있어 보이기에 그리 많은 시간을 요하지 않으리라 했는데 의외로 해설에 집중을 해주어 꼬박 2시간을 채웠습니다.

사실 2시간을 쉼 없이 서서 말을 하고 나면 이제는 나이 탓인지 허리도 아프고 목도 탑니다. 그러나 전시 유물의 의미를 알고 싶어 하는 열정적인 관람객을 만났을 때는 적어도 해설 도중에는 힘들거나 불편함을 전혀 의식하지 못합니다. 그리고 마친 후 정말 도움이 되었다고 감사 인사라도 들을라치면 피로가 싹 풀리는 듯합니다. 오늘 그들은 해설이 끝난 뒤 다시 찾아와 과즙음료까지 사다주면서 거듭 인사를 하고 떠났습니다.

60명 가까운 경주박물관 해설 봉사자들은 경주지역에 사시는 분들도 있지만 부산, 울산, 포항 등 먼 곳에서 오는 사람이 더 많습니다. 이들 역시 이런 보람으로 교통비 들여가며 시간과 노력을 기꺼이 투입합니다.

언뜻 정년으로 교직을 떠나던 때가 생각납니다. 2010년 8월입니다. 흔히 정년이 다가올 무렵이면 주위에서 퇴임 후 무엇을 할 것인지 많이 묻습니다. 하지만 항상 제 대답은 철저히 백수(?)가 되어보겠다는 것이었습니다. 사실이었습니다. 길다면 긴 40년 가까운 세월을 시간에 맞춘 생활을 해왔기에 퇴직을 하면 무엇보다 시간으로부터 자유롭고 싶었던 게지요.

그래서 퇴임 이후 한동안은 정말 아무 계획 없이 지냈습니다. 자고 싶을 땐 자고, 일어나고 싶을 땐 일어났습니다. 먹고 싶을 때 먹고, 읽고 싶을 땐 읽고, 서향집 뜰에서 하릴없이 일몰을 바라보기도 했습니다. 그야말로 시간을 내 마음대로 고무줄처럼 늘이고 줄이는 세월의 지배자가 된 것이지요. 특별한 일 아니면 외출도 하지 않았기에 옷은 아무렇게나 입고 넥타이 매는 방법도 잊어버릴 지경이었습니다. 그리고 머리도 자주 감지 않았을 뿐 아니라 세수도 건너뛰는 날이 있었습니다. 그래서 아내에게 핀잔도 많이 들었습니다.

옛말에 바닥까지 내려가 본 사람이 그 계곡의 깊음을 안다고 했습니다. 어느 종편 방송의 '자연인'처럼 그렇게 1년 가까이 지내자 몰골은 말이 아니었고 생활은 게을러졌습니다. 더 큰 문제는 외부와의 벽이 점점 두꺼워져 간다는 것이었습니다. 역설적으로 '자유'가 다시 나를 '고립' 속에 가두고 속박하는 것이었습니다.

그 순간 누군가 말한 '인생 이모작'이라는 말이 떠올랐습니다. 그렇다. 이모작二毛作이다! 농부는 기력이 조금이라도 남은 이상 텃밭을 황폐하게 내버려두지 않습니다. 아직은 나에게도 이모작의 여력이 있지 않은가? 그런데 이모작은 일모작과는 다르다고 생각했습니다. 일모작은 철저한 경제성을 위주로 하지만 이모작, 특히 퇴직 후의 이모작은 그럴 필요가 없습니다. 경제성이 없더라도 수확물을 필요로 하는 사람들에게 대가對價를 바라지 않고 공급함으로써 보람을 얻는 것이 이모작입니다. 곧 필요한 사람에게 다가가는 봉사활동 — 이것이 바로 퇴직 후의 인생 이모작입니다.

하지만 생각해 보니 나눌 만한 것이 없었습니다. '재능기부'란 말처럼 돈이 없다면 재능이라도 있어야 되는데 이렇다 할 것이 없었습니다. 40년간 학교생활만 해온 터에 무엇 하나 함양해 놓은 전문적인 지식이나 기능이 없었지요. 그나마 유물유적, 전통문화, 한문에 대한 관심과 약간의 소양이 고작이었습니다. 그렇다. 배운 도둑이 어딜 가나? 결국 이러한 소양이나 관심을 살려서 필요한 사람들과 공유하자는 생각을 하기에 이르렀습니다.

그래서 당장 경주박물관대학 강좌에 나가 지난날에 수료한 기초반에 이어 연구반에 적을 두면서 경주의 유물과 유적 안내, 그리고 박물관 전시품 해설 봉사에 뜻을 두게 되었습니다. 다행히 학기 중간임에도 박물관에서 기회를 주어 그해 7월부터 해설 봉사를 시작하였습니다.

오후에는 정시 해설 신청자가 없어 '전시품과의 대화' 시간을 가졌습니다. 해설 못지않게 전시품을 바라보며 그 은밀한 속삭임에 귀를 기울이는 것도 중요합니다. 모든 전시품, 하다못해 깨진 토기 조각 하나, 녹은 칼 한 자루에도 만들거나 사용한 사람의 정성과 혼이 깃들고 손때가 묻어 있습니다. 그리고 유물마다 각기 다른 사연과 내력이 있습니다.

그 사연과 내력은 진정 자기를 아끼고 사랑하며 귀 기울여 주는 사람에게만 털어놓습니다. 누군가 유물, 유적에 대해서 말하기를 "사랑하면 알게 되고 알게 되면 보인다"고 했지요. 여기서는 이 말을 바꾸어 "사랑하면 들린다"고 말하고 싶습니다.

전시품이 들려주는 그 속삭임은 팍팍한 현실을 살아가는 사람들에게 따뜻한 위안과 격려도 되지만 때로는 따가운 질책이 되기도 합니다. 나는 이제 그 속삭임을 나름대로 스토리텔링화하여 관람객들에게 전하려고 합니다. 그 중의 몇 편을 소개합니다.

(2016. 3)

저장문화貯藏文化의 출현과 그 명암 — 빗살무늬토기

얼마 전인 2012년 6월, 한반도에서 가장 오래된 신석기시대의 '밭 유적'이 발견되었다. 국립문화재연구소가 강원도 고성군 문암리 유적에서 발굴한 성과였다. 지금까지는 신석기시대(B.C. 8,000~B.C. 1,500년)에는 주로 수렵이나 어로漁撈 생활을 중심으로 했고 본격적인 농경생활을 한 것은 청동기시대(B.C. 1,500~B.C. 400년) 이후로 알려져 왔다. 국내에서 확인된 '밭 유적' 가운데 가장 앞선 시기의 것은 경남 진주 대평리 청동기 유적인데, 이번 발견에 따라 국내 농경의 역사는 1,500년 이상 앞당겨지게 되었다.

이번 고성 문암리에서 확인된 유적·유물은 밭 유구遺構, 집터와 함께 빗살무늬토기 조각, 돌화살촉, 탄화곡류炭化穀類 등이었는데, 이 유적이 신석기 유적이라는 결정적인 증거는 바로 빗살무늬토기 조각 4점이었다. 그만큼 빗살무늬토기는 신석기시대를 대표하는 유물이다. 물론 토기가 신석기시대에 와서 처음 제작되었다고는 단정할 수는 없다. 학설에 따라서는 토기류가 인류사에 나타난 것을 1~2만 년 전 구석기시대로 거슬러 올려 잡기도 한다. 단지 신석기시대에 '빗살무늬토기'라고 하는 정형화된 다량의 양질의 토기가 처음 출현한 것뿐이다.

우리나라에서 빗살무늬토기가 발굴된 지역은 대부분 강 연안이나 해안지역인데, 이는 강이나 바다의 어획물이 주된 식량원이었다는 추정을 가능하게 한다. 배 목재, 그물이나 낚시 등 어로 도구가 이들 지역에서 많이 발굴된 것도 이를 뒷받침한다. 대표적인 것이 울진 죽변리 신석기 시대 유물이다.

빗살무늬토기는 대체로 구연부口緣部 : 아가리는 매우 넓고 본체부는 아래로 내려갈수록 좁아져 바닥부는 포탄의 꼭지처럼 뾰족하여 전체적으로 V자 모양을 한다. 무늬는 부위에 따라 약간씩 달리하는데 대개가 빗살무늬를 하지만 다른 무늬도 가끔 등장한다. 또한 넛띠를 돋아오르게 붙인 덧무늬토기[隆起文土器]도 나타나는데 이는 빗살무늬토기보다 시기적으로 앞선다. 가마를 사용하지 않고 노천에서 구웠기에 온도를 충분히 올릴 수 없었으며 산화염酸化炎 현상으로 대체로 적갈색을 띤다.

경주박물관의 빗살무늬토기는 고고관(지금의 신라역사관) 제1전시실에 전시되어 있다. 이 토기는 김천시 구성면 송죽리에서 출토되었는데 V자 모양과 적갈색 색상, 그리고 빗금무늬를 완비한 빗살무늬토기의 전형적인 모습을 갖추고 있다. 신석기시대의 빗살무늬토기는 이후에 나타나는 청동기시대의 민무늬토기와 비교할 때 이와는 다른 두 가지 특징을 가지고 있다. 곧 형태가 V자라는 것과 표면이 빗살무늬로 장식되어 있다는 점이다.

바닥이 뾰족한 것은 주거지가 주로 강가나 바닷가이기에 모래 위에 꽂아 편하게 사용하기 위해서라고도 하고, 고리형 테쌓기라는 제작기술상의 한계로 인해 밑은 좁고 점차 올라갈수록 넓어지는 모양이 되었다고도 한다.

▲ 빗살무늬토기

그리고 빗살무늬는 선사인先史人의 미의식美意識을 표현하는 예술적 형상화로 보는 견해와, 생선뼈나 태양광선의 형태를 나타내어 다어획多漁獲이나 복福을 비는 주술적 의도로 보는 견해가 있다. 그리고 깊게 긁음으로 터갈라짐을 방지하거나, 불이 닿는 표면을 확장시켜 그릇을 견고하게 하거나, 그릇을 손으로 잡을 때 미끄럼을 방지한다는 등 실용적으로 보는 견해도 있다.

송죽리 빗살무늬토기의 무늬는 몸체의 윗부분은 마름모꼴 격자식格子式 집선문集線文으로 아주 정돈된 느낌을 주는데 마치 옛날 대자리竹席의 겉모습과 흡사하다. 그리고 아랫부분은 그냥 엇빗금으로 된 생선뼈 무늬를 하고 있다.

문명사적으로 토기의 등장은 인류의 생활을 획기적으로 바꾸는 계기가 되었다. 토기 사용으로 인간은 먹거리를 조리하고 저장할 수 있었다. 그때까지는 날것이나 아니면 그냥 바비큐처럼 구워 먹던 것을 끓이고, 볶고, 지지는 등 다양한 조리법을 사용하게 되었다. 그리하여 구미에 맞는 음식을 다양하게 만들었고, 나아가 이러한 조리법으로 인해 먹을 수 있는 식량 자원의 범위도 매우 넓어졌다. 그리고 저장기술을 통해 농경

정착생활을 촉진시키는 계기가 되었다. 사냥이나 어로漁撈 중심의 유동생활은 소기의 성과가 불확실하여 항상 불안했는데 농경정착생활은 그들에게 안정을 가져다주었다. 그리고 토기의 모양이나 무늬를 통해 그들의 미의식을 분출시켜 예술활동이 촉진되는 등 생활양식에 많은 변화를 가져왔다. 하지만 이에 따른 역기능은 없었는지 추론해 봄 직도 하다.

토기를 통한 저장기능의 습득은 처음에는 선사인先史人의 삶에 상당한 여유와 안정을 가져다주었을 것이다. 그러나 이러한 여유와 안정은 토기가 잉여 먹거리를 보관하는 정도의 소박한 저장기능을 할 때까지였다. 인간의 욕망은 이러한 평온을 오래 가게 내버려두지 않았다. 필요 이상 많이 가지려 하고, 남보다 더 가지려 하며, 나아가 독점하려고 했다. 그러다 보니 재화의 분배에 문제가 생겨 '가진 자'와 '못 가진 자'의 계급 분화를 가져왔다. 그리고 소유물을 지키기 위해 집단을 형성하고 통치체제를 이루기 시작했다. 그러자 집단 간에 불공정 문제와 관련된 끊임없는 다툼이 일어났다. 이러한 갈등을 해결하기 위한 유일의 방법은 전쟁이었다. 전쟁은 필연적으로 대량 살육을 유발했다. 이로부터 저 아름다운 빗살무늬토기는 남은 먹거리를 저장하는 본연의 기능은 상실한 채 인간의 끝없는 욕망을 담기 시작했다. 이는 곧 비극과 불행의 시작이었다.

사자는 배가 부르면 곁에 그 어떤 먹잇감이 있어도 거들떠보지 않는다고 한다. 필요할 때 최소의 사냥만 한다. 인간처럼 필요 이상 다량으로 취하여 먹잇감을 고갈시키는 우를 범하지 않는다. 포식자捕食者의 먹이가 되는 동물 집단으로서도 맹수가 배고플 때 최소의 먹잇감을 제공한 대가로 평상시에는 오히려 맹수의 보호를 받으며 평온한 삶을 누리게 된다. 이로 볼 때 인간이 과연 동물보다 지혜로운가?

오늘날 자원의 고갈과 분배 문제에 대한 경고음은 울린 지 벌써 오래다. 지구촌의 한쪽은 배가 고파 죽는가 하면 한쪽은 배가 터져 죽는다. 이 좁은 한반도의 남북만 해도 이런 현상의 극명한 사례가 확인된다. 이 때쯤 한번 우리의 생활을 돌아볼 필요가 있지 않을까?

우리나라에서 버려지는 음식물 쓰레기가 연간 8조원에 이른다고 하며, 심각한 물 부족 국가임에도 귀중한 자원인 물을 이름 그대로 '물 쓰듯이' 한다. 기름 한 방울 나지 않는 나라에서 몇 걸음을 가도 승용차를 타고, 대낮에도 휘황찬란하게 불을 밝힌다.

그리고 우리는 지나칠 정도로 많은 '새 그릇'을 자꾸 만들어 나간다. 하나의 그릇이 차면 또 다른 큰 그릇, 질 좋은 그릇을 끊임없이 개발한다. 그 속도가 가공할 만하다. 옛날 빗살무늬토기가 나온 시대부터 오늘날 도자기에 이르기까지는 약 5,000~6,000년의 기간이 걸렸지만, 이 기간 동안 이룬 발전이 이제는 1~2년이면 가능하다. 말하자면, 하나의 그릇이 나오면 1~2년 후엔 이미 낡은 것이 되고 다시 새로운 그릇이 나오는 것이다. CD, DVD, USB, MP3, 스마트폰 등의 '현대식 그릇'들을 보라. 이들을 모두 채우려 든다면 그 욕망의 끝이 어디인지 궁금하다.

필요한 만큼 가지고, 못 가진 자를 배려하는 경제정의經濟正義가 이루어지는 날, 그리고 자원을 아끼고 깨끗한 환경을 보존하여 기성세대로서 후세대에게 자신 있는 목소리를 낼 날은 언제쯤일까? 저 단아한 신석기 시대의 '빗살무늬토기'를 바라보면서 이 순간 제기해 보는 물음이다.

(2012. 7)

비극의 탄생 — 청동거울

명경明鏡! 세상에 거울처럼 두려운 물건이 다신들 있을 수 있을까? 인간 비극은 거울이 발명되면서 비롯됐고, 인류 문화의 근원은 거울에서 출발했다고 하면 나의 지나친 억설臆說일까? 백 번 놀라도 유부족猶不足일 거울의 요술을 아무런 두려움도 없이 일상으로 대하게 되었다는 것은 또 얼마나 가경可驚할 일인가?

지난날 고등학교 국어교과서에 나오는 금강산 기행문인 '산정무한山情無限' 중 '명경대明鏡臺'를 두고 쓴 대목이다. 이는 거울이 인간 생활에 있어서 순기능과 함께 그 역기능 또한 만만치 않음을 말해 준다.

청동거울은 말 그대로 청동기시대에 제작되기 시작하였다. 최소한도의 생존을 유지하기도 어려웠던 그 시대에 생존과 직접 관련이 없는 거울을 만들었다는 사실이 매우 흥미롭다.

경주박물관 고고관(지금의 신라역사관) 제1전시실 영천어은동 출토 유물 코너에 청동단추, 동물모양 청동장식 등과 함께 청동거울이 10여 점 전시되어 있다.

어은동 유물은 1918년 영천시 금호읍 어은동 금호강변 구릉에서 출토되었다. 이곳은 A.D. 1세기경의 널무덤으로 추정되는 폐고분 지대이다. 발굴유물 중 전시되고 있는 청동거울은 지름 10cm 내외의 한경漢鏡 2점, 그리고 지름 5~6cm짜리 소형 방제경倣製鏡이 10개이다.

▲ 청동거울

한반도에서 처음 모습을 보인 청동거울은 이보다 몇 세기 더 거슬러 올라간다. 이른바 청동다뉴경青銅多紐鏡. 이는 우리나라의 대표적인 청동기 유물인 비파형동검, 세형동검과 그 맥을 같이 한다. '다뉴多紐'란 거울의 뒷면에 끈을 꿰는 볼록한 고리가 여러 개란 뜻인데, 주로 거울의 위쪽 가장자리에 치우쳐 있고 숫자는 2~3개가 가장 많다. 이는 고리가 거울의 한가운데 1개뿐인 중국의 청동거울과 엄연히 다른 것으로 중국 동북방 및 한반도의 독특한 문화양식이다.

다뉴경은 무늬의 정밀 정도에 따라 거친무늬 다뉴경粗文多紐鏡과 잔무늬 다뉴경細文多紐鏡으로 나뉘어지는데, 발달과정상 거친무늬粗文에서 잔무늬細文로 이행되었다고 보는 것이 일반적이다. 잔무늬 다뉴경이 출현한 시기는 B.C. 4세기~B.C. 1세기이며, 거친 무늬가 나타난 시기는 이보다 앞서는 청동기 전기인 B.C. 8세기~B.C. 5세기 무렵이라고 추정된다.

중국제인 한경漢鏡은 대체로 기원 전후 우리나라 청동기 공예품의 진수인 잔무늬 다뉴경의 퇴조와 함께 들어왔다. 한경漢鏡은 거울 뒷면의 명문 내용에 따라 일광경日光鏡, 소명경昭明鏡 등으로 나뉘는데, 앞의 어은동 한경은 일광경이다. 그리고 무늬는 훼룡문虺龍文 : 이무기를 닮은 S자 무늬이다. 아마 당시에 다뉴경이 사라지고 이를 재현할 여유나 기술이 없었기에 중국의 한경을 수입했을 것이다. 그리고 그 수요가 급속히 늘어나 공급이 부족했기에 임시방편으로 한경을 모델로 제작한 소형 거울이 이른바 방제경倣製鏡이다. 앞의 어은동 전시 청동거울 중 2개의 한경 이외의 소형 10개는 모두 방제경이다.

우리의 청동기 유물 중에서 미세한 선과 독창적이고 아름다운 기하학적 무늬, 그리고 정교한 주조鑄造 기술을 자랑하는 잔무늬 다뉴경이 사라진 것은 매우 안타까운 일이 아닐 수 없다. 아마도 처음 나타난 문화적 퇴조현상이 아닌가 한다. 그 결과로 중국으로부터 들어온 수입품과 모방품이 유행하게 된 것이다. 따라서 방제경은 오늘날 유행하고 있는 명품 짝퉁문화의 기원으로 설명될 수 있다.

오늘날 거울의 용도라 하면 물론 자신의 얼굴을 들여다보는 것이다. 거울이 발명되기 전에는 아마 물에 비추어 보았을 것이다. 은나라를 세운 탕임금湯王이 '日新又日新일신우일신'이라고 새긴 그릇은 다름 아닌 세수그릇이었다. 이는 얼굴을 씻는 의미와 함께 자신의 얼굴을 들여다봄으로 스스로를 새롭게 성찰하는 의미를 곁들여 나타내었던 것이다.

그런데 비록 거울이 자신의 얼굴을 보기 위해 제작되었다 하더라도 이러한 실용적인 기능은 그리 오래가지 않았다. 청동이란 재료가 귀했기에 청동거울이 일반화되지 못하고 특정 신분에 국한되었으며, 그 기능 또한 지배자의 위세를 나타내 보이기 위한 목적으로 변질되었다.

거울과 태양은 둘 다 빛을 발하고 모양 또한 둥글다. 따라서 태양을 숭배하던 청동기인들은 태양의 빛을 지상에 재현하는 거울을 매우 신비한 존재로 인식하였다. 말하자면 거울을 천상과 지상의 매개물로 보았던 것이다. 따라서 하늘의 명을 지상에 내리는 제사장의 역할을 수행하는 부족장에게는 거울이 필수불가결한 도구였다. 이처럼 거울은 청동방울, 청동검과 함께 제의祭儀를 주관하는 특수계층을 상징하는 위세품威勢品이었다.

거울의 이런 기능은 삼국시대에도 그대로 이어진다. 이때는 제사장祭司長의 제의적祭儀的 위세품에서 통치자의 정치적 위세품으로 발전하게 된다. 삼국시대 이후 거울이 발굴된 곳은 금령총, 황남대총, 황룡사지 목탑 심초석心礎石 하부, 석가탑 사리공, 월지月池 등이다. 이들은 모두 통치자로서의 국왕의 권위를 보이기 위함이거나, 국왕의 권위를 부처님께 옮기려는 소망을 나타내기 위함이라고 볼 수 있다.

4~5세기 무렵 돌무지덧널무덤[積石木槨墳] 속의 다량의 화려한 장신구에 비해 거울의 수가 극히 적은 것은 거울이 실용적 목적으로 일반화되지 않았음을 말해 준다. 특히 황남대총에서 여성인 왕비의 능인 북분北墳에서 거울이 출토되지 않고, 왕의 능인 남분南墳에서 출토된 것도 주목할 필요가 있다. 아무래도 거울이 여성들의 화장용으로 일반화되기 시작한 것은 고려시대 이후가 아닐까 한다.

일반적 용도상 거울은 자신을 바라보는 도구이다. 따라서 스스로 성찰하여 흠결을 없애거나 더 아름답게 자신을 다듬어 나가기 위해서는 거울이 필요하다. 하지만 거울이 자신의 참모습을 숨기거나 타인과의 지나친 비교를 통해 우월감이나 열등감을 조장하여 인간관계를 불행하게 하는 측면도 분명히 있다.

옛사람들은 자신을 반성하고 개선하는 계기가 되는 교훈이나 역사를 일러 '거울'이라 이름하였다. 예컨대 수신서인 명심보감明心寶鑑이나 역사서인 자치통감資治通鑑에 모두 '거울 감鑑 자'가 들어간다.

거울은 이제 생활에서 없어서는 안 될 필수품이 되었다. 집집마다 경대鏡臺나 거울이 없는 방이 없다. 여성들의 손가방뿐만 아니라 여학생들의 책가방 구석에도 거울이 들어 있다. 하지만 진정한 거울의 의의는 용모만 비추어 보는 화장경化粧鏡에만 국한되어서는 안 될 것이다. 내 마음의 어두운 그림자나 우리 사회의 어두운 골목까지도 비추어 이를 밝히려는 계기를 삼는 것이 무엇보다 필요하다.

이제 치열하던 대통령 선거도 끝이 났다. 매번 대통령이 교체될 때마다 느낀 점이지만 새로운 대통령은 전임 대통령의 시대를 왜 거울로 삼지 않는지 참으로 안타깝다. 측근 인사, 소통 부재, 친인척 비리 등 매번 치르는 홍역을 왜 자꾸 반복하는가?

모쪼록 새 대통령은 권력의 승계 과정을 누구보다 많이 보아오고 또 뼈저리게 느꼈기에 역대 통치자의 불행을 타산지석他山之石으로 삼아 아름답게 물러나는 최초의 대통령이 되길 바라는 마음 간절하다.

(2013. 1)

작은 고통을 거부하지 말라 — 동검과 철검

경주박물관 고고관(지금의 신라역사관) 제1전시실. 경주사라리 130호분 널무덤에서 출토된 수많은 쇠도끼[鐵斧]가 진열되어 있다. 그리고 그 옆에는 동검銅劍과 철검鐵劍이 각각 1점씩 있다. 원래는 이 밖에도 청동 방제경倣製鏡 3개와 호랑이모양 띠고리, 청동팔찌, 유리목걸이, 8자형 청동고리, S자형 재갈 등도 함께 출토되었다.

▲ 철검(좌)과 동검(우)

사라리고분군은 경주시 서면 사라리의 나지막한 구릉지역에 위치한다. 1996년 발굴 결과 이 고분군은 사로국斯盧國 건국 초기 2세기부터 신라의 발전기 7세기에 이르기까지 오랜 기간에 걸쳐 조성되었음이 밝혀졌다. 따라서 그 묘제도 널무덤木棺墓, 덧널무덤木槨墓, 석곽묘, 돌무지덧널무덤積石木槨墓, 옹관묘甕棺墓 등 매우 다양하다.

그 중 널무덤을 대표하는 130호분은 부장품의 질이나 양, 내부 시설의 규모 면에서도 다른 묘와 비교되지 않을 정도로 두드러진다. 부장품은 앞에서 든 유물 이외에 와질토기瓦質土器, 투겁창[銅戈], 쇠솥, 토기류, 칠기류漆器類 등도 함께 발굴되었다. 특히 널의 바닥에 63개에 이르는 철제도끼[鐵斧]를 7열로 깔아놓은 것은 매우 주목된다. 물론 이는 실용적인 도구이기보다는 화폐 기능을 하는 덩이쇠[鐵鋌]의 성격을 띤다. 그만큼 철이 부富의 척도를 나타내는 것이다. 이를테면 '쇳덩어리' 보기를 오늘날의 '금덩어리' 이상으로 인식하지 않았을까 한다.

신라의 널·덧널무덤은 건국 이후 2세기 초까지는 널무덤 형식을 띠다가 2세기 중반 이후에는 덧널무덤으로 발전하여 돌무지덧널무덤이 나타난 4세기 중반까지 이어진다. 사라리 130호분은 많은 양의 부장품을 수납하기 위한 부장품갱副葬品坑의 흔적도 있는 것으로 미루어, 널무덤은 풍부한 부장품을 수납하기 위한 덧널무덤으로 이행되는 시점인 2세기 초에 조성된 것으로 추정된다.

삼한三韓의 소국인 사로국이 차차 그 세력을 키워가는 시기에 조성된 사라리 130호분은 이 시대의 문화적 수준과 특성, 왕경 외곽지에 형성된 정치세력의 존재 등 고대국가의 형성 과정을 밝히는 데도 매우 중요한 근거가 된다. 그리고 가까운 지역에 나타나는 후대의 금척리 돌무지덧널무덤군 세력과는 어떤 관련이 있는지도 흥미롭다.

전시된 동검과 철검은 칼날과 칼자루가 구비된 완제품이다. 시대구분의 표준이 되는 동검과 철검이 동일한 시대, 동일한 묘에서 함께 부장된 점이 주목된다. 그런데 동검과 철검의 칼자루는 모두 청동이다. 주지하다시피 우리나라 동검은 비파형琵琶形이든 세형細形이든 모두 중국과 달리 칼날과 칼자루를 따로 만들어 끼워 쓰는 특성을 지닌다.

동검과 철검이 함께 부장된 것은 동검이 철검으로 바뀌는 과도기적 현상으로 설명할 수도 있지만 그보다는 이 분묘의 조성연대가 후기 철기시대임을 감안할 때 의도적으로 전시대의 유물인 동검을 철검과 함께 제작했던 것 같다. 말하자면, 철검은 실용적으로 사용하였으며 동검은 지배자로서의 위세를 나타내기 위한 용도로 제작했을 가능성이 높다.

전시된 동검은 전형적인 한국식 세형동검細形銅劍으로 비교적 원형이 그대로 잘 보존된 반면, 철검의 칼날은 거의 원형을 알아보지 못할 정도로 부식되어 보존 상태가 극히 나쁘다.

철은 강도가 높은 금속이기에 철제도구는 생산력이나 군사력을 증강하는 데 매우 유용했다. 따라서 고대사회에서 철기의 사용은 부족사회가 국가체제로 이행되는 과정에서 결정적인 계기를 부여하였다. 하지만 이렇게 강한 철鐵도 내구성耐久性이란 측면에서는 석기石器나 청동기靑銅器에 비해 매우 취약했다. 즉, 철은 공기 중의 산소와 결합되면 급속한 부식현상腐蝕現狀이 초래된다.

하기는 구리(銅)도 녹이 쓴다. 구리가 공기와 결합하면 표면에 살짝 녹이 쓸어 푸른색 피막을 형성한다. 그런데 이 녹막으로 인해 내부로 침투되는 부식현상을 막을 수 있다. 말하자면 작은 녹을 허용했기에 큰 부식을 막을 수 있었던 것이다. 이른바 이이제이以夷制夷이다.

우리의 삶은 어떤가? 작은 어려움을 멀리하다 큰 고통을 당하는 일은 없는가? 요즘 학교폭력이나 괴롭힘으로 자살자가 속출하여 학교현장이 들끓고 있다. 참 안타까운 일이 아닐 수 없다. 하지만 놀림, 따돌림, 싸움 등은 유독 요즘에만 나타나는 현상은 아니다. 정도 문제가 있을 뿐 어느 시대고 있어 왔고 있을 수 있는 현상이다.

지난날에는 대다수가 빈곤과 질병에 노출된 가운데 성장했다. 농촌 출신은 소먹이고 꼴 베면서 손도 베고 벌에도 쏘였다. 학교에서도 상급생에게 기합도 받고 선생님께 체벌을 받아도 스스로 감내했다. 집에 와서는 입 밖에도 끄집어 내지 못했음은 물론이다. 봄바람 가을비를 무릅쓰고 일이십 리 먼 길을 걸어 다녔다. 진정 형설螢雪의 공이라 이를 수 있었다.

이에 비해 온실 속에서 과보호 받으며 어려움 모르고 자란 오늘날의 학생들에게 문제 상황에 대한 적응력, 자제력, 인내력을 기대하기는 어렵다. 그 결과 외부 충격에 대처하지 못하고 극단적인 선택을 한다. 어린 세대들을 작은 어려움에 맞닥뜨리게 하여 자생력을 길러 스스로 큰 어려움을 극복하게 할 수는 없을까?

철이나 구리와 달리 녹을 볼 수 없는 금속도 있다. 바로 스테인리스stainless이다. 스테인리스는 철Fe과 크롬Cr의 합금이다. 그런데 철과 크롬 모두 산소와 친화력이 있어 녹이 잘 쓰는 금속이다. 그럼에도 불구하고 이 두 금속을 결합하면 녹이 쓸지 않는 금속이 만들어진다니 신기하다. 그 이유 역시 구리와 마찬가지로 크롬이 먼저 산소와 결합하면 지극히 얇은 녹막이 형성되어 철의 산화를 막아주기 때문이다. 정말 환상적인 결합인 것이다.

인간에게 이런 만남은 없을까? 각자의 결점마저 장점으로 바뀌는 기적 같은 결합 말이다. 개별성을 유지하면서도 전체의 틀에서 조화되어 한 차원 높이 업그레이드upgrade되는 현상—이는 논어에서 말한 군자의 만남인 '화이부동和而不同'이라 할 만하다. 이익으로 모여 끼리끼리만 작당하여 전체의 화합을 해치고 패거리 문화를 양산하는 소인배의 만남인 '동이불화同而不和'와는 분명 다르다. 궁합이 맞다는 것이 꼭 성격이 같다는 말은 아니다. 비록 개성이나 취향이 다를지라도 좋은 만남이 되지 말란 법이 없다. 개성이나 취향이 다르기에 오히려 조화를 이루어 이상적인 관계를 형성할 수 있다.

오늘 전시장 안에서 세월의 잔해인 철검을 바라보며 권력과 물질의 부질없음을 생각한다. 그리고 추호의 어려움도 용인하지 못하는 인간의 오만과 이기심을 경계하며, 나아가 화이부동和而不同의 인간관계를 꿈꾸어도 본다.

(2012. 6)

산 자를 위한 제의祭儀 — 황남대총 부곽

경주박물관 고고관(지금의 신라역사관) 제2전시실. 황남대총 남분南墳 부곽副槨이 실물 크기(5.2m×3.8m×1.5m)로 조성되어 그 안에 부장유물이 전시되어 있다.

▲ 황남대총 남분 부곽

황남대총 남분 부곽은 원래 내부를 상하로 나누어 아래쪽에는 큰항아리大壺 45개와 철제 솥 3개를 8열로 놓았고, 위쪽에는 굽다리접시, 뚜

껑접시 등의 많은 토기들과 철제 말갖춤, 화살촉, 칼, 창, 도끼, 쇠스랑 등 1,300여 점을 배치했다. 이 부곽은 2011년 황남대총 특별전 당시 만들어져 지금은 상설 진열장으로 활용되고 있다. 이로 인해 더욱 현장감과 실감을 가지고 부장품에 다가갈 수 있다.

황남대총의 발굴 이전의 공식적인 이름은 98호 고분. 높이가 23m, 동서지름 80m, 남북지름 120m로 봉황대(125호 고분), 서봉황대(130호 고분)와 함께 경주지역에서 가장 큰 고분 중 하나이다.

그런데 이 고분의 발굴은 학술적 목적에 따른 학계의 요구로 이루어진 것이 아니었다. 최고 권력층, 바로 말해 박정희 대통령의 지시가 계기가 되었다. 1960년대에 본궤도에 오른 경제개발계획에 맞추어 국민의 민족적 자긍심 확립이 필요했다는 것이다. 곧, 고분에서 발굴된 빛나는 유물을 통해 과거 일제에 의해 손상된 민족정신을 회복하고 문화민족의 긍지를 느끼게 하려는 목적이었다고 한다. 물론 이는 1972년 경주관광종합개발 10개년계획과도 관련이 있다.

어차피 유물을 위해서라면 가장 큰 무덤을 발굴할 필요가 있다고 보고 98호 고분 발굴을 학계에 요구한 것이었다. 하지만 쉽사리 나설 사람은 없었다. 무엇보다 독자적으로 그런 대규모 고분을 발굴한 경험이나 능력을 보유하지 못했기 때문이었다. 하지만 당시가 어떤 때인가. 권력층의 의중을 거스를 방도는 없었다. 지시를 받은 발굴팀은 궁여지책으로 바로 가까이 있는 규모가 작은 고분 하나를 발굴하여 그 경험을 활용하기로 했다. 그것이 바로 1973년 4월~8월에 걸쳐 발굴한 155호 고분, 곧 '천마총'이었다.

결국 황남대총 발굴은 천마총 발굴이 끝날 무렵인 1973년 7월부터 1975년 10월까지 2년 4개월 동안에 이루어졌다. 이것은 국내 고분 발굴 사상 단일 무덤으로서는 최장 조사기간이며 동원된 연인원도 총 33,000여 명으로 최다였다.

당시 유신정국과 관련하여 발굴 동기를 이렇게 보지 않는 견해도 있다. 말하자면, 장기집권을 획책한 권력이 국민의 관심을 돌리기 위한 성과 위주의 이벤트였다고 보는 관점이다. 이는 당시 경주개발과 아산 현충사 성역사업 등이 단순히 화랑정신과 충무공 선양에만 목적이 있는 것이 아니라는 주장이다. 이는 언필칭 역사의 평가에 맡길 수밖에 없다.

동기야 어쨌든 발굴된 유물은 질적 · 양적으로 진정 놀라웠다. 금관(국보 191호)과 금제허리띠(국보 192호), 봉수형鳳首形 유리병 및 유리잔(국보 193호), 금목걸이(국보 194호), 가슴걸이(보물 619호), 금반지와 금팔찌(보물 623호), 목리문木理文 유리잔(보물 624호), 은관꾸미개(보물 625호), 금제 굽다리접시(보물 626호), 은잔(보물 627호), 금사발 · 은사발(보물 628호), 은제 팔뚝가리개(보물 632호), 금관꾸미개(보물 635호) 등 국보 4건, 보물 10건을 포함해 58,000여 점의 유물이 쏟아져 나왔다. 그 중에는 실크로드를 통해 수입된 것으로 보이는 유리잔, 비단벌레로 장식된 영롱한 마구馬具 등도 있었다.

황남대총이 가져다준 발굴 성과는 유물만이 아니었다. 무덤의 토층으로 보아 남분이 먼저 조성되고 약 10~20년 뒤 북분이 조성되었다는 사실을 알 수 있었다. 이는 돌무지덧널무덤도 돌방무덤처럼 가족묘원 구실을 했음을 말해 준다.

적석부에서 목제 가구架構를 얽은 흔적이 발견되었는데 큰 규모로 조성하기 위해 보조적으로 설치한 시설이 아닌가 여겨진다. 이는 당시로서는 다른 돌무지덧널무덤에서 볼 수 없는 독특한 방식이었다.

그리고 북분의 은제 허리띠 장식에서 '夫人帶부인대'라는 명문이 나왔다. '夫人'은 고대 중국에서 제후의 아내를 이르는 말이었으며 신라에서도 왕비나 대비를 부인이라고 했다. 사도부인思道夫人, 계화부인桂花夫人 등의 사례에서 알 수 있다. 이 명문으로 인해 무덤의 주인공이 여성임이 밝혀져 이후 남자 무덤과 여자 무덤의 부장 유물의 특징을 알 수 있는 기준이 되었다. 그리고 두 개의 봉토가 이어 붙어 있는 표형분瓢形墳 : 쌍봉분이 일반적으로 부부의 묘라는 것을 확인시켜 주었다.

순금관은 왕의 능이 아닌 왕비의 능인 북분에서 출토되었다. 이로 인해 '금관 = 왕관'이라는 공식이 깨뜨려졌다. 곧 금관은 왕만이 쓰는 것이 아니라 혈통이 높으면 남녀 가릴 것 없이 썼다는 것이다. 따라서 황남대총 북분의 왕비는 금동관을 쓴 남분의 왕보다 혈통이나 신분이 우위에 있음을 알 수 있다.

덧널의 형식도 남분과 북분이 달랐다. 남분은 시신을 넣는 주곽 머리맡에 유물을 수납하는 부곽을 T자 형으로 별도로 만들었으나 북분은 시신을 넣는 관을 포함하여 하나의 덧널만으로 되어 있었다. 이는 덧널이 주·부곽 형태에서 단곽 형태로 변천했음을 보여준다.

또 하나—남분 주곽 안에서는 피장자被葬者를 추적할 수 있는 뼈 조각과 치아가 수습되었는데 나이는 60세 전후였으며 몸집이 약 180cm 정도로 당시로서는 매우 큰 편이었다. 그리고 주곽 외곽에 역시 15세가량의 젊은 여성의 뼈 조각과 치아가 나왔는데 이는 사서史書의 기록과 같이 당시에 순장제도가 있었음을 알려주는 귀중한 정보이다.

그런데 문제는 무덤의 주인공을 알 수 없다는 데 있다. 피장자에 관한 정보는 고분 발굴이 가져다주는 가장 중요한 사항이다. 고분의 주인공이 밝혀져야 완전한 신라사를 복원할 수가 있다. 무덤에 지석誌石 등의 기록물을 넣지 않는 풍습 때문에 삼국시대에 삼국을 통틀어 100명이 넘는 왕이 있었지만 지석으로 피장자가 확실하게 밝혀진 능은 백제의 무령왕릉이 유일하며 신라의 무열왕릉, 흥덕왕릉 정도가 비편으로 겨우 그 주인공을 알 수 있는 정도에 불과하다.

황남대총의 찬란한 부장 유물로 보아 왕릉임을 부정하는 사람은 아무도 없다. 그렇다면 과연 '한국의 투탕카멘'으로 불리는 이 거대한 무덤의 주인공은 누구일까? 적석목곽분이 조성되던 4세기 중반~6세기 전반인 마립간 시기에 재위한 왕은 17대 내물왕(356~402년), 18대 실성왕(402~417년), 19대 눌지왕(417~458년), 20대 자비왕(458~479년), 21대 소지왕(479~500년), 22대 지증왕(500~514년)의 6왕이었다. 황남대총의 주인공은 물론 이들 왕 중 한 사람일 것이다. 그런데 출토 유물의 편년이 4세기 후반~5세기 중엽까지임을 감안하면 앞의 세 왕, 곧 내물왕, 실성왕, 눌지왕 중의 한 사람으로 학계는 보고 있다.

그런데 약소국인 신라가 왜 이렇게 거대한 능을 조성하였을까? 신라는 당시 막 국가체제를 갖추기 시작하여 민생이 피폐하고 국력이 약했다. 왜구를 막기 위해서 고구려의 지원이 필요할 정도였다. 그리고 고구려에 인질을 보내 속국이 되길 자청했다.

최소한 불교 유입 이전 신라 사람들은 이승과 저승이 이어져 있다고 여겼다. 이른바 계세사상繼世思想이다. 이에 따라 이승에서의 지위를 저승에까지 이어가려면 많은 재화가 필요했다. 황남대총의 엄청난 부장품은 이를 여실히 말해 준다. 부곽 내부만 하더라도 곡식과 음식으로 채워졌을 수많은 대형 토기가 있었으며, 사후의 권위를 위한 귀중한 금제 장신구, 마구류, 그리고 철제 무기류도 많이 있었다. 화폐의 기능을 하는 덩이쇠 역시 필수 부장품이었다. 그리고 실생활 도구와 의류 등도 부장했다. 말하자면 저승의 궁전을 꾸미려 했던 것이다. 이러한 정성과 노력은 죽은 자를 위한 산 자의 도리요 의무이기도 했다.

그런데 이러한 장묘와 의례는 진정 죽은 자만을 위해서였을까? 왕이 죽고 그 능을 조성한 사람은 왕위를 이어받은 사왕嗣王이다. 자신에게 왕위를 물려준 선왕의 은혜에 보답하기 위해서도 능의 조성에 전력을 할 수도 있지만 선왕의 통치권을 자신이 온전히 승계함이 무엇보다 더 절실했다.

왕의 죽음에 대한 슬픔을 백성들과 공유함으로 백성들의 마음을 한 곳에 모으고 후계자로서의 통치권의 정당성을 확보하려 했음은 유추하기가 그렇게 어렵지 않다. 설령 반발 세력이 있다 하더라도 최소한 장례 기간에는 손발을 묶어놓을 수 있었다. 무덤 조성 기간에 따른 애도 기간이 가급적 길어야 했다. 권력의 승계를 위한 준비 기간이 필요했기 때문이다. 따라서 거대 왕릉 조성은 단순히 은혜나 효성만은 아니었다.

오늘날 희대稀代의 3대 세습왕조인 북한의 권력 승계를 보면 여실하게 알 수 있다. 1997년 김일성이 죽자 후계자 김정일은 어려운 경제여건 중에도 아버지의 시신을 거액을 들여 보존 처리하여 금수산 기념궁전에 영구 보존하고 참배하게 하였다. 이는 거대 왕릉인 황남대총 조성과 다를 바 없다. 그는 장례기간 동안 국상을 표방하여 전 백성을 슬픔의 도가니로 몰아넣고 충성 서약을 받고 이를 확인했다. 전국이 눈물바다였으며, 심지어 실신한 자가 부지기수였다. 이렇게 그는 유훈통치遺訓統治라는 신조어를 만들면서 권력을 순조롭게 승계했다.

결국 이는 후계자에게 학습효과를 주었다. 지난해 김정은의 권력 승계를 보면 알 수 있다. 돌무지덧널무덤의 장의 형태가 21세기에도 나타난 것이 참으로 아이러니컬하다.

오늘도 관람객들은 황남대총의 설명을 듣고 부곽 안의 토기와 무기를 보고는 많이 놀란다. 하지만 그렇게 애지중지 넣었던 그릇이 세월의 덫인 돌무지에 눌려 무참히 깨어졌고 철제 무기는 녹으로 붉게 물들어 있다. 그나마 복원해 놓은 저 많은 토기 속에 든 것은 무엇일까? 권력일까? 부富일까? 아니면 은혜일까? 분노일까? 남아 있는 동물 뼈 조각이 오늘따라 더욱 초라하게 보인다.

(2012. 8)

눈을 들어 세계를 보라 — 토용土俑

고고관(현재의 신라역사관) 제3전시실에는 인물토용人物土俑이 전시되어 있다. 토용이란 순장殉葬을 대신하여 무덤에 넣는 인형이다. 무덤 안에 토용을 사용한 것은 B.C. 2세기 진시황의 병마용兵馬俑이 대표적 사례이다. 신라에서도 5세기까지는 순장이 행해졌음은 기록을 통해서도 짐작할 수 있다. 삼국사기 지증왕 3년조에 왕이 죽으면 남녀 각각 5명씩 순장을 했는데 지증왕이 이를 금했다고 기록되어 있다. 순장 금령 이후 토용으로 순장을 대신했다. 가야 왕릉처럼 많은 수의 순장이 아니더라도 황남대총 남분 등에 순장으로 볼 수 있는 유골도 발견되었다.

신라 토용이 출토된 대표적인 고분은 경주 용강동 고분과 황성동 고분이다. 황성동 고분의 인물토용은 문인상 1구와 여성상 1구이다. 문인상은 코가 유달리 높고 허리가 구부정한데 아무래도 신라인이 아닌 것 같다. 측면에서 보면 더욱 두드러진다. 단정하게 가르마를 탄 머리의 여성상은 손으로 입을 가리고 웃고 있다고 소개되고 있지만 슬피 우는 모습으로도 보인다. 웃거나 울거나 간에 신분이 높은 용강동 여성 토우와는 달리 매우 소박한 모습으로 서민의 감성을 잘 표현하고 있다.

용강동 고분은 1986년에 공식 발굴되었는데 석실, 널길[羨道], 시상屍床 등을 갖춘 전형적인 널길돌방무덤[橫穴式石室墳]이다. 유물 대부분이 도굴되었지만 남아 있는 유물만으로도 그 가치가 적지 않다. 출토 유물로는 인물토용만 28점이나 되며, 청동제 십이지상十二支像 7점, 말토용 1점, 기타 토기류, 두침頭枕, 족좌足座, 시신屍身 안치용 석재石材, 치아齒牙 등 64점에 이른다. 치아 감식을 통해 추정되는 피장자의 연령은 10대였다.

▲ 황성동 고분 토용

토용 중 일부에는 채색의 흔적이 있어 주목되며, 청동십이지상은 8~9cm 크기로 중국에서와 같이 무덤 안에 납입된 시대적 특징을 보여준다. 통일신라 전성기 묘제는 능의 바깥 호석에 십이지상十二支像을 새긴 형식이다.

토용의 복식이나 십이지상 등의 유물로 미루어 이 고분의 조성 연대는 7세기 말~8세기 초로 짐작되며, 동시에 당시 당나라와의 문물 교류와 문화 수용관계를 밝혀주는 귀중한 자료이다.

용강동 고분의 토용은 대체로 12~20cm 정도로 이전 시대의 토우土偶에 비해 크기가 클 뿐만 아니라 얼굴 표정과 두발이나 의복의 형태가 잘 나타나 당시 삶의 모습이나 복식제도를 연구하는 데 중요한 단서를 제공한다. 특히 남자 토용은 대부분 관복 차림인데 당나라 복식에 가깝다. 이는 당나라의 관제가 수입되었음을 말해 준다.

그런데 이들 토우 중 주목할 만한 것은 무예의 대련 자세를 취하고 있는 2명의 남자상과 수염 텁수룩한 서역인상이다. 대련상은 오늘날 우리 민족무술인 택견, 또는 태권도의 유래를 찾을 수 있는 토용으로 매우 가치가 높다. 고구려의 무용총舞踊塚, 삼실총三室塚의 그림을 통해서도 그 뿌리를 찾지만 그림보다 조각이 한층 더 사실적이다.

▲ 용강동 무예자세 토용

▲ 용강동 서역인(왼쪽) 모습 토용

서역인상은 관복을 입은 문인상이다. 사모紗帽를 쓰고 관복을 입고 홀笏을 든 영락없는 신라 조정의 관원 모습이다. 덥수룩한 수염, 흐트러지지 않은 자세에 치뜬 눈매가 매섭다.

능력만 있으면 외국인이든 내국인이든 누구나 대우받고 꿈을 성취할 수 있는 나라 — 아마 신라는 그런 나라가 아니었나 한다. 그 개방성과 포용성이 발전의 원동력이 되어 삼국을 통일했는지도 모른다. 물론 토용 몇 점으로 이방인이 신라 조정에서 활동했다고 속단할 수는 없으나 왕릉의 무인석, 처용설화나 양지스님의 서역인설 등으로 미루어 충분히 가능한 사실일 수도 있다.

세계가 좁아진 오늘날 국가 간의 인력 교류는 이미 보편적 현상이 되었다. 귀화인歸化人이 양산量産되고 있고 심지어 이민 출신이 대통령에 오르기까지 한 세상이다. 편협한 민족주의의 울타리에 갇혀서는 국가의 발전을 기할 수 없다. 단일민족과 관계가 먼 미국이 세계 일류국가가 된 이유가 어디 있는가?

우리 교포도 세계로 진출하여 괄목할 만한 활동을 하고 있다. 미연방의회의 의원이 되어 금의환향한 분도 있고, 여성으로 캐나다, 뉴질랜드의 국회의원이 된 분들도 있다. 그리고 최근 한국계 입양아로 프랑스 장관이 된 30대 맹렬 여성도 있고, 미국으로 가서 세계은행 총재의 지위에 오른 분도 있다. 이렇게 세계는 글로벌화되어 가고 있다.

지난 총선 때 결혼으로 우리나라 국적을 가진 한 필리핀계 여성이 어느 정당의 전국구 후보가 되어 당선이 되었다. 그런데 그녀는 당선 직후부터 인터넷상에서 온갖 비방과 폭언에 시달리다가 급기야 몸을 숨기기까지 하였다.

처음에는 매매혼賣買婚 운운하는 인신공격으로 시작하여 나중에는 다문화국적자 전체에 대한 혐오와 비난으로 이어졌다. 그 후 그것이 여론의 지지를 얻지 못하자 방향을 돌려 학력 위조, 미인대회 선발 허위 사실 등 그녀의 도덕성을 물고 늘어졌다. 이들 문제는 이미 그녀가 몇 번 방송에 나와 방송과정상의 과장된 내용임을 해명하고 정정 보도를 요구하지 않은 자신의 실수까지 인정한 사실이었다.

이러한 공격은 총선 후 2개월이 지난 지금도 계속되고 있다. 그런데 최근에는 사고로 죽은 한국인 남편이 죽은 장소가 알려진 것과 다르다느니 하면서 계속 아픈 상처를 건드리고 있다. 참으로 집요한 공격이다. 귀화인에 대한 편견과 차별이 극심하다는 걸 단적으로 보여주는 사례다.

우리가 세계에 나가 뜻을 이루면 열광하고 다른 나라 사람이 우리나라에 와서 성공하는 것은 볼 수 없다는 것인가? 연전 어느 독일인 귀화자가 우리 국영기업체의 사장에 올랐을 때에는 이와 같은 비난이나 공격은 없었다. 이로 보아 이번의 경우는 일반적인 제노포비아zenophobia : 외국인 혐오증라기보다는 저개발국 유색인종에 대한 차별 인식에서 나온 것으로도 볼 수 있다.

한때 우리보다 가난한 중국의 한족사회나 동남아 국가에 가서 우리나라의 관광객들이 얼마나 우쭐대었는가? 그 결과가 '어글리 코리언'이라는 명예롭지 못한 칭호였다. 대체 언제부터 우리가 잘살게 되었는가? 사실 불과 사오십 년 전만 해도 필리핀보다도 못사는 나라였다. 6.25 때는 세계 각국의 도움을 받았고, 더구나 필리핀은 군대를 파견해서 우리를 도운 국가이다. 지금 경제적으로 어렵다고 하여 우리가 모욕을 주어서 되겠는가?

더러는 그녀가 국회의원이 될 만큼 우리나라에 기여한 공적이 조금도 없다고 비난한다. 그녀는 남편을 잃은 뒤 시부모를 모시고 두 자녀를 키우면서 한국의 며느리와 어머니의 역할을 성실히 수행하면서 다문화 봉사단체에서 일하면서 열심히 살았다. 그로 인해 서울시 공무원에 특채되기도 했다. 어떤 공적이 더 필요한가? 우리나라의 국회의원 모두가 다 무슨 공적이 있어 당선이 되었는가? 국회의원 가운데는 공적은커녕 국가에 해가 되는 간첩행위로 실형을 받은 사람도 있고, 애국가를 부르지 않겠다며 국가의 정통성을 부정하는 사람도 있다. 이들이 국회의원이다. 일단 당선되면 누릴 것은 다 누린다. 직업 중 사리사욕으로부터 가장 자유롭지 못한 부류가 대한민국 국회의원이다. 뽑아놓은 지가 언젠데 아직도 당리당략으로 인해 국회의 문조차 열지 못하고 있는가? 국회의원이 국민을 걱정해야 될 판에 국민이 오히려 국회의원을 걱정하는 역설적 상황이 된 것이다.

이제 우리는 200만 외국인, 결혼이민자 20만 시대에 살고 있다. G20 국가의 일원으로 이제 좀 더 외국인을 넓게 포용하고 세계적으로 시각을 넓혀야 할 때가 아닌가?

문득 며칠 전 초등학생 때 가족을 따라 필리핀에 가서 방송인으로 크게 출세한 한 여성에 관한 기사가 떠오른다. '대통령의 연인'이라는 표제의 심층 인터뷰 기사였는데, 이 한국계 여성이 미혼 필리핀 대통령과 6개월 전부터 공공연히 교제를 하고 있다는 내용이다. 우리나라 같았으면 어떤 현상이 벌어졌을까 궁금하다.

눈을 부릅뜨고 10대 진골 귀공자를 지키기 위해 지하에서 천 년을 시립하였던 토용. 이제 그들은 우리 인간에 의해 주인을 잃어버리고 의무를 다하지 못한 자신들을 자책하며 유리 진열장 안에 쓸쓸히 서 있다. 보호할 의무가 보호받을 권리로 바뀐 채 관람객들에게 볼거리를 제공하고 있는 것이다.

하지만 천 수백 년 전의 토용이 글로벌 시대를 살아가는 오늘날의 우리에게 주는 침묵의 메시지는 적지 않다. 그렇다. 가슴을 열어 조국을 안고, 눈을 들어 세계를 보라.

(2012. 6)

현회유수顯晦有數 — 흥륜사지 석조

▲ 흥륜사지 석조

경주박물관 미술관 옆에 길이가 4m에 가까운 큰 석조石槽가 하나 있다. 석조 주연부周緣部에는 다음과 같은 명문銘文이 있다.

此乃羅代興輪舊物 寺廢抛在荊棘中者 幾千餘載 崇禎戊寅冬 運入植蓮以爲賞玩之具 顯晦有數 廣陵後人 晩悔識

(이것은 신라시대 흥륜사 터에 있던 유물로, 절이 황폐되어 가시

밭에 버려진 지가 거의 천여 년이 되었다. 숭정崇禎 무인년(인조16년, 1638년)에 옮겨 들여와 연꽃을 심어 완상하는 도구로 삼았으니, 나타나고 묻히는 것은 운수가 있다. 광릉후인 만회 쓰다.)

위에서 만회晩悔는 인조 때 경주부윤으로 있었던 이필영李必榮이다. 그러니까 이 석조는 본래 흥륜사 폐사지에 있었는데 부윤 이필영이 경주 읍성으로 옮겨 연꽃을 심었다는 내용이다. 명문銘文에서 가장 주목이 되는 구절은 '顯晦有數현회유수'라는 구절인데, 이는 '나타나고 묻힘, 곧 쓰이고 버려짐은 모두 때가 있다'는 뜻이다. 글쓴이의 사물에 대한 관점이 드러나는 대목이다.

그리고 같은 석조 위에는 역시 다음과 같은 한시漢詩 한 수가 새겨져 있다.

二樂堂前雙石盆 何年玉女洗頭盆 洗頭人去蓮花發 空有餘香滿舊盆

(이요당二樂堂 앞의 쌍 석분, 어느 때 옥녀가 머리를 감았을까?
머리 감던 사람은 떠나가고 연꽃만 피어, 부질없이 옛 석조에 향기만 가득하네.)

이 석조가 옛날에는 여인들이 머리를 감는 용도였음을 들어, 물건의 용도는 시대에 따라 달라짐을 밝히고 있다. 다시 말하면 이 석조는 신라 최초로 건립된 왕실사찰에서 매우 유용하게 쓰인 값진 용구였지만, 나라가 망한 후 천여 년 동안 버려져 있다가 지방 관아에 옮겨져 지금은 연꽃을 키우며 겨우 명맥을 유지하고 있다는 것이다. 그 옛날 머리 감던 아리

따운 여인들은 다들 어디 가고 부질없이 연꽃 향기만 내뿜을까? 시대의 무상감이 짙게 나타나 있다.

물건이든 사람이든 반드시 쓰임과 버려짐이 있기 마련이다. 그 이유는 그 물건이나 사람의 지닌 성능이나 자질이 변하기 때문일 수도 있고 아니면 시대나 상황이 바뀌기 때문일 수도 있다.

농경사회에서 산업사회를 거쳐 오늘날 지식정보화 사회로 이행되는 과정에서 우리는 과거에 유용하게 사용되었던 많은 도구들이 너무나 소홀하게 취급되는 사례를 보아 왔다. 인류의 생활사를 이루는 많은 소중한 유물들이 불필요한 쓰레기로 버려져 인멸되고 있음은 매우 안타까운 일이기도 하다.

우리 집에도 손때 묻은 목제가구, 길쌈도구, 농기구 등 옛것이라곤 남은 것이 하나도 없다. 물론 필요가 없어서인 경우도 있지만, 버리고 새것으로 교체된 것은 모두 불편함이 주된 이유이다. 단적인 사례로 놋그릇이 스테인리스 그릇으로 바뀐 것은 내 기억에도 남아 있다. 어느 날 그릇 장수가 왔는데 어머님은 놋그릇을 내주고 대신 스테인리스 그릇으로 교체했다. 아마도 명절이나 집안행사 때마다 기왓장 가루로 놋그릇 닦기가 지긋지긋했을 것이다.

흥륜사 석조는 시대적 상황이 바뀜에 따라 한동안 버려졌던 물건이다. 이는 천년 왕도가 망하고 흥성하던 불교문화가 쇠퇴함에 따르는 필연적인 결과였다. 하지만 그 버려진 흥륜사 석조가 연꽃을 심는 그릇의 기능을 했듯, 어떤 물건이든 쓸모가 없다고 하지 말고 상황에 따라 그 용도를 맞출 필요가 있다. 그것이 지혜인 것이다.

어디 홍륜사 석조뿐이랴? 쓸모없이 버려진 맷돌도 정원 잔디밭에 놓이면 훌륭한 디딤돌 역할을 하고, 헌 문짝도 훌륭한 인테리어의 재료가 될 수 있다. 며칠 전에 신라 왕궁 복원에 쓰일 석재 기증식이 있었다. 신라시대의 궁궐이나 사찰이 폐허가 되면서 그 터에 있었던 많은 석재가 민간에 유출되어 건축자재로 쓰이거나 정원을 장식해 왔다. 이제 월성 발굴과 복원 계획을 계기로 이를 재활용하기 위해 모으려는 것이다. 물론 그동안 각각의 석재는 그 본래의 기능은 상실한 채, 나름대로 주춧돌로, 댓돌로, 축대용으로, 정원 장식용으로 역할을 했지만 이제 옛날의 본래의 역할을 되찾게 될 날을 기다리게 되었다. 이 또한 현회유수顯晦有數가 아니겠는가? '동선하로冬扇夏爐'란 말이 있다. '겨울의 부채, 여름의 난로'라는 뜻인데, 말하자면 전혀 쓸데없는 도구라는 뜻이다. 하지만 1년만 버리지 않고 보관해 보라. 쓰일 날이 있을 것이다.

사람의 쓰임도 때가 있다. 맹자는, 대장부는 때를 얻으면 세상에 나가 나라와 백성을 위해 일을 하고 때를 얻지 못하면 홀로 자기 갈 길을 간다고 했다. 이것이 선비의 출처관이다. 그러나 꼭 때를 만났을 때에만 자신의 역할이 있는 것은 아니다. 다시 말하면, 물러났을 때에도 때를 만났을 때에 못지않은 역할이 있는 것이다. 공자와 맹자도 자신의 이상을 펼 군주를 찾아 천하를 철환轍環했다. 결국 때를 만나지 못하자 백성들 속으로 들어와 자신의 길을 가면서 제자를 가르치고 학문을 완성했다. 만약 공자나 맹자가 때를 만났다면 한 나라는 잘 다스렸을지 몰라도 뒷날 동아시아 역사를 바꿀 만한 사상적 족적은 남기지 못했을 것이다. 국문학에 있어서도 시가문학의 거장 송강 정철이나 고산 윤선도의 문학은 그들이 정치적으로 실각을 했을 때에 완성된 것이다.

사람은 어디든 자신이 필요한 곳이 꼭 있기 마련이다. 대통령이라 하여 다르지 않다. 미국의 카터 대통령은 대통령으로서는 각광을 받지 못했지만 퇴임 후 극빈가정 집지어주기 운동, 기아飢餓 퇴치 운동, 인권 운동 등을 벌여 자선과 봉사의 행보를 이어갔다. 우리 대통령도 본받았으면 좋겠다. 그런데 우리나라의 어느 대통령은 권력으로 모은 막대한 자금으로 재단을 설립하여 퇴직 후에도 정치적 영향력을 행세하려는 의심을 받아 중단된 사례도 있다. 그럴 바에는 퇴직 후 차라리 아무것도 하지 않고 소리 소문 없이 지내는 것도 어쩌면 자기의 역할이 되지 않나 하는 생각도 든다. 그런가 하면 근래 대법관 출신인 어느 법조인은 퇴직 후 전관예우로 떼돈을 버는 대신 아내가 문을 연 편의점의 도우미로 활동을 하여 신선한 충격을 주기도 했다. 대법관의 가족이 생계를 위해 가게를 열었다는 것이 뉴스가 되지 않을 때는 언제쯤일까?

평생 자신의 직업에 충실했던 사람이 정년퇴직 후에는 보수報酬와 관계없이 자신의 전문성을 사회를 위해 쓰는 것은 매우 가치 있는 일이다. 꼭 전문성이 아니더라도 건강만 있다면 남을 위해 봉사하고 베풀고 나누는 일에 헌신한다는 것은 숭고하기까지 하다. 정년퇴직을 '쓰임'과 '버려짐'의 경계로 삼는 것은 부적절하다. 쓰이고 버려짐은 정해진 것이 아니라 자신의 의지와 태도에 달려 있는 것이다. 아직 우리 사회에는 잠자는 재능이나 능력을 필요로 하는 곳이 얼마든지 있다. 무슨 용도이든 필요한 곳에 자신을 도구로 써달라는 겸손함—이것이 흥륜사 석조에서 깨달은 교훈이다. 이런 정신이 존재하는 한 세상에 '버려짐'이란 없다.

(2015. 8)

젊은이의 국가관과 외래문화의 수용 자세
— 임신서기석壬申誓記石

경주박물관 미술관 2층 금석문실(현재는 신라역사관 제3전시실에 전시되어 있음.) 세로 32.4cm, 가로 12.6cm, 두께 약 2cm, 아래보다 위가 약간 더 넓은 길쭉한 자연석 냇돌로, 그 앞면에 74자의 한자漢字가 5줄에 걸쳐 새겨져 있다.

▲ 임신서기석

이 돌은 1934년 조선총독부 경주분관장 오사카 긴타로大阪金次郎가 경주 석장사지(또는 금장대) 부근에서 발견하였다고 한다. 이듬해 역사학자 스에마쓰 야스카즈末松保和가 이를 처음으로 해독하여 1936년 경성제대 사학회지 제10호에 '경주 출토 임신서기석에 대해서'라는 제목으로 탁본과 함께 논문으로 발표하여 세상에 알려지게 되었다. 논문 제목은 이 돌에 새겨진 명문銘文의 내용을 따서 붙인 이름이었다. 이 돌이 주는 유물적 가치는 크게 2가지이다.

첫째는 표기 형태다. 당시에는 우리 문자가 없기에 한자漢字를 들여와서 사용했다. 그런데 한자는 중국어를 표현하는 글자이기에 우리말 체계에는 맞지 않는다. 따라서 사용상 불편한 점이 많았다. 이를 해소하기 위해 도입한 방식이 한자의 음音과 훈訓을 빌어 나타낸 표기 형태이다. 이를 '음훈차표기音訓借表記'라고 하는데, 여기에는 구결口訣, 이두吏讀, 향찰鄕札 등이 있다.

① 구결 : 天地之間 萬物中<u>厓</u>(애) 唯人<u>是</u>(이) 最貴<u>爲尼</u>(ᄒᆞ니)

② 이두 : <u>無去乙</u>(업거늘) <u>爲去乃</u>(ᄒᆞ거나)

③ 향찰 : 東京明期月良 夜入伊遊行如可(<u>ᄉᆡ</u>ᄇᆞᆯᄇᆞᆯ기ᄃᆞ래 밤드리노니다가)

④ 훈석식訓釋式 : 한자의 우리말 어순식 배열

①, ②, ③은 한자의 음과 훈을 빌어 표기하는 방식, 곧 음훈차표기이며, ④는 단순한 한자의 배열방식이다.

① <u>구결</u>은 한문 원문장을 그대로 둔 채 우리식 토를 붙인 것이다.

위의 예문에서 밑줄 친 '厓, 是, 爲尼'를 각각 '애, 이, ᄒᆞ니'로 읽는다. 이때 '厓(애), 尼(니)'는 한자의 음을, 그리고 '是(이), 爲(ᄒᆞ)'는 한자의 훈을 따와서 읽은 것이다.

② 구결이 형태부(허사, 곧 조사와 어미)인 토吐에 한해서 쓰는 데 대해, 이두는 허사뿐 아니라 일부 의미부(실사)까지도 한자의 음과 훈을 빌어 나타내는 방식이다. 단, 문장의 일부분에만 사용했다.

위에서 無去乙(업거늘), 爲去乃(ᄒᆞ거나) 등에서와 같이 '無(업), 爲(ᄒᆞ)'는 의미부요, '去乙(거늘), 去乃(거나)'는 형태부인 것이다. 곧 '업, ᄒᆞ'는 훈을 '거늘, 거나'는 음을 따와서 읽은 것이다.

③ 이두가 문장의 일부에 음훈차표기를 사용한 데 비해 향찰은 전문장全文章에 모두 음훈차표기를 사용한 표기 형태이다.

①, ②, ③을 비교하면 구결은 빼버려도 한문 원문장이 그대로 남지만, 이두를 빼면 불완전한 한문 문장이 남고, 향찰을 빼면 아무것도 남지 않는다.

④ 그런데 ①, ②, ③과는 다른 또 하나의 방식이 있으니, 바로 훈석식이다. 훈석식이란 음훈차표기와는 달리 문장에서 한자를 중국식이 아닌 우리말의 어순에 따라 배열한 것을 말한다. 이는 한문을 해석할 때 앞뒤로 왔다갔다하는 불편을 없앤 매우 편리한 방법이다.

예를 들면 '아비와 아들은 친함이 있다'를 한문식으로 나타내면 '父子有親'이지만 우리말식 순서를 따르면 '父子親有'인 것이다. 이것이 훈석식 표기인데, 이런 표기의 유일한 금석문 물증 자료가 바로 임신서기석이다. 그리하여 이런 표기를 '임신서기체' 또는 '서기체'라고 부른다.

임신서기석의 전문을 보면 모두 이렇게 글자 순서대로 해석된다.

① 壬申年 六月六日 二人并誓記

임신년 6월 6일에 두 사람이 함께 맹세하여 기록한다.

② 天前誓 今自 三年以後 忠道執持 過失无誓

하늘 앞에 맹세한다. 지금부터 3년 이후에 충도를 가지고 과실이 없기를 맹세한다.

③ 若此事失 天大罪得誓

만일 이 일을 잃으면 하늘에 큰 죄를 얻는 것이라고 맹세한다.

④ 若國不安亂世 可容行誓之

만일 나라가 불안하고 어지러운 세상이 되면 가히 용납하여 행할 것을 맹세한다.

⑤ 又別先辛未年七月廿二日大誓

또 따로 앞서 신미년 7월 22일에 크게 맹세하였다.

⑥ 詩尙書禮傳倫得誓三年

시경, 상서, 예기, 좌전을 차례로 습득하기를 맹세하되 3년으로써 하였다.

위에서 ②와 ③을 한문식 표기로 바꾸어 비교하면 다음과 같다.

② 天前誓 今自三年以後 忠道執持 過失无誓 — 훈석식 표기

誓前天 誓自今三年以後 執持忠道 无過失 — 한문식 표기

③ 若此事失 天大罪得誓 — 훈석식 표기

若失此事 誓得大罪(於)天 — 한문식 표기

임신서기체가 가지는 또 하나의 가치는 내용이다. 이 글의 주인공 두 사람은 올바른 백성의 도리인 충도忠道를 행할 것과 학문과 수행에 전력하기를 자발적으로 맹세하고 있다. 이는 당시의 젊은이들의 투철한 국가관과 정체성을 나타내고 있다. 그리고 유교 경전인 시경詩經, 상서書經, 예기禮記, 춘추좌전春秋左傳 등이 전래되어 불교와 함께 유학이 신라 사회에 통치이념으로 크게 작용하고 있음을 말해 주고 있다.

또한 이러한 내용은 이 글이 씌어진 연대 추정과도 관계가 깊다. 신라 왕조에서 임신년은 A.D. 552년(진흥왕 13년), 612년(진평왕 34년), 672년(문무왕 12년), 732년(성덕왕 31년) 등이다. 스에마쓰末松는 비문의 내용 가운데 시경, 상서, 예기 등 신라 국학의 주요한 교과목을 습득할 것을 맹세한 점에 주목했다. 곧 신라에서 국학을 설치하고 교육체제를 갖춘 682년(신문왕 2년) 이후로 보아야 한다는 주장이다. 그렇다면 임신서기석의 제작연대는 성덕왕 31년인 732년이 되는 것이다. 최대한 올려 잡더라도 문무왕 12년인 672년이어야 한다는 것이다.

반면 이병도 박사는 신라에 국학이 설치되기 이전부터 유교경전이 신라 지식사회에 수용되었음을 강조했다. 특히 비문 내용 가운데 나라에 대한 충성 맹세는 화랑도의 근본정신과 관련된다고 보고, 임신서기석이 이 제도가 융성했던 진흥왕 13년인 552년이나 진평왕 34년인 612년에 제작되었다고 추정했다. 금석문의 연대 추정은 글의 내용면뿐만 아니라 글자체나 표기 형태 등 다양한 각도에서 봐야 한다.

완전한 음훈차표기인 향찰은 서기체나 구결, 이두 등의 단계를 거쳐 확립되었다고 볼 수 있다. 그리고 향찰을 표기수단으로 했던 향가가 최초로 나타난 시기는 서동요薯童謠와 혜성가彗星歌가 지어진 진평왕 때이다. 그렇다면 표기 형태로 볼 때 임신서기체가 등장한 것은 진평왕 이전으로 볼 수 있다. 따라서 위의 연대 중 진흥왕 때가 가깝지 않을까 생각된다. 지금은 대체로 552년으로 보는 경향이다.

어느 시대든 젊은이들의 정신자세가 국운을 좌우한다. 이로 볼 때 신라가 삼국통일을 완수하게 된 것은 훌륭한 지도자나 동맹외교의 성공만이 아니라 바로 이러한 젊은이의 애국심이 있기에 가능했다.

그리고 신라는 비록 중국에서 한자를 표기수단으로 받아들였지만 이를 우리 처지에 맞게 실용성을 가미하여 사용했다. 서기체나 음훈차표기가 그것이다. 신라 전시대를 망라하는 향가집 '삼대목三代目'이 있었다는 기록으로 미루어 향찰표기는 매우 광범위하게 사용되었을 것이다. 단지 고려시대에 와서 오히려 한문학의 융성으로 말미암아 상대적으로 향찰표기가 더 발전되지 못했을 따름이다.

하지만 이런 점으로 인해 문자 창제의 필요성이 대두되어 조선 초에 와서 훈민정음 창제로 이어졌다. 우리와 달리 일찍부터 한자의 음과 훈을 빌려 자기 문자를 만든 일본이 우리의 한글 같은 발달된 문자를 갖지 못하고 있으니, 역시 '불필요한 역사'란 없는 법이다.

한 뼘 남짓한 저 조그만 돌 조각을 바라보며 오늘날 우리 젊은이들의 국가관과 자아정체성, 나아가 무분별한 외래문화의 수용에 대한 우려를 지울 수가 없다.

(2012. 9)

왕실 명당을 지킨 쌍거북 — 숭복사비 귀부崇福寺碑龜趺

경주박물관을 들어서서 주전시관으로 방향을 돌려 몇 걸음 가다 보면, 바로 오른쪽에 두 마리의 거북이 방형대석方形臺石 위에 나란히 엎드려 있다. 몸은 거북인데 머리는 분명 용이다. 등에는 귀갑문龜甲文이 반듯하고 발가락 또한 가지런하다. 목에는 굵은 알의 목걸이까지 하고 있다. 하지만 생명처럼 지켜야 할 비신碑身과 이수螭首를 잃어버리고 안상眼象이 새겨진 깨어진 비좌碑座 조각 2개만 허망하게 지고 있다. 그러면서

▲ 숭복사비 귀부

도 목을 세우고 가슴을 내밀며, 오른쪽 발을 약간 높이 들고 앞으로 나가려는 모습이 당당하다. 바로 숭복사비 귀부이다.

이 비碑의 비문을 지은 최치원崔致遠은 조기早期 해외유학을 가서 당나라에서 국제적으로 이름을 떨쳤다. 그러나 그는 17년 동안의 외국 생활을 청산하고 조국 신라를 위해 일할 큰 뜻을 가지고 귀국했다. 하지만 그 당시 신라의 현실은 그를 받아들일 준비가 되어 있지 않았다. 그나마 그를 알아준 헌강왕이 귀국 1년 만에 승하하자 지방 관리로 전전하다가 모두 다 내놓고 전국을 유랑했다. 이런 상황 가운데서도 통일신라 금석문金石文의 금자탑인 '사산비명四山碑銘'을 남긴 것은 큰 수확이라고 할 수 있다.

사산비명四山碑銘은 충남 보령의 성주사聖住寺 낭혜화상 백월보광탑비大朗慧和尙 白月葆光塔碑 : 국보 8호, 경남 하동의 쌍계사雙溪寺 진감선사 대공탑비眞鑑禪師 大空塔碑 : 국보 47호, 경북 문경의 봉암사鳳巖寺 지증대사 적조탑비智證大師寂照塔碑 : 보물 138호, 그리고 경주의 대숭복사비大崇福寺碑이다. 앞의 세 비碑가 왕사王師나 고승高僧들의 탑비인 데 비해 마지막 대숭복사비는 왕실과 관련된 내용이다. 그리고 앞의 세 비碑는 원래의 세워진 장소에서 완전한 형태로 전해지는 데 비해 대숭복사비大崇福寺碑는 오랫동안 비문碑文만 전해졌다. 그런데 1930년대 초 경주시 외동읍 말방리 현 숭복사지崇福寺址에서 귀부와 함께 비편이 몇 개 발견되어 원래의 비문을 대조한 결과 이곳이 숭복사 터임을 알게 되었다. 비편은 현재까지 13개가 발견되었다. 숭복사 터의 발견으로 인근의 괘릉掛陵이 원성왕릉元聖王陵으로 밝혀졌다. 이전에는 이 능이 문무왕릉이라고 알려지고 있었다.

숭복사비문에는 원성왕릉과 숭복사의 관계가 소상히 밝혀져 있다. 원성왕이 승하하고 최고의 명당을 찾았는데 그곳에는 원성왕비 숙정왕후肅貞王后의 외조부인 파진찬波珍湌 김원량金元良의 소유로 이미 곡사鵠寺라는 사찰이 세워져 있었다.

당시 장례 주관처에서는 이 사찰을 다른 곳으로 옮기고 왕릉을 조성하려고 했으며, 이를 논의에 붙인 듯하다. 주목할 것은 비록 왕조시대일지라도 사유지私有地 사용 문제 등을 결정할 때에는 토론과정을 거친다는 점이다. 먼저 반대편의 의견의 요지는 이렇다.

> 옛날 정鄭나라 간공簡公의 장례길을 닦을 때 유씨游氏의 사당이 있어 이를 헐려 했는데 당시의 명재상 정자산鄭子産은 이 사당을 비켜서 둘러가게 했다. 또 노나라 공왕恭王이 궁실宮室을 넓히려 했는데 그 안에 공자의 구택舊宅이 있었다. 공왕 또한 공자의 구택을 헐지 않고 이를 보존하도록 했다. 그 결과 그들은 지금까지도 칭송을 받고 있다. 만약 지금 이 사찰을 취하여 장지葬地로 삼는다면 땅은 비록 복될지라도 하늘은 허물할 것이니 서로 간에 도움이 되지 못할 것이다.

이에 대한 찬성 의견의 요지는 어떠했는가?

> 사찰이란 주변 형세와 어울리게 마련이기에 어디에 가도 맞지 않음이 없다. 따라서 재앙災殃이 있는 터라도 복된 터로 바꿀 수 있다. 반면에 묘지墓地의 경우는 아래로 지맥地脈을 살피고 위로 천심天心을 헤아려, 묘지 안에 사상四象을 포함함으로 천만대 경사慶事를 보

전하는 것이다. 또 불법佛法이란 어느 한 곳에 머무는 상相이 없으나, 장례는 행하기에 좋은 시기가 있으니 땅을 바꾸어 위치하게 하는 것이 하늘의 도리이다.

이 땅은 원래 왕의 인척姻戚의 소유인 바, 낮은 데서 높은 데로 나아가고, 옛것 대신 새것을 도모하는 것이 참으로 타당하다. 그리하여 왕릉으로 하여금 웅려雄麗한 곳에 자리잡고 사찰로 하여금 산천의 아름다움을 차지하게 한다면 우리 왕실의 복福이 산처럼 높을 것이요, 인척의 덕德도 바다같이 넓게 될 것이다.

대단한 논리 전개였다. 그리고 비문의 내용 중에, 이 땅은 공전公田이 아니기에 주변 땅을 더 포함시켜 벼 2,000석으로 보상했다는 대목도 있다. 이는 강탈이 아니라 정당한 매매 행위로 이루어졌다는 점을 강조한 듯하다. 왕조시대의 땅의 개념이 '普天之下 莫非王土(넓은 하늘 아래에 임금의 땅 아님이 없음)'임을 생각하면 이 또한 신선하게 들린다.

그러나 막상 옮기고 난 이후 절은 발전을 보지 못한 것으로 기록되어 있다. 옮긴 후 70년 동안 아홉 왕(39대 소성왕부터 47대 헌안왕까지)이 바뀌었지만 여러 번 무너질 위기를 겪었을 뿐 어엿하게 꾸며볼 여유를 가지지 못했다. 그러다가 48대 경문왕 때에 사찰이 크게 중수重修되었고, 다음 49대 헌강왕 때 '숭복사崇福寺'라 이름하고 최치원에게 비문 작성을 지시했다. 그러나 실제 숭복사비문은 헌강왕, 정강왕을 거쳐 진성여왕 때 지어졌고, 숭복사비도 그 당시에 건립되었다고 추정된다.

숭복사비崇福寺碑는 숭복사의 유래와 왕실과 사찰과의 관계 등을 밝힐

뿐만이 아니라, 불교가 국교國敎인 당대에도 효례孝禮와 인의仁義를 중심으로 한 유교적 이념을 드러내고 있다. 그리고 유교뿐만 아니라 도교道敎나 풍수지리, 오행사상五行思想 등 모든 사상에 대해 개방적인 자세를 보여준다. 특히 풍수지리가 도입되어 적용된 첫 사례라고 할 수 있다.

이는 오늘날 다원화로 나아가는 종교적 측면에 비추어 볼 때에도 시사示唆하는 바가 매우 크다. 종교와 사상이 서로 배타성을 지양하고 상호 이해하고 존중하는 것이 평화로운 세상을 만드는 데 매우 중요하기 때문이다.

7세기 후반 최초의 당나라 비석 형태인 태종무열왕릉비로부터 8세기에 이르기까지 귀부龜趺는 매우 박력이 넘친다. 목을 앞으로 뻗고 눈을 크게 뜬 채 입은 다물고 있다. 그리고 등은 겹귀갑문으로 장식하였고, 귀두龜頭, 목, 발가락 등 전체가 사실적으로 그려져 있다. 머리가 둥근 형태의 이수螭首에는 양각陽刻된 여섯 마리 이룡螭龍이 여의주를 희롱하고, 귀갑龜甲 중앙에 설치된 비좌碑座 주변에는 간결한 연꽃잎무늬의 띠가 둘러져 있다.

9세기에서 10세기 초에 이르러서는 약간의 변화가 생겨 거북의 목은 직립直立하고, 머리는 용두화龍頭化하였으며, 귀갑문은 도식화圖式化되고 경직硬直된 느낌을 준다. 이수 역시 둥근 머리모양에서 관형冠形 또는 개형蓋形으로 변화되었다. 비좌는 대부분 구름무늬와 연꽃잎무늬를 혼용하면서 높은 비좌대碑座臺를 이루고, 비좌의 각 면에는 안상眼象, 십이지상, 비천상 등을 다양하게 조각하고 있다. 이수 정상에는 운용문雲龍文을 새기고 있다.

숭복사비 귀부의 특징은 쌍귀부 형태이다. 쌍귀부는 왕실의 존엄을 나타낸다. 통일신라시대의 쌍귀부는 숭복사비 말고도 무장사지鍪藏寺址, 창림사지昌林寺址, 포항 법광사지法光寺址에서도 볼 수 있다. 무장사는 문무왕이 병기兵器를 묻고 평화를 선포한 사찰로 801년경 소성왕의 왕비 계화부인桂花夫人이 조성한 아미타불 조상사적비阿彌陀佛造像事蹟碑가 있는 사찰이다. 박혁거세가 자란 곳에 있는 창림사昌林寺는 시조왕을 현양顯揚하는 사찰로 추정된다. 그리고 포항 신광면의 법광사法光寺는 진평왕 때 원효가 창건한 왕실사찰인데 지금도 진평왕의 위패를 모시는 사당인 숭안전崇安殿이 절터 부근에 있다. 그리고 진성여왕 재위연대(887~897년)에 세워진 숭복사비는 건립 연대가 분명하기에 신라의 귀부의 변천과정을 알 수 있는 자료로도 가치가 높다.

오늘도 숭복사비 귀부는 한 발자국도 떼지 못하고 있다. 하루빨리 비碑가 복원되어 이 낯선 박물관을 떠나 고향인 말방리末方里 숭복사지崇福寺址에 갈 날을 기다리는 것 같다.

(2013. 9)

* 2015년에 숭복사비가 현 숭복사 터에 복원되었지만 이 귀부는 거기 가서 비신을 받쳐주지 못하고 그대로 달랑 비좌만 지고 경주박물관 뜰에 허망하게 남아 있다. 이유야 있겠지만 안타까운 일이다.

신라 사람들

근간 개인의 이익이나 영달을 위하여 군사기밀이나 군수산업기술을 유출하는 사례가 빈번히 보도되고 있다. 이런 때일수록 강한 애국심으로 무기기술 유출을 막아낸 구진천 같은 인물이 참으로 위대하게 여겨진다. 누군가의 말대로 기술에는 국경이 없지만 분명 기술인에겐 국적이 있다. —'기술에는 국경이 없어도 기술자에게는 국적이 있다' 중

끝나지 않은 열전列傳 / 풍랑가風浪歌와 청조가青鳥歌 사이
백월산白月山의 두 성인聖人 / 훌륭한 임금 뒤에는 훌륭한 형제가 있었다
기술에는 국경이 없어도 기술자에게는 국적이 있다 / 소머리 성자聖者
개는 주인이 아니면 짖는다 / 글로벌 인재, 알아주지 못한 사회

끝나지 않은 열전列傳 — 검군劍君

삼국사기 열전에는 여러 명의 신라 화랑들이 등장한다. 그런데 그들 대부분은 전쟁에 나가 나라를 위해 싸우다 장렬하게 죽은 어린 영혼들이다. 피다가 말고 떨어진 꽃봉오리 — 신라의 삼국통일은 이러한 화랑들의 충혼을 자양분으로 삼아 맺은 열매이다. 관창官昌, 비령자丕寧子, 김흠운金歆運, 죽죽竹竹 등이 바로 그들이다. 모두들 전쟁터가 그들의 죽을 자리였다. 그런데 화랑 중 청소년 위인전기에 소개되기도 하는 검군劍君의 죽음은 이와는 약간 다른 면이 있다. 삼국사기의 기록을 보자.

검군劍君은 대사大舍 구문仇文의 아들로 사량궁沙梁宮 사인舍人으로 있었다. 건복建福 44년 정해년(A.D. 627) 가을 8월에 서리가 내려 모든 곡식이 해를 입고, 이듬해 봄과 여름에 큰 기근饑饉이 들어, 백성들이 자식을 팔아 끼니를 잇는 형편이 되었다. 이때 궁중의 여러 사인舍人들이 함께 모의하여 창예창唱翳倉의 곡식을 훔쳐서 나누었는데, 검군만이 홀로 받지 않았다. 모든 사인들이 말했다.

"모두가 받는데 그대만이 유독 거절하니 무슨 일인가? 만약 양이 적어서 꺼린다면 더 주겠다."

검군이 웃으며 말했다.

"나는 근랑近郎의 무리에 이름을 두었고 풍월도風月道의 뜰에서 수행을 하였으니, 실로 의로운 것이 아니면 비록 천금千金의 이익이라도 내 마음을 움직일 수 없다."

이때 이찬伊湌 대일大日의 아들이 화랑이 되어 근랑近郎이라고 불렸기 때문에 이렇게 말한 것이다. 검군은 그곳을 나와 근랑의 집에 이르렀다. 사인들이 은밀히 논의하기를, 이 사람을 죽이지 않으면 틀림없이 말이 새어나갈 것이라고 하여 드디어 그를 불렀다. 검군은 그들이 자기를 죽이려고 모의하고 있음을 알고 근랑에게 작별하며 말했다.

"오늘 이후로는 다시 뵙지 못하겠습니다."

근랑이 이유를 물었으나 검군이 말하지 않다가 두세 번 거듭 물으니 그 이유를 대략 말하였다. 근랑이 말했다.

"어찌하여 담당 관청에 말하지 않는가?"

검군이 말했다.

"자신이 죽는 것을 두려워하여 여러 사람을 죄에 걸려들게 하는 것은 인정상 차마 할 수 없는 일입니다."

"그렇다면 왜 도망하지 않느냐?"

"저들은 잘못되고 저는 바른데 도리어 제가 도망친다면 장부답지 못합니다."

드디어 사인들에게로 가니 여러 사인들이 술자리를 벌여 놓고 몰래 음식에 독약을 넣었다. 검군은 이를 알고도 억지로 먹고 죽었다. 군자君子가 말했다.

"검군은 죽을 자리가 아닌 데서 죽었으니 태산같이 소중한 목숨을 새털보다 가벼이 여긴 것이다."

오늘날 이런 사건이 일어났다면 검군의 죽음을 어떻게 평가할까? 자기 자녀가 이런 일을 당했다면? 아마 관련자들의 비행이나 집단 괴롭힘을 고발할 뿐만 아니라 자식의 죽음에 대한 보상과 관련자 문책 등 모든 조치를 요구할 것이다.

그런데 당시 사람들은 어떤 평가를 했을까? 고려시대 삼국사기의 저자는 직접 논평은 하지 않았다. 다만 마지막 부분에 어떤 사람의 입을 빌려 검군이 죽을 자리가 아닌 데서 죽었다는 말을 했다. 그리고 태산같이 소중한 목숨을 새털보다 가벼이 여겼다고 했다. 객관성을 유지하기 위해서 어떤 사람의 말을 빌렸지만 그 어떤 사람이 '일반사람'이 아니고 '군자君子'이다. 군자가 어떤 사람인가? 식견과 덕행이 뛰어난 사람이 아닌가? 그렇다면 사물에 대한 판단도 올바르게 내리는 사람이다. 이런 점으로 볼 때 위의 평가는 검군에 대한 올바른 평가임을 은연 중 드러낸 것이며, 이는 삼국사기 저자 자신의 논평이라고 보아도 무방하다.

한마디로 검군의 죽음은 가치 있는 죽음이 아니라는 것이다. 적과 싸우다가 국가를 위해 죽은 것도 아니고, 사회정의를 세우기 위한 죽음도 아니다. 그리고 의로운 사람의 생명을 살리기 위한 죽음도 아니다.

물론 이는 열전에 서술된 내용만으로 볼 때의 평가이다. 우리가 한 사건이나 인물을 평가할 때에는 알려지거나 표면에 드러난 것만 보아서는 안 된다. 생략된 사건이나 기록의 행간에 숨어 있는 내용을 통찰해야 할 필요성이 있다. 물론 도덕적인 평가는 결과보다는 동기에 있기에 결과가 중요한 것이 아니라고 할 수도 있다. 하지만 비근한 예로 환자 치료에 있어서 비록 최선의 처방이라도 그로 인해 환자의 병이 악화되거나 죽었다면 그 처방에 대한 평가가 달라진다.

그런데 검군이 죽고 난 이후 전개된 사건의 결말은 알 수가 없다. '독약이 든 줄을 알고도 억지로 먹고 죽었다'는 것이 이 기록의 끝이었다. 물론 기록자로서도 이 이외에 어떤 내용도 전하지 않기에 덧붙일 말이 없었을 것이다.

그렇기 때문에 사건의 결말이나 숨은 이야기를 모르고 검군의 죽음을 섣불리 의로운 죽음이라고 하여 청소년들에게 본받으라고 하기가 실상 어려운 것이다. 검군의 사건은 검군이 죽은 이후의 결말이 어떻게 마무리되었느냐에 따라 평가가 달라진다.

그렇다면 검군 사건은 어떻게 마무리되었을까?

먼저 되짚어봐야 할 사람은 근랑近郎이다. 사건에 나타난 바로는 그는 화랑도의 낭주郎主로서 한심한 처신을 보였고 부하의 죽음을 방조했다. 검군이 그가 아끼는 부하였다면 그 고민을 자기 고민으로 생각해서 해결을 도와야 할 의무가 있다. 사회정의를 위해서라면 고발을 권유했어야 했고, 친구의 우정을 위해서라면 직책을 물러나도록 하여 자신이 방패막이가 되어 나쁜 사인들의 범행으로부터 검군을 지켰어야 했다.

기록에 나타난 바와 같은 아쉬운 처신으로 근랑은 검군이 죽고 나서도 어정쩡한 태도로 일관했을 수도 있다. 검군의 뜻으로 생각하여 사건을 묻어두고 결국 아무런 조치도 이행하지 않았을 수도 있다는 것이다. 그랬다면 결국 검군만 죽었을 뿐, 달라진 것은 아무것도 없었다. 그런데 이와 반대로 행동했을 수도 있다. 곧 근랑은 검군이 죽은 후 사건의 전말을 조정에 알려 그들의 죄를 물어 벌을 받게 했을 수도 있다. 그리하여 관리의 기

강을 바로잡고 모든 화랑과 더불어 검군을 추모하고 부모를 위로했을 수도 있다.

다음은 가해자인 동료 사인舍人들이다. 그들은 검군이 죽자 이제 그들의 비행이 탄로나지 않게 되었다면서 안심을 했을 수 있다. 그리고는 마음대로 창고의 곡식을 유용했다. 검군이 보여주었던 의리는 안중에도 없었다. 한편 그 반대일 수도 있다. 검군이 죽자 비로소 그들은 친구에게 못할 짓을 했다고 뉘우쳤을 수도 있다. 자신들을 위해 독배인 줄을 알면서도 마신 검군으로 인해 양심이 발동한 것이다. 그래서 그들은 검군의 무덤에 가서 슬피 울고 바로 관부官府로 가서 자수했다. 이로 인해 사건이 알려지고 검군의 의로움이 신라 사회에 알려지게 되었다.

이처럼 검군의 죽음과 관련 있는 사람들이 보여주는 행위 여하에 따라 검군의 죽음이 신라 사회에 아무런 파장도 못 주어 그야말로 개죽음이 되었을 수도 있고, 반면 의로운 죽음이 되어 관리들을 자성하게 하여 공직기강이 잡혀지고 사회정의가 세워지고 화랑의 명예를 더 드높였을 수도 있다.

결론적으로 삼국사기의 검군 열전에 드러난 사건만으로는 그 열전이 주는 의미와 평가가 완결이 되지 않는 것이다. 따라서 검군 열전은 미완성이다. 완결짓기 위해서는 검군 주변 인물들의 후일담을 찾아야 한다. 하지만 이미 끝난 기록을 어디서 찾을 것인가?

이를 이행하는 것은 전적으로 후세 우리 독자들이다. 우리가 기록의 행간이나 역사적 상황을 추론하여 이야기를 보완하여 읽어야 하는 것이다. 역사적 인물의 행위를 완성시키는 일도, 평가하는 일도 오늘날의 우리가 해야 할 몫이다.

(2016. 10)

풍랑가風浪歌와 청조가靑鳥歌 사이 — 사다함

사다함斯多含은 내물왕의 7대손으로 진골 귀족 출신이다. 그는 구리지仇梨知 급찬級湌의 아들로 태어났는데 풍모가 수려하고 지조가 반듯했다. 사람들이 그를 화랑으로 추대했는데, 그를 따르는 무리들이 1,000명에 이르렀다고 한다.

진흥왕이 이사부異斯夫로 하여금 가야를 정벌하기 위해 군사를 일으켰을 때 사다함은 겨우 십오륙 세의 나이였다. 그는 의젓한 화랑으로 종군하기를 청하였지만 왕은 나이가 너무 어리다 하여 허락하지 않았다. 그러나 워낙 출전 의지가 완강하여 마침내 그를 귀당비장貴幢裨將으로 임명하여 출전을 허락했다. 결국 사다함은 출전하여 큰 공을 세웠다. 왕은 그의 공을 기리어 노비 3백을 내렸으나 받은 즉시 모두 풀어주었다. 또한 토지를 하사했는데도 사양하고 알천閼川의 불모지만을 받았다. 사다함은 처음 무관랑武官郎과 생사를 같이하는 벗이 되기를 약속하였는데, 무관랑武官郎이 병들어 죽자 슬퍼하다가 약속대로 7일 만에 그 역시 죽었다. 그때 나이가 17세였다. 이는 삼국사기의 기록이다.

그런데 화랑세기에는 무관랑의 죽음을 약간 달리 설명하고 있다. 병들어 죽은 것이 아니라 색녀色女 금진金珍의 성性 공세에 못 이겨 탈출하다가 죽었다고 했다. 금진이 누구인가? 그녀는 사다함의 어머니가 아닌가? 비록 자신의 뜻이 아니더라도 친구의 어머니와 불륜의 관계를 맺다니 얼마나 괴로웠겠는가? 친구 볼 낯이 있었겠는가? 더 큰 문제는 이 소문이 당시 화랑들의 입에 오르내렸다는 사실이다. 이에 무관랑은 탈출을 결심했다. 그래서 '궁장宮墻'을 넘다가 '구지溝池'에 빠져 죽었다고 했다. 궁장宮墻이란 궁궐의 담, 곧 월성의 성벽이요, 구지溝池란 성城의 해자垓字라는 것이다. 지금 월성 해자가 발굴되어 화랑세기의 기록에 신빙성을 더해 주고 있다.

사다함斯多含이 희대稀代의 색공녀色供女 미실美室을 만난 때는 미실이 진흥왕의 모후母后 지소태후只召太后에 의해 출궁된 시기였다. 미실이 궁궐에 있을 때는 지소태후와 사도왕후思道王后 고부姑婦 간에 권력투쟁이 치열했다. 그런데 뜻밖에 미실이 섬기는, 태후의 아들 세종전군世宗殿君과 색공色供의 관계로 발전하자 태후는 미실을 출궁시켰다.

미실은 답답한 궁중으로부터 풀려나 자유로운 몸이 되자, 순진한 꽃미남 사다함을 만났고 바로 사랑에 빠졌다. 그래서 "마땅히 지아비는 사다함과 같아야 하고 부귀란 것은 한때다"라고 한 말로 미루어 사다함과 혼인까지 생각한 것 같다. 그런데 사다함의 출정으로 뜻밖에 빨리 이별이 찾아 온 것이다. 그래서 아픈 마음을 노래에 실었으니 바로 '풍랑가風浪歌(一名 送出征歌)'였다. 이는 사다함이 돌아올 때까지 기다리겠다는 맹세와도 같았다.

바람이 분다고 해도 임 앞에 불지 말고
물결이 친다고 해도 임 앞에 치지 말고

빨리빨리 돌아오라 다시 만나 안고 보고
아흐, 임이여 잡은 손을 차마 물리라뇨?

風只吹留如久爲都, 郞前希吹莫遣
浪只打如久爲都, 郞前打莫遣
早早歧良來良, 更逢叱那抱遣見遣
此好 郞耶 執音乎手乙, 忍麼等尸理良奴

사다함이 가야 정벌에서 공을 세우고 개선하자 그를 기다리는 것은 토지와 노비와 그에 따른 명예였다. 그러나 진정 그가 받고 싶었던 것은 부와 명예보다는 사랑하는 미실의 환영歡迎의 눈길이 아니었을까? 그런데 사랑은 참 허망했다. 이미 미실은 남의 아내가 되었던 것이다. 물론 이는 미실의 뜻이 아니라 태후의 명命이었다. 태후는 미실을 출궁시킴과 동시에 세종전군에게 다른 여자를 원비元妃로 짝지어 주었으나 세종전군은 그녀를 거들떠보지 않고 식음을 전폐하기에 이르렀다. 그래서 하는 수 없이 미실을 다시 불러들였던 것이다.

이에 사다함은 미실의 빈자리를 바라보며 '청조가靑鳥歌'를 지어 슬퍼하였다. 이 노래의 내용이 몹시 구슬퍼 당시 사람들이 다투어 서로 암송했다고 한다.

파랑새야 파랑새야 저 구름 위의 파랑새야
어찌하여 나의 콩밭에 머무는가?
파랑새야 파랑새야 나의 콩밭의 파랑새야

어찌하여 다시 날아들어 구름 위로 가는가?

이미 왔으면 가지 말지. 또 갈 것을 어찌하여 왔는가?

부질없이 눈물짓게 하며 마음 아프고 여위어 죽게 하는가?

나는 죽어 무슨 귀신 될까, 나는 죽어 신병神兵 되리.

전주殿主에게 날아들어 보호하여 호신護神 되어

매일 아침 매일 저녁 전군殿君 부처夫妻 보호하여

만년 천년 길이 죽지 않게 하리.

青鳥青鳥 彼雲上之青鳥

胡爲乎 止我豆之田

青鳥青鳥 乃我豆田青鳥

胡爲乎 更飛入雲上去

旣來不須去 又去爲何來

空令人淚雨 腸爛瘦死盡

(吾)死爲何鬼 吾死爲神兵

飛入(殿主護) 護(神)

朝朝暮暮 保護殿君夫妻

萬年千年 不長滅

그런데 여기서 두 노래의 표기 형태에 유의할 필요가 있다. 앞의 풍랑가는 한자의 음音과 훈訓을 빌린 표기 형태인 향찰鄕札이지만, 뒤의 청조가는 한문장 그대로이다. 말하자면, 풍랑가는 향가鄕歌에 속하지만 청조가는 단순한 한역가漢譯歌일 뿐이다. 풍랑가가 향가라면 지금까지 전하는 25수의 향가에 1수를 더하는 동시에, 풍랑가가 향가 중 가장 오래된 작품이 되는 셈이다.

풍랑가 원문의 첫 부분(1, 2구)만 보면, 風只吹留如久爲都 郎前希吹莫遣에서 뜻訓으로 읽어야 할 글자는 風, 吹, 郎, 前, 吹, 莫뿐이며, 나머지는 모두 소리音로 읽는다. 반면 청조가는 소리音로 읽는 글자는 한 자도 없다. 거기다 풍랑가는 7, 8구의 첫부분에 차사(嗟辭 : 감탄사)까지 있다. 이는 8구체 향가로서 손색이 없다.

그런데 또 하나 남는 의문은, 처음 헤어질 때의 미실의 풍랑가는 향찰로 표기됐는데 돌아왔을 때의 사다함의 청조가는 어째서 한문장漢文章으로 표기됐을까 하는 점이다. 왜 같은 시기, 같은 성격의 노래를 두고 표기 형태를 달리 했을까? 왠지 그 이유를 따져보고 싶어진다.

잘은 모르지만 풍랑가는 출정 전에 미실이 사다함에게 불러준 가창용歌唱用인 데 비해, 청조가는 미실의 부재 공간에서 사다함이 지어 미실에게 보낸 서신용書信用이 아니었을까? 구음口音을 그대로 옮긴 것이 향찰이기 때문이다. 그리고 배신背信에 대해 갖기 쉬운 원망의 내용을 다 걸러내고 죽어 귀신이 되어서라도 미실은 물론 미실의 남편까지 보호하겠다고 한 것을 보면 그런 생각을 지울 수가 없다. 이렇게 승화된 감정은 글이 아니고는 표현하기 어렵다. 의문을 가지고 찾다 보니 화랑세기의 다른 조에서 청조가를 설명한 대목에 '作歌送之작가송지'라는 구절을 발견할 수 있었다. 이는 말 그대로 '노래를 지어서 보냈다'는 뜻이다.

사다함—그는 진정한 화랑이었다. 그는 국가에는 충신이고 부모에게는 효자였다. 죽으면서도 불륜의 어머니를 원망하지 않고 모든 걸 운명으로 돌렸다. 그리고 죽어 저승에 가서라도 꼭 부모의 은혜를 갚겠다고 했다. 그리고 생사를 함께 하기로 맹세한 친구 간의 약속도 지켰다.

풍랑가와 청조가 사이에서 사랑과 배신을 모두 겪은 사다함, 친구와 친구 어머니 사이에서 괴로워했던 무관랑, 궁중의 암투와 색공色供 사이에서 사랑을 지켜내지 못하고 끝내 권력의 화신이 되기로 작정한 듯이 삶의 방향을 바꾸어야 했던 미실, 모두 다 불행했던 신라의 젊은이들이었다. 차라리 국가를 위해서 전쟁터에서 죽은 관창과 반굴이 행복했다.

안타까운 것은 이들의 순수한 사랑을 깨뜨리고 또한 괴로움과 죽음으로 몰아간 사람이 다름 아닌 어른들이며 그것도 그들의 근친이었다는 사실이다. 그들의 권력 게임, 섹스 스캔들에 왜 건전한 젊은 화랑들이 희생되어야 했던가? 이에 대한 의문과 안타까움을 쉽사리 거둘 수가 없다.

(2013. 4)

백월산白月山의 두 성인聖人
— 노힐부득努肹不得과 달달박박怛怛朴朴

신라 성덕왕 때였다. 백월산(경남 창원에 있는 산) 고갯마루 외딴 암자에도 어둠이 내리고 있었다. 달달박박怛怛朴朴 스님은 일찍 저녁공양을 하고 예불을 준비하고 있었다. 그때 어스름 속에서 한 처녀가 나타났다. 스무 살쯤으로 보이는데 아름다운 자태에 난초와 사향의 향기를 풍기고 있었다. 처녀는 입을 열었다.

"걸음이 더디어 해가 지니 온산이 저물고, 길은 막히고 마을은 멀어 사방이 적막합니다. 오늘은 이 암자에서 묵으려 하오니, 자비로운 스님께서는 내치지 마소서"

미륵불이 되기를 기약하며 흐트러짐 없이 불도를 닦아온 세월이 벌써 몇 년째인가? 그런데 깊은 산속에서 이런 곤혹스런 일을 당하다니? 그러나 결코 용납될 수 없었다. 여기서 무너질 수는 없기 때문이다. 스님은 잘라 말했다. 이곳은 청정 사찰이고 더구나 비구승比丘僧이 혼자 거하거늘 결코 처녀가 가까이 할 곳이 아니니 지체 말고 떠나라고.

너무나 단호한 스님의 태도에 처녀는 곤혹스러움에 떨며 마지못해 발길을 돌렸다. 박박朴朴 스님은 조금은 안쓰럽고 미안하기는 해도 쉽게 떠나주어 다행이라 여기면서 관세음보살을 염하며 목탁을 두드렸다. 주마등처럼 지난 세월이 떠올랐다.

일찍이 부처님의 세계를 열망하여 약관弱冠 시절부터 단짝 친구 노힐부득努肹不得과 함께 서로 성불成佛하기를 맹세했다. 혼인을 한 후에도 처자妻子를 데리고 백월산 깊은 산속 마을에 들어와 농사를 지으며 오직 부처님만 바라보며 불도佛道를 닦았다. 그러던 중 꿈에 서쪽으로부터 백호白毫의 빛이 비치고 그 빛 속에서 황금색 팔이 내려와 두 사람의 이마를 쓰다듬었다. 신기하게도 둘은 같은 꿈을 꾸었던 것이다. 이를 계기로 둘은 처자妻子마저 버리기로 결심을 했다. 가족과 옷과 음식이 있어 배를 채우고 몸을 따뜻하게 하지만 어찌 연화장蓮花藏 세계만 하겠는가? 지금처럼 세속에 골몰하여 속물과 다름없이 살아가다 보면 어느 세월에 성불할 수 있으리오? 모든 인연을 끊고 홀로 깊은 산속에 가서 무상無常의 도를 깨치기로 했다. 그래서 자신은 백월산의 북쪽 암자에, 노힐부득은 남쪽 암자에 서로 떨어져서 가끔 내왕하며 도를 닦고 있는 중이었다.

북쪽 암자에서 박박朴朴 스님으로부터 쫓겨난 처녀가 찾아간 곳은 백월산의 남쪽 암자였다. 그곳에서 노힐부득努肹不得 스님을 만난 처녀는 북쪽 암자에서와 똑같은 부탁을 했다. 딱한 처지를 하소연한 것이었다. 부득 스님은 이 야밤에 도대체 처녀의 몸으로 어디에서 왔으며 어디로 가느냐고 물었다. 처녀는 이미 태허太虛와 한 몸이 되었으니 이 허허로운 세상살이에 무슨 오고 감이 있느냐고 선문답禪問答하듯 대답했다. 심상찮은 일이었다.

부득 스님은 다른 것을 접어두고라도 저무는 산중에서 처녀를 혼자 보낼 수가 없었다. 계율戒律도 중요하지만 중생을 보살피는 것도 보살행菩薩行의 하나라고 믿었다. 그래서 결국 암자 안으로 처녀를 불러들여 예禮를 하고 맞아들였다. 그리고는 마음을 가다듬어 희미한 등불 아래 나직한 목소리로 염불을 하였다.

그런데 문제는 그 다음이었다. 느닷없이 처녀가 산통産痛을 느낀다면서 거적을 깔아달라고 요청했다. 놀랐지만 안타까운 생각이 들어 거적을 깔고 촛불까지 밝혀주었다. 처녀는 곧 아이를 낳았다. 그런데 갈수록 태산, 이번에는 목욕을 시켜달라고 했다. 한편으로는 부끄럽고 난감하다는 생각이 없지 않았으나 오직 불쌍한 마음뿐이어서 목욕통에 처녀를 앉히고 물을 데워서 목욕을 시켰다. 그랬더니 처녀가 이왕이면 스님도 같이 목욕을 하자고 청했다. 쑥스러움을 무릅쓰고 마지못하여 시킨 대로 했더니 갑자기 목욕통의 물이 금색으로 변하고 향기가 진동했다. 그러자 스님의 피부도 금색으로 변했다. 그리고 그 옆에 홀연히 연화대좌蓮花臺座 한 자리가 생겼다. 스님은 크게 놀랐다. 처녀가 스님에게 앉기를 권하면서 말했다.

"나는 관음보살인데 대사大師를 도와서 큰 깨달음을 이루게 하려고 왔소." 말을 마치자 처녀는 홀연 사라졌다.

한편 박박朴朴 스님은 노힐부득이 오늘 밤 필히 계율을 범했을 것이니 찾아가서 비웃어 주리라고 생각하고 날이 새자 달려 왔다. 그런데 와서 보니 노힐부득이 연화대좌에 앉아 미륵존상이 되어 몸은 금빛으로 변하고 밝은 빛을 내뿜고 있었다. 박박 스님은 자기도 모르게 머리를 조아리고 예를 올리면서 어떻게 된 일인지를 물었다. 노힐부득으로부터 그 연유를 듣자 박박 스님은 자신이 대성大聖 관음보살을 몰라본 것을 가슴을 치며 후회했다. 그러면서 노힐부득을 대덕大德으로 추앙하면서 자신의 성불도 도와달라고 요청했다.

노힐부득의 의견에 따라 아직 목욕통에 남은 금빛 물이 있기에 들어가서 목욕을 했는데 물이 약간 모자랐지만 박박 스님 역시 아미타불이 되어 두 존상尊像이 마주하게 되었다. 마을 사람들이 이 소문을 듣고 다투어 와서 우러르며 감탄해 마지않았다.

뒷날 경덕왕이 즉위하여 이 절을 크게 개창하여 미륵불과 아미타불을 조성하였는데 신기하게도 아미타불은 금색 물이 부족하여 얼룩이 졌다고 한다.

신불神佛이 사람으로 현신現身하여 사람의 신심信心을 시험해 보는 일은 어느 종교든 있는 일이다. 이 불교적 일화에서 관음보살이 시험해 보려는 보살행은 바로 '계율'과 '자비심'이다. 이 둘은 모두 피안彼岸에 도달하기 위한 바라밀波羅蜜 중의 하나이다. 하지만 이 둘 중 자비심이 계율에 우선한다는 것을 이 일화는 말해 주고 있다.

계율에 철저하기로는 박박 스님이 단연 앞선다. 하지만 계율에는 철저했을지라도 스님은 자신의 성불을 위해 중생의 어려움을 살피지 않았다. 밤중에 깊은 산속을 처녀 몸으로 헤매다가 곤란을 겪을지도 모를 상황에 대해 오불관언吾不關焉의 자세를 견지했다. 요행이 길을 잃지 않고 남쪽 암자를 찾아간다고 하더라도 친구 스님의 곤란한 처지는 외면했다.

이튿날 남악을 찾으면서 친구 스님이 계율을 범한 것을 걱정해 주기보다 비웃어 주리라는 생각에서도 알 수 있다.

결국 관음보살은 계율보다 자비심을 실천한 노힐부득 스님의 불심을 더 높이 샀다. 비록 자신의 무지를 뉘우치고 친구 스님의 배려로 자신도 성불의 은혜를 받았지만 어디까지나 이는 노힐부득 스님의 공덕에 부수적으로 얻은 것뿐이다. 이는 완전한 미륵불보다 얼룩진 아미타불을 보더라도 차별화가 된다.

계율은 목적이 아니라 수단일 뿐이다. 현명한 사람은 강을 건넌 후 미련 없이 배를 두고 떠나지만, 바보는 무거운 배를 지고 가려 든다. 이미 역할을 다한 수단을 애지중지하는 것이다.

오늘날 수단이 목적을 지배하는 현상은 도처에서 볼 수 있다. 재물도 인간의 행복을 추구하기 위한 수단의 하나일 뿐이다. 그런데도 수단 아닌 목적으로 신봉하다 보면 물신物神 숭배라는 미신의 함정에 빠지고 만다. 권력과 지위, 법과 규정은 어떤가? 이 역시 수단일 뿐이다. 이들이 만능열쇠로 간주되는 세상은 삭막하다. 오늘날 참혹한 전쟁의 배후에는 언제나 종교가 있다. 인간을 살리는 종교가 인간을 죽이는 지극히 반종교적인 행태를 연출하고 있으니 아이러니가 아닐 수 없다.

오늘 우리는 노힐부득과 달달박박의 사적을 통해 종교의 진정한 정신이 차가운 계율 속에 있는 것이 아니라 따뜻한 이웃 사랑의 실천에 있다는 사실을 상기할 필요가 있다.

(2016. 10)

훌륭한 임금 뒤에는 훌륭한 형제가 있었다
— 김인문

김인문金仁問은 태종 무열왕의 둘째 아들로 태어났다. 기록에 의하면 그는 학문을 좋아하여 유불선儒佛仙에 관한 서적을 모두 섭렵하였으며, 예서隸書와 향악鄕樂 등 예능에서뿐 아니라 말타기, 활쏘기 등 무예에도 능했다. 아울러 식견과 도량이 넓어 모든 사람의 존경을 받았다고 한다.

그는 22년간이나 당나라에서 숙위宿衛로 지내면서 국익에 크게 기여했다. '숙위'란 변방국의 왕자들이 당나라 궁정에 머무르면서 황제를 보필하던 집단으로 일종의 인질의 성격도 띠었다. 김인문의 역할로 인해 당나라는 신라에 대해 동맹국으로서의 신뢰를 가질 수 있었다. 그는 오랫동안 당나라에 머물면서 당시의 국제정세를 호흡하고 당나라 국내 정황을 본국에 알리는 등 정보 메신저의 역할을 훌륭히 수행했다.

그리고 통일전쟁 시에는 당군에 합세하여 백제와 고구려와의 전쟁에 가담하여 공을 세웠다. 하지만 백제와 고구려가 망한 뒤 그에게 위기가 찾아왔다. 신라가 당나라와 전쟁을 했기 때문에 처신이 어려웠던 것이다. 당나라 황제는 문무왕을 폐하고 그 대신 김인문을 신라왕으로 봉해 국면을 자국에 유리하게 돌리려 했다. 그래서 신임이 두터운 김인문에게 자신의 형 문무왕을 몰아내고 신라왕의 지위에 오르라고 했다. 김인문으로서는 진퇴양난이었다. 다행히 외교적 수완이 좋은 문무왕이 형식적 사죄사赦罪使를 보내 당나라를 달래어 지위를 그대로 유지하게 됐다. 김인문은 삼국통일 후에도 18년간이나 당나라에 살다가 병으로 죽자 황제가 크게 슬퍼하며 수의壽衣를 내리고 본국으로 운구하는 편의를 제공했다고 삼국사기는 기록하고 있다.

하지만 삼국유사의 기록은 약간 다르다. 김인문이, 신라가 도발한 대가對價로 당나라 감옥에 갇혔다고 했다. 김인문이 옥중에 있을 때 신라 사람들이 그를 위해 관음도량을 창건했는데 바로 인용사仁容寺였다. 교전국으로서의 신라와 당나라 관계를 생각하면 어쩌면 이 기록이 옳을 것도 같다.

또 삼국유사에 의하면 신라와 당나라 간의 사태가 어느 정도 진정되자 문무왕은 문장가 강수强首에게 명해 김인문을 석방해 주기 바라는 글請放仁問表을 지어 당나라로 보냈는데 황제가 그 글을 읽고 감동하여 김인문을 석방하여 신라로 돌아가게 했다고 한다. 김인문은 신라로 귀국하는 도중 배 위에서 죽었는데, 이때 신라에서는 관음도량觀音道場이었던 인용사를 미타도량彌陀道場으로 바꾸었다고 한다. 처음 관음도량을 베푼 것은 그가 감옥에서 풀려나 현세에서 행복을 누리기를 바랐던 것이고, 미타도량으로 바꾼 것은 이미 죽은 그가 극락정토에 왕생하기를 기원했다는 것을 의미한다.

효소왕 3년(694년) 그의 시신屍身이 신라에 오자 모든 백성이 슬퍼하였으며 왕경 서쪽 벌京西原에서 장례를 지냈다고 사서史書는 기록하고 있다.

이 왕경 서쪽 벌이 서악동에 있는 현재의 김인문 묘의 위치다. 지금 묘 곁에는 비신碑身 없는 귀부龜趺가 남아 있는데 그 조각 솜씨가 대단하여 태종무열왕릉의 귀부에 버금간다. 그런데 1931년 이곳에서 좀 떨어진 서악서원西岳書院 누문樓門인 영귀루詠歸樓 보수 시 축대 부근에서 김인문 묘비의 하단부가 발견되었다. 내용상 분명한 김인문 묘비였다. 그런데 비가 발견된 곳과 묘의 거리가 떨어진 점이 의심이 가긴 하지만 현재 김인문 묘의 귀부의 홈과 묘비 하단의 촉이 일치하여 김인문 묘로 보고 있다. 이 비는 현재 경주박물관 신라역사관 제3전시실에 있다.

비문 내용 중 주목할 만한 것은 4행의 '太祖 漢王'이란 구절이다. 이 구절의 '漢王'은 문무왕의 비문과 흥덕왕릉 피편에 나오는 '성한왕星漢王'과 동일 인물이다. 문무왕비에는 성한왕이 흉노족 출신 한나라 투후秺侯 김일제金日磾의 7대손이면서 문무왕의 15대조라고 기록되어 있다. 그 성한왕이 바로 김씨 시조인 김알지로 추정된다. 태조太祖라는 말이 붙은 것을 통해서도 알 수가 있다. 흥덕왕비편의 '성한왕은 흥덕왕의 24대조'라는 기록과도 일치한다. 이처럼 낡고 깨진 비석 조각에 의해 지난날의 역사가 복원된다.

어느 시대이건 왕실 내에서의 왕권 다툼은 있어 왔다. 특히 형제 중 왕위계승권을 누가 갖느냐가 초미의 관심사였고, 정치 안정의 최대 변수였다. 이를 위해서 생긴 것이 적장자嫡長子가 세자가 되는 제도였다. 그러나 이 원칙이 그대로 지켜지지 않을 때가 많았다. 원칙이 지켜지지 않을 때 대부분 피비린내 나는 사건이 일어났다.

조선 초 태종 이방원의 권력게임으로 인하여 골육상잔骨肉相殘이라는 혹독한 대가를 치른 조선왕조는 왕족의 정치 참여를 엄격히 제한했다. 제도적으로 원천 차단했던 것이다. 대신 종친부와 돈령부敦寧府를 두어

명목상의 작위와 녹을 부여하여 명예와 생계를 보장해 주었다. 이러한 장치 때문인지 조선 중기 이후 종친들은 권력의 전면에 거의 등장하지 않게 된다.

그런데 신라 문무왕대의 왕의 형제들은 소극적으로 처신한 조선시대 왕자들과는 달리 저마다 적극적 역할을 톡톡히 수행했다. 그 대표적 인물이 김인문이었다. 그는 진정 왕자로서의 소임의 본보기를 보인 인물이다. 그리고 비록 중국의 전폭적인 지원을 받았지만 결코 왕위를 넘보지도 않았다. 또한 동복同腹 아우들 문왕文王, 노단老旦, 지경智鏡, 개원愷元 등도 다들 무열왕이 백제를 멸망시킬 때, 그리고 문무왕이 고구려를 멸망시키고 통일 성업을 이룰 때 전투에 참여하여 주도적인 역할을 하였다. 편안하게 일신의 안락을 지키거나 권력게임에 놀아나지 않았다. 모두들 왕의 친인척으로서의 노블리스 오블리주를 실천했던 것이다.

또 한 사람, 성덕왕의 맏아들로 태어나서 왕위를 멀리하고 중국에 들어가 지장보살의 화신으로 인정받아 불교적 한류 열풍을 일으켰던 김교각金喬覺 스님 역시 이런 부류에 속한다.

'○공 황태자', '소통령小統領', '홍삼弘三 트리오', '봉하대군峰下大君', '만사형통萬事兄通' …… 현대사에서 역대 대통령들이 남긴 명예롭지 못한 패러디 신조어들이다. 이로 인해 관련자들은 줄줄이 구속되어 영어囹圄의 신세가 되었다. 대통령의 임기 말이나 퇴임 후에는 친인척이나 권력실세들의 국정농단 문제를 검증받는 과정을 통과의례처럼 거쳐야 할 텐데 왜 자신만은 예외라고 생각할까? 역사에서 교훈을 얻지 못함은 미련함인가? 어리석음인가? 안타깝기 그지없다.

무열왕의 왕자이자 문무왕의 동생으로 평생을 타국 땅에서 외롭게 보내면서 멸신보국滅身報國의 자세로 삼국통일에 진력한 김인문, 그의 충정을 생각하며 역사에서 우리가 배워할 것이 진정 무엇인지 돌아본다.

(2012. 10)

기술에는 국경이 없어도 기술자에게는 국적이 있다 — 구진천仇珍川

노공弩工 구진천仇珍川의 생애에 대해서는 알려진 것이 없다. 유일한 기록은 삼국사기의 다음과 같은 내용이다.

겨울에 당나라 사신이 와서 조서詔書를 전하고, 쇠뇌[弩]를 만드는 기술자인 사찬沙飡 구진천을 데리고 돌아갔다. 당나라 황제가 나무 쇠뇌를 만들게 한 후 화살을 쏘아보니 30보밖에 나가지 않았다. 황제가 물었다.

"듣건대 너희 나라에서 만든 쇠뇌는 1천 보를 날아간다고 하는데, 지금 만든 것은 겨우 30보밖에 나가지 않는다. 그 이유가 무엇인가?" 구진천이 대답했다.

"목재가 좋지 않기 때문입니다. 만약 신라의 목재로 만든다면 그렇게 만들 수 있을 것입니다."

천자天子는 사신을 신라에 보내 목재를 요구하였고, 신라는 곧바로 대내마大奈麻 복한福漢을 보내 목재를 바쳤다. 이에 황제는 즉시 쇠뇌를 개조하게 하였다. 그러나 개조한 후에 쏘아보니 60보밖에 나가지 않았다. 황제가 또 그 이유를 물었다. 구진천은 대답했다.

"저도 그 이유를 알 수 없습니다. 아마도 목재가 바다를 건너올 때 습기가 배어들었기 때문인 듯합니다."

황제는 그가 고의로 그렇게 만든 것이 아닌가 의심하여 중죄를 준다고 위협하였다. 그러나 그는 끝까지 자신의 능력을 모두 발휘하지 않았다.

(삼국사기 문무왕 9년조)

그런데 쇠뇌는 무엇인가? '쇠뇌'는 한자로 '弩노'라고 하는데 활에 금속으로 된 발사장치, 곧 방아쇠[弩機]가 있어 그 힘에 의해 화살이 발사되는 고대 무기의 하나이다. 오늘날의 석궁石弓도 이와 같은 원리에 의한 무기이다. 다만 '석궁'이라는 이름은 처음 유럽에서 만들어지던 때엔 돌을 탄환처럼 쏘는 데서 유래했다.

일반적으로 활을 쏘려면 활줄을 당기는 힘, 곧 장력張力이 많이 필요하다. 그리고 목표를 겨냥할 때 장력을 일정 시간 지속해야 하기에 더욱 힘이 든다. 이를 보완하기 위한 것이 쇠뇌이다. 곧 활줄을 당겨 발사장치의 걸쇠에 걸고 방아쇠를 당겨서 발사하는 것이다. 그러니까 활처럼 고도의 수련 없이도 쉽게 발사할 수 있다. 그리고 활에 비해 사射거리가 길고, 명중률도 높으며, 화살이 커서 위력도 있다. 또한 엄폐된 시설의 작은 구멍을 통해 자유롭게 쏠 수 있는 장점도 있다.

단점이라면 활보다 쏘는 절차가 복잡해 단위 시간에 활만큼 많은 수의 화살을 쏠 수 없다는 점이다. 곧 화살을 연속으로 날리는 속도가 느리다는 것이다. 이 단점을 보완하기 위해 연발로 화살을 쏘는 '연노連弩'가 나오기도 했다. 그리고 더욱 발전하여 개인용인 작은 노弩보다 더 큰 '노포弩砲'라는 것도 개발되어 여러 명이 한 조가 되어 발사하기도 했다. 오늘날의 포砲와 같이 수레에 싣거나 포대砲臺와 같은 큰 발사대를 갖추었던 것이다. 활이 없어지지 않고 쇠뇌와 한동안 같이 사용된 것은 각각의 장단점으로 상호 보완할 수 있기 때문이었다.

쇠뇌는 BC 5세기경 중국의 전국시대에 그 기록이 나타나는데 진秦나라 때는 궁수 이외에 따로 노수弩手들만으로 구성된 부대가 있었다고 한다.

우리나라에 쇠뇌를 사용한 기록은 삼국 중 신라에 나온다. 삼국사기를 보면 진흥왕 19년에 '내마奈麻 신득身得이 노弩를 만들어 올렸는데 이를 성 위에 설치하였다(奈麻身得 作砲弩上之 置之城上)'는 기록이 있다. 그 이후에도 무열왕, 성덕왕, 효성왕 때에도 각각 노弩와 관련된 기록이 나온다.

근간 석궁과 관련된 영화 '부러진 화살'이 사회적 이슈가 되고 있다. 이는 실화를 바탕으로 한 영화인데 대학에서 재임용에 탈락한 한 교수가 복직 소송을 냈는데 패소했다. 그는 판결에 불만을 품고 판사를 찾아가 석궁으로 위해危害를 가했다. 중상은 아니었다. 이로 인하여 그는 4년형이라는 중형을 받고 복역한다. 이를 두고 많은 논란이 야기되었다. 판사는 사법부에 대한 의도적 테러라고 하고, 교수는 석궁은 단순한 위협용이며 발사된 것은 오발이라 주장했다. 오늘날 사법부의 부당한 권위에 대한 불신 정서에 편승하여 이러한 논란 자체가 노이즈 마케팅이 되어 영화는 3백만이 넘는 관객을 동원하였다. 진실 여부가 어떻든 지난날 국가를 지키기 위해 사용되었던 무기가 한갓 개인적 감정을 풀기 위해 부적절하게 사용되었음은 분명한 사실이기에 씁쓸한 느낌을 지울 수 없다.

서두의 삼국사기 기록으로 미루어 볼 때 구진천은 7세기 중엽 신라가 백제, 고구려를 멸망시키던 시기 활약한 인물로 추정된다. 그가 신라 17관등 중 제8관등인 사찬沙飡인 것으로 보아 6두품 신분이라는 짐작도 간다.

위의 기록에 해당하는 문무왕 9년은 AD 669년인데, 이 해는 신라가 당과 연합하여 고구려를 무너뜨린 다음해이다. 또한 이 시기는 당과 신라가 백제와 고구려 영토를 서로 지배하기 위해 각각 동상이몽同床異夢을 품었던 때이기도 했다.

따라서 당나라는 신라와 전투를 준비하면서 신라에 비해 엄청나게 취약한 노弩를 개량할 필요성을 느꼈다. 1,000보를 날아가는 노弩가 신라에 있다니 이는 꿈같은 이야기였다. 그리하여 결국 신라에 기술 전수를 요구하기에 이른 것이다. 이에 대해 신라는 동맹국으로서 거절할 명분이 없어 하는 수 없이 기술자를 파견히였지만, 구진천의 슬기와 강한 애국심으로 기술 이전을 끝내 하지 않았던 것이다.

그가 당나라의 요구를 거절한 후 어떻게 되었는지는 모른다. 위협만 받고 말았는지 아니면 처벌을 받았는지 알 수 없다. 그러나 분명한 것은 그가 변절을 해서 당나라에 협조하지 않았다는 사실이다.

사실 황제의 요구대로 좋은 무기를 만들기만 하면 출세는 보장되었다. 그러나 구진천은 자신의 영달과 조국을 바꾸지 않았다. 목숨을 담보로 조국을 위해 신라의 기술을 지켜냈다. 구진천이 만든 뛰어난 성능을 가진 노弩를 당나라 병사들이 사용했다면 신라는 나당전쟁에서 승리할 수 없었을지도 모른다. 구진천은 자신이 만든 노에 의해 신라 군사들이 쓰러지는 것을 예상했을 것이다. 괴로운 일이 아닐 수 없다.

근간 개인의 이익이나 영달을 위하여 군사기밀이나 군수산업기술을 유출하는 사례가 빈번히 보도가 되고 있다. 직종도 다양하여 퇴역한 고급 장교, 방위산업 관련청 고위 간부, 교수, 경찰관, 국회의원 비서관 등 각계각층을 망라하고 있다. 그리고 국회의원은 국민의 알 권리 운운하며 군사기밀 보호를 마치 독재 시절의 유산인 양 호도하며 막무가내로 국가 이익에 반하는 정보를 요구하고 있다. 안보불감증이 아닐 수 없다. 산업기술 또한 우리나라와 경쟁이 되는 나라, 경쟁업체에 재직시에 습득한 기밀을 대가對價를 받고 넘기는 사례도 보도되고 있다. 한심한 노릇이다.

이런 때일수록 강한 애국심으로 기술 유출을 막아낸 구진천 같은 인물이 참으로 위대하게 다가온다. 누군가의 말대로 기술에는 국경이 없지만 분명 기술자에겐 국적이 있다.

오늘 경주박물관 신라역사관 제1전시실에 전시된 쇠뇌 방아쇠뭉치를 바라보며 오늘날 희박해진 우리 국민의 애국심을 우려하며 구진천의 위대성을 새삼 떠올린다.

(2013. 4)

소머리 성자聖者 — 강수强首

신라의 3대 문장가라고 하면 최치원, 설총, 강수强首를 든다. 이들은 모두 육두품六頭品 출신이라는 신분적 한계를 무릅쓰고 학자, 문장가로서 후세에 이름을 남긴 사람들이다. 설총과 최치원은 신라 유학의 개창자로 일찌감치 고려시대부터 문묘文廟에 배향을 받으며 동국십팔현東國十八賢으로서의 명성을 오늘까지 이어오고 있다. 이로 인해 해당 문중의 후손은 물론 많은 국민들의 추앙을 받고 있다.

그에 비하면 강수는 생몰연대는 물론, 제대로 된 이름자 하나 전하지 않고 있다. 다만 삼국사기 열전列傳을 통해 소략疎略하나마 그의 업적이나 인품을 짐작할 수밖에 없다. 그러나 신라 건국 이후 최대의 과제인 삼국통일을 이룩하는 데 그가 끼친 공적은 결코 과소평가할 수 없으며, 그의 인품 또한 찬사를 받아도 부족함이 없다고 하겠다.

그는 7세기 초에 중원경(지금의 충주)에서 신라에 멸망 당한 임나가야任那伽倻의 귀족이었던 나마奈麻 석체石諦의 아들로 태어났다. 일찍이 그의 어머니는 꿈속에서 머리에 뿔이 난 사람을 보고 임신하였다고 한다. 그런데 실제 강수가 태어났을 때 보니 보통 사람과 달리 뒷머리의 뼈가 소의 뿔처럼 높이 솟아올라 있었다. 그래서 '우두牛頭' 또는 '소머리'로 불렀다. 진골 귀족이 아닌 경우 모든 육두품 이하 출신이 그랬듯이 강수 역시 제대로 된 한자식漢字式 이름을 갖지 못했다. 이는 출생 시에 머리의 모양이 언덕 모양과도 같아서 이름이 구(丘 : 언덕)였다는 공자와도 통한다. 또한 불국사를 창건한 김대성金大城도 머리 모양이 성벽처럼 생겼다는 데서 얻은 이름이었다. 이들의 공통점은 천부의 능력을 타고난 위인이라는 점이다.

아버지는 이런 이상한 모습의 아이를 안고 이름난 점성가에게 가서 유명을 묻으니 뜻밖에 장래에 아주 큰 인물이 될 거라고 했다. 그러면서 상고시대 이름난 성인聖人들은 모두 동물의 머리나 몸을 타고 났다는 말을 덧붙였다. 예컨대, 복희씨伏羲氏는 범의 모습이요, 여와씨女媧氏는 뱀의 몸이요, 신농씨神農氏는 소의 머리가 아니었냐는 것이다. 실제 강수는 자라는 과정에서 뛰어난 재능을 보여주었다. 그는 누가 가르쳐주지도 않았는데 저절로 글을 익혔다고 한다. 이는 장래에 학문이나 문장으로 국가적 인물이 될 징조였다.

여기까지 보면 강수는 위인偉人이 될 수 있는 여러 가지 모티브를 갖추었다. 태몽과 해몽, 그리고 기이한 모습과 뛰어난 자질이 그것이다. 그런데 정작 강수의 범상하지 않은 면모는 그의 배필을 구하는 데서 나타났다.

기록에 의하면 그는 20살이 채 되기 전에 집안의 허락 없이 천민 마을의 대장장이 딸과 몰래 남녀의 정분을 쌓았다고 한다. 이 역시 예사로운 일이 아니었다. 이는 사기史記의 기록과 같이 공자의 아버지 숙량흘叔梁紇이 안씨顔氏 집안의 처녀와 야합野合하여 공자를 낳은 것과도 통한다. 신분제도가 엄격한 신라사회에서 대장장이 같은 천민의 딸과 혼인을 한다는 것은 상식을 넘어선 일탈적 행위였다.

아버지는 뒤늦게 이를 알고 크게 꾸짖고는 용모가 곱고 품행이 훌륭한 좋은 집안의 규수와 혼인을 시키겠다고 했다. 추락된 가문의 위상을 높이고 아들의 장래를 위해서도 이 방법밖에 없었다. 하지만 강수는 단연코 거부했다. 사람은 가난하고 천한 것이 수치가 아니라 사람의 도리를 못 하는 것이 수치라고 항변했다. 곧 신분이 천하다고 해서 한 번 맺은 인연을 버리는 것은 인간의 도리가 아니라는 것이다. 그러면서 '가난하고 천했을 때의 친구는 잊어서는 안 되고, 함께 고생한 아내는 버려서는 안 된다(貧賤之交不可忘 糟糠之妻不下堂)'고 한 후한서後漢書의 말을 인용했다.

신분사회에서 결혼은 신분 상승의 중요한 수단의 하나였다. 더구나 지방 출신 관리가 중앙정계에 진출하기 위해서는 문벌귀족의 가문과 혼인을 맺어야만 했다. 김유신의 아버지 김서현金舒玄이 바로 이런 경우였다. 그 역시 가야 왕족이었지만 신라에 복속하여 신분의 제약을 받았다. 그가 진흥왕의 동생인 숙흘종肅訖宗의 딸 만명萬明과 몰래 인연을 맺어 일약 진골로 편입된 사례를 보아서도 알 수 있다.

그런데 강수는 중앙 귀족은 차치하고 천민의 딸과 혼인을 한다는 것이다. 도저히 부모로서는 받아들이기가 어려웠다. 강수가 부모의 허락을 받았는지, 받지 못했는지는 알 수 없지만 이 둘은 맺어졌다. 신라사회의 새로운 윤리관을 제시한 것이다. 어쩌면 강수는 천민과의 혼인을 통해 골품제라는 신분사회에 대한 강한 비판과 저항의식을 나타내었는지 모른다.

또 다른 중요한 사실은 그가 학문적 진로를 불교가 아닌 '유교'를 택했다는 점이다. 어떤 분야를 공부하겠느냐는 아버지의 물음에 그는 속세에 사는 사람으로 세상 밖의 가르침世外敎인 불교보다는 현실적인 유학을 택하겠다고 했다. 당시로 보아서는 이 역시 쉽지 않은 선택이었다. 불교국가인 신라사회에서 불교 아닌 새로운 학문의 길을 간다는 것 자체가 모험이었다. 이 또한 신분의 벽을 합리적인 유교적 도덕률로 극복하고자 함이었는지 모른다.

하지만 이는 시대적 소명이 무엇인가에 대한 현명한 판단이었다. 당시 신라는 삼국통일을 이룩하기 위해 당과의 동맹을 지상과제至上課題로 삼았다. 그리하여 중국의 복식이나 관제를 도입하고 사신의 교류를 강화하는 등 친당親唐 정책에 총력을 기울였다.

이런 시대에 그는 유교의 경전뿐만 아니라 문선文選 등을 통한 문장 공부에도 주력했다. 나중 그가 대당對唐 외교문서를 담당한 것은 이렇게 길러진 유교적 교양과 학식, 그리고 문장력을 통해서였다.

드디어 기회는 찾아왔다. 태종 무열왕 즉위 원년(A.D. 654)에 당나라의 책봉사冊封使가 가지고 온 조서詔書는 군데군데 어려운 부분이 많았는데 강수는 이를 단번에 막힘없이 훌륭하게 해석하여 왕으로부터 능력을 인정받았다. 이어서 당 황제에게 올리는 답서 표문表文 작성은 당연히 그의 몫이었다. 외교문서를 전담하는 지위를 획득하게 된 것이다.

무열왕은 크게 기뻐하면서 "왜 내가 일찍 이런 사람과 만나지 못했는가"라며 '강수强首'라는 이름을 내렸다. 그리고 무열왕은 강수를 친근하게 '임생任生'이라고 불렀다. 이를 두고 일부에서는 강수를 '임강수任强首'라고 하여 임씨任氏 성姓을 가진 사람처럼 부르지만 이 경우 임任은 성姓이 아니라 임나가야任那伽倻 출신임을 밝히는 글자였다.

이후 강수가 당과의 외교에 기여한 바는 매우 컸다. 당나라가 억류하고 있던 무열왕의 아들 김인문金仁問을 석방하여 보내줄 것을 청하는 '청방인문표請放仁問表'를 지어 보내어 당 고종을 감동시켜 뜻을 이루기도 했다. 그리고 문무왕 11년(A.D. 671)에는 '답설인귀서答薛仁貴書'를 통해 당의 한반도 지배 야욕을 준엄하게 꾸짖었는데 이 글 또한 강수가 지었다. 이때 문무왕은 강수를 칭찬하며 이렇게 말했다.

"강수가 문장에 대한 일을 담당하여 서한書翰으로 중국, 고구려, 백제 등과 잘 소통을 하였기에 우호를 맺게 되어 큰 공을 이루었다. 또 선왕先王께서 당나라에 병력을 청하여 고구려와 백제를 평정한 것은 비록 무공武功에 의한 것이기는 하지만, 이 또한 문장의 도움이 큰 즉, 강수의 공을 어찌 소홀히 할 수 있겠는가?"

신라가 통일을 이룬 뒤 강수는 사찬沙飡이라는 벼슬을 받았다. 하지만 육두품이라는 신분적 한계를 감안하더라도 외교 분야에서 펼친 그의 활약과 공을 고려하면 신라의 17등 관등 중 제8등에 해당하는 사찬沙飡은 높은 보상이라고 보기 어렵다. 그러나 강수의 아버지가 제11등에 해당하는 나마奈麻의 지위였던 것과 비교하면 강수는 그래도 자기 집안에서는 가장 높은 관등을 받은 셈이었다. 녹봉도 100석에서 200석으로 올려받게 되었다.

하지만 그는 청렴했다. 재물을 탐내지 않았다. 기록에도 그는 언제나 생계에 관심을 두지 않고 집이 가난하여도 늘 만족하게 여겼다고 한다. 이런 사실은 그가 죽은 뒤 그의 가족들의 처신으로도 잘 드러난다. 그는 신문왕 때 죽었는데 당시 나라에서 장례비용과 옷감을 내렸으나 강수의 집안 사람들은 이를 사사로이 쓰지 않고 모두 불사佛事를 위해 기증하였다. 이는 그 가족들도 강수의 뜻을 받들어 얼마나 청렴했는지를 보여준다.

실제로 그가 죽은 뒤에 생활이 곤란하게 되자 강수의 아내는 고향으로 돌아가려고 했다. 이에 대신들은 곡식 100석을 하사하도록 왕에게 청하였지만 강수의 아내는 사양했다. 천한 몸으로 남편을 만나 잘 입고 먹었기 때문에 나라의 은혜를 입은 것이 너무 많으며, 이제 남편도 죽은 처지에 어찌 나라의 후한 대우를 다시 받을 수 있겠느냐는 것이 사양의 변이었다. 역시 그 남편에 그 아내였다. 비록 천민 출신이었지만 이렇게 강수의 아내는 궁핍 중에도 흐트러짐이 없었다.

최근 논란 끝에 '김영란법'이 발효되었다. 언뜻 들어서는 여성스러운 이름을 사용한 좋은 법이라는 느낌을 주는데 이 법의 공식명은 '부정청탁 및 금품 등 수수의 금지에 관한 법률'이다. 이 법에 따르면 앞으로는 학생들이 선생님께 카네이션 한 송이만 달아드려도, 그리고 교수님께 커피 한 잔을 사드려도 고발이 된다고 한다. 논란의 여지가 많지만 오죽하면 이런 법이 제정되었을까 하는 당위성도 있다.

부패와 관련된 최근의 발표에 의하면 OECD(경제협력개발기구) 34개 국가 가운데 우리나라의 부패지수가 27위라고 한다. 전관예우니, 탈세니, 청탁이니 하는 어두운 제목들이 신문을 장식하는 것으로 보면 맞는 것 같다. 청백리를 가장 영예로운 이름으로 알았던 우리의 전통이 참으로 무색할 지경이다.

실제 부패를 주도하는 계층은 가난한 사람도, 못난 사람도 아닌, 살만한 사람이요, 잘난 사람들이 대다수이다. 누릴 만큼 누렸으면 되었지 무엇이 아쉬워 청탁을 하고, 탈세를 하고, 부귀의 세습을 꿈꾸는가?

그에 비하면 육두품 출신으로서 출세를 위해 문벌귀족 가문을 기웃거리지 않고, 오히려 신의를 지켜 용기 있게 천민 출신을 아내로 맞이하였던 사람, 이미 잘 닦여진 길을 버리고 새로운 유학의 길을 개척한 사람, 한 자루의 붓으로 대당외교를 성공적으로 뒷받침하여 삼국통일에 지대한 공헌을 했던 사람, 공직자로서 사후에 끼니까지 걱정을 해야 할 정도로 청빈했던 사람—그가 바로 강수였다.

오늘 조간신문의 어두운 활자 위에 느닷없이 소머리 강수의 모습이 성자聖者처럼 환하게 오버랩된다.

(2016. 10)

개는 주인이 아니면 짖는다 — 김양金陽

37대 선덕왕 이후 신라 하대는 정치적으로 매우 혼란한 시기였다. 혜공왕을 마지막으로 무열왕계가 막을 내리고 무력으로 권력을 장악한 내물왕계 선덕왕이 즉위한 이래 나라가 망할 때까지 약 150년 동안 20명의 왕이 교체되었음이 그 혼란상을 잘 말해 준다. 특히 42대 흥덕왕 사후 3년 동안 희강왕, 민애왕, 신무왕 등 3명의 왕이 죽고 죽이는 정변이 연출되었다.

바로 그 중심에 김양金陽이 있다. 삼국사기 열전에 의하면 김양은 태종 무열왕의 9세손인데 그의 조상은 대대로 신라 조정의 고위직으로 활동했다. 그의 증조부는 원성왕에 의해 왕위를 놓친 김주원金周元이었다. 김양 역시 약관弱冠에 고성 태수를 시작으로 정계의 요직을 거친다.

서기 836년 흥덕왕이 후사後嗣 없이 죽자 왕의 사촌인 상대등 김균정과 역시 사촌인 김헌정의 아들인 김제륭 간에 왕위 쟁탈전이 일어났다. 이때 김양은 김균정의 아들인 김우징과 함께 김균정 편에 서서 시중 김명金明과 배훤백 등의 지지를 받은 김제륭 측과 싸웠다.

궁궐 안에서 접전 중 김균정은 반대편 군사들에게 피살되고 김양은 배훤백에 의해 다리에 화살을 맞고 부상을 당한다. 그리고 후일을 기약하고 물러난다. 결국 승리한 김제륭이 왕위에 오르니 이가 43대 희강왕이다. 그러나 칼로 잡은 권력은 칼로 잃는 법이다. 왕위에 오른 지 얼마 되지 않아 함께 변란을 일으켜 권력을 잡았던 2인자인 상대등 김명金明의 반역으로 스스로 목숨을 끊는다. 이리하여 김명이 왕위에 오르니 바로 44대 민애왕이다.

한편 패배한 김균정의 아들 김우징과 김양은 청해진 장보고의 진영에 가서 원군을 얻어 이듬해 왕경으로 쳐들어온다. 결전은 달구벌, 지금의 대구에서였다. 이 전투에서 민애왕이 보낸 관군은 김양의 군사에게 크게 패한다. 민애왕은 사세事勢가 부득함을 알고 혼란한 와중에 궁궐을 떠나 이궁離宮에 가서 숨었으나 군사들에게 발각되어 참살당하고 만다.

김양은 왕경을 수복하고 승리감에 고취된 군사들에게 백성과 관원을 해치지 말라는 군령을 내린다. 그리고 사사로운 감정을 배제하고 적들을 관대히 처리하였다. 특히 지난번 자신의 다리에 부상을 입힌 장본인 배훤백을 불러서 다음과 말했다.

"개는 저마다 제 주인이 아니면 짖는 법이다. 그대는 그대의 주인을 위하여 나를 쏘았으니 의사義士이다."

여러 사람들이 이 말을 듣고 자신을 쏜 배훤백에게도 저렇게 대하니 다른 사람이야 무슨 걱정이랴 하고 감복하지 않는 자가 없었다고 한다. 이처럼 김양은 사적私的 원한을 넘어 상대를 배려하고 용서한 큰 인물이었다. 당시 살벌한 권력 쟁탈전 속에서도 이렇게 국량이 넓고 훈훈한 인물을 그 냉혹한 역사 속에서 찾을 수 있어 참으로 다행스럽다. 그가 지지하던 김우징이 왕위에 올랐으니 곧 45대 신무왕이다.

50세를 일기로 김양이 죽자 당시 문성왕은 애통해 하며 서발한舒發翰으로 추증하고, 모든 장례절차를 김유신의 전례에 따랐으며, 태종대왕의 능에 배장陪葬했다고 삼국사기는 기록하고 있다. 이 기록을 근거로 현재 무열왕릉 길 건너 김인문 묘 옆의 작은 묘를 김양의 묘로 보고 있다.

개는 주인이 아니면 짖는다 — 사실 이 말은 사기史記에 나오는 말이다. 한漢 고조高祖가 천하를 통일한 후 측근 권신權臣들을 하나하나 제거할 때였다. 당시 초왕楚王으로 봉힘을 받은 한신韓信이 한 고조의 황비였던 여후呂后에게 반역으로 몰려 죽을 때 한신은 괴통蒯通의 지략을 따르지 않아 아녀자에게 죽음을 당하게 되었다고 탄식했다. '괴통의 지략'이란 한 고조 유방과 초패왕 항우가 천하를 반분하고 다툴 때, 한신에게 유방의 편에 서지 말고 천하를 삼분하여 세력을 길러 천하를 통일하라는 소견이었다. 이는 곧 유방에 대한 반역을 의미하는 계략이었다.

한신이 죽은 후 나중 여후로부터 이 말을 전해 들은 한 고조가 괴통을 잡아들여 추국推鞫하였다.

"네가 한신에게 나를 배반하라 했느냐?"

"그렇습니다. 한신, 그 못난 자가 신臣의 지략을 따르지 않았기에 죽음을 당한 것입니다. 신臣의 말을 들었다면 왜 죽음을 당하였겠습니까?"

한 고조는 대로大怒했다. 그리고 괴통을 팽형烹刑, 곧 솥에 삶아 죽이는 형벌에 처하라는 명을 내렸다. 괴통은 한탄했다.

"삶겨 죽다니 참으로 원통하도다!"

"원통하다니, 한신에게 나를 배반하라고 권하지 않았느냐."

괴통은 마지막으로 말했다.

"진秦나라가 천하를 잃은 뒤 온 천하 영웅들이 각축角逐했습니다. 결과적으로 재주 많고 발빠른 폐하가 천하를 차지하였습니다. 폐하, 흉폭한 도적 도척盜蹠의 개는 요堯임금을 보고도 짖습니다. 이는 요堯임금이 어질지 않아서가 아니라 개는 주인이 아니면 짖기 때문입니다. 당시 신臣은 한신만을 알고 있었을 뿐 폐하는 알지 못했습니다. 폐하, 천하를 차지하려고 다투었던 그 많은 무리를 폐하의 편이 아니라고 해서 모두 찾아내어 삶아 죽이시겠습니까?"

한 고조는 그 말을 옳게 여기어 괴통을 살려주었다. 여기서 '척견폐요蹠犬吠堯'라는 고사성어가 나왔다. '걸견폐요桀犬吠堯'라고도 한다. 여기서 걸桀은 하夏나라 폭군 걸왕이다.

이 밖에도 한 고조와 관련하여 이런 사례가 더 있다. 항우가 망한 이후 투항하지 않은 항우편 인사들에 대한 검거령이 내려졌다. 항우를 위해 한 고조를 많이 괴롭힌 계포季布도 그 중 한 사람이었다. 그러나 한 고조는 측근의 건의에 따라 계포를 사면하였다. 그가 국경선을 넘어 다른 나라에 가면 적을 이롭게 한다는 점도 작용했지만 무엇보다 신하가 자기 주인을 위해 직분을 다한다는 것이 큰 죄가 될 수 없다는 등공滕公의 말에 동의했기 때문이었다.

그와 반면, 한 고조는 지난날 팽성에서 항우의 군사에게 포위되어 위급한 상태에 빠졌을 때 자신을 도피하도록 눈감아 준 항우의 장수 정공丁公에 대해서는 뜻밖의 태도를 취했다. 항우가 죽고 난 후 어느 날 정공丁公이 한 고조를 찾아왔다. 한 고조에게 지난날 자신이 베푼 은혜를 생각했을 것이다. 사실 죽을 뻔한 그를 살려준 정공은 한 고조에게는 생명의 은인이었다. 하지만 항우로 볼 때는 배반이나 다름이 없는 행위였다. 적국敵國의 왕을 살려주어 화근을 심었기 때문이었다. 그리고 신하된 자가 주인이 죽은 후 반대편에 가서 몸을 의탁하는 것 역시 도리가 아니라고 생각했다. 그래서 한 고조는 그를 찾아온 정공을 참수斬首하여 남의 신하된 자는 이런 자를 본받지 말라고 했다.

오늘날 철새 정치인은 어떤가? 특히 선거철이 되면 자신의 정치적 신조와는 무관하게 출세나 영달을 위해 이곳저곳 기웃거리는 사람들을 많이 본다. 왕조시대가 아니기에 충신은 두 임금을 섬기지 않는다는 말까지는 아니라도 최소한의 인간적인 신뢰마저 실종됨이 안타까울 뿐이다.

벌써 오래 전 직선제 대통령이 들어서서 과거 청산을 위한 청문회가 열리고 전직 대통령을 법정에 세울 때가 있었다. 그때 그 측근들이 청문회나 법정에 나와 끝까지 의리를 지켜 자신들의 보스를 비호하는 광경을 볼 수 있었다. 그런데 의외로 이들이 당시 많은 시청자들의 호평을 받았다. 심지어는 이런 현상에 힘입어 그들 중에는 대통령에 출마하려는 사람도 있었다고 기억된다. 비록 이들이 잘못 선택한 길이라고 해도 자신들에게 불리하면 나 몰라라는 식으로 책임을 회피하고 신의를 저버리는 인간보다는 이들의 인간적인 신의를 평가해 줄 만했던 것이다.

우리가 쓰는 욕설 중 가장 큰 것의 하나가 '개만도 못하다'라는 말이다. 이는 '개도 주인을 보고는 짖지 않는다'는 말과 관련하여 인간으로서의 최소한의 의리마저 저버린 사람, 곧 사람답지 않은 사람을 평가할 때 쓰는 말이다.

개는 잘났든 못났든 가리지 않고 주인에게는 충성을 다하고 아무리 대단한 사람도 주인이 아니면 짖는다. 이는 유불리有不利를 따지지 않고 신의를 지키는 미덕이다. 이런 개를 두고 '개~'라는 접두사를 붙여 욕설이나 저급한 뜻으로 쓰는 것은 적절한 표현이 아니다. 어쩌면 개의 입장에서는 퍽 억울하기도 하다.

천하의 견공犬公들이여, 시류時流에 아랑곳하지 말고 그대들이 가진 미덕을 끝까지 보존하라. 그리하여 인간들을 깨우치라.

(2013. 6)

글로벌 인재, 알아주지 못한 사회 — 최치원

조기유학의 열풍

1990년대 말에 일어난 조기유학의 열풍은 2000년대 중반 절정에 이르렀다가 이제 좀 수그러들고 있지만 아직도 그 바람은 지속되고 있다. 더 넓은 세계로 나아가 더 많은 것을 보고 배우려는 데야 나무랄 일은 아니다. 하지만 올바른 목표가 정립되지 못하고, 또한 여건이 성숙되지 못한 상태에서의 무리한 조기유학은 많은 부작용을 일으키고 있다. 처자妻子를 외국에 보내고 혼자 남아 돈을 벌며 한 해에 철새처럼 한두 번 날아가 가족과 만난다는 신조어가 '기러기 아빠'이다. 물론 보고 싶을 때 언제든지 날아가서 볼 수 있는 능력 있는 '독수리 아빠'도 있지만 경제적 능력이 없어 아예 날 수가 없는 '펭귄 아빠'도 있다.

단기간이라면 몰라도 장기간의 유학은 성장기 아이들에게 문화 충돌과 정체성의 혼란을 야기함은 물론 가족 간의 유대가 이완되어 가정 파탄, 가족 붕괴까지 이르는 경우도 많다. 얻은 것 대신 잃는 것이 너무 크다.

이런 관점에서 볼 때 조기유학의 원조격인 신라시대 최치원의 사례를 우리는 주목한다.

더 넓은 곳으로

최치원崔致遠의 집안에 대해서 확실하게 밝혀진 것은 없다. 단지 경주 사량부(삼국유사에는 본피부) 사람이며, 아버지는 경문왕 때 숭복사 발원문을 지은 견일肩逸이라는 사실뿐이다. 최치원은 4살 때 글을 읽고 10살에 사서삼경을 읽었다는 전언傳言으로 보아 총명이 과인過人한 수재였던 것은 틀림이 없다. 그러나 안타깝게도 그의 집안은 육두품六頭品의 신분이라 당시 신분제의 굴레에 묶인 신라사회에서 능력을 떨칠 기회를 잡기란 불가능했다. 최소한 진골 출신이 아니면 중앙관계에 명함을 내밀지 못할 상황이기 때문이었다. 후에 그가 육두품을 '득난得難'이라 한 것은 바로 이러한 절망감에서 나온 말이었으리라 짐작된다.

이런 연유로 결국 아버지는 아들의 당나라 유학을 계획했던 것 같다. 경문왕 8년(868년) 그의 나이 12살 때였으니 이른바 '조기유학'이었던 셈이다. 떠나기에 앞서 그의 아버지는 아들에게 10년 이내에 과거에 급제하지 못하면 아들이라고 부르지 않겠다고 했다. 12살 어린 아이에게 참으로 혹독한 주문이었다. 오늘날에 비추어도 '맹렬 아버지'였던 것이다.

오늘날 조기유학 돌풍도 먹고 살 만큼 되는 1990년대의 경제적 여유를 기반으로 일어났듯이 당시의 유행인 당나라 유학도 통일신라 최전성기의 풍족한 삶의 여유에서 일어난 현상이었다. 희강왕 2년(837년) 한 해에 당나라에 건너간 유학생 수가 216명이라는 기록으로 미루어 오늘날 조기유학 열풍에 못지않았다고 할 수 있다. 어떤 방식으로든 국가적인 지원도 뒷받침되었을 것이다.

중원에 떨친 이름

그가 나중 술회했듯 당나라에 간 최치원은 정말 열심히 공부했다. 졸음이 오면 머리카락을 매달고 송곳으로 허벅지를 찔렀다. '인백기천人百己千', 곧 남이 100을 노력하면 자신은 1,000을 노력했다. 이렇듯 그는 성공에 대한 각오가 남달랐고 목표가 명확했다. 하지만 참기 어려운 것은 졸음뿐이 아니었다. 고국과 부모에 대한 그리움은 십대 초반의 소년에게는 참기 어려운 고통이었다. 이때 지은 그의 시는 이를 잘 말해 준다.

秋風唯苦吟추풍유고음　가을바람 맞아 오로지 괴롭게 시를 읊노라니
世路少知音세로소지음　이 세상에 날 알아주는 이 아무도 없구나.
窓外三更雨창외삼경우　창문 밖에는 한밤의 빗소리,
燈前萬里心등전만리심　등잔 앞 마음은 만 리 밖 고향으로 달려가네.

(崔致遠 / '秋夜雨中')

당나라에 온 지 7년째인 774년, 그의 나이 18세 때 드디어 최치원은 당시 외국인을 상대로 보이는 빈공과賓貢科에 장원으로 합격한다. 그리하여 선주宣州 율수현溧水縣 현위縣尉를 시작으로 관직생활을 시작했다. 그리고 그동안의 공적을 인정받아 황제로부터 5품 이상의 고위관리에게 주는 자금어대紫金魚袋를 하사받기도 했다.

그런데 그의 이름이 천하에 드러난 것은 '황소黃巢의 난'(875~884년) 때였다. 그는 토벌관 고변高騈의 종사관으로 참전하여 반란군에게 토벌을 알리는 포고문인 '토황소격문討黃巢檄文'을 지었다. 이 글을 황소가 장악

했던 모든 지역에 붙이고 뿌려 반란군의 사기를 꺾었는데 지금까지 명문名文으로 남아 있다.

"지혜로운 자는 시세時勢에 순응하는 데서 성공하고, 어리석은 자는 이치를 거스르는 데서 실패한다"로 시작하는 이 글은 "천하 사람들이 모두 너를 죽이려고 생각할 뿐만이 아니라, 땅속의 귀신들도 너를 죽일 의논을 하고 있다"는 대목에 이르러서는 황소黃巢가 읽다 말고 놀라 앉았던 평상平床에서 떨어졌다고 전한다.

당시 사람들이 황소를 격퇴한 것은 군사의 칼이 아니라 최치원의 붓끝이라고 할 정도로 최치원의 이름은 드높았다. 이로서 그는 앞으로의 탄탄한 환로宦路가 보장되었다.

신라인으로 금의환향錦衣還鄕하였으나

그러나 그는 더 이상 당나라 관리로 살기를 원하지 않았다. 당나라에서의 학문과 경륜을 고국 신라를 위해 쓰고 싶었다. 날이 갈수록 서라벌의 산천은 눈에 어른거리고 부모님에 대한 그리움은 갚아야 할 은혜와 도리로 다가왔다. 그리하여 마침내 그는 귀국을 결심한다.

당나라 희종僖宗 광계光啓 원년(885년), 최치원은 "동정호에 달 지자 '외로운 구름孤雲' 돌아가네(洞庭月落孤雲歸)"라는 귀국 선언과 함께 당황제의 신라 사절의 임무를 띠고 귀국하게 된다. 당나라로 온 지 16년 만이요, 나이는 28세였다.

최치원이 귀국한 당시는 신라가 한창 호화로운 생활을 누리던 헌강왕 때였다. 헌강왕은 중원에서 문명文名을 떨친 최치원을 한림학사 겸 시독侍讀이라는 직책을 주어 외교문서 관리를 맡겼다. 최치원은 자신의 재능을 알아주는 군주를 만나 그의 포부를 펼 날을 기대했다.

펴지 못하고 접은 생애

그러나 얼마 되지 않아 헌강왕이 죽었다. 이와 동시 그는 지방 수령으로 좌천되고 만다. 이미 국가보다는 사유 권력에 탐닉하는 진골 귀족들의 눈에 들 리가 없었던 것이다. 능력만 있으면 외국의 인재라도 관리로 등용하는 신라의 개방적인 역동성은 이미 찾을 수 없었다.

이는 오늘날에도 다르지 않다. 해외에서 능력을 보인 인재를 초빙해도 별 성과를 거두지 못하고 변화를 기피하는 풍토에 실망하여 돌아가는 사례가 많다. 어떤 보도를 보면 해외에서 취득한 이공계 박사 가운데 국내로 복귀하고자 하는 비중은 4명 중 1명꼴에 불과하다고 한다. 이는 해외 인재의 국가관과도 관련이 있지만 해외 인재를 홀대하는 풍토에 문제가 있지 않나 한다.

헌강왕 이후 짧은 정강왕 대를 거쳐 진성여왕 때는 이미 나라가 어지러워 각처에서 반란이 일어나 후삼국시대로 이행되는 시기였다. 이에 최치원은 지방관직을 내놓고 신라를 다시 살릴 수 있는 개혁안을 작성하여 상소하였는데 이것이 '시무십조時務十條'였다. 이 상소를 쓴 곳이 지금 남산 북쪽 들머리에 있는 상서장上書莊이라고 전해진다. 진성여왕은 이 상소를 받아들이고 최치원에게 아찬阿飡을 제수하여 그의 개혁을 시행하려 했다. 아찬은 17관등 중 육두품 신분으로 오를 수 있는 가장 높은 6등급 관등이었다.

하지만 왕의 후견인이었던 각간角干 위홍魏弘이 죽은 뒤 진성여왕은 개혁을 추진하려는 힘이 이미 없었다. 귀족은 사욕 채우기에 급급했고 국고는 텅텅 비었다. 통일 초기에 보여준 애국충정이나 기상은 그 어디에도 찾아보기 힘들었다. 이에 최치원은 함양태수를 마지막으로 허탈감과 실망으로 모든 것을 내놓고 지방을 순유巡遊하였다. 현실에 대해 귀 막고 눈 감으려는 그의 심정은 해인사에 은둔하던 때 지은 다음의 시에 잘 나타나 있다.

狂噴疊石吼重巒광분첩석후중만 계곡물 미친 듯 흘러 겹겹 산속에 울리니

人語難分咫尺間인어난분지척간 지척에서 하는 말소리도 분간키 어려워라.

常恐是非聲到耳상공시비성도이 옳으니 그르니 하는 세상의 소리 들릴세라

故教流水盡籠山고교유수진농산 짐짓 흐르는 물로 온 산을 둘러버렸다네.

(崔致遠 / '題伽倻山讀書堂')

오늘날 최치원의 자취나 그와 관련된 전설은 전국 곳곳에 남아 있다. 그가 관직에 있을 때의 유적인 함양 상림上林, 학사루를 위시하여, 부산의 해운대, 마산의 월령대, 하동 쌍계사, 합천 청량사, 의성 고운사 등 수십 군데에 이른다. 아마 단일 인물로는 가장 많은 유적을 남겼다고 할 수 있다. 만년에는 가족을 데리고 그의 동생이 승려로 있는 해인사에 가서

여생을 마쳤다고 전해진다. 전설에 의하면 신선이 되었다고도 한다.

평가해야 할 그의 업적

비록 조국 신라의 부흥을 위한 그의 꿈은 좌절되고 말았지만 그가 남긴 영향은 매우 크다. 일각에서는 모화사상적 측면에서 그를 부정적으로 평가하기도 하지만, 해외 선진 문물에 대한 열망과 도입은 국가를 발전시키기 위한 불가피한 시대적 요청이었다.

그는 유학의 비조鼻祖로 동국십팔현東國十八賢에 들어 성균관이나 향교의 문묘에 배향되어 있다. 그리고 경주 서악서원을 비롯하여 전국 10여 곳의 서원에 제향되고 있다. 그가 비록 유학을 정치의 기본 이념으로 삼고 유학자로 자처하였지만 그를 유교사상만 가지고 있는 인물로만 볼 수는 없다. 실제 그는 불교에도 깊은 이해를 가졌고 도교도 섭렵했다. 불교의 많은 승려와 교유하고 불교와 관련된 글도 많이 썼다. 그리고 화엄학華嚴學과 유식학唯識學에 대해서도 상당한 수준까지 이르렀다고 한다.

그런데 그의 사상가로서의 진정한 위대성은 외래사상을 복합한 우리 고유의 독특한 사상체계에 대한 견해에 있다. 그는 난랑비鸞郎碑 서문에서 다음과 같이 갈파했다.

> 우리나라에 현묘한 도가 있으니 곧 풍류風流이다. 풍류의 가르침의 근원은 선사仙史에 자세히 나와 있거니와, 실로 유, 불, 선 삼교三敎를 이미 자체 내에 지니어, 모든 생명에 접하여 저절로 감화시킨다. 또한 집에 들어오면 효도하고 밖에 나가면 나라에 충성하니, 이것은 공

자의 가르침이요, 무위無爲의 일에 머무르고 말없이 가르침을 실행하는 것은 노자의 가르침이요, 모든 악업을 짓지 않고 선한 일을 받들어 실행함은 석가의 가르침이다.

(國有玄妙之道 曰 風流 說敎之源 備詳仙史 實乃包含三敎 接化群生 且如入孝於家 出則忠於國 魯司寇之旨也 處無爲之事 行不言之敎 周柱史之宗也 諸惡莫作 諸善奉行 竺乾太子之化也)

곧 우리의 고유사상으로 '풍류도風流道'를 인정했을 뿐만 아니라 현묘玄妙하다는 말로 큰 의미를 부여했다. 그리고 풍류도가 유불선儒彿仙 삼교사상의 통합이라고 보는 탁견을 가지고 있었다. 말하자면, 유불선 어느 하나에만 치우치지 않고 서로 인정해야 하며 서로 대립할 것이 아니라 상호 보완해야 할 필요성을 주장했던 것이다. 이는 원효의 화쟁사상和諍思想과도 맥이 통한다. 유불선과 우리의 풍류도와의 이러한 관계 설정은 오늘날 다문화·다원화시대를 살고 있는 우리에게 많은 깨달음을 주고 있다. 또한 오늘날 유불선을 포괄하는 민족종교는 최치원의 풍류도 사상에 힘입은 바가 크며, 한말의 동학사상도 이 흐름을 이어왔다고 보겠다.

그리고 그가 지은 사산비명四山碑銘 중의 하나인 대숭복사비大崇福寺碑를 통해서 보면 도참설이나 풍수지리설에 대한 견해도 가지고 있었다. 이렇듯 최치원은 당대의 모든 사상을 관통하고 있었다고 볼 수 있다.

요컨대, 최치원은 유불선을 섭렵한 사상가이면서 민족 고유사상의 제창자였다. 또한 본격적 한국 한문학의 비조鼻祖이면서 당대 최대의 문장가였다. 그리고 국제적 명성을 떨친 한류의 원조였다. 그러면서도 자신의 정체성을 잊지 않은 신라인으로 오늘날 글로벌 시대에 부합되는 인물이었다.

(2014. 3)

이제는 말할 수 있다

1년으로 10년의 삶을 사는 사람이 있는가 하면 10년을 살고도 1년의 삶을 살지 못하는 사람도 있다. 하느님은 가장 사랑하는 자녀에게 견책을 주신다고 했다. 견책이란 정신 좀 차리라는 뜻이다. '병'이란 채찍으로 그냥 하루하루 이어지는 무의미한 삶을 깨달을 기회를 주셨으니 얼마나 큰 사랑인가? — '그해 8월, 가장 뜨거웠던 여름' 중

그해 8월, 가장 뜨거웠던 여름/패밀리 행복캠프를 다녀와서

그해 8월, 가장 뜨거웠던 여름

— 아내 암수술 간병기

느닷없이 암수술을 받으라니!

"부위가 너무 넓게 퍼져 있어서 완전 절제 이외에는 방법이 없습니다. 즉, 부분 절제수술은 불가능합니다. 우선 절제수술 후 복원 성형수술을 받을 것인지를 미리 결정해야 합니다. 왜냐하면 복원수술을 받지 않는다면 조직검사 직후 바로 수술을 해야 하기 때문입니다."

2004년 8월 16일, 대구 Y대학병원 유방클리닉 — 아내의 유방검진 X-레이 및 초음파 사진을 판독한 담당의사의 말이다. 조직검사 후라는 단서를 달았지만 조직검사는 단순히 확인 과정일 뿐이고 수술은 기정사실이라는 말투다. 수술날짜도 9월 6일 이후라야 하나 중간에 틈을 낸다면 8월 26일은 가능하다고 했다.

사실 1차 진료기관에서 조직검사 권유를 받아 사진자료를 가지고 정밀검사를 받으러 갔는데, 1차 진료기관 검진자료만 보고 검사를 해보기도 전에 암 수술을 받으라는 것이다. 이러한 결과에 대한 수용 자세가 전혀 안 된 상태였기에 매우 황당한 느낌이었다. 그러나 어찌하겠는가. 병에 대한 전문적 지식과 정보를 거의 독점하다시피한 의사의 말인데 무슨 이의를 제기하겠는가? 일단 수술날짜를 8월 26일로 잡은 후 수술을 위한 몇 가지 검사를 마쳤다.

미세 석회가 가져온 파장

미세 석회질 침착, 정밀검사 요함 — 7월 중순에 받은 건강검진기관의 검시 결과 통보시에 나타난 유방과 관련된 생소한 이 구절에 처음에는 별다른 주의도 주지 않았다. 아내 역시 대수롭지 않게 여기고 바쁜 일상에 매몰되어 한동안 지내다가 주위 사람들의 의견도 있어서 일단 전문의의 진찰을 받아봐야겠다는 생각을 했다. 특히 지난 2월 유방암 수술을 받은 처고종의 말이 크게 작용했다. 즉, 자기 주위에도 이런 소견을 받은 사람이 있는데 이는 암은 아니지만 암으로 발전할 수도 있다고 하니 너무 걱정하지는 말고 일단 병원에 가보라는 것이었다.

8월 12일, 전화상으로 검진기관의 추천을 받아 대구에 있는 유방전문 개인병원에 가서 초음파 등 몇 가지 정밀검사를 받았다. 마지막으로 권유받은 검사는 조직검사였다. 그러나 이왕 조직검사를 할 바에야 좀 더 큰 병원에 가는 것이 좋을 것 같다는 생각이 들었다. 그리하여 처고종의 추천으로 당시 그녀가 서울에서 수술을 받고 후속 항암치료를 받고 있는 대구 Y대학병원에 가게 되었다. 처고종에 따르면 유방암 치료에 전국적으로 몇째 가는 분이 그 병원에 있다고 했다. 그래서 간 날짜가 8월 16일 오후였다.

설마 암이기야

병원에 간 8월 16일은 장모님 제사 다음날인지라 길 안내 겸 처남 내외와 함께 병원에 갔다. 돌아오는 도중 처남댁은 친구 중에 사진 판독 결과가 아내의 경우와 같은 이가 있다면서 전화로 확인까지 했다. 그 친구는 양성종양으로 판명되어 3년 전에 수술을 받았다면서 그렇게 걱정할 필요가 없을 것이라고 했다. 하지만 아내는 벌써 병원에서 만난 많은 환자들의, 수술 후 나쁜 예후나 재발을 경험한 이야기를 듣고 불안을 느끼는 듯했고, 나 역시 내심 걱정이 되었다. 그러나 한편으론 그래도 그렇지 아무런 증세도 없이 멀쩡하고 촉진상 아무 이상도 없는데 설마 암일 리가 있을까 하는 생각으로 애써 위안을 삼으며 집으로 돌아왔다.

평소 유방암의 정체에 대해 기본적인 지식마저 갖지 못했기 때문에 집으로 돌아오자마자 인터넷 검색을 통해 유방암의 진단과 치료에 대해 알아보았다. 그런데 인터넷상의 유방암 진단에 대한 각종 자료에는 아내의 경우와 같은 '미세 석회' 가 나타난 경우의 10~15% 정도만 악성 종양이며 그 이외는 양성이거나 그 외 다른 물질로 인한 결과라고 했다. 그런데도 병원에서는 무조건 나쁘게 보고 수술을 해야 한다니 상당히 혼란스러웠다.

예약을 한 대로 일단 수술을 받아야 할까? 아니면 다른 병원에 가서 한 번 더 확진을 해볼까? 다른 병원에 간다면 어느 병원을 선택해야 하나? 주위 사람들의 조언들도 달랐다. 의료기술 면에서 서울이 10년은 앞선다는데 …… 서울에 가는 것이 좋다. 아니다. 대구서 편안한 마음으로 수술받는 것이 좋다. 수술 후에도 먼 거리를 오르내리자면 얼마나 심신이 지칠 것인가? 그리고 경비는? 그렇지만 서울에 가더라도 이름난 종합병원에서 진료를 받기 위해서는 수개월을 기다려야 된다던데?

일단 서울에 있는 병원을 택하고, 이럴 경우에 대비하여 가입한 보험상품이 있어 알아보니 서울 이름난 병원에는 지금 신청해도 11월 정도는 되어야 한단다. 다행히 평소에 이용하던 한 개인병원장에게 소견서 작성을 부탁하여 이틀 뒤인 8월 19일 오후 1시 20분, 서울 A종합병원에 예약을 할 수 있었다. 특진예약을 한 교수는 전국적으로 유명한 유방암 관련 외과의사로 수술 경험만 5천 회로 전국 최다 기록을 갖고 있는 분이었다.

진료 시 시간을 절약하고 인체에 해로운 방사선 사진을 자꾸 찍지 않기 위해서라도 Y대병원에 보관 중인 사진자료를 가지고 가는 게 좋다는 소개 의사의 말에 따라 18일 Y대학병원 간호실에 가서 참고로 하고 가져오겠다고 사정을 하여 이미 수술파트로 넘어간 자료를 찾아왔다.

기대는 사라지고

8월 19일 동서울행 7시 40분 첫차를 타고 서울로 향했다. 병원은 풍납토성이 바로 지척에 있는 송파구 풍납동 올림픽대교 가까운 곳에 위치하고 있었다. 안내 자료를 보니 이 병원은 병상 수 2,100여 개, 의사만 1,100여 명, 간호사 1,400여 명 기타 종무원까지 직원만도 5,000명이나 되는 국내 최대 규모의 병원이었다.

오늘은 예약 특진 교수의 진료가 있는 목요일. 20분 단위로 예약환자 명단을 붙였는데 모두 104명이나 되었으며, 아내는 23번째였다.

진료실은 5~6실이 열린 구조로 연결되어 있고, 실별로 담당 수련의가 한 명씩 배정되어 환자를 맡고, 주치의는 연결된 통로로 순회하며 지시를 한다. 말하자면 1 : 1이 아닌 1 : 다多의 방식으로 진료를 하는 것이다.

그렇게 오래 기다리지 않아 차례가 되어 가져간 진료 결과 자료를 제출하고 그간의 경과를 진술했다. 자료 검토 후의 소견은 일단 조직검사 후 수술을 해야 하는데 범위가 넓어서 절제수술을 해야 한다는 것이다. 그리고 복원수술을 희망한다면 조직검사 후 1~2주 후 성형외과 진찰을 받아 수술날짜를 잡아야 한다는 것이다. 이는 지난번 Y대학병원에서와 같은 소견이다. 역시 악성으로 보는 것 같았다.

유방암 수술에는 부위에 따라 부분 절제를 하여 원래의 모양을 유지하는 '보존수술'이 있고, 부위를 완전히 들어내는 완전 '절제수술'이 있다. 그리고 절제수술 후 이식과 보형물을 통해 원상 유지를 목적으로 하는 성형수술인 '복원수술'이 있다. 복원수술은 치료비가 부담이 되지만(약 1천만원 정도) 치료나 재빌 면에서는 별 문제가 유발되지 않는다고 했다. 그래서 완전 절제 후에 따르는 심리적인 면이나 일상생활에서의 장애를 고려하여 복원수술을 하기로 결정하고 수술날짜를 앞당겨달라고 부탁을 했다. 다행히 Y대학병원에서의 26일보다 더 빠른 23일 수술입원 예약을 할 수 있었다. '설마'가 '정말'로 바뀐 순간이었다. 별것 아닐 것이란 기대는 오늘로써 사라지고 만 셈이다.

늦게 만져진 덩어리

동서울터미널에서 오후 4시 30분 차를 타고 와 집에 도착하니 9시경이었다. 내일 모레가 토요일이고 다음 주 월요일에 입원을 해야 하니 날짜도 얼마 남지 않았다. 그런데 인터넷 정보를 통해 복원수술에 대해 알아보니 이 역시 간단한 문제가 아니었다. 치료비는 그렇다 치더라도 수술시간이 엄청나게 길고 수술횟수도 한두 번이 아니며, 기간도 약 6개월이나 걸린다고 한다. 그리고 방법도 복부 피부 이식을 통해서 하는 것이라 상당한 심리적 부담을 느낀다고 한다. 젊은 나이라면 모를까 50대 중반임을 고려할 때 '굳이 복원수술을 해야 할까'라는 생각이 들었다. 그래서 결국 조직검사 후 퇴원 계획을 취소하고 바로 수술받을 준비를 하고 가기로 했다. 그리고 Y대학병원에는 수술 예약을 취소했다.

불과 몇 달 전에 유방암 선고를 받고 상심하며 어린 자녀를 두고 수술을 받으러 서울 가는 처고종을 우리가 가서 위로한 바 있는데, 이제는 처지가 뒤바뀌어 도리어 경험담을 들으며 우리가 위로를 받는 입장이 되었다.

그런데 이즈음 한 가지 걱정거리가 생겼다. 지금까지는 가슴에 뚜렷이 만져지는 것은 없었는데 병원에 갔다 온 후에 아기 주먹만한 크기의 딱딱한 덩어리가 나타났다는 사실이다. 만져지는 것이 없었을 때는 최악의 경우 암이라도 아주 초기일 것이라고 위안을 삼았지만 상당히 큰 덩어리가 촉진되고 나서는 혹시 심각한 상태는 아닌가 하는 불안감을 지울 수 없다. 그러나 수술 예약까지 해놓은 마당에 수술날을 기다릴 뿐 달리 취해야 할 방법은 없었다.

마지막 주일 낮 미사에 성당에 가서 수녀님과 상의하여 사무실에 미사 신청 겸 예물을 드리고 신부님을 뵈었다. 신부님은 자신의 누나도 오래 전에 유방암 수술을 받았는데 아직 멀쩡하다고 하시고 기도를 해주셨다. 오후에 대구 동생이 와서 아버님을 동생 집에 모셔 가고 입원 준비물을 챙겼다.

입원

첫차로 상경. 예약시간 오후 1시 20분 접수. 수납 등 입원 준비를 끝낸 후 병실 배정을 기다렸다. 퇴원하는 환자를 대략 예상하여 입원 예약을 하지만 제대로 잘 맞지 않으면 오랜 시간을 기다리고, 그래도 여의치 못하면 1인실이나 특실이라도 일단은 들어가야 한다.

참고로 일반실인 6인실은 본인 부담액이 1일 기본요금 8,000~9,000원이지만 2인실은 여기에 하루당 12만원, 그리고 1인실은 24만원, 특실은 3십여 만원이 추가된다. 그래서 대부분 일반실을 원하지만 입원 당일 배정되는 경우는 드물다고 한다. 약 1시간쯤 기다렸을까 2인실이 배정되었는데, 그것도 운이 좋은 경우라고 했다. 한 청년 환자와 그의 어머니인 듯한 두 사람이 옆자리에 앉아 있다가 1인실을 배정받자 불평을 하면서 병실로 이동하는 것을 보니 정말 운이 좋은 것 같다. 동관 11층 409호. 이 병동은 흉부외과 환자 병동인데 일반외과 환자가 너무 많아 빈자리에 끼였다고 한다.

식사는 다음날 아침부터 신청하고 일반 식당에서 저녁식사를 한 후 병실에 들어갔다. 입실하자 간호실에서 유방암과 관련된 두꺼운 자료철을 보내왔다. 아직도 혹시나 하는 희망의 불꽃은 약할망정 꺼지지 않고 있는데, 주변 여건은 무자비하게 암환자로 몰아가고 있다. 그 자료는 이제는 암이라는 사실을 인정하라는 항복 권유로 여겨졌다. 다른 병실에도 사용해야 한다고 하기에 대충 급히 한번 훑어보았다. 그런데 유독 그 자료 속에 있는 내용 중 눈길이 끌리는 것은 유방암의 기별 5년 생존률이다. 0기, 1기, 2기 초, 2기 중, 3기 초, 3기 중, 4기 이렇게 나뉘어지는데 대체로 1기는 구십 몇 % 이상인 데 비해 기수가 뒤로 갈수록 점점 낮아져 80%, 60% 40% 등으로 내려간다.

5년 생존률이라니 그렇다면 아무리 초기 암이라도 5년 이상은 생존이 보장되지 않는단 말인가? 나중 안 일이지만 이런 통계 근거는 일반적으로 암환자가 동일 암이 5년 안에 재발되지 않으면 일단 완치로 보는 견해에 따른 것이라고 한다. 비로소 무서운 암의 실체가 가까이 다가오는 듯하다.

저녁 때 주치의를 포함한 한 무리 의료진이 와서 수술 부위를 검정색 사인펜 같은 것으로 표시를 하고 나갔다. 얼마 후 간호실에서 담당 수련의로부터 수술과 관련된 설명을 들었다. 수술 예정 시간은 내일 오후 1시, 소요시간은 사람에 따라서 다르나 대략 2~4시간이라고 한다. 물론 조직검사 결과 악성이 아닌 경우는 일찍 나오겠지만 그럴 확률은 거의 없는지 아예 거론조차 하지 않았다. 첫날은 이렇게 지나갔다.

기도하는 마음으로

8월 24일 수술일. 8시 30분경에 수술을 위한 몇 가지 추가 사전검사를 실시하기 위해 종무원이 환자를 데리러 왔다. 이동용 침대에 누워 밀려가는 아내를 보니 수술날임이 실감났다. X-선 촬영실에 가니 오늘 수술예정인 다른 환자도 대기하고 있었다. 중학교 1학년을 둔 40이 될까 말까한 주부인데 걱정스런 얼굴에 눈물까지 비친다. 어린 자녀를 둔 엄마의 심정, 충분히 이해가 간다. 다음으로는 핵의학실로 가서 CT촬영을 했는데 도대체 왜 이런 검사까지 하는지? 내심 불안했다. 다른 환자도 이런 검사를 하는 건지? 특히 다른 부위로 전이가 되었을 가능성이 높다는 뜻인지?

이런 걱정은 초음파실에 갔다 나온 아내의 말을 듣고 더했다. 초음파실 담당자가 사진을 찍다 말고 전화로 담당 의사를 불러 뭐라고 통화를 한 뒤 추가로 몇 장을 더 찍었으며, 연유를 물어보는 아내에게 왜 이렇게 오래도록 내버려두었냐는 식의 이야기를 했다는 것이다.

이럭저럭 오전이 거의 가고 점심시간이었지만 금식이라 식사도 못 하고 수술시간만 기다렸다. 아내는 묵주를 찾았다. 서랍에 넣어둔 10알짜리 작은 붉은 알 묵주를 찾아 건넸다. 이때보다 더 절실한 기도 시간이 있을까?

수술 예정인 1시가 넘어도 연락이 없다. 아내는 수술 중 병실에 돌아가서 기도나 해달라고 했다. 수술실 문 앞을 지킬 테니 걱정 말라고 했다. 2시를 10여 분 남긴 시간에 환자를 데리러 왔다. 환자용 엘리베이터를 타고 2층 중앙수술실로 내려갔다. 출입구에 이르자 더 따라갈 수가 없다. 걱정 말고 수술 잘 받으라는 말을 하려는데 나도 모르는 사이에 눈물이 왈칵 쏟아져 말을 이을 수가 없었다. 아내는 이번으로 수술이 세 번째이다. 모두 여성임으로 인한 병 때문이었다. 며느리, 아내와 어머니 등 여성으로서 자신의 역할에 최선을 다한 보상치고는 너무 심하다는 생각이 든다. 정말 얼마나 열심히 살았는데? 얼마나 억울하며 답답할까? 수술 결과에 대한 불안, 수술 과정에 대한 두려움, 그러면서도 남은 사람들에 대한 걱정 또한 지울 수 없었으리라. 아마 이런 느낌이 복합적으로 작용하여 감정이 복받쳤고 말을 이을 수 없었으리라.

그런데 수술실 입구도 지킬 수 없게 되었다. 수술실 담당 간호사가 환자 가족은 각자의 병실에서 대기해 달라고 한다. 만약 수술 중 연락사항이 있으면 병실로 연락을 하기 때문이란다. 하는 수 없이 병실에 돌아왔지만 출입하는 사람들로 인해 마음을 모을 수가 없었다. 그래서 옆 병상 간병인과 간호사에게 무슨 연락이 있으면 휴대전화로 연락을 부탁하고 6층 가톨릭 원목실로 갔다. 수녀님 한 분과 봉사자 한 분이 업무를 보고 있었다. 안내에 따라 비치된 꽃 한 송이를 들고 성체실로 가서 화분에 꽂고 성체조배를 했다. 묵주기도 환희의 신비, 고통의 신비, 영광의 신비 15단 전부를 바쳤다.

수술실에 들어간 지 벌써 1시간 반이 흘렀다. 절개해 보니 암이 아니라서 수술할 필요가 없다거나, 아니 양성이라도 수술하는 게 좋겠다는 기적 같은 연락마저 이제는 허사로 돌아간 시간이다. 그렇다면 몇 시쯤 나올까? 절제부위가 크다면 수술시간이 3~4시간쯤 될 것이고, 회복시간이 1시간 정도 소요된다고 하니 7시는 지나야 되지 않을까? 휴게실에서 들리는 아테네 올림픽 주요 경기의 요란한 중계를 뒤로 한 채 병원 이곳 저곳을 배회하다 5시 40분쯤 병실에 오니 아내가 이미 수술을 마치고 병실 입구에 막 도착한 상태다. 생각보다 일찍 끝난 편이다. 막 회복이 되었기에 기진맥진한 몸을 들어서 병상에 옮기고 난 후 간호사로부터 몇 가지 유의사항을 들었다. 그리고 마취가 풀리면 아프다고 할 터이니 그때 이야기해 주면 진통제 처방을 하겠다고 한다.

이제 수술은 끝났다. 가장 궁금한 것은 부위를 절개해 본 결과가 어떠하냐는 것이다. 저녁 회진 때라야 의사를 만날 수 있을 것이다. 초조한 시간이다. 7시쯤 되었을까 수술 전날 저녁처럼 주치의를 비롯한 여러 명 의료진들이 와서 수술 후 이상이 없는지를 확인하고 먼저 수술에 대해 언급하였다. 수술 전날 이야기한 대로 암 덩어리를 제거하고 절제했다는 간략한 언급뿐이다. 그리고 더 물어볼 말이 있는지를 물었다. 사실 가장 궁금한 것은 덩어리 제거가 아니라 다른 부위 전이 여부와 관련된 병기病期였지만 수술환자를 앞에 두고 바로 묻기도 어려워서 병실을 나와서 그 문제에 대해 물으니 그건 아직은 알 수 없다고 한다. 5~6일 후 오늘 수거한 조직검사 결과가 나와봐야 안다는 것이다.

병실을 옮기다

수술 직후의 경과는 좋은 편이었다. 간호사의 말과 같이 그렇게 아프다고 하지도 않았고 심리 상태도 그런대로 양호히였다. 여성의 입장에서 나이 여부를 불문하고 한쪽 가슴을 도려낸다는 것은 어쩌면 충격적일 수도 있다. 심지어 사람에 따라서는 이로 인해 우울증이 수반되는 등 어려움도 겪는다고 한다. 아내 역시 이로부터 완전히 자유로울 수 없을 것이다. 그렇지만 아내는 수술 후 치료실에 가서 첫 치료를 받을 때 수술 부위를 확인하고 한번 눈물을 보인 것을 제외하고는 별로 겉으로는 내색하지 않았다.

사흘 만에 병실을 6인실로 옮길 수 있다는 통보가 왔다. 위치는 불과 30~40미터 거리다. 지금까지 있었던 병실은 2인실로 심장수술을 한 70세 정도의 할머니와 함께 있었는데, 할머니는 수면제의 힘을 빌리지 않고는 잠을 이루지 못할 정도라서 매우 조심스럽게 생활하지 않으면 안 되었다. 비록 텔레비전이 있었지만 자유롭게 틀지도 못할 형편이었다. 이 할머니 환자의 자녀들은 판사, 외교관 등 다들 이렇다 할 사회적 위치를 가지고 있었는데 두 딸이 하루 한 번씩 왔다 갈 뿐이고 병간호는 전문 간병인이 맡아 하고 있다. 못 키운 자식이 효도한다는 말이 언뜻 떠올랐다.

2~3일 2인실에 더 있을까 하다가 다인실이 오히려 좋은 점도 있고, 또 비싼 병실료를 고려하여 옮기기로 했다. 그런데 막상 옮기고 보니 병실 자체가 좀 좁기도 했지만 그 병실 환자 모두가 심장수술 환자들로 마치 중환자실 같은 느낌을 주었다. 대부분 수척할 대로 수척하고 고통으로 찡그린 얼굴들이며 무슨 보조기기를 부착한 사람들도 있었다. 아내는 당장 옮긴 내 처사에 상당히 불만스러운 눈치였다.

그러나 그 후 며칠 간 함께 지내면서 대화도 하고 서로 어려운 입장을 이해하고 나니 동병상련의 정서적 공감대가 형성되어서인지 친숙한 분위기가 되었다. 마음의 벽이 얼마나 인간관계에 부정적인 영향을 주는지 이해가 갔다.

놀랄 만큼 개선된 병원 시설

무엇이든 구입할 수 있는 편의점, 한식, 중국식, 일식을 포괄한 식당가, 빵집, 카페, 미용실, 휴게실, 이발소, 세탁소, 도서대여실, 서점, 탁아소, 각종 세미나실, 대강당, 소강당, 불교, 기독교, 천주교 원목실 …… 종합복지회관을 말하려는 것이 아니다. 바로 요즈음 대형 종합병원의 구내 시설의 현주소이다. 환자별 개별 전화기와 냉장고의 냉장실, 그리고 화장실 세면실이 딸린 일반병실, 전자렌지, 보리차, 정수기, 대형냉장고가 구비된 배선실, 여름에도 온수가 나오는 세면실, 화장실, 샤워실 ……

질병별로 환자들을 대상으로 한 치료요법 강좌, 같은 병 투병 경험이 있는 자원봉사자의 상담뿐 아니라 신앙생활도 할 수 있고 때로는 위로 공연도 관람할 수 있다.

물론 병원마다 다 그런 건 아니지만 생활수준의 향상에 비례하여 의료서비스가 정말 많이 개선되었다. 그리고 간호사 등 의료 종사자들의 자세도 또한 많이 달라졌다. 어떤 걸 요구해도 짜증내지 않고 도움을 줄 수 있다면 가급적 환자 입장을 우선적으로 생각하는 것 같았다.

사전事前 정보에서 얻은 새로운 걱정

주말쯤 검사 결과가 나오기 전까지는 겉으로는 평화로웠다. 그렇지만 그것은 재판정에서 형의 인도가 내리기 진의 불인하고 위대로운 평화였다. 수없이 걸려오는 친지들의 전화에 그래도 아직 결과가 나오지 않았다는 말로 무난하게 통화를 끝낼 수가 있었다. 그러나 실제 결과가 나쁠 때는 피차가 어려울 것이다.

수술 후 이틀째 본 병원에 근무하는 경주 출신 간호사가 위문 차 방문하였다. 그녀는 현재 우리가 다니는 성당의 잘 아는 교우의 딸이다. 사실 병원 생활은 병원 종사자 중 아는 사람이 한 사람이라도 있으면 매우 큰 힘이 된다고 이야기들을 한다. 이는 봉사적인 의료행정 체계가 잡혀지지 않았던 과거에 비공식적인 편이 제공이 많았던 이유라고 볼 수 있다.

그런데 그녀가 방문하면서 간호실에 들려 아내의 차트를 보니 수술로 들어낸 덩어리가 10cm라고 하는 게 아닌가! 10cm라면 보통 크기가 아니다. 유방암의 병의 진행 정도를 말해 주는 병기는 종괴암 덩어리의 크기와 전이 정도, 이 두 가지로 판단한다. 즉, 크기가 2cm 이하이고 임파선 전이가 없으면 1기, 2~5cm이고 전이가 없거나 2cm 이하이고 임파선 전이가 일부 있으면 2기 초, 2~5cm이고 임파선 일부 전이가 있거나 전이가 없더라도 5cm 이상이면 2기 중, 5cm 이상이고 임파선 전이가 약간 있으면 3기 초, 인접 가슴 근육부분에 전이가 되었다면 3기 중, 그리고 폐, 간, 뼈 등 원격 타 장기에 전이가 되었다면 4기에 해당된다고 한다. 4기는 말기를 의미한다.

크기는 전이율과 대체로 비례한다. 곧 크기가 클수록 암이 생긴 지가 오래이며 오랠수록 전이율이 높다는 것은 상식이다. 위에서 알다시피 크기 기준은 2cm, 또는 5cm 정도일 뿐 10cm는 어디에도 볼 수 없다. 어떤 자료를 보니 폐나 간 같은 부위에는 7cm 정도만 되어도 바로 수술을 할 수 없고 항암치료나 방사선 치료를 통해서 크기를 줄여서 수술을 한다고 쓰여 있었다. 정말 크기가 그렇다면 이는 보통 문제가 아니다. 비로소 검사 시에 느낀 불안이 그 근거를 찾게 된 것 같다.

정보교환에서 울고 웃고

매일 9시엔 유방 수술을 받은 환자의 수술 후 재활운동에 대한 강의 및 시범이 있다. 유방암 수술은 수술 시 겨드랑이 임파선도 일부 절제를 하기에 수술 후 6개월 동안 적당한 운동을 하지 않으면 아예 팔이 굳어버린다고 한다. 요즈음 그 강좌에 참여하고 있는 인원도 10여 명이 되는데 운동도 운동이지만 거기서 여러 가지 정보도 교환하고 같은 어려움을 겪고 있는 처지에서 서로 위안을 삼기도 한다. 그런데 어제는 그 모임에 갔다가 오더니 몇 사람은 이번 조직검사 결과 밝혀진 암 덩어리의 크기를 안다고 했다. 대체로 1~2cm이며 옆 병실 332호의 대전에서 온 40대 환자가 2.7cm로 가장 크다고 걱정을 하더란다. 거기에 비하면 아내의 경우의 10cm는 엄청난 크기가 아닐 수 없다. 그 말을 들은 후 더욱 불안하다.

그런데 332호 환자는 오늘 회진 시에 담당의로부터 임파선 전이가 되지 않았다는 소식을 들었다고 한다. 그래서 그 자리에 모인 사람들의 축하인사를 들었다고 하며, 병실에서는 남편과 자축파티(?)를 했다 한다. 암 환자에게 축하가 당치도 않을 것 같지만 지금 상황에서는 충분히 이해가 가고도 남는다. 정말 부럽기만 하다.

그런데 왜 우리에게는 아무 언급도 없을까? 결과가 좋게 나타난 경우 단편적으로나마 빨리 환자와 가족에게 알려주고 싶은 것이 인지상정이 아닐까? 그렇다면 분명히 아내의 경우는 결과가 나쁘리라 짐작이 된다. 수술날짜가 같은 터에 결과 나오는 날이 다를 리 없지 않은가? 오늘 저녁 회진 시에는 아무튼 물어볼까? 결과가 아주 나쁘다면? 그렇다면 꾹 눌러 기다릴까?

아내는 오늘 만난 한 50대 환자의 경우 자신보다 며칠 먼저 수술을 했는데 검사 소견이 자신과 비슷하고 큰 덩어리가 만져졌지만 검사 결과 덩어리 전체가 암이 아니고 거기 붙어 있는 암은 몇 mm에 불과했다고 하면서 자신도 그럴지도 모른다고 한다. 겉으로는 동의해 주었지만 수술 후의 의료진의 반응과 대답을 고려하면 전혀 가능성이 없는 얘기다.

원래 주말에 결과가 나오면 일단 일요일에 내려갔다가 퇴원 일자에 맞추어 다시 상경하여 퇴원시킬 예정이었다. 그런데 금요일 저녁 담당의사에게 물어보니 아직 결과가 나오지 않았다는 말뿐이다. 어쩌면 내주 초에는 나올 것이라고 했다. 그렇다면 출근을 하루 미루더라도 월요일 결과를 보고 가야겠다고 계획을 바꾸었다. 결과가 좋게 나오면 더할 나위 없지만 그 반대의 경우 아내 혼자서 그 충격을 감당하기 어려우리라 생각되었기 때문이다.

아테네 올림픽의 환호성도 멀리 느껴지고

병원 생활을 하는 동안 아테네 올림픽이 열리고 있었다. 휴게실마다 사람들이 모여 환호성과 탄성을 지르는 것은 여느 기관과 다를 바가 없었다. 단지 환자복을 입고 수액병을 드리우고 때로는 휠체어를 탄 사람들이 섞였다는 점만 다를 뿐이다. 금메달 앞엔 환자도, 간병인도, 문병객도 구별이 없다. 특히 유도의 첫 금메달 획득 장면을 시작으로 양궁, 특히 여자 단체전, 유승민의 탁구 남자 단식 결승전 경기, 그 외 배드민턴, 레슬링, 태권도에서의 우리 선수들의 금메달 획득 장면, 여자 핸드볼 결승전은 생중계든 녹화든 열기가 대단했다. 고통스럽고 지루한 병상생활에서 이렇게 잠시나마 고통을 잊고 감동의 순간을 맛본다는 것이 환자에게는 매우 필요하다. 특히 금메달을 땄을 때의 승리감이나 환희는 신경계에 작용하여 유익한 내분비 물질의 생성을 가져와 치료에도 좋은 영향을 미친다는 이론도 있다.

그러나 그 순간이 지나고 병실에 들어서면 다시 검사 결과에 대한 불안과 초조감이 엄습하니 참으로 안타깝다. 좋은 결과가 나온 뒤라면 얼마나 신나고 즐거울까?

암을 극복한 사람들의 상반되는 견해

병원에서 간병을 하는 중 시간을 보내거나 치료에 대한 정보를 찾기 위해서 자연히 발길이 닿는 곳은 구내서점, 특히 암 치료와 관련된 책이 꽂힌 건강서적 코너에 눈길이 멈춰진다. 암의 정체와 치료법, 그리고 무엇보다 암을 이긴 투병 사례를 담은 책들이다. 철저히 현대의학의 처방을 따라 암을 극복한 현역 의사의 체험집도 있지만, 주로 대체의학으로 병원치료의 한계를 극복한 사례와 그 근거와 치료법을 담은 책들이 많았다. 상반되는 목소리를 들을 필요가 있어서 두루 섞어서 4~5권을 구입하였다.

대체의학 쪽에서는 각종 성인병이나 암을 치료하기 위해 쓰고 있는 수술이나 약물요법 중심의 병원 치료의 잘못을 지적한다. 곧 현대의학의 한계를 지적하고 천연물 섭취를 통해 인체가 본래부터 가지고 있는 자연치유력을 회복해야 한다고 역설한다. 그러면서 병원에서도 어쩔 수 없었던 환자가 대체요법으로 기적적으로 치유된 많은 사례를 제시하고 있다. 반면 병원에서는 대체의학의 검증되지 않은 여러 가지 보조식품이나 민간요법이야말로 여러 가지 부작용을 유발하여 치료는커녕 병을 더욱 악화시킨다고 경고한다.

사실 서로 다른 분야를 인정할 경우 자신의 존립기반을 잃을 수 있기에 첨예하게 대립하고 있는지 모른다. 특히 현대의학 쪽에서 더욱 그렇다고 생각된다. 그러나 어느 방법이든 모두가 인간 경험의 소산이라는 점에서는 일리가 있을 것이다. 따라서 상대의 주장에 귀를 기울이고 좋은 점이 있다면 이를 검토·수용하여 인류의 질병 퇴치에 기여해야 할 것이다. 최근에는 서양의학, 한의학, 그리고 대체의학의 통합적 움직임이 일어나고 있다. 그리고 현대의학에서도 면역체계와 이를 강화하는 물질의 중요성, 그리고 가공식품의 폐해를 인식하기 시작하고 있다. 이는 매우 다행스런 일이다.

문병객에 대하여

입원 병동은 휴일이라 해도 평시와 별다름이 없다. 오히려 주말을 맞아 문병객들의 방문으로 더욱 북적댄다. 병원에서는 원칙적으로 환자 면회시간이 정해져 있고 단체 문병객은 가급적 삼가도록 당부하지만 중환자 면회실 이외에는 거의 지켜지지 않고 있다.

문병이란 환자의 상태가 좋고 치료가 희망적일 때는 말할 것도 없이 바람직하지만, 상태가 나빠서 고통 중에 있을 때나 치료의 한계에 봉착했을 때는 꼭 그렇지만은 않다. 어떤 위로도 의례적으로밖에 들리지 않을 때는 오히려 형식적인 대화가 될 수밖에 없고, 쌍방 모두에게 부담으로 작용하게 될 수도 있다. 따라서 병세나 환자의 심리를 감안하고, 때로는 보호자의 의견도 참고할 필요가 있다. 그러나 이 또한 이율배반적인 면이 없지 않다. 방문이나 전화가 부담으로 여겨지더라도 막상 가까운 이가 자신의 투병 사실을 알고 있으면서도 실제 전화 한 통화 없는 경우에는 뭔가 서운한 느낌이 들기도 한다. 이러니 사람이 제대로 처신한다는 것이 얼마나 어려운가! 사실 부담 운운하는 관계 자체가 이미 어느 정도 거리감을 말해 주는 것이다. 혈육이나 그에 준하는 가까운 이들이 고통 중에 있는데 체면이니 부담이니 하고 이것저것 떠볼 겨를이 있겠는가?

가장 긴 월요일

월요일 아침식사 후 담당 의료진이 회진 목적으로 들렀을 때 결과가 오늘 나올 것인지 물었다. 일요일인 어제 집에 내려가지도 못하고 기다린다면서 …… 담당의는 오늘 나올 가능성이 많다고 한 후 쫓기듯 나가 버렸다. 오늘은 긴 하루가 될 것 같다.

얼마 안 있어 서울에 사는 아내의 고향 친구가 지난 주말에 이어서 또 찾아왔다. 참으로 생각이 바르고 반듯한 사람이다. 이번 아내의 병 소식으로 큰 충격을 받았다고 한다. 오늘은 된장찌개가 먹고 싶다는 아내의 말을 듣고 옛날 시골 맛이 나는 여러 가지 반찬이며, 따뜻한 밥이며, 간식까지 마련해 왔다. 그리고 오후에는 남편까지 찾아왔다.

운동을 곁들여 7층 인조 정원을 함께 거닐었다. 이런저런 이야기를 많이 나누었지만 아무래도 이야기의 초점은 오늘 결과가 나오는지, 나와도 어떻게 나올 것인지였다. 저녁밥을 사겠다는 걸 억지로 사양하고 보냈다. 결과가 나오면 전화하기로 하고 …… 오늘 저녁 회진 시에도 별다른 언급이 없으면 심야버스를 타고라도 내려갈 수밖에 없다. 저녁식사를 마치자 벌써 7시가 다 되어 간다. 경주행 막차도 7시. 이미 시간은 지났다. 그런대도 아무런 소식이 없다. '막차로 온 손님들'이라는 영화 제목이 문득 떠오른다.

그 영화의 절망적인 분위기나 장면이 연출되지 않을까 불안하다. 사실 7월 건강진단 시부터 Y대학병원, 그리고 지금에 이르기까지 '설마?' 했던 것이 하나하나 모두 현실화되었다. 이번의 경우도 암 덩어리의 크기나 검사나 결과통지에 대한 검사자나 의사의 태도 등으로 미루어 볼 때 최악의 경우를 우려하지 않을 수 없는 상황이다.

지금 10cm 크기를 인정할 때 설령 임파절 전이가 없다 하더라도 2기 말이요, 임파절 전이가 약간이라도 있으면 3기 초, 임파절 전이가 많이 이루어졌으면 3기 중기이다. 2기 말을 기대하는 것이 욕심이라면 최소한 3기 초기라도 되어야 할 텐데?

드디어 호출을 받다

7시가 조금 지나자 남자 의사 한 사람이 무슨 기록표 철을 들고 우리 병실로 찾아왔다. 그는 주치의를 수행하고 몇 번 방문한 적이 있는 의료진 중의 한 사람이었다. 아내 이름을 부르면서 간호실로 좀 나오란다.

아! 이제 올 것이 왔구나 하는 느낌이었다. 애써 태연하려고 했지만 막상 당면하고 보니 긴장하고 떨리지 않을 수 없다. 결과를 예측할 수 없는 상황, 형을 언도받기 위해 재판정에 불려가는 중죄수의 느낌이라 할까? 오로지 의사의 말 한마디에 생명이 좌지우지될 수 있는 상황이라 해도 과언은 아니다. 24일에 실시한 조직검사 결과가 나왔다면서 유방암 치료와 관련된 자료철 첫 장을 펴서 핵심 용어를 써가며 매우 사무적으로 차분하게 말을 이어갔다.

"병기를 아는 것은 유방암 치료 방향을 결정하는 데 매우 중요합니다. 병기를 결정하는 것은 첫째는 암 덩어리의 크기, 둘째는 림프절 침투 여부, 셋째는 원격 타 장기 전이 여부인데, 셋째의 경우는 이미 말기를 말합니다."

고개를 끄덕이며 알아듣는 반응을 보였지만 이 정도는 이미 알고 있는 터였다. 이렇게 기다리고도 서론, 본론, 결론을 거쳐 순서대로 들어야 하다니!

"…… 그런데 박여희 환자의 경우는 암 덩어리의 크기가 4.5 × 2.7cm, 상당히 큰 편인데도 임파절에는 침투되지 않았습니다. 따라서 병기는 2기 초입니다."

아니 4.5cm라니 그래서 2기 초라니 그러면 10cm는? 예의 그 간호사는 분명 그렇게 말했는데? 더구나 임파절 전이가 되지 않았다니 이것이 사실인가? 순간 "이젠 살았다"는 생각이 스치면서 기쁨의 물결이 내면에 출렁거렸다. 정말일까? 하지만 이를 확인하기 위해 더 이상 어떤 의문도 제기하고 싶지 않았다. 그렇게 하면 엉뚱한 대답이라도 들을 것만 같아서다.

"혹시 퍼져 있을 수도 있는 암세포를 박멸하기 위해 4번의 항암치료를 받으면 됩니다. 방사선 치료는 안 받아도 되고 에스트로겐 수용체 음성이므로 양성의 경우와 같이 5년에 걸쳐 약을 복용할 필요도 없습니다."

아내와 눈이 마주쳐 안도와 기쁨의 의미를 보내자 아내의 눈가가 젖는 듯했다. 의사는 생각보다 매우 경미한 결과인데 왜 그러느냐고 나무라듯 물었다. 가로채듯 내가 대신 대답했다.

"너무 기뻐서죠."

사실 의사는 지나치게 사무적이어서 환자나 가족의 입장을 이해하지 못하는 듯했다. 처음 말을 시작할 때 아내가 궁금한 점 몇 가지를 물었는데 "질문은 나중에 하라고 했지요?" 또는 "또 앞서 가네요" 하면서 나무랐다. 마치 수업계획안에 제시된 질문 이외에 어떤 예외도 허용하지 않으려는 팍팍한 교사와 같은 느낌이 들었다. 그러나 이렇게 희망적인 메시지를 가져왔는데? 하고 생각하니 불평이 나올 리 없었다. 추측컨대 수술 시 떼어낸 전체 덩어리는 10cm였지만 그것이 전부 암은 아니었다고 보여진다. 그렇지만 1~2cm 정도라 할지라도 임파절에 침투되었을 확률은 40%라는 사실을 감안할 때 기적과 같이 여겨진다.

병실에 돌아오는 발걸음은 가벼웠다. 한 순간을 계기로 이렇게 다를 수 있는가? 이미 막차는 떠나고 심야버스를 이용하여 내일 새벽에 도착하여 출근할 예정이지만 별로 힘들 것 같지가 않다. 아니 걸어서 천 리 길이라도 갈 것 같다. 택시를 타고 터미널로 가면서 보이는 어둠은 어둠이 아니었다. 오직 밝은 불빛만 보일 따름이었다.

그런데 문득 "혹시나" 하는 생각이 엄습하였다. 그렇지 혹시나 병실을 잘못 본 것은 아닐까? 분명히 10cm라고 했는데? 사실 병실별 환자 명부를 보니 같은 장에 수십 명 환자 명단이 빽빽이 적혀 있어 앞뒤가 바뀔

가능성도 충분히 있다고 생각된다. 설마 그럴라고? 혹시 바뀌었다면 다른 환자를 통해서 확인이 될 것이고 그 시기는 내일 — 그렇다면 내일 아침 안심할 수 있지 않을까? 아닐 것이다. 이런 중요한 사안을 의사가 그렇게 경솔하게 처리하겠는가? 그런 넌센스가 대체 있을 수 있을까? 쓸데없는 걱정은 말아야지. 그런 자체가 행운을 날려버릴지 모른다.

버스 시간을 잘못 알아 두 시간을 더 기다려야 하지만 지루함이 느껴지지 않는다.

마무리

이제 재발률 15~20%와의 전쟁은 시작되었다. 전쟁은 지금부터이다. 곧바로 항암치료가 이어질 것이다. 적절한 식생활, 알맞은 운동, 무엇보다 마음의 평정이 든든한 우군으로 작용할 것이다. 집착, 과욕, 증오 등은 치료를 방해하는 최대의 적이다.

평소 암에 대한 상식이라고는, 암은 불치의 병이며 일부는 조기에 발견하면 치료될 수 있다는 정도가 전부였다. 그것도 나와는 무관하다고 생각했다. 그러나 정작 이렇게 가까이 다가와서 결정적으로 영향을 받고 보니 그동안의 안일한 생활방식을 돌이켜 보게 되고, 남의 고통에 너무 무관심했음을 인정하지 않을 수 없다.

비록 수술은 끝났지만 이것은 치료의 시작일 뿐이다. 병원에서 권하는 항암치료와 사후관리, 그리고 대체의학계에서 말하는 식이요법 등 적절한 치료법을 택해 실행해야 할 과제는 그대로 남아 있다. 이는 1~2년에 끝나는 것이 아니요 적어도 5년, 10년, 아니 살아 있는 동안 계속해야 할지도 모른다.

치료 방향을 정하는 것도 난제다. 견해가 엇갈릴 뿐만 아니라 상반되는 경우가 많기 때문이다. 한 가지 병에 약은 백 가지다. 10사람이면 10가지 처방, 10가지 약을 권한다. 따라서 이러한 많은 정보를 어떻게 취사선택할 것인가가 문제인 것이다.

그리고 그간 물심양면으로 도움을 주신 분들께 이 지면을 빌어 감사하지 않을 수 없다. 십시일반이라 했듯 정성어린 위문금이 모이니 1차 병원비를 충당할 만큼의 무시할 수 없는 액수가 되었고, 그 밖에 암에 좋다는 온갖 약재, 식품 또한 적지 않았다. 앞으로 살아가면서 갚아야 할 몫이라고 생각한다.

수술 바로 전 주일미사 독서에서 하느님은 가장 사랑하는 자녀에게 견책을 주신다고 했다. 견책이란 정신 좀 차리라는 뜻이다. 딱 한 번 부여받은 소중한 생명의 가치를 충분히 발휘하는 삶을 살라는 뜻이리라. 그리고 또 하느님은 우리들에게 견딜 만한 고통과 시련을 주신다고 한 성서의 다른 구절도 있다. 그렇기에 하느님은 '암'이라는 채찍을 주셨지만 '희망'마저 거두어들이지는 않으셨다.

1년으로 10년의 삶을 사는 사람이 있는가 하면 10년을 살고도 1년의 삶을 살지 못하는 사람도 있다. 하느님께서 그냥 하루하루 이어지는 생존에 불과한 무의미한 삶을 깨달을 기회를 주셨으니 얼마나 큰 사랑인가? 데살로니카전서에 있는 바오로 사도의 다음 말을 항상 명심해야겠다.

항상 기뻐하십시오.

모든 일에 감사하십시오.

쉬지 말고 기도하십시오.

(2004. 9)

패밀리 행복캠프를 다녀와서

2001년 4월 16일 8시 30분 경주발 천안행 새마을호에 몸을 실었다. 참으로 오랜만에 아내와 함께 탄 열차다. 이따금 방학을 기해 둘만의 여행을 하기는 하나 항상 승용차 운전이라는 부담을 안을 수밖에 없었는데, 열차를 타고 보니 사뭇 다른 느낌이 든다. 책도 읽을 수 있고 마음 놓고 대화도 나누고 풍경도 감상할 수 있어서 좋다.

새벽에는 비가 오고 바람이 부는 등 날씨가 험상궂더니 한낮이 가까워오자 언제 그랬냐는 듯 쾌청하다. 유익하고 의미 있는 일정이 되리라는 예고인 듯하다. 천안역 도착 시간이 연수원 버스의 대기 종료 시간과 일치하는 12시여서 혹시나 출발해 버리지 않았나 걱정했는데 넉넉하게 기다려 주어 아무런 문제 없이 연수원으로 향했다. 산기슭 오르막을 헉헉거리며 오르는 버스, 길섶에 도열하여 손짓하는 개나리, 진달래, 벚꽃의 환영을 받으며 조화로운 색채감을 만끽하였다.

이번의 나들이는 아내의 요청으로 이루어졌다. 아내가 다니는 생명보험회사에서 가족 캠프를 하니 함께 가지 않겠느냐는 것이었다. 성과가 좋은 우수사원에 대한 위로의 성격이 있는 연수일정이라고 했다. 사실 낯선 사람과 낯선 환경에서 만난다는 것이 그리 내키지 않았으나 아내의 요청에 마음이 담긴 것 같아 참여하기로 마음먹었다. 물론 공휴일이 아니기에 학교에는 연가를 냈다. 실제 아내의 직장 활동에 평소 아무런 도움도 주지 못한 데 대한 미안함도 작용했다. 하지만 막상 출발하고 보니 마치 계획된 봄나들이와 같이 여겨졌고, 앞으로 1박 2일간 어떤 프로그램이 기다리는지 궁금하기도 했다.

버스가 도착한 곳은 큰 건물 앞이었다. 인재개발원 — 너무 직설적이어서 함축적 맛을 느끼긴 어렵지만 다른 한편으로 생각하면 인재개발의 다급성을 너무나 웅변적으로 말해 주는 것 같다. 지급된 복장으로 갈아입고 대강당으로 가자 입소식을 시작으로 일정이 시작되었다.

교보생명은 창립자 신용호 선생께서 1950년대 6.25 전후의 잿더미를 딛고 국민교육 진흥과 민족자본 형성이라는 창사 이념으로 설립되었다고 한다. 그 후 반세기 가까운 세월을 거치면서 6대 생명보험사 중 가장 알찬 경영을 하는 회사로 이미 널리 알려져 있다. 한국의 거의 모든 재벌은 성장기를 거치면서 흔히 말하듯 문어발식 확장을 일삼아 왔고 그 결과가 오늘의 경제난국을 초래한 원인 중 하나라고 거론하는 사람도 있다. 마치 자기 체중을 감당치 못해 멸망해 버린 공룡처럼 …… 이런 점에서 타 보험사와 교보생명의 차별성을 느낄 수 있다고 본다.

이어 원내 시설을 살펴보는 시간을 가졌다. 1987년에 계성원이라는 이름으로 개원한 본 연수원의 대지는 12만 평. 건평만도 1만 평에 이른다. 지하도 4층까지 있는데 대지의 경사 지형을 적절히 이용한 결과라 여겨진다. 그리고 포근하게 둘러싼 주변 산지의 수목들은 모두 다 인공으로 가꾼 조림이라고 한다. 이 대지 위에 대강당, 중강당, 숙소, 교육실,

식당, 명상실, 탁구실, 헬스실, 바둑실 등의 우수한 시설과 부수 기자재들이 놀라울 정도다. 순간 전교생 100여 명이 들어갈 만한 크기의 교실 한 칸이 없어 오들오들 떨며 졸업식을 치르는 농촌 소규모 학교의 열악한 상황이 눈에 선하다.

그리고 모든 시설이나 기기 하나하나에도 생명 우선, 전통 존중의 가치관을 엿볼 수 있다. 예컨대, 식당의 식기는 전통유기 인간문화재의 정성이 서린 방짜 놋그릇이었으며, 식판 역시 나무로 만들었는데 편이와 효율이 판을 치는 오늘날 많은 것을 생각하게 한다.

이어서 체육관에서 100명의 Lico와 그 배우자들이 참가하는 체육행사가 있었다. 'Lico'란 여기에 오기 전에 아내로부터 들었는데 생활설계사Life Consultent의 약칭이라고 한다. 체육행사라지만 운동경기보다는 전국 7개 총국별 친교와 화합을 위한 여흥 마당이었다. 총국별 대항전의 성격을 띠어서 그런지 사뭇 열기가 대단했다. 아마 오늘 모인 구성원 자체가 나름대로 성공적인 활동을 한 사람들이고, 이들은 한결같이 남에게 뒤지고 못사는 성향을 가졌다는 점과 무관하지 않으리라.

마지막 부분에는 오디오를 통해 사원 가족 간에 주고받는 편지글 낭독 순서가 있었다. 남편이 아내 Lico에게, 그리고 아내 Lico가 남편에게 주는 글이었는데 구구절절 가슴에 와 닿는 내용이어서 모두들 자신의 경우인 양 공감하고 눈물을 훔치는 모습도 볼 수 있었는데 퍽 감동적이었다. 더구나 나중 참석자 중에서 주인공이 소개되기까지 전혀 상대 배우자가 모르게 한 것도 매우 극적인 효과를 자아내었다. 여성의 처지에 생활전선에 뛰어든 경우치고 나름대로 사연이 없는 사람이 어디 있으랴. 어쩌면 희비와 영욕, 아니 삶 자체가 체육관 바닥에 질펀히 고인 듯하다.

모두들 눈을 감고 귀를 기울이는 동안 나 역시 1980년대 중반 아내의 입사 당시가 회상되었다. 30대 후반의 나이로 건강을 잃고 병원에 수차례 입퇴원을 거쳐야 했던 어려웠던 시기, 불과 버스로 30분 남짓 되는 거리임에도 힘들어 통근을 하지 못하고 학교 부근에 셋방을 얻어 지냈던 시기, 나의 식이요법 때문에 초등학교와 유치원 다니는 아이들을 돌보면서, 오히려 아내가 집과 셋방을 왔다갔다 통근했던 시기, 직장에서 휴직을 권고 받고 교무실 창 너머 보이는 푸른 하늘 언저리에 사랑하는 가족의 얼굴을 떠올렸던 절망적 기억들 …… 정말 가정밖에는 아무것도 모르던 아내가 입사 결심을 한 것이 이때가 아닌가 한다.

누구보다 나는 여성의 직장생활에 관한 한 상당히 보수적인 시각을 가진 데다가 당시로서는 보험회사 종사자에 대한 인식도 매우 부정적이었기에 흔연히 동의할 수 없었지만, 가장의 책무에 심각한 결격 사유가 발생하고 보니 무조건 막을 수도 없는 실정이었다. 나는 지금도 그 당시 아내가 한 다음의 말을 분명히 기억하고 있다.

> "너무 걱정 마세요. 설령 당신이 퇴직을 하여 집에서 하루 종일 벽을 지고 앉아만 있어도 좋아요. 살아 있기만 한다면 무엇을 하든 생활은 자신이 있어요."

촛불 행렬을 마지막으로 체육행사를 끝내고 저녁식사를 한 후 김준호, 손심심 부부 초청 국악 한마당이 있었다. TV의 국악 관련 프로그램을 통해 접해 보던 얼굴이라서 낯설지 않았으며 오늘날 서양 일변도의 문화풍조를 지양하고 '우리것'의 소중함을 일깨우는 유익한 프로그램이었다고 생각된다. 일과를 마치고 로비에서 간단한 술과 음료수로 피로를 풀면서 하루를 마감하였다.

이튿날은 역시 대강당에서 FP Ship 연수를 받았는데 고객을 상대로 재무설계 서비스를 하는 요령을 두 분 강사가 프리젠테이션 화면과 역할극을 섞어서 전달했다. 그리고는 5대의 버스에 분승하여 역사탐방으로 충무공을 모시는 아산 현충사를 향했다. 현충사 충무공의 호국정신이나 경주 유적에 서린 화랑정신은 물론 한때는 정치적으로 이용되기도 했지만 그 근본정신이 오늘날 너무 경시되어 안타까울 정도이다. 과연 요즘 젊은이들이 이런 사적지에서 어느 정도의 느낌을 가지고 돌아갈까 하는 생각이 든다.

점심 때 돌아와서 불고기와 상추쌈으로 푸짐한 식사를 하고 대강당에서 서울대 명예교수 허정 박사의 건강강좌를 마지막으로 모든 일정이 끝이 났다.

사실 이번 camp 참가를 아내로부터 학교에서 전화로 제의를 받았을 때는 뭔가 아내와 아내 회사의 입장을 고려하여 협조적 차원에서 동의하였는데, 정작 참여하고 보니 회사의 배려로 오히려 선택받은 것 같아 참여하지 못한 다른 분들께 미안한 감이 든다.

근래까지 나는 아내의 직장 활동에 대해서 너무나 무심하였다. 더구나 나의 건강상의 문제가 완화되자 아내가 어려움을 겪을 때마다 진심어린 위로의 말은커녕 '힘들면 그만 두라지'라는 생각으로 일관하였다. 솔직히 말해 비정규직 사원으로 활용가치가 소멸되면 그것으로 끝날 뿐인데 무슨 평생직장의 애착을 가질 것인가 하는 생각이 지배적이었다. 그러나 자신의 일은 물론 조직원으로서의 책임을 수행하는 데 열성을 다하는 진지한 모습을 지켜보면서 생각이 많이 바뀌게 되었다. 누구든 주어진 역할과 임무에 몰두하는 자체가 보상이나 대가 이상으로 아름답게 느껴지는 법이다.

내 직장, 내 일이 소중하다면 남의 직장, 남의 일도 소중하다. 이런 점에서 지난날을 생각하면 아내에 대해 늘 미안함을 느낀다. 공직에 종사하는 나는 그래도 퇴근 후에는 일과에서 해방되지만 아내는 어느 시간 어느 장소이건 근무 시간과 근무 장소가 아님이 없다. 참으로 힘든 생활이 아닌가! 불출이라는 소리를 각오하면서 지금도 분명히 말할 수 있는 것은, 아내는 그렇게 바깥에서 힘든 생활을 하면서도 책이나 들고 집안일에 무심하게 지내는 나에게 짜증과 불평 한 번 한 일이 없고, 가계에 도움을 주고 있다고 자신을 내세우는 걸 한 번도 본 적이 없다는 것이다.

10년이면 강산도 변한다는데 벌써 이런 생활을 한 지가 10년 하고도 7년째란다. 참으로 믿기지 않는 세월이다. 그동안 모은 돈은 없지만 그래도 애들 학비 문제로 남에게 아쉬운 소리 하지 않았고 용돈의 궁함을 한 번도 느끼지 않은 것은 모두 아내의 공임을 시인하지 않을 수 없다. 아울러 아내에게 활동 여건을 마련해 준 교보생명에도 고마운 마음을 전하고 싶다.

30대 중반에 입사하여 봄바람 가을비 맞아가며 이제 50대 초반에 이르기까지 한 여성의 젊음을 요구하고 땀을 필요로 했던 교보생명! 또한 사랑하는 아내의 눈물과 고뇌, 아울러 기쁨과 보람이 점철된 경주지점, 그리고 동천영업소! 어찌 가족인들 감회가 없겠는가!

이번 가족 캠프는 부부 상호 간은 물론 배우자의 직업과 직장에 대한 이해의 폭을 넓히는 데 크게 기여한 계기가 되었다고 본다. 끝으로 다시 한 번 교보생명과 경주지점의 무궁한 발전과 경주지점 내 모든 사원가족의 건승을 기원하며, 아울러 어느 시구를 빌려 아내 박여희 Lico의 노고에 답하고자 한다.

내 안에 있는 이여
내 안에서 나를 흔드는 이여
물처럼 하늘처럼 내 깊은 곳 흘러서
은밀한 내 꿈과 만나는 이여
그대가 곁에 있어도
나는 그대가 그립다. (류시화 / '그대가 곁에 있어도 나는 그대가 그립다' 중)

(2001. 4)

'나눔'

* '나눔'은 천주교 대구대교구 주보週報 이름임.

낙엽귀근落葉歸根이라는 말처럼 푸르렀던 나뭇잎도 뿌리로 돌아가는 11월, 곧 교회력의 위령성월慰靈聖月은 욕망을 훌훌 떨어내 버린 나목裸木의 자세로 죽음을 통해 우리의 삶을 묵상해 보기에 좋은 시기이기도 하다. — '11월의 창가에서' 중

11월의 창가에서 / 봉헌의 의미 / 꽃의 축제 속에 떠난 형제여
십자가의 길 / 해미읍성에서 / 피할 수 없으면 즐겨라
'울지 마 포항' / 기다림에 대하여

11월의 창가에서

얼마 전 D병원 장례식장에 이웃 노인의 문상을 다녀왔다. 고인故人은 80이 얼마 남지 않은 독거노인이지만 최근까지 농기계를 사용하여 논농사도 짓고 오토바이도 타고 다니기에 흔히 말하는 칩거하는 독거노인은 아니었다. 아들 둘은 대처에 나가 살고 있고, 바로 이웃에 뇌성마비의 딸이 결혼하여 두 자녀를 두고 있다. 작년부터 불청객 중풍이 찾아와 걸음이 약간 자유롭지 못했을 뿐 활동을 못할 정도는 아니었다. 처음 소식을 들었을 때는 갑작스런 건강 악화이거니 했는데 막상 병원에 가서 들어보니 교통사고였다. 한낮인 시간에 가까운 도로에서 그가 탄 오토바이가 트럭과 충돌했다는 것이다.

며칠 전 우리가 쓰지 않고 있는 안마기 의자가 중풍 재활치료에 필요할 것 같아 그냥 가져다가 쓰라고 했더니 고마워하면서 내년 밭갈이는 꼭 자신이 해주겠다고 했다. 사고가 난 날 아침에만 해도 길에서 만나 가을배추의 작황에 대해 이야기를 나누었는데, 병원에서 마주친 것은 검은 리본의 말 없는 사진틀이었다. 이렇듯 급사하다 보니 정리하지 못한 일이 참 많다고 생각된다. 아마 장애인 딸과 손자, 손녀도 가슴속에 담은 채 갔을 것이다.

어떤 것이 '잘 죽는 것'일까? 너, 나 없이 요즈음 '웰빙', 곧 '잘사는 것'

에 대해서는 폭발적인 관심을 가지지만 '웰다잉', 곧 '잘 죽는 것'에 대해서는 그렇게 중요하게 생각하지 않는 것 같다.

이 점에서는 옛 사람들이 오히려 현명했다고 생각된다. 서경書經이란 책에는 인간이 소망하는 다섯 가지 복 중에 '고종명考終命'이라 하여 '잘 죽는 것'을 사람이 세상에서 누릴 가장 마지막 복이라고 여겼다. 그만큼 '잘 죽음'을 중시했던 것이다.

고종명考終命의 사전식 뜻은 '명命대로 살다가 편안하게 죽는 것'이다. 누구나 타인의 죽음과는 달리 자신의 죽음은 담담하게 받아들이기가 쉽지 않다. 죽음에 이르는 고통스런 과정을 떠올리는 자체가 두려움이다. 그러기에 어쩌면 이 노인과 같은 돌연사가 죽음에 대한 고통과 공포를 생략할 수 있는 편안한 죽음이랄 수도 있다. 하지만 아무리 그래도 대비하지 못한 상태에서 갑자기 찾아온 죽음을 행복한 죽음이라고는 볼 수가 없을 것 같다. 비명횡사非命橫死라는 말 자체에 불행의 뜻이 내포되어 있다.

그리고 '명대로 살다가'라는 말에 주목할 필요가 있다. '명命'이란 천명, 운명, 사명 등의 의미를 가지고 있다. 말하자면, '고종명'이란 천명으로 주어진 자신의 역할과 도리에 충실한 삶이 전제되는 것이다. 이런 면에서 볼 때 어쩌면 '잘 죽는다는 것'은 '잘 사는 것'을 역설적으로 말해 주는 것 같다.

천명天命이란 그리스도인에게는 '하느님의 명'이다. 그리고 죽음이란 것도 하느님의 나라로 들어가는 관문일 뿐이다. 이런 의미에서 보면 본질적으로 그리스도인의 죽음은 행복하다. '사생死生이 유명有命'이라 했듯, 죽고 사는 것 자체를 하느님께 맡기는 자세가 중요하다. 오늘이 마지막 날인 듯 정리된 마음가짐으로 성실히 살아가는 사람에게 비명횡사란 있을 수 없다.

항상 병자성사病者聖事를 받은 사람의 자세로 욕심과 이기심의 성城에 자신을 가두지 말고 가장 큰 하느님의 계명인 '이웃 사랑'을 실천하면서, 이 세상에서 자신에게 주어진 책임을 다하는 삶이 무엇보다 죽음에 대비한 올바른 자세이다. 아마 오복五福의 하나인 '잘 죽는 것'도 틀림없이 그 연장선상에 있을 것이다.

'낙엽귀근落葉歸根'이라는 말처럼 푸르렀던 나뭇잎도 뿌리로 돌아가는 11월, 곧 교회력敎會曆의 위령성월慰靈聖月은 욕망을 훌훌 떨어내 버린 나목裸木의 자세로 죽음을 통해 우리의 삶을 묵상해 보기에 좋은 시기이기도 하다.

(2013. 11)

봉헌의 의미

오늘은 '주님 봉헌축일'이다. '봉헌'이란 최고의 흠숭欽崇의 대상에게 예물을 바치는 종교적인 행위이다. 따라서 최고의 예물은 자신에게 가장 소중한 것이라야 한다. 우리는 최고의 예물, 완전한 봉헌의 실례實例를 성모님과 예수님에게서 찾는다. 성모님은 자신의 가장 소중한 아들을 하느님께 봉헌했고, 예수님도 하느님께 자신의 전 생애를 바쳤고 마지막에는 생명까지도 내놓았기 때문이다.

예수님의 이러한 봉헌의 의미에 가장 가깝게 실천한 부류가 수도자, 성직자, 순교자들이다. 수도자, 성직자는 자신의 생애를 하느님께 바치기로 서원했고, 순교자는 하나뿐인 목숨을 내놓았다. 참으로 촛불처럼 빛나는 삶이다.

그렇다면 재가在家 신자들의 삶은 봉헌과 무관한가? 1997년 교황 요한바오로 2세가 '주님 봉헌축일'을 '봉헌생활의 날'로 제정한 것은 전 세계 신자들로 하여금 완전한 봉헌을 실천했던 예수님을 본받고 봉헌의 참뜻을 되새기도록 하기 위해서이다.

누구나 다 수도자나 성직자가 될 수 없듯이 누구나 다 수도자나 성직자의 삶을 살 수는 없다. 가족 구성원의 의무를 다해야 하고 직장에서 사회적 책임도 이행해야 한다. 따라서 봉헌의 방법이나 형태도 수도자나 성직자와 다를 수밖에 없다.

그러기에 교회 안에서의 봉헌도 중요하지만 교회 밖의 봉헌도 중요하다. 예수님은 '가장 보잘것없는 사람에게 해준 것이 바로 나에게 해준 것이다'라고 했다. 이는 봉헌의 의미를 교회 안을 벗어나 더 넓은 곳으로 가져가야 한다는 뜻이다.

봉헌의 참뜻은 진정성과 자발성에 있다. 마음을 담아야 하는 것이다. '빈자일등貧者一燈'이라는 불교설화가 있다. 한 가난한 여인이 종일 구걸한 돈으로 기름을 사서 부처님께 작은 등燈 하나를 공양했다. 그런데 부자들의 등불은 다 꺼져도 그 여인의 등불은 꺼지지 않았다. 또 루카복음 21장에는 가난한 과부가 동전 두 닢이라는 적은 돈을 부끄러워하면서 봉헌했지만 예수님의 칭찬을 들었다. 그 돈은 부자에게는 보잘것없을지 몰라도 이 여인에게는 생활비 전부였다는 이유에서였다. 이는 돈의 액수보다는 자신의 몫을 떼어놓은 것이기에 더욱 가치가 있다는 뜻이다. 자기가 누릴 이득을 포기한 고귀한 대가對價를 봉헌했기 때문이다.

이처럼 봉헌에는 최소한의 자기희생이 따른다. 봉헌축일에 초를 봉헌하고 축성을 받는 것은 바로 이러한 의미가 있다. 촛불은 자기 몸을 태워 어둠을 밝히고, 종은 자신을 때리는 아픔을 통해 복음의 소리를 전파한다. 거의 모든 종교기관에서 촛불을 밝히고 종을 치는 것은 자기 희생이라는 고귀한 뜻이 있기 때문이다.

넓은 뜻의 봉헌예물은 사람마다 다를 수 있다. 돈일 수도 있고, 시간일 수도 있고, 재능일 수도 있다. 코린토전서 12장 말씀처럼 성령께서 우리 모두에게 9가지 은사恩賜를 주신 것은 그냥 가지고만 있으라는 뜻은 아닐 것이다. 우리가 받은 은사는 공동선共同善에 기여해야 가치가 있다.

우리가 무엇을 봉헌한다는 것은 원래 하느님으로부터 받은 것을 되돌려 드리는 것일 뿐이다. 가장 귀한 생명마저도 거저 받은 것이 아닌가? 우리는 이미 세례성사 때 우리 자신을 하느님께 봉헌하기로 서약했다. 우리가 가진 모든 것은 언젠가는 떠날 때 다 두고 가야 한다.

주님 봉헌축일을 보내면서 참된 봉헌의 의미를 되새김과 동시에 베풀고 나누는 봉헌생활에 얼마나 소홀했는가를 스스로 돌아본다. 문득 연중 몇 번에 불과한 2차 헌금 때 지폐 속에서 '퇴계선생'(?)을 찾았던 손길이 새삼 부끄러움으로 다가온다.

(2015. 2)

꽃의 축제 속에 떠난 형제여

— 황윤복 라파엘 형제의 선종善終에 부쳐

시내 전역이 벚꽃으로 홍청대는 4월의 어느 아침, 느닷없이 휴대폰 문자가 당신의 선종善終 소식을 알렸지만 처음엔 믿지 않았습니다. 혹시 형제님의 부모상이 아닐까 했습니다. 따라서 사실로 확인하기까지는 직접 소식 전한 분과의 확인 통화가 필요했습니다.

세상에 이런 황당한 일이 어디 있단 말입니까? 불과 닷새 전 부활절 본당 행사 때만 하더라도 형제님은 윷놀이의 심판을 맡았고, 그리고 막간에는 기막힌 춤사위로 부활절 행사의 흥겨운 분위기를 띄우지 않았습니까? 시인은 죽은 땅에 라일락을 키우는 4월을 잔인하다고 노래했지만 우리로서는 이런 안타까운 소식을 들어야 하는 올해의 4월이 진정 잔인한 계절이요, 슬픈 부활절이 아닐 수 없습니다.

우리 모두가 아직은 형제님의 사랑과 역할을 필요로 하는 이때 왜 이리도 급하게 떠나셨나요? 특히 사랑하는 가족들, 어머님, 아내, 혼기 찬 두 아드님을 두고 정녕 떠나야만 했습니까?

영결미사 시 애틋함이 묻어 있는 신부님의 추모 강론과 김 베드로 형제의 추도사는 또 한번 슬픔과 안타까움을 자아내었습니다. 추도사에 의하면 떠나기 전날 밤, 사랑하는 아내와 아들이 마련해 주신 양복을 입고,

구두를 신고서 그렇게 기뻐하셨다지요? 그것이 사랑하는 가족과의 마지막 이별 연습이었나요?

형제님은 평생 민중의 지팡이로 국가와 사회에 봉사했습니다. 하지만 경찰관으로서의 엄정함보다는 따뜻함과 부드러움으로 우리 사회의 '갑'이 아닌 '을'을 위해 헌신했습니다. 그리고 시간 제약이 많았던 현직을 떠난 후에는 본당 제단체諸團體의 일원으로서, 또는 미사 독서봉사자 등으로 열심히 활동을 했습니다. 당신은 항상 남의 앞에 나서서 눈에 띄게 활동하기보다는 자신을 드러내지 않고 조용히 협조하고 지원하는 편이었습니다.

어쩌면 형제님은 성령의 아홉 가지 열매—사랑과 기쁨과 평화, 인내와 호의와 선의, 성실과 온유와 절제를 고루 갖춘 분이 아니었나 합니다. 이로 인해 당신은 언제 어디에서든 함께한 사람들의 마음을 따뜻하게 녹였습니다. 영결미사 때 보기 드물게 많은 교우들이 모인 것도 다 이런 이유에서임을 압니다. 이로 볼 때 형제님이야말로 성공적인 삶을 살았다고 생각합니다.

성서에 의하면 죽은 자들의 부활은 썩을 몸으로 묻히지만 썩지 않는 몸으로 다시 살아나고, 천한 것으로 묻히지만 영광스러운 것으로 다시 살아나고, 약한 자로 묻히지만 강한 자로 다시 살아난다고 했습니다. 따라서 형제님은 부활에 대한 우리의 약한 믿음을 강하게 심어주고 떠나셨습니다. 그리고 또한 형제님은 하느님께서 언제 우리를 부르실지, 도둑처럼 찾아올 그날을 위해 항상 깨어서 준비하고 살아가라는 큰 가르침을 주고 가셨습니다.

유달리 꽃샘추위가 혹독했던 춘래불사춘春來不似春의 금년 3월, 그 황량했던 사순절四旬節을 보내고, 기쁨의 부활절을 기다려 꽃구름 타고 떠난 형제여! 이는 틀림없이 하느님께서 형제님에게 베푸신 은총이라고 생각합니다. 영정影幀 속의 명예로운 훈장처럼 천국에서도 썩지 않는 훈장을 달고 하느님 전에 설 것을 의심하지 않습니다.

매번 본당주보 '장터' 면에 나의 기고문이 나갈 때마다 변변찮은 내용임에도 감동으로 읽었다면서 가장 먼저 소감 문자를 보내주신 형제여! 지금 천국에서도 이 글을 읽고 있나요? 그렇다면 천국의 소식을 전해 주실 수는 없는지요?

오늘은 너, 내일은 나, 시기가 다를 뿐 우리 모두는 언젠가는 떠납니다. 인간적으로 본다면 슬프지 않은 이별이 어디 있겠습니까마는 우리는 더 큰 만남을 예비해야 하는 신앙인이 아닙니까? 비록 당신은 떠났지만 우리 모두의 가슴속에 길이 남아 해마다 꽃피는 4월이면 꽃의 축제 속에서 당신을 기억할 것입니다. 사랑하는 형제여, 부디 평안히 가소서. 성부와 성자와 성령의 이름으로 아멘!

(2015. 4)

십자가의 길

여행을 떠나는 모든 사람들이 십자가 하나씩을 받았다. 목적지에 도착할 때까지 그 십자가를 결코 버려서는 안 되고, 그 까닭은 목적지에 도달할 때 알게 될 것이라고 하였다. 그 중 한 사람은 자기의 십자가가 유난히 크고 무거워 보인다고 생각하였다. 그래서 그는 한 부분을 잘라내고 길을 떠났다. 그런데 최종 목적지 바로 앞에서 깎아지른 듯한 낭떠러지가 나타났다. 사람들은 각자 자기가 지고 온 십자가를 걸쳐놓고 골짜기를 건너갔다. 그러나 십자가를 잘라낸 사람은 자기가 잘라낸 길이만큼 모자라 자기 십자가로는 결코 골짜기를 건널 수가 없었다.

현재 가르치고 있는 예비자 교리책에 나오는 이야기를 옮겼습니다. 동시에 이 이야기는 강론 때 많이 인용되는 예화이기도 합니다. '인생은 나그네 길'이라는 노래도 있거니와 이렇듯 우리 인생은 자신의 십자가를 지고 가는 여행과 같습니다. 자신의 십자가를 거부하지 않고 지고 가는 사람이 있는가 하면, 가능한 한 자신의 십자가의 무게를 가볍게 하려는 약삭빠른 사람이 있는데 결국 이런 사람은 나중에 큰 낭패를 본다는 교훈입니다.

십자가를 지고 걷는 대표적인 길은 예루살렘의 '비아 돌로로사Via Dolorosa'입니다. '슬픔의 길' 혹은 '고난의 길'이라 불리기도 하는 이 길은 예수님께서 무거운 십자가를 지고 걸어가신 길입니다. 이 길은 사형선고를 받은 빌라도 법정에서부터 십자가에 매달리신 골고다 언덕에 이르는 약 800m의 고난의 길입니다. 지금 이곳에는 의미 있는 장소 열네 곳에 교회가 있거나 조형물이 설치되어 순례객들을 맞이하고 있습니다. 세계 각지에서 온 순례객들은 주님이 걸으셨던 고난의 길을 따라 걸으며 십자가의 의미를 되새깁니다.

저도 10년 전 성지순례 때 갔었는데, 그때는 14처마다 관리하는 교파가 다르고 복잡한 인파와 허술한 시설, 세속적 상술商術과 불친절로 거룩함을 거의 느끼지 못했었습니다. 그런데 정작 돌아와서 보니 그 길이 얼마나 숭고하고 거룩한 길인지 그 의미가 새록새록 가슴속에 젖어드는 것이 아니겠습니까?

우리는 삶의 길에서 그 어느 누구도 자신의 십자가를 거부할 수 없습니다. 실존적 인간으로 태어난 이상 져야 하는 생존의 짐은 선택이 아니라 필수입니다. 그리고 그 십자가의 크기나 무게도 사람마다 다릅니다. 인간적인 불만과 불평이 끼어들 소지가 있다는 말이지요.

가장 비근한 자녀 문제만 하더라도, 말썽부리지 않고 반듯하게 자라 입신양명한 자녀를 가진 복 받은 부모도 있지만, 연중 하루도 빠지지 않고 중증장애인 자녀를 업어다 등교시키는 부모도 있습니다. 언젠가 힘들게 살아가는 이 부모의 소원이 '자신의 장애인 자녀가 죽은 '다음 날' 자신도 죽는 것'이라는 말을 듣고 가슴이 멍해지는 느낌을 받은 적이 있습니다.

예수님은 '누구든 나를 따르려는 사람은 자신의 십자가를 지고 따르라'(마태오 16장 24절)고 했고 '주님께서는 사랑하시는 자를 견책하시고 아들로 여기시는 자에게 매를 드신다'(히브리 12장 6절)고도 했습니다. 이는 '십자가'와 '구원'이 동전의 양면과 같아서 '십자가' 없는 '구원'은 있을 수 없으며, 십자가의 크기나 무게에 따라 은총의 무게도 다르다는 것을 짐작케 합니다. 넓은 문을 선택하였다가 좁은 길로 이어져 끝내 막히기보다는 좁은 문으로 시작하더라도 나중에 드넓은 천국의 문에 이른다면 얼마나 다행이겠습니까?

오늘 성당 내벽 좌우에 아름다운 솜씨로 조각된 14처를 보면서 예수님의 땀과 고통으로 얼룩진 예루살렘의 '비아 돌로로사'를 떠올립니다. 동시에 오늘날 우리가 너무 편하게 '십자가의 길' 기도를 바치지 않는지 생각을 해봅니다.

(2015. 11)

해미읍성에서

일전에 해미읍성海美邑城에 다녀왔다. 서산瑞山 지역 유적지 답사 일정 중의 한 곳이었다. 성지순례 목적이 아니기에 해미성지는 가지 못했다. 그러나 해미읍성의 복원된 유적을 통해서 순교의 아픈 자취는 충분히 느낄 수 있었다.

특히 이곳은 지난 8월 프란치스코 교황님이 우리나라를 방문했을 때 아시아청년대회의 폐막 미사가 봉행되었던 곳이다. 당시 5만 명이 운집하여 전 국민의 이목을 집중시켰다. 그 무렵에 조성한 순교복자 조각상이 있었는데 인언민印彦敏 마르티노, 이보현 프란치스코, 김진후 비오였다. 이들은 전날 8월 16일 광화문에서 시복된 124명의 복자福者 중 세 분이다. 그 중 김진후 비오는 김대건 안드레아 성인의 증조부 되시는 분이다.

조선 말기 천주교 박해 시 이곳에서 1,000여 명의 신자들이 고문받고 처형당했다고 한다. 당시 고문에 사용된 나무가 충청남도 기념물 172호로 지정된 '호야나무'라고 불리는 회화나무 고목인데, 이 나뭇가지에 신자들을 철삿줄로 머리채를 묶어 매달아 고문하였다고 한다. 그리고 수많은 신자들을 생매장하고 돌로 내리쳐 죽이는 등 비인간적인 처형을 자행했다. 이 나무 뒤편에 당시 신자들이 투옥된 옥사獄舍도 복원되어 있고 그 옆에는 순교기념비도 서 있다.

한국교회가 외국 선교사나 성직자 없이 스스로 외래종교를 받아들인 것은 세계교회사에서 일찍이 그 유례가 없거니와 이렇게 수많은 순교자들의 피로 신앙을 가꾼 것도 드문 일이다. 이는 당시 신분사회의 질곡 속에서 평등을 지향하는 근대의식과도 무관하지 않다.

실제 현양된 성인과 복자 중에는 백정白丁과 노비奴婢 같은 천민 출신도 상당히 있다. 이들은 당시 사회적으로는 인간으로서의 대우를 받지 못했지만 교회 안에서는 반상班常의 차별 없이 평등한 신앙생활을 했고, 죽어서는 양반 성인들과 똑같이 공경을 받고 있다. 이는 바오로 사도의 말처럼 예수 그리스도 안에서는 유태인도 그리스인도 없고, 종도 자유인도 없고, 남자도 여자도 없이 모두 하나였던 것이다.(갈라디아서 3장 28절)

신라시대 불교가 공인되는 데는 이차돈異次頓 한 사람의 피가 필요했지만 우리는 만여 명의 순교자의 희생의 대가代價로 신앙의 자유를 얻었다. 이제 더 이상 순교냐 배교냐의 기로에 서서 신앙을 지키기 위한 엄청난 위난危難을 받을 필요는 없다. 그러나 오늘날 시대가 달라졌다고 하여 당시 순교자들의 순교정신이 필요가 없을까?

지금 우리 사회는 이념과 계층과 세대와 지역 간의 벽을 넘지 못하고 양극화의 길로 치닫고 있다. 비록 제도적인 신분차별은 사라졌지만, 네 편이니 내 편이니, 갑질이니 을질이니 하면서 한층 더 심각한 반목과 증오가 뿌리를 내리고 있다. 차별을 넘어 평등으로, 증오를 넘어 사랑을 지향했던 당시 순교자들의 정신이 오늘날처럼 필요한 때도 없다. 프란치스코 교황도 "가난과 맞서 싸우라. 불평등에 무감각한 사회에는 결코 평화와 행복이 찾아오지 않는다"고 말씀하셨다.

욕심과 이기심에서 벗어나 소외되고 고통받는 이웃의 눈물을 닦아주는 것이 진정한 순교정신이 아닐까? 불행한 이웃에 눈과 귀를 막고 나를 위한 기도에만 매달리는 것은 우상숭배와 다름이 없다. '형제 중에서 가장 보잘것없는 사람에게 해준 것이 바로 나에게 해준 것'이라는 예수님 말씀을 새길 필요가 있다.

해마다 순교성월을 지내면서 다양한 기념행사와 성지순례도 필요하지만 앞 시대 순교자들의 순교영성을 일상 가운데 뿌리내리기 위한 노력들이 무엇보다 시급하다.

(2014. 10)

피할 수 없으면 즐겨라

태풍 '고니'가 많은 비를 뿌리고 지나갔다. 지난 8월 24일 화요일이었다. 태풍경보가 발표되면 당연히 텃밭의 농작물이랑 집안도 살펴야 한다. 그런데 요즈음엔 마음 쓸 일이 하나 더 생겼다. 화요일 저녁미사 후 내가 맡은 예비자 교리 교육이 있기 때문이다. 만약 비바람이 몰아치면 예비자들이 제대로 나올까 하는 걱정이 드는 것이다. 비록 몇 명 되지 않지만 그 중에는 연세 높은 자매님도 있다. 나오기 힘들 바에는 천재지변을 이유로 하루를 쉰다고 통지를 할까? 하지만 나온 분이라도 하는 것이 좋을 것 같아 그냥 두었다. 그런데 막상 교리교실에 가보니 한 사람도 빠짐없이 출석했다. 나오지 못할 거라고 지레 짐작했는데, 그들에게 미안하기도 하고 한편으로는 고맙기도 했다. 그리고 그들의 열성이 나를 채찍질하기에 충분했다.

성당에서 처음 예비자 교리 교육을 부탁받았을 때는 내심 걱정이 되었다. 우선 교리를 가르칠 만한 자질이 없기 때문이다. 그동안 교리를 체계적으로 공부한 적이 한 번도 없다. 성경 읽기도 제대로 하지 못했다. 성경이란 항상 가까이 두고 읽어야 하는데, 읽어야 한다는 의무감에 기일을 정해 놓고 책장만 세면서 신구약을 합해 두어 번 통독한 적이 있을 뿐이다. 그런데 그 무엇보다 마음에 걸리는 것은 교리교사의 자질을 받쳐줄 신앙심, 즉 신망애信望愛 삼덕三德이 부족함이 주된 이유다. 내 자신이 감당 못할 말을 예비자에게 당부한다는 것은 위선이라는 생각이 들어서다.

그렇다고 평생 학생을 가르쳐 온 사람으로서 성당의 부탁을 거절할 상황도 못 되었다. 평신도 사도직이라는 차원에서 신앙인은 성직자의 사목활동에 협력함이 또한 의무이기도 했다. 결국 맡기로 했다. 장장 10개월 동안의 장정(?)을 시작한 것이다. 하지만 시작하고 보니 가르치는 것보다 오히려 배우는 것이 더 많다는 생각이 든다. 혼자서 이해하는 것과 남에게 전달하는 것은 엄청 다르다. 따라서 공부를 하지 않을래야 않을 수가 없다. 교리교과서를 한 권 다루다 보면 기본적 교리체계 전체를 한 번 섭렵하는 격이 된다. 또한 평소에 교리 내용이나 용어상 궁금하거나 의심이 가는 것을 해소하는 계기가 되기도 했다. '교학상장教學相長'이라는 말 그대로 가르치는 사람이나 배우는 사람은 함께 발전하는 것이다. 아무튼 잘 시작했다고 생각한다.

"피할 수 없으면 즐겨라"라는 말이 있다. 처음 이 말을 들은 것은 어느 여자고등학교에 재직할 때였다. 학기 초에 교실을 한 바퀴 둘러보던 중 한 교실에 걸린 급훈이 바로 이 구절이었다. 스스로를 지켜야 할 다 큰 여자애들이 피할 수 없으면 즐겨라니? 상당히 충격적이었다. 그런데 막상 알아보니 이 말은 이미 널리 유포된 말이고 꼭 부정적으로 이해할 필요가 없었다. 학생들이 공부를 피할 수 없다면 즐거운 마음으로 하겠다는 말도 되지 않는가? 이를 기존 관념의 틀에 박혀 부정적으로 본 나 자신이 부끄러웠다.

우리는 많은 의무 속에서 세상을 살아간다. 가족의 의무, 단체 구성원의 의무, 국민의 의무 …… 어쩌면 삶이란 의무의 이행 과정이랄 수도 있다. 하지만 어차피 해야 할 의무라면 즐거운 마음으로 하는 것이 무엇보다 중요하다. 그래야 피차가 행복하다. 신앙생활도 마찬가지이다. 기쁘고 즐거운 마음으로 신자의 의무를 이행하는 것이 하느님 보시기에도 좋을 것이다.

이왕 맡은 교리반이라면 즐겁게 하자. 교리시간 전, 평소에 거의 나오지 않았던 평일미사도 귀찮게 여기지 말고 오히려 은총의 좋은 기회로 알고 기쁜 마음으로 참례하리라. 그렇다. 피할 수 없으면 즐겨라!

(2015. 9)

'울지 마 포항'

지난 6월 23일 그리스도 성체 성혈 대축일 미사에는 본당 신부님 강론 대신 포항 예수성심시녀회 원장수녀님의 특강이 있었다. 내용은 예수성심시녀회를 창설한 루이델랑드(한국명 남대영) 신부님의 생애와 활동에 관한 것이었다.

루이델랑드 신부님은 프랑스에서 태어나 파리외방선교회 소속으로 1923년 28세의 나이로 한국에 와서 부산 범일본당, 대구 성요셉본당, 영천 용평본당에서 사목활동을 하였다. 당시 우리나라는 일제 식민지로 희망이라곤 보이지 않는 참으로 암울한 시대였다..

특히 1934년 영천 용평본당에서 6명의 동정 서원 미혼녀 신자를 중심으로 삼덕당(신덕, 망덕, 애덕, 또는 정결, 순명, 청빈)을 설립하셨다. 이것이 바로 오늘날 예수성심시녀회의 출발이었다. 신부님의 본격적인 사회복지활동은 포항에서였는데, 6.25 직전인 1950년 3월 포항 송정리로 이주하여 전쟁의 포화와 폐허 속에서 수도공동체 예수성심시녀회와 성모자애원을 설립하여 이 땅에서 사회복지사업을 개척하셨다. 이후 약 15년 동안 눈부신 활동의 결과로 각종 복지사업의 토대를 이룬 후 1965년 오천 갈평리에 은퇴하여 당신이 벌이신 사업을 후원하다가 1972년 11월에 선종하셨다.

오늘날 신부님이 뿌리신 씨앗이 열매를 맺어, 포항성모병원을 필두로 성인成人 여성장애인 생활시설인 '마리아의 집', 행려자와 무의탁인을 보호하는 '나자렛집', 노인전문 요양시설 '햇빛마을', 중증장애인 요양시설 '루도비꼬집', 무료 급식시설인 '요셉의 집', 기타 어린이집과 유치원 등 그 영역과 규모가 매우 방대하다.

강의 내용 중에서 신부님과 관련하여 감동을 받을 만한 일화도 많았다. 편지봉투도 뒤집어 재활용한 검소함, 교회의 인재를 찾는 노력으로 서정길 주교님을 포함한 네 분이나 되는 주교님을 발굴한 사례, 송정리 보금자리를 국가기간산업 육성에 협조해야 한다며 포항제철 부지로 내준 사례, 물러날 때를 알고 미련 없이 물러난 분명한 출처관, 800명의 대가족으로 인해 피난을 못 가고 기도로 단체를 지킨 굳은 신앙심은 감동받기에 충분했다.

미사 후 신부님의 유물전시회가 교리실에서 열렸다. 유물이래야 직접 쓰신 도서 이외에 간단한 필기도구, 타자기, 교육용 슬라이드, 영사기가 전부였다. 전시회라고 부르기엔 너무 초라했다. 그러나 이러한 점이 오히려 일생을 청빈을 모토로 삼으신 신부님의 삶을 더욱 돋보이게 했다. 간디, 테레사 수녀 등 위인들이 무슨 대단한 유물을 많이 남겨서 감동을 주었는가? 오늘날 예수성심시녀회가 운영하는 수많은 복지기관 모두가 신부님께서 남긴 유물이라면 유물이다. 그러나 무엇보다 가장 중요한 유물이 있으니, 그것은 신부님께서 이역만리 이 땅에 와서 심으신 '사랑과 나눔'의 정신이다.

몇 년 전 아프리카 수단에서 빈민 구호활동을 하다가 병으로 생애를 마친 이태석 신부의 활동을 그린 '울지 마 톤즈'가 온 국민의 마음을 흔든 적이 있었다. 가난한 후진국에 가서 헌신, 봉사하는 아름다운 삶이 감동을 준 것이다. 그렇다면 선진국 프랑스에서 세계 최빈국인 우리나라에 와서 일생을 헌납한 후 이 땅에 묻힌 루이델랑드 신부님의 삶은 어떤가? 가히 '울지 마 포항'이라 해도 손색이 없다. 2013년 뒤늦게나마 '포항을 빛낸 인물'로 선정이 되어서 다행이다.

이런 훌륭한 분을 이번 특강이 있기까지 전혀 알지 못한 것이 부끄럽다. 예수성심의 뜨거운 마음으로 꿈과 희망의 자립공동체를 이루어 가난하고 병든 사람들에게 영혼의 안식처를 만드신 신부님, 영원토록 천국에서 편히 쉬소서!

(2014. 7)

기다림에 대하여

우리는 지금 대림절을 보내고 있습니다. '대림待臨'이란 구세주의 오심을 기다린다는 뜻입니다. 기다림은 희망입니다. 스스로 목숨을 버리지 않는 한 살아 있는 누구에게나 희망은 있습니다. 희망 없는 삶은 죽음입니다. 가끔 연세 드신 분들께서 "희망? 내게 무슨 희망이 있겠어, 그냥 살다가 자는 듯이 가고 싶지" 하는 말을 듣습니다. 하지만 명命대로 살다가 고통 없이 죽는 것이야말로 얼마나 큰 축복입니까? 그러니까 인간의 삶 자체가 희망, 곧 기다림의 과정이라고 해도 좋을 것입니다. 문제는 기다림의 자세와 태도입니다.

먼저, 우리는 기다림이란 기필코 고통을 수반한다는 사실을 직시하여야 하겠습니다. 황혼에 이어서 바로 새벽은 오지 않습니다. 긴 밤의 끝자락에 여명黎明이 있습니다. 왜 성탄절이 칼바람 부는 12월에 있는지를, 그리고 왜 부활절 앞에 잿빛 사순절四旬節이 있는지를 생각해 볼 필요가 있습니다. 이는 주님의 탄생이나 부활의 기쁨은 긴 어두움의 계절을 감내하고 수난의 통과의례를 거친 자만이 맛볼 수 있음을 말하는 것은 아닐까요? 겨울의 들머리에서 희망의 새해를 기다린다는 뜻에서, 교회력에서 한해의 시작을 대림시기로 잡는 것은 큰 의미가 있다고 보겠습니다.

천국의 문이 열리는 날이 무슨 경천동지驚天動地의 개벽을 맞이하듯 쉽게 요행으로 얻어진다고 생각해서는 결코 안 된다고 봅니다. 그런 맹목적인 기다림은 조급함을 유발하고 조급함은 실망으로 그리고 실망은 파멸로 이어집니다. 가끔 종말론자들이 나타나 휴거携擧라는 이름으로 하루아침에 하늘나라로 들려 올라가는 환상을 꿈꾸고, 이를 전파하여 혹세무민惑世誣民하는 자들을 보아왔지 않습니까? 예수님께서는 언제 다시 찾아올 것인지를 명백히 밝히지 않았습니다. 그러기에 재림의 구체적 시기를 인간의 능력으로 알아낼 수는 없는 것입니다.

기다림에는 적극적인 기다림이 있고 소극적인 기다림이 있습니다. 이 둘 중 삶에서 중요한 것은 적극적인 기다림, 곧 '준비하는 기다림'입니다. 농부를 보십시오. 그들은 가을의 수확을 맹목적으로 기다리지 않습니다. 봄에 씨를 뿌리고 여름에 뜨거운 볕살 아래 김을 맵니다. 이것이 준비하는 기다림입니다. 땀 흘려 일하지 않고 감나무 밑에 누워 홍시가 떨어질 때를 기다리거나, 로또 복권 한 장으로 대박을 꿈꾸는 기다림은 말할 것도 없이 소극적이요 맹목적인 기다림입니다. 하느님은 이 두 부류 중 어느 사람에게 보람과 기쁨을 주실까요? 진인사대천명盡人事待天命라는 말대로 영광과 기쁨은 준비하고 기다리는 사람에게만 주어지는 보상입니다.

지금 혹독한 겨울 추위가 이어지고 있습니다. 그만큼 우리의 세상살이도 어려워지고 있습니다. 그러나 이처럼 어려운 상황일수록 꼭 필요한 것이 믿음과 희망입니다. 어둠의 그림자가 짙어갈수록 점점 하느님께 가까이 가고 있고 그만큼 새벽은 밝아올 것입니다. 겨울이 오면 봄도 멀지 않다고 어느 시인은 말하지 않았습니까?

모쪼록 우리는 이번 성탄을 주님께서 가르치신 믿음과 소망과 사랑의 의무를 실천하는 준비된 삶을 살면서 아기 예수의 탄생을 기쁨으로 맞이했으면 합니다. 아울러 송구영신送舊迎新하는 연말연시를 맞아 주님의 축복 속에 묵은해를 보내고 새해를 맞이하면 이야말로 금상첨화錦上添花가 아니겠습니까?

(2014. 12)

여정의 길목

집에 돌아와 보니 놀랍게도 며칠 집을 비워둔 사이에 뜰에 서 있는 홍매화가 살짝 꽃망울을 터뜨리려 하고 있었습니다. 유달리 추웠던 금년 2월의 추위, 우리가 움츠리고 있을 때에도 매화는 새봄을 맞을 준비를 하고 있었던 것입니다. 그랬습니다. 봄은 밖에서가 아니라 안에 있었습니다. — '강남춘' 중

섬진강의 봄 / 강남춘江南春

섬진강의 봄

K여사님,

아카시아 향기가 물씬 풍기는 5월입니다. 지금쯤은 노고단 오르는 길섶의 잔설殘雪도 모두 녹아내리고 섬진강 물빛도 점차 짙어지겠군요. 벌써 다녀온 지가 한 달이 넘었군요. 추위가 도사리고 있었던 지난 봄나들이 때는 4월의 햇살만큼이나 따뜻했던 여사님의 인정이 마음을 적셔 더욱 뜻깊은 여행이 되지 않았나 생각합니다.

하동포구 80리 길—남원에서 시작하여 구례, 곡성, 하동, 광양을 잇는 길, 지리산 자락을 끼고 흐르는 섬진강변을 따라 난 그 길은 정말 환상의 여정이었습니다.

나는 이번을 제외하고는 여태껏 봄맞이 여행이라는 걸 가본 기억이 없습니다. 학교생활을 하다 보면 2월 하순에 봄방학이라는 게 있긴 하지만 이름만 방학이지 불과 며칠에 지나지 않아 그럴만한 시간적 여유를 찾기가 어렵지요. 그리고 무엇보다 봄을 느끼기엔 이른 시기가 아닙니까? 이어지는 3~4월은 학기 초이기에 더더욱 그럴 여유를 부릴 때가 아니었습니다. 그래서 언제부턴가 일간지 신춘 특집에 봄을 알리는 기사와 사진을 볼 때마다 습관적으로 그 내용을 스크랩만은 해두는 버릇이 생겼습니다. 근년의 것을 찾아보니 섬진강변의 매화마을, 산수유마을, 벚꽃길이 가장 많더군요.

정년퇴임은 저의 모든 생활을 자유롭게 했습니다. 그래서 올해는 퇴임 후 처음 맞는 봄이기에 작정하고 봄맞이 여행을 꿈꾸고 있는 중에 서울에 사는 아내의 고향 친구의 제의로 두 가족이 봄 여행길에 오르게 되었던 것입니다. 무엇보다 먼저 섬진강이라는 행선지가 마음에 와 닿더군요. 4월 초라 비록 시기적으로 매화는 이울었지만 그래도 산수유는 아직 상춘객賞春客을 외면하지 않을 듯하고 무엇보다 벚꽃은 요즈음이 절정의 시기라 하니 그 기대 너무나 벅찼더랬습니다.

여행의 시작은, 서울과 경주에서 각각 출발하여 합류한 남원의 **광한루**廣寒樓였습니다. 광한루 하면 그냥 누정樓亭 한 채만 달랑 있다고 생각했는데 가서 보니 누정을 포함하여 인공 연못과 그 속의 정자, 다리, 조경 등 전통 원지문화苑池文化의 총체를 의미하더군요. 그리하여 이름도 광한루원廣寒樓苑이었습니다. 예상대로 광한루는 춘향전을 떼놓고는 생각하지 못할 정도로 춘향 일색이었습니다. 하지만 부용당의 이몽룡과 사랑놀음하는 춘향이나, 춘향사春香祠 안에 영정影幀으로 갇혀 있는 정숙한 만고열녀 춘향만으로는 오늘날까지 '춘향'이라는 인물의 생명력을 유지해 오기 어려웠을 것입니다. 그보다는 오히려 유교적 정절이나 도덕성 안에서만 안주하지 않고 사회적 문제를 제기하고 사랑의 획득을 꿈꾸고 신분상승의 현실적 욕구에 대해서도 정직하게 갈등하고 반응한 결과가 아닌가 합니다.

남원시 인월면 성산리에 있는 **흥부마을**은 판소리 흥보가에 나오는 장소 안내 표지판 이외에 아무런 시설도 없었습니다. 앞으로 개발이 되겠지요. 그런데 흥부마을은 두 곳이었습니다. 흥부의 출생지가 이곳인데 비해 흥부가 형 놀부에게 쫓겨나 부자가 된 발복지發福地는 인근에 있는 남원시 어영면 성리 마을이라고 합니다.

언젠가 신문에서 두 마을이 서로 흥부마을이라고 다툰다는 기사를 본 적이 있는 바로 이 마을들입니다. 하지만 이제는 두 마을이 출생지와 발복지로 절묘하게 역할 분담을 하여 함께 공존하는 계기로 삼은 것은 얼마나 바람직한가요? 오늘날 우리 사회에 만연된 갈등이나 대립을 해결하는 데 참고로 해야 하지 않나 생각합니다.

터만 남은 **만복사지**萬福寺址 경내에는 국가지정 문화재인 보물만 4개가 있었습니다. 오층석탑(보물 30호), 불상대좌(보물 31호), 당간지주(보물 32호), 석불입상(보물 43호) 등 어느 하나도 소홀히 할 수 없는 전통의 가치를 지닌 문화재였습니다. 마음껏 상상으로 전성기의 사찰 모습을 그려볼 수 있었습니다. 특히 만복사는 김시습의 우리나라 최초의 한문소설 '금오신화金鰲新話'에 실린 '만복사저포기萬福寺樗蒲記'의 무대이기도 합니다. 현실세계의 총각이 명계冥界의 처녀와 만나 생사를 넘어선 사랑을 하고 그 사랑을 못 잊어 결국 여생을 사랑을 위해 바치는 아름다운 이야기가 아닙니까? 그렇다면 남원은 남녀를 불문하고 절개의 고장인가요?

숙박은 퇴직 시에 교원복지기관에서 받은 숙박권을 사용할 숙소가 있는 지리산 온천이었습니다. 호텔 주변을 노랗게 물들인 산수유꽃은 아직도 봄은 시작에 불과하다고 말하는 듯했습니다. 사실 어느 마을이 이름난 구례 산수유마을인지 알 수 없었으나 어느 마을이면 어떻습니까? 산수유꽃의 아름다움만 느끼면 그만이지요.

둘째 날은 지리산의 삼대 영봉 중 하나인 **노고단**에 올랐습니다. 이런 영산靈山의 살점을 헤쳐 도로를 낸 결과 너무도 편하게 차를 타고 이런 큰 산의 절경을 즐기지만, 실제 편한 대가對價로 환경이나 생태계 훼손이라는 너무나 큰 반대급부가 따른다는 점도 명심해야 할 것입니다. 높은 산이라 피부에 차가운 산기운이 닿아 약간 쌀쌀하게 느껴졌지만 기분은 매우 상쾌했습니다. 평지에서와 달리 길가 구렁텅이 같은 데엔 아직 잔설이 남아 끈질기게 봄에 저항하고 있었습니다. 내려오면서 천은사에 들르기로 한 일정은 여사님과 만날 시간이 너무 촉박하여 취소했습니다.

K여사님,

그 뜨거웠던 모하비 사막이 생각나는지요? 여사님과는 그렇게 미국 서부 여행 중에 단체 여행단의 일원으로 만났습니다. 다른 단원보다 여사님이 기억이 나는 것은 차내에서 각자 여행 동기를 발표하는 순서에서 여사님의 이야기를 듣고 공감하였기 때문입니다. 고등학교 국어교과서 기행문 단원 '그랜드캐넌'을 읽고 나중에 꼭 한번 가겠다는 마음을 가지셨다고 했지요? 나 역시 그랬습니다.

그랜드캐넌 본문에 '천지의 유구함을 생각하니 홀로 창연히 눈물이 지네(念天地之悠久 獨愴然而涕下)'라는 진자앙陳子昂의 인용시가 인상적이었고 엄청난 대자연의 경이, 원주민 인디언의 비애, 이국적인 정감 등이 기억에 남아 미국 서부 여행을 하게 되었던 것입니다.

그 후 귀국하여 한 차례 저의 여행기를 보내드리고 그것을 읽은 느낌을 여사님께서 글로 보내주신 것이 좋은 기억으로 남게 된 인연이었습니다. 사실 연락처를 주면 여행기를 보내드리겠다는 저의 제의에 유일하게 응한 분이 여사님이었습니다. 지리산 구경을 오면 꼭 연락을 바란다는 인사말보다는 왠지 오늘 아침 숙소를 떠나면서 안부 한 통화는 하고 떠나야 될 것 같아 전화를 했더니 매우 반가워하시면서 점심과 오후의 일정을 꼭 함께 하겠다는 제의를 하신 것입니다.

약속한 장소는 화엄사 부근 엄청나게 관광객으로 붐비는 식당, 참 오랜만에 반갑게 만났습니다. 알고 보니 여사님네는 현재 구례에서 한의원을 운영하며 자녀들도 다들 장성하여 의약계에 종사하는 등 그야말로 남들의 부러움을 받을 만한 복을 지닌 분이었지요. 전라도 특유의 푸짐한 상차림으로 산채정식을 대접받았습니다. 그렇지 않아도 맛보려 했던 메뉴였지요. 더구나 오후 일정으로 운조루와 화엄사를 동행하겠다고 했는데 마음이 담긴 말인 것 같아 사양할 수 없었습니다.

화엄사華嚴寺 각황전覺皇殿은 언제 보아도 대단한 전각이었습니다. 중층重層 건물 자체가 주는 웅장함과 단청을 하지 않은 고색창연함, 그리고 그윽한 분위기가 너무 좋았는데 근래에는 새롭게 단장하고 사람이 붐벼 종전의 맛을 잃은 듯한 아쉬움을 느꼈습니다.

절 뒤편 사사자四獅子 삼층석탑은 꼭 보아야 할 국보이기에 이번에도 빠뜨리지 않았습니다. 여사님과 함께 일행이 탑을 배경으로 사진도 찍었지요. 네 마리 사자가 떠받드는 탑신의 가운데에 스님상을 세우고 앞쪽 석등에는 한쪽 무릎을 꿇고 공양하는 모습의 인물상을 배치하였습니다. 전하는 바에 의하면 이 인물상은 이 절을 창건한 연기조사緣起祖師이며, 앞에 있는 사사자 삼층석탑 안의 스님상은 연기조사의 어머니라고 하는데, 효성이 깊었던 연기조사가 영원토록 어머니의 명복을 빌기 위해 어머니 상을 앞에 모시고 차를 공양하는 자신의 모습을 석등의 형태를 빌어 조성했다고 합니다. 가족과의 인연을 배제하는 것이 고승의 면모라지만 효심이 결코 스님의 품위를 손상시키는 요인이 아니라 생각됩니다.

운조루雲鳥樓는 남한의 삼대 명당이라고 익히 알려진 곳입니다. 지리산 영봉을 진산으로 하고 유유히 흐르는 세 물줄기가 합수되는 지점, 배산임수背山臨水의 기본 풍수에 충실한 곳 — 풍수적으로는 이곳을 '금환낙지金環落地'의 명당이라 부른답니다. 금환낙지란 여자가 금가락지를 빼놓는 터라는 뜻으로 이는 생산과 부富를 뜻한답니다. 이는 여자가 가락지를 뺄 때는 성행위를 하거나 출산할 때이기에 생긴 말이라고 하지요.

그런데 놓칠 수 없는 것은 이 집의 헛간에 있는 200년이나 된 쌀뒤주였습니다. 이 뒤주의 아랫부분에는 구멍이 나 있고 '他人能解'라는 글씨가 쓰여져 있습니다. '타인능해他人能解'라는 말은 '누구나 마개를 열 수 있다'는 의미로, 식량이 떨어진 집에서는 누구나 나무 쌀독 아래 구멍의 마개를 열어 언제든지 쌀을 가져갈 수 있다는 뜻이지요. 또한 쌀을 가져가는 사람들의 마음을 편하게 하기 위해 쌀뒤주의 위치도 이렇게 집주인의 눈에 잘 띄지 않는 곳에 두었다고 합니다. 이는 경주 최부잣집의 '백리 안에 굶어 죽는 사람이 없게 하라'는 가르침과도 통하지요.

각종 민란과 6·25전쟁 등이 휩쓸고 간 역사의 소용돌이 속에서도 운조루와 그 가문이 잘 보존된 것은 집주인의 이러한 나눔의 실천과 도움을 받는 이의 마음까지 세심하게 배려했던 아름답고 훌륭한 정신 때문이 아닌가 합니다.

경주의 최부자가 가훈 6가지를 지켜 가문을 유지하고 이웃사랑을 실천했듯, 영남과 호남을 대표하는 부자가 가진 것을 사회에 되돌려 노블리스 오블리주를 실천한 것은 오늘날 딱히 재벌들뿐만이 아니라 모든

'가진 자들'의 귀감이 될 만합니다.

여사님과는 여기서 작별했습니다. 남은 일정 중 필요할 때 쓰라면서 사람 수만큼 한약 소화제를 선물膳物에 곁들여 건네주는 배려가 너무 고마웠습니다. '인정'의 실체를 느끼는 순간이었습니다. 화개花開로 내려가는 길이 막힐 것을 염려하여 편한 길 안내도 빠뜨리지 않았구요.

누군가 말했습니다. 가장 형편없는 여행은 자기가 구경을 한 여행이 아니라 자신이 구경거리가 된 여행이며, 싱거운 여행은 그냥 보고 듣기만 한 여행이며, 훌륭한 여행은 여행지에서 견문한 바를 체험하듯 느낀 것이며, 가장 훌륭한 여행은 여행 중 체험한 바를 현실에서 실현하는 여행이라고 했습니다.

여사님은 단체여행 시 우연히 만난 분으로 그 인연은 어쩌면 하찮다면 하찮다고 볼 수 있습니다. 그러나 여행 중 이루어진 공감대로 인해 그 인연은 귀국해서도 이어졌고, 여행 중 체험한 것을 현실에서 실현한 격이 되니 지난 여름의 미국 여행은 가장 훌륭한 여행이 아니었나 생각합니다.

여사님과 작별한 후 처음 도착한 곳은 화개장터였습니다.

화개장터는 지리산 맑은 물이 흘러 내려와서 화개천을 이루고 이 물이 섬진강과 만나는 곳에 자리하여 해방 전까지만 해도 전국의 어느 시장보다 많은 사람이 붐볐던 곳입니다.

지리산 화전민들과 곡창지대 사람들은 산림 생산물과 곡식을, 그리고 남해안 사람들은 뱃길을 이용하여 수산물을 싣고 이 장에서 만났던 것입니다. 그리고 전국을 떠돌던 보부상들도 이 장을 놓칠세라 생활용품을 가지고 왔지요. 조영남의 '화개장터'는 이 장의 성격을 가장 잘 말해 주고 있습니다.

하지만 이것은 다 지난날의 이야기입니다. 이제는 더 이상 '옥화의 주막'이 있는 김동리의 소설 '역마'의 무대가 아니었습니다. 방물장수도, 체장수도, 철컥철컥 가위질를 하는 엿장수도 볼 수 없었지요. '옥화주막'이 있긴 하나 이는 평범한 식당일 뿐이었습니다. 민박이나 모텔 등 건물이 들어서고 시설을 갖춘 식당도 즐비했습니다. 그리고 시장도 상설로 열려 아쉬운 생활용품을 사려는 장꾼들은 볼 수 없고 그저 지나는 관광객들로만 붐빕니다. 그나마 산나물, 야생녹차, 재첩국, 은어회, 대장간 농기구 등 지역 특산품을 구매하고 맛볼 수 있는 정도로 만족해야 합니다.

쌍계사를 거쳐 **지리산 역사관**에 갔습니다. 지리산 역사관이 자리한 곳은 화개면 대성리 의신마을, 하늘 아래 첫 동네로 남서쪽으로 남해와 섬진강을, 북동쪽으로는 삼남지방을 연결하는 곳이기도 합니다. 바로 이 역사관 뒷산 위에는 6·25 이후 지리산 무장공비와 토벌대 간의 최후의 격전지가 있는데, 당시 북한으로부터 임명을 받은 대남유격대장 이현상이 마지막으로 항거하다가 피살된 곳이기도 합니다.

지리산 역사관은 넓은 운동장 터로 보아 원래는 초등학교였던 것 같았습니다. 학교가 폐교된 후 그 터를 이용하여 조촐한 건물을 세우고 전시관을 조성했지요. 지리산을 주무대로 한 화전민의 생활상을 보여주며, 또한 지리산 빨치산의 정체와 빨치산 활동의 전 과정을 자료로 전시하고 있어 이곳을 찾는 관광객들에게 산 교육장으로서의 중요한 역할을 하고 있습니다. 벌통, 맷돌, 쟁기 등 화전민의 농기구와 생활도구, 빨치산이 사용했던 무기와 복장 등을 실물 또는 사진이나 기록으로 전시하고 있었습니다.

아직도 우리 사회는 진보니 보수니, 좌파니 우파니 하고 갈등을 연출하고 있습니다. 말하자면, 빨치산과 토벌대 어느 한편의 시각에서 외눈박이 식으로 서로 반목대립하고 있는 것이지요. 그러나 당시 희생된 사람은 공비든 토벌대든 모두 비극의 역사의 소용돌이 속에서 생긴 희생자요 피해자입니다. 그러면서도 큰 시각에서는 두 편 모두 역사 발전에 목숨을 바쳐 공헌했다고도 볼 수 있는 유공자이기도 합니다.

평사리 마을은 박경리의 대하소설 '토지'로 일약 이름난 관광지였습니다. 지금도 토지와 관련된 콘텐츠 상품을 개발하고 있고, 토지 세트장도 계속 공사 중이었습니다. 한 가지 아쉬운 점은 이 지역 지명의 상당수가 중국의 지명을 그대로 따른 것입니다. 악양면岳陽面, 악양루岳陽樓, 동정호洞庭湖, 소상팔경瀟湘八景, 평사리平沙里, 고소성姑蘇城, 한산사漢山寺, 아미산峨眉山 등 ……

중국은 중국의 자연이 있고 우리는 우리의 독특한 자연이 있습니다. 그림도 우리의 좋은 풍광을 두고 중국 자연을 그려야 격조를 살릴 수 있다고 믿었던 결과지요. 이는 문화예술의 사대주의가 아닐런지요? 마치 우리 아이를 낳아 다른 나라 이름을 붙인 격입니다. 그런 의미에서 조선 후기 겸재 정선의 진경산수도나 단원 김홍도의 풍속화는 우리 것의 소중한 가치를 일깨운 일종의 사건이라 할 수 있습니다.

봄맞이 여행이라 그래도 매화는 봐야겠기에 광양光陽의 **매화마을**에 갔습니다. 그러나 지금은 꽃의 축제는 지나고 봄이 지나가는 소리밖에 들을 것이 없었습니다. 늦게 남은 매화 한 그루의 시든 꽃은 지나가는 봄의 옷자락에 매달려 안쓰러운 몸짓을 하고 있었지요. 그렇습니다. 올 봄도 이렇게 지나가고 마는가요?

花落花開開又落　꽃이 지고 피고 또다시 지듯

錦衣布衣更換着　비단옷 베옷도 바꾸어 입는 것을 ……

이처럼 인간의 영고성쇠榮枯盛衰도 꽃처럼 무상한 것이거늘 개화開花와 낙화落花에 그리 일희일비一喜一悲한들 무엇하겠습니까?

돌아오는 길에 마지막으로 **청학동**青鶴洞을 지났습니다. 청학이 깃을 접는 곳, 슬픔과 고통이 없는 무릉도원을 찾아 조선시대부터 많은 선비 명사들이 찾아 나섰지만 결국 찾지 못했다는 곳, 그만큼 여기다 저기다 설이 많았지요. 청암면 묵계리 마을 역시 꼭 청학동이라는 보장은 없습니다. 이는 무엇을 뜻할까요? 우리가 사는 현실을 벗어나 그 어디에도 무릉도원은 없다는 말은 아닐까요? 함께 인정을 나누고 사랑하고 이해하며 살아가는 내 가정, 내 직장, 내 나라가 바로 유토피아인 것입니다.

K여사님

이제 섬진강蟾津江, 지리산의 여행기를 마무리해야 할 것 같습니다.

서산대사는 우리의 지리산을 품평하기를 '장엄하나 빼어나지 못하다(壯而不秀)'고 했습니다. 지리산이 금강산 같은 빼어난 경치를 지니지 못함은 사실입니다. 하지만 비교적 팔자 좋은 사람들이 유람하는 금강산과 달리 지리산은 유람이라곤 꿈도 꾸지 못할 지지리도 못나고 가난한 화전민 민초들의 산입니다. 그리고 아픈 민족사를 간직한 산입니다.

섬진강 역시 역사의 스포트라이트를 받지 못했음은 지리산과 같지요. 고구려의 도읍 평양을 키운 대동강, 백제, 고구려, 신라가 번갈아 차지하려 든 한강, 백제의 도읍 사비와 웅진을 감싼 금강, 영남의 젖줄 낙동강, 호남을 대표하는 영산강 …… 그러나 섬진강은 어느 왕조의 주목도 받지 못하고 소외된 변방을 흘러온 강입니다. 그러나 고려시대 왜구가 쳐들어 왔을 때 수많은 두꺼비 떼를 불러들여 도적을 격퇴시킨 전설은 너무 감동적이지 않나요? 그래서 이름도 두꺼비蟾 나루津, 즉 '섬진강蟾津江'이 되었답니다.

소설가 박경리는 참으로 편안한 것은 '늙음'이라고 했습니다. 모진 세월을 보냈기에, 그리고 버리고 갈 것만 남았기에 더욱 홀가분하다고 했습니다. 아마 공자가 말한 마음이 내키는 대로 행해도 법도를 넘지 않았다는 '종심소욕從心所欲'의 경지가 아닌지 모르겠습니다. 노 작가가 만년에 터득한 삶의 지혜를 아직 욕심과 불평과 불만의 안개가 사라지지 않은 저 같은 사람이 자신 있게 뱉을 수 있는 말은 아니지만 퇴임 후 한 학기를 지내보니 그 경지를 이해할 것 같습니다.

이 정도의 여유라도 가진 지금, 정말 가보고 싶은 곳은 가보고, 해보고 싶은 것은 해볼 생각입니다. 옛말에 '아는 것은 좋아함만 못하고, 좋아함은 즐김만 못하다(知之者 不如好之者 好之者 不如樂之者)'고 했습니다. 이제는 지금까지 알고 좋아해 온 것을 즐길 차례가 아닌가 생각합니다. '지천명知天命'을 훨씬 지난 '종심소욕從心所欲'의 나이에 운명을 어찌 바꾸겠습니까? 주어진 운명을 피할 수 없다면 거부하지 않고 즐기리라 다짐합니다.

여행 중 우연히 만나 삶에서 가장 소중한 '인정'을 베풀어 나를 일깨우신 K여사님, 늘 건강하고 복된 나날이 되소서.

(2011. 5)

강남춘江南春

나들이를 다녀왔습니다. 그것도 국외여행입니다. 대학 동기 몇 명이 졸업한 지 40년 만에 처음 함께 다녀온 여행입니다. 행선지는 중국의 무한武漢과 악양岳陽. 구체적으로 **악양**의 **동정호**洞庭湖와 **악양루**岳陽淚, 그리고 **무한**의 **동호**東湖와 **황학루**黃鶴樓 일대입니다.

악양루와 황학루는 흔히 등왕각滕王閣과 더불어 중국 강남의 3대 누각이라 일컫는 명승지입니다. 그러나 경치만으로 그곳을 행선지로 정하지는 않았습니다. 그보다는 오히려 그곳이 역대 중국의 기라성같은 시인묵객들이 찾아와서 불후의 명작들을 남긴 문학의 현장이기 때문이었습니다.

사실 현직에 있을 때 학생들을 가르치면서 가보지도 못한 곳을 동정호다, 황학루다, 공허한 말만 많이 했었습니다. 그 미안했던 기억이 교육현장을 떠나고도 계속 남아 있었습니다. 그러던 중 대학 동기들 몇 명이 국외여행 계획을 하던 중 자연스레 의기투합하여 그곳을 행선지로 정한 것입니다.

또 한편으로는 그 지역들이 양자강 남쪽이라 좀 이르기는 하지만 봄맞이 여행도 되겠다는 생각도 들었습니다. 출발일이 가까워 오자 왠지 두목지杜牧之의 명시 '강남춘江南春'이 자꾸 떠올라 정말 '강남의 봄'을 만날 것 같은 막연한 기대감이 엄습하는 것이었습니다.

千里鶯啼綠映紅천리앵제녹영홍 천리에 꾀꼬리 울고 꽃잎은 붉게 물들었는데
水村山郭酒旗風수촌산곽주기풍 강마을, 산마을 주막마다 술 깃발 펄럭이네.

멋쟁이 꽃미남 시인이 수레를 타고 강남 술집을 통과하면 연도沿道의 젊은 여인들이 저마다 관심을 끌려고 귤을 던져 수레가 가득했다고 합니다. 정말 그런 봄 풍경을 볼 수 있을까요? 그래서 이번 여행은 문학기행이면서 봄맞이 여행이기도 합니다. 그것도 아주 낭만적 여행 말입니다.

상해에서 무한武漢으로 가는 열차에서 바라보는 풍경은 봄과는 너무 거리가 멀었습니다. 구름이 낮게 드리워져 잔뜩 찌푸린 날씨에 끝없이 펼쳐지는 중원中原의 드넓은 들판이 온통 회색이었습니다. 6~7시간을 달려도 큰 산이라곤 없었습니다. 그런데 그 6~7시간이 중국으로 보면 그리 긴 시간이 아니라는 것입니다. 우리와는 아예 시간 개념이 달랐습니다.

악양고성岳陽古城이라는 고풍스런 식당에서 바람에 날려갈 것 같은 안남미 밥과 기름 범벅인 현지식現地食으로 요기를 하고 **동정호** 호반의 **악양루**에 올랐습니다. 누각의 빈 공간마다 선인先人이 남긴 명작名作들이 명필의 휘호를 빌어 한껏 솜씨를 자랑하고 있었습니다. 고등학교 국어교과서에 나온 두보杜甫의 '등악양루登岳陽樓'는 모택동이 쓴 초서草書였습니다. 모택동이 시와 서예에 일가견이 있다는 것은 그리 새로운 사실이 아

니지요.

昔聞洞庭水석문동정수　지난날 동정호의 경치를 들었더니
今上岳陽樓금상악양루　오늘에야 악양루에 올랐네.
吳楚東南坼오초동남탁　오나라와 초나라가 동남쪽을 갈랐고
乾坤日夜浮건곤일야부　하늘과 땅이 밤낮으로 호수 위에 떠 있구나.
親朋無一字친붕무일자　친한 친구로부터 한 자 소식도 없으니
老去有孤舟노거유고주　늙어감에 외로운 배 한 척뿐이로다.
戎馬關山北융마관산북　고향 북쪽에선 아직 전쟁이 계속되고 있으니
憑軒涕泗流빙헌체사류　난간에 기대어서 눈물을 흘리노라.

그러나 누 위에 올라 바라보니 음산한 날씨에 비마저 뿌려 동남쪽 시야가 터지지도 않았고, 물은 흐리고 물결마저 일어 하늘과 땅의 경치가 비칠 리도 없었습니다. 기둥에 붙여진 주련구柱聯句 '風月無邊 水天一色'이 공허하게 느껴졌습니다.

그나마 눈을 안으로 돌려 1층 중앙 벽면에 걸린 범중엄范仲奄의 '악양루기岳陽樓記'에서는 명성에 걸맞는 격조를 느낄 수 있었습니다. 특히 그 속에 나오는 다음의 구절은 오늘날 우리 사회와 관련하여 많은 것을 생각하게 하였습니다.

先天下之憂而憂선천하지우이우　천하 모든 사람이 근심하기에 앞서 근심하고
後天下之樂而樂후천하지낙이낙　천하 모든 사람이 즐긴 뒤에 즐겨라.

이것이 진정한 노블리스 오블리주가 아닐런지요. 오늘날 계속 끊이지 않고 나오는 사회지도층의 부동산 투기, 부정 전입학 등의 사례는 무엇을 말해 줍니까? 다들 이익은 남보다 먼저 취하고 의무는 남보다 뒤에 하거나 아예 외면하려는 태도지요. 앞으로 있을 선거를 앞두고 선우후락先憂後樂을 실천할 수 있는 인물이 절실히 기다려집니다.

황학루에 가기에 앞서 **동호**東胡 주변의 명소를 찾았습니다. 동정호가 온통 흙탕물이라면 동호는 그런대로 맑고 푸른 편이었습니다. 풍경 보존지구로 지정되어 관리에도 역점을 두는 것 같았습니다. 호수의 풍치를 살린 호북성박물관은 건물이 참 아름다웠고 5천년 문화 전통이 아니고는 볼 수 없는 진기하고, 풍부하고, 다양한 전시 유물에 새삼 감탄하지 않을 수 없었습니다.

행음각行吟閣에서는 어부사漁父辭를 읊고 죽은 굴원屈原의 충절을 떠올렸습니다. '새로 머리를 감은 사람은 반드시 갓을 털어 쓰고, 새로 목욕한 사람은 반드시 옷을 털어 입는다(新沐者必彈官 新浴者必振衣)'라는 말에서 그의 고결함을 읽을 수 있습니다. 그리고 **고금대**古琴臺에서 백아절현伯牙絶絃의 사적을 접하면서 자기를 알아주는 존재의 소중함을 깨달았지요.

황학루 공원 입구에 이르자 '國家 A.A.A.A.A級 景區 歡迎你'라 적힌 번쩍번쩍 돌아가는 영상 자막이 일단 실망스럽게 다가왔습니다. 그리고 누각도 처음 지어졌을 때와는 달리 층수와 규모가 엄청 늘어났고 건축양식도 다르다고 합니다. 거기다 시멘트 건물에 엘리베이터까지 설치되어 더 이상 문화재가 아니라 관광상품이었습니다. 현재 중국의 문화 수준을 보는 것 같아 씁쓸하였습니다.

그래도 전설의 황학黃鶴과 함께 최호崔顥의 황학루시黃鶴樓詩는 어김없이 벽을 장식하고 있었습니다.

昔人已乘黃鶴去석인이승황학거	옛 사람은 이미 황학 타고 떠났으니
此地空餘黃鶴樓차지공여황학루	이곳엔 황학루만 헛되이 남아 있네.
黃鶴一去不復返황학일거불부반	황학은 한 번 가 다시 돌아오지 아니하고,
白雲千載空悠悠백운천재공유유	흰 구름만 천 년 동안 유유히 떠도는구나.
晴川歷歷漢陽樹청천역력한양수	맑게 갠 강 건너 한양의 나무들 역력하고
芳草萋萋鸚鵡洲방초서서앵무주	무성한 푸른 풀은 앵무주를 덮고 있네.
日暮鄕關何處是일모향관하처시	해는 저무는데 고향은 어드메인고
煙波江上使人愁연파강상사인수	강 위의 물안개에 나그네 시름겹구나.

그랬습니다. 학도 떠나고 사람도 가고, 당시에는 남았다고 위안하던 누대마저 다 사라진 자리에 언젠가 없어질 문명을 인간은 자꾸 만들어 가고 있습니다. 하지만 흰 구름은 또 다른 천년의 하늘을 유유히 날 것이고 강물은 도도히 흐를 것입니다. 문득 역사의 무상감이 엄습하여 나그네의 객창감을 자아냅니다.

제일 높은 5층 전망대에서 바라본 경치는 정말 볼 만했습니다. 장강長江과 한수漢水가 마주치는 한양漢陽, 그 강을 건너지르는 장강대교長

江大橋, 처마 끝에 걸려 있는 듯한 성벽과 누각들, 도로 가에 줄지은 가로수들—움츠렸던 가슴이 탁 트이는 것 같았습니다.

중국은 분명 유구한 역사와 큰 영토와 많은 인구를 가진 큰 나라임에는 틀림이 없습니다. 그러나 '거국巨國'이라고는 할지언정 '대국大國'이라고는 부를 수 없을 것 같습니다. 대국이려면 대국의 역할을 해야 합니다. 국내의 취약한 인권상황은 차치하고라도 국제적으로 없어져야 할 독재권력에 대한 지원, 인접국과의 영토와 영해 분쟁, 강압적으로 병합한 영토를 지키기 위한 소수민족에 대한 탄압, 국익 앞에서는 인권도 정의도 아랑곳없는 오만함은 세계평화와 인류복지에 기여는커녕 위협이 되고 있습니다.

우리와의 관계는 더 심각합니다. 동북공정東北工程으로 우리의 역사조차 지우려 하고, 불법 어로漁撈도 모자라 오히려 우리의 해경海警을 살상하고, 북한의 우리 함정 불법폭침을 두둔하고, 3대 세습 독재를 지원하고, 요즈음은 불쌍한 탈북동포를 죽음의 땅으로 되돌려 보내고 있습니다. 언제쯤 중국에 인권과 선린善隣의 따뜻한 봄바람이 불까요?

황학루에서도 끝내 '강남의 봄'을 느끼지 못한 채 귀국하는 항공편에 몸을 실었습니다. 비행기 객석창으로 내려다보니 비에 불어난 장강長江의 물줄기는 사뭇 흐렸습니다. '백년하청百年河清'이라는 말이 생각이 났습니다.

그런데 집에 돌아와 보니 놀랍게도 며칠 집을 비워둔 사이에 뜰에 서 있는 홍매화가 몰래 꽃망울을 터뜨리려 하고 있었습니다. 그 가운데 몇

송이는 벌써 속이 터져 찬 공기 속으로 속살을 내보입니다. 유달리 추웠던 금년 2월의 추위, 우리가 움츠리고 있을 때에도 매화는 새봄을 맞을 준비를 하고 있었던 것입니다. 겨우내 우리의 마음이 얼어붙은 것이지 꽃나무는 결코 얼어붙지 않았습니다. 멀리 강남에 가서 봄을 기대했던 일이 새삼 부끄러워졌습니다.

그랬습니다. 봄은 밖이 아니라 안에 있었습니다. 그리고 마음만 얼어붙지 않는다면 언제고 봄은 온다고 생각합니다. 희망은 절망의 늪을 건너지 않고는 결코 올 수 없는가 봅니다.

하루빨리 중국 대륙에도 두목지의 '강남춘'에서 보이듯 '천리에 꾀꼬리 울고 꽃잎이 붉게 물들 듯' 백화제방百花齊放의 봄이 오고, 그 바람이 북한에도 흘러들어가 동토凍土를 녹일 날을 기다립니다.

(2012. 3)

사자성어四字成語 찾아보기

ㅇ

ㅈ

ㅊ

ㅋ

ㅎ

낙서재 이후

초판 1쇄 인쇄 2017년 6월 1일
초판 1쇄 발행 2017년 6월 9일

지은이 김연호
펴낸이 박기남
펴낸곳 **율곡미디어**
08590 서울시 금천구 가산디지털1로 84(에이스하이엔드 8차), 803호
전화 (代) 02) 718-9872
팩스 02) 718-9874
home-page www.yulgokbooks.co.kr
e-mail yulgokbook@naver.com
등록 1989.11.10. 제2014-000031호
ISBN 978-89-967806-4-9 03040

값 25,000원